普通高等院校土木专业"十三五"规划精品教材

道路经济与管理
（第二版）
Road Economic and Management

丛书审定委员会
王思敬　彭少民　石永久　白国良
李　杰　姜忻良　吴瑞麟　张智慧
本书主审　刘国正　赵凤山
本书主编　石振武　程有坤
本书副主编　刘　洁　弓　福　陆书斋
本书编写委员会
石振武　程有坤　刘　洁　弓　福
陆书斋　刘保健　赵　敏　庞明宝
郭月红　侯　静

华中科技大学出版社
中国·武汉

内容提要

本书主要介绍道路工程经济与道路工程项目管理，共 12 章。其内容包括绪论、经济分析的基本原理与方法、道路建设项目评价、道路工程项目可行性研究、概预算与工程定额、道路建设项目招标与投标、道路建设项目合同管理、施工组织设计、道路工程施工质量管理、道路工程施工安全管理、道路工程项目成本管理、道路工程信息管理等。

本书可作为普通高等院校土木工程专业交通土建方向的教学用书，也可供相关专业的师生及工程项目管理人员参考。

图书在版编目(CIP)数据

道路经济与管理/石振武，程有坤主编. —2 版. —武汉：华中科技大学出版社，2020.2(2025.3 重印)
普通高等院校土木专业"十三五"规划精品教材
ISBN 978-7-5680-5894-0

Ⅰ.①道… Ⅱ.①石… ②程… Ⅲ.①道路工程-工程经济学-高等学校-教材 ②道路工程-工程管理-高等学校-教材 Ⅳ.①F540.3 ②U415.1

中国版本图书馆 CIP 数据核字(2019)第 282518 号

道路经济与管理(第二版)   石振武　程有坤　主编
Daolu Jingji yu Guanli(Di-er Ban)

策划编辑：周永华	
责任编辑：王　婷	
封面设计：原色设计	
责任校对：曾　婷	
责任监印：朱　玢	
出版发行：华中科技大学出版社(中国·武汉)	电话：(027)81321913
武汉市东湖新技术开发区华工科技园	邮编：430223
录　　排：华中科技大学惠友文印中心	
印　　刷：武汉邮科印务有限公司	
开　　本：850mm×1060mm　1/16	
印　　张：21.25	
字　　数：549 千字	
版　　次：2025 年 3 月第 2 版第 4 次印刷	
定　　价：68.00 元	

本书若有印装质量问题，请向出版社营销中心调换
全国免费服务热线：400-6679-118　竭诚为您服务
版权所有　侵权必究

普通高等院校土木专业"十三五"规划精品教材

总　　序

　　教育可理解为教书与育人。所谓教书，不外乎是教给学生科学知识、技术方法和运作技能等，教学生以安身之本。所谓育人，则要教给学生做人的道理，提升学生的人文素质和科学精神，给学生以立命之本。我们教育工作者应该从中华民族振兴的历史使命出发，来从事教书与育人工作。作为教育本源之一的教材，必然要承载教书和育人的双重责任，体现两者的高度结合。

　　中国经济建设高速持续发展，国家对各类建筑人才需求与日俱增，对高校土建类高素质人才培养提出了新的要求，从而对土建类教材建设也提出了新的要求。这套教材正是为了适应当今时代对高层次建设人才培养的需求而编写的。

　　一部好的教材应该把人文素质和科学精神的培养放在重要位置。教材不仅要从内容上体现人文素质教育和科学精神教育，而且还要从科学严谨性、法规权威性、工程技术创新性来启发和促进学生科学世界观的形成。简而言之，这套教材有以下几个特点。

　　其一，从指导思想来讲，这套教材注意到"六个面向"，即面向社会需求、面向建筑实践、面向人才市场、面向教学改革、面向学生现状、面向新兴技术。

　　其二，教材编写体系有所创新。结合具有土建类学科特色的教学理论、教学方法和教学模式，这套教材进行了许多新的教学方式的探索，如引入案例式教学、研讨式教学等。

　　其三，这套教材适应现在教学改革发展的要求，即适应"宽口径、少学时"的人才培养模式。在教学体系、教材内容和学时数量等方面也做了相应考虑，而且教学起点也可随着学生水平做相应调整。同时，在这套教材编写时，特别重视人才的能力培养和基本技能培养，注意适应土建专业特别强调实践性的要求。

　　我们希望这套教材能有助于培养适应社会发展需要的、素质全面的新型工程建设人才。我们也相信这套教材能达到这个目标，从形式到内容都成为精品，为教师和学生以及专业人士所喜爱。

中国工程院院士　王思敬

第二版前言

改革开放以来,我国公路建设突飞猛进。1978年我国公路通车总里程仅89万公里,公路密度9.27公里/百平方公里。到2017年年末全国公路总里程已达477.35万公里,公路密度49.72公里/百平方公里。到2018年年底全国高速公路里程增至14.3万公里,居世界之首。因此,如何降低建设成本、缩短建设周期、坚持绿色公路发展理念是当前公路建设行业重点关注的问题,为贯彻和践行"绿水青山就是金山银山"的理念,培养和造就新型道路建设经济与管理人才,使学生能系统地学习和掌握道路建设与管理方面的基本理论和方法,在研究各种技术方案时,既能考虑技术上的先进性,也能考虑经济上的合理性,更能将绿色发展理念贯穿于公路发展的全方位、全过程,走生态优先、绿色发展新道路。编者结合多年教学经验和科学研究实践,并参考有关专家和科研人员的研究成果,在第一版的基础上修订了本书,以满足教学和生产实践的需要。

本书共有12章,内容大体上分为工程经济与项目管理两部分,可按32～40学时安排教学,其中,第2章至第5章属于道路工程经济学的基本内容;第6章至第12章为道路工程项目管理的基本内容。本书由东北林业大学石振武、哈尔滨理工大学程有坤担任修订主编,东北林业大学刘洁、弓福、陆书斋担任修订副主编。其具体分工如下:第1章绪论,第3章道路建设项目评价由东北林业大学石振武修订;第5章概预算与工程定额,第6章道路建设项目招标与投标,第8章施工组织设计由哈尔滨理工大学程有坤修订;第2章经济分析的基本原理与方法,第4章道路工程项目可行性研究,第7章道路建设项目合同管理,第12章道路工程信息管理由东北林业大学刘洁修订;第9章道路工程施工质量管理,第10章道路工程施工安全管理,第11章道路工程项目成本管理由东北林业大学弓福、陆书斋修订。修订过程中,编写人员参考了很多专家学者的著作和研究成果,在参考文献中也有注明,在此对原文创作团队及提供参考的专家学者表示衷心的感谢!研究生华树新、王喆、谭宪宇、宋莹琪、王畅、王金茹、孙钰泽、李坤城等参加了审校工作。

由于编者水平有限,书中难免有不当之处,敬请广大读者批评指正。

编者

2019年1月28日

第一版前言

改革开放以来,我国公路行业发展迅速,特别是"十一五"期间,公路基础设施实现了跨越式发展,2006年底全国公路通车总里程达到348万km,高速公路达4.54万km。因此,如何从理论和实践方面对降低公路建设成本、缩短建设周期、提高公路建设的经济效益和建设质量以及运用现代化的科学管理等问题进行研究,是当前公路建设行业普遍关注的问题。为了培养和造就新型的公路建设经济与管理人才,使学生能系统地学习和掌握公路建设经济与管理方面的基础理论和方法,在研究各种技术方案时,既能考虑技术上的先进性,也能考虑经济上的合理性,从而在经济建设中发挥更大的作用,编者结合多年教学和研究的实践,并参考有关研究成果,编写了本书,以满足教学和生产实践的需要。

全书共有12章,内容大体上分为工程经济与项目管理两部分,可按56~64学时安排。其中,第1章至第4章属于道路工程经济的基本内容;第5章至第11章为道路工程项目管理的基本内容。本书由石振武担任主编,庞明宝、郭月红、侯静担任副主编。其具体分工如下:绪论、道路建设项目评价、道路建设项目招标与投标等章节,由东北林业大学石振武、刘保健、赵敏、程有坤编写;道路工程项目可行性研究、道路工程施工质量管理、道路工程项目成本管理等章节,由河北工业大学庞明宝编写;经济分析的基本原理与方法、概预算与工程定额、道路建设项目合同管理等章节,由内蒙古科技大学郭月红编写;施工组织设计与进度管理、道路工程施工安全管理、道路工程信息管理等章节,由天津城市建设学院侯静编写。全书由东北林业大学石振武统稿。

在编写过程中,编写人员参考了很多专家学者的著作和研究成果,在此表示衷心的感谢。

由于编者水平有限,书中难免有不当之处,敬请广大读者批评指正。

编者
2007年5月7日

目 录

1 绪论 … (1)
   1.1 道路经济与管理的研究范畴 … (1)
   1.2 道路工程基本建设 … (5)
   1.3 道路经济与管理的基本内容 … (7)
   1.4 道路经济与管理的特点及相邻学科 … (10)
   1.5 学习道路经济与管理课的目的和方法 … (13)

2 经济分析的基本原理与方法 … (15)
   2.1 经济分析的基本要素 … (15)
   2.2 资金时间价值的计算 … (16)
   2.3 项目经济分析概念及方法 … (22)
   2.4 风险与不确定性经济分析方法 … (31)

3 道路建设项目评价 … (46)
   3.1 道路建设项目评价概述 … (46)
   3.2 道路建设项目财务评价 … (46)
   3.3 道路建设项目国民经济评价 … (54)
   3.4 道路建设项目环境评价 … (63)
   3.5 道路建设项目社会评价 … (68)
   3.6 案例分析 … (79)

4 道路工程项目可行性研究 … (96)
   4.1 项目可行性研究概述 … (96)
   4.2 道路工程可行性研究报告 … (98)
   4.3 道路可行性研究中的风险评价 … (101)
   4.4 道路可行性研究中的相关问题 … (103)
   4.5 案例分析 … (113)

5 概预算与工程定额 … (119)
   5.1 定额的基本概念 … (119)
   5.2 定额的组成及查用方法 … (122)
   5.3 概预算的费用组成和计算方法 … (125)
   5.4 概、预算的编制方法 … (151)
   5.5 案例分析 … (157)

6 道路建设项目招标与投标 … (161)
   6.1 概述 … (161)
   6.2 招标 … (164)
   6.3 投标与报价 … (174)
   6.4 投标策略与技巧 … (181)

6.5　案例分析 …………………………………………………………………… (185)
7　道路建设项目合同管理 …………………………………………………………… (187)
　　7.1　合同的概念及合同法律制度 ………………………………………………… (187)
　　7.2　道路项目合同管理 …………………………………………………………… (192)
　　7.3　FIDIC 土木工程施工合同条件 ……………………………………………… (194)
　　7.4　合同索赔管理 ………………………………………………………………… (199)
　　7.5　案例分析 ……………………………………………………………………… (204)
8　施工组织设计 ……………………………………………………………………… (206)
　　8.1　概述 …………………………………………………………………………… (206)
　　8.2　施工方案设计 ………………………………………………………………… (209)
　　8.3　施工进度计划编制 …………………………………………………………… (211)
　　8.4　施工平面图设计 ……………………………………………………………… (218)
　　8.5　流水作业 ……………………………………………………………………… (219)
　　8.6　网络计划技术 ………………………………………………………………… (225)
　　8.7　施工进度控制 ………………………………………………………………… (230)
　　8.8　案例分析 ……………………………………………………………………… (234)
9　道路工程施工质量管理 …………………………………………………………… (239)
　　9.1　概述 …………………………………………………………………………… (239)
　　9.2　道路工程项目质量管理体系 ………………………………………………… (242)
　　9.3　质量管理中的统计方法 ……………………………………………………… (245)
　　9.4　道路工程设计质量管理 ……………………………………………………… (255)
　　9.5　道路工程施工质量管理 ……………………………………………………… (257)
10　道路工程施工安全管理 ………………………………………………………… (267)
　　10.1　概述 ………………………………………………………………………… (267)
　　10.2　道路安全管理的基本原则 ………………………………………………… (269)
　　10.3　道路施工安全管理措施 …………………………………………………… (270)
　　10.4　道路施工伤亡事故的预防与处理 ………………………………………… (283)
11　道路工程项目成本管理 ………………………………………………………… (289)
　　11.1　概述 ………………………………………………………………………… (289)
　　11.2　施工项目成本计划 ………………………………………………………… (293)
　　11.3　施工项目成本控制 ………………………………………………………… (300)
　　11.4　施工项目成本核算与分析 ………………………………………………… (305)
12　道路工程信息管理 ……………………………………………………………… (315)
　　12.1　信息及信息管理 …………………………………………………………… (315)
　　12.2　道路工程项目信息化管理 ………………………………………………… (317)
　　12.3　道路工程管理信息系统 …………………………………………………… (319)
　　12.4　道路工程项目管理相关软件 ……………………………………………… (321)
　　12.5　BIM 道路工程项目管理中的应用 ………………………………………… (326)
参考文献 ……………………………………………………………………………… (329)

1 绪　　论

　　道路工程项目建设过程是一个投入和产出的过程,这就需要搞好道路工程项目的计划管理和综合经济平衡。由于基本建设的资金有限,所以在现今管理体制改革和社会主义市场经济条件下,将道路工程建设作为固定资产的扩大再生产,就要围绕着提高项目的投资效益和工程质量进行缩短工期,降低成本,推行建筑工程五方责任主体项目负责人质量终身责任制。这样,在道路工程建设活动中,加强经济科学和管理科学的研究和应用,就具有十分重大的经济意义和现实意义。

1.1　道路经济与管理的研究范畴

1.1.1　技术、经济和管理的含义

　　"技术"(Technic)一词通常理解为是劳动者运用科学知识和劳动技能对自然进行控制、变革的方法和手段。工程技术则是人们运用专业知识和生产实践经验完成工程建设项目的一种生产力。"经济"(Economy)一词在工程经济学科中,是指对资源的合理消耗、有效利用,取得较高的经济效果等。"管理"(Management)通常是指在一定的社会制度和经济发展水平上,为了维护和发展与生产力相适应的生产关系,所进行的计划、组织、指挥、控制、协调等活动。对一个具体的企业来说,就是通过计划、组织等行动,把这个企业拥有的人力、物力、财力充分地运用起来,使之发挥最大的效果,以达到企业的目标,完成企业的任务。企业的管理过程如图1-1所示。

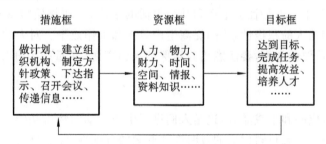

图 1-1　企业管理过程示意图

　　道路项目管理是项目管理的一类,其管理对象是道路项目。它可以定义为:在道路项目的生命周期内,用系统工程的理论、观点和方法,进行有效的规划、决策、组织、协调、控制等系统性的、科学的管理活动,从而按项目既定的质量要求、动用时间、投资总额、资源限制和环境条件,圆满地实现道路项目目标。道路项目管理的职能如下。

1. 决策职能

　　道路项目的建设过程是一个系统的决策过程,每一建设阶段的启动都要依靠决策。前期决策对设计阶段、施工阶段及项目建成后的运行均产生重要影响。

2. 计划职能

计划职能可以把项目的全部过程、全部目标和全部活动都纳入计划轨道,用动态的计划系统协调与控制整个项目,使建设活动协调有序地实现预期目标。正因为有了计划职能,各项工作都是可预见的、可控制的。

3. 组织职能

组织职能是通过建立以项目经理为中心的组织保证系统的实现。给这个系统确定职责,授予权力,实行合同制,可以进行有效的运转,确保项目目标的实现。

4. 协调职能

由于道路项目实施的各阶段、相关的层次、相关的部门之间,存在着大量的结合部。在结合部内存在着复杂的关系和矛盾,如果处理不好,便会造成协调配合上的障碍,影响项目目标的实现。故结合部应通过项目管理的协调职能进行沟通,排除障碍,确保系统正常运转。

5. 控制职能

道路项目的主要目标的实现,是以控制职能为保证手段的。这是因为偏离预定目标的可能性是经常存在的,必须通过决策、计划、协调、信息反馈等手段,采用科学的管理方法,纠正偏差,确保目标的实现。目标有总体的,也有分目标和阶段目标,各项目标组成一个体系,因此,目标的控制也必须是系统的、连续的。道路项目管理的主要任务就是进行目标控制,主要目标是投资、进度和质量。

管理又分为管理体系和被管理体系。管理体系由一系列的管理机构组成,这些管理机构通常又被称为职能机构。在一个职能机构中又根据每个人的地位和权限分为领导者和被领导者。被领导体系通常是指那些被别人指挥从事具体生产劳动的人或物。被管理体系可更具体地分为以下要素。

1) 人

人是第一重要的要素。人是社会生产和社会生活的主体,一切物质财富和精神财富都是人创造出来的,只有充分调动人的积极性,才能提高生产效率和工作效率。对人的管理要注意物质刺激和精神激励两个同等重要的方面,要注意培养和保护人力资源,注重智力开发,提高人们工作的效率等。

2) 物质

物质包括原材料、成品和半成品等,这是人们进行生产劳动的物质基础。对物质的管理要注意物质的节约和有效利用,注意材料供应的及时性和调运的合理性,注意材料性能的改善与提高等。

3) 设备

设备包括土木建筑物、机电设备、机械、机器、仪表、运输工具等。设备管理要注意在设备使用寿命期内的合理使用、维修和更新换代等。

4) 财力

财力包括建筑资金和流动资金、工资等。控制投资的规模和效果是资金管理的关键。

5) 任务

任务包括国家及上级机关下达的目标、指标和各种合同、协议等。任务管理亦称目标管理,旨在随时检查进度和各项任务指标等。

6) 信息

信息包括数据资料、情报、技术规范、图纸报表、规章制度、销售情况等。信息管理的目的是使信息及时畅通,使领导作出正确决策。

7) 环境

环境管理是近年来热门的课题,其任务主要是防止社会生产对周围环境介质(空气、水和土地等)的污染,以及如何创造舒适、有利的环境,以便提高生产效率和改善工作条件等。

技术、经济和管理三个方面不是独立的,而是密切联系、相互促进的。技术不断进步,管理水平不断提高,经济效益不断增长,是技术先进性、管理有效性与经济合理性的统一。它要求任何先进技术和管理方法的采用,都必须以取得较好的经济效果为前提。而由于先进技术与管理可以用相对较少的人力、物力、财力等资源消耗取得较大的经济效益,因此在可能的条件下,要尽量采用先进的技术和科学的管理方法。

另一方面,技术、经济、管理是相互制约的,技术的发展和管理手段的改进常常受到经济条件的制约。先进技术和先进管理方法的采用,不仅取决于经济上的需要,而且取决于经济上的可能性。技术是手段,经济是目的,管理则是技术与经济相统一的纽带和桥梁。没有经济这一目的,技术将无的放矢;反之,只提出经济目标,而没有技术来保证,经济目标也无法达到。从某种意义上来说,"管理"是使"技术"手段达到"经济"目的的催化剂,三者缺一不可。

1.1.2　道路经济与管理的研究范畴

道路工程是指以道路为对象而进行的规划、设计、施工、养护与管理工作的全过程及其所从事的工程实体。同其他任何门类的土木工程一样,道路工程具有明显的技术、经济和管理三方面的特性。

道路工程的技术特性,是指在道路规划、设计、建造和使用的全过程中必须与自然科学规律相适应的一些特性。例如,道路及其各组成要素主要是为行驶汽车服务的,这样就必须考虑结构物在汽车荷载作用下的一系列力学要求,譬如力学强度、刚度、稳定性、摩阻力等。另外,道路及其各组成要素是一种暴露于自然环境中的工程设施,要受到阳光、温度、雨水等自然因素的作用和侵蚀,于是就要研究道路建筑材料的物理化学性能。换句话说,道路工程技术要以数学、力学、物理学、化学等自然科学学科为基础。道路工程产品就其总体而言是一个线性工程。一项工程,可能经过不同的自然区和遇到各种类型的水文地质状况,这样即使同一标准的道路或同一结构类型的桥梁,也会因不同的自然区(如冷土区、黄土区等)受各异的自然因素影响以及多变的水文地质条件制约而各具特点。所以,道路工程产品又具有多样性和多变性的特点。由于道路工程成品的固定性、多样性和多变性,造成了其设计生产的复杂性。

道路工程的经济特性,是指在道路规划、设计、建造和使用的全过程中与资金、人力、物力以及其他资源消耗和节约相联系的特性。大家知道,不论是建设公路还是城市道路,都需要占用大量土地,消耗大量资金,动用大量劳动力和机械设备,还要消耗建筑材料与能源等。因此,道路工程必须把各种资源有效利用并达到最大节约放在首位,运用先进的技术和科学的管理方法,选择最优的施工组织方案,尽量使成本降低。

道路工程的管理特性,是指在道路工程的规划、设计、建造和使用的全过程中,与技术政策和法规、与现代管理科学的理论和方法相联系的一些特性,例如在道路建设项目实施过程中,为了达到技术与经济的统一,道路建设主管部门制定了一系列的规章制度、程序、规范、法令。另外,为了将工程做好,可以采用很多现代管理技术,譬如网络技术、全面质量管理技术、招投标管理技术等。由于道路工程耗资巨大,类型繁多,建设周期长,人力、物力投入量大,设计施工又受自然因素的影响,因此,对施工组织管理要求较高。也就是说,道路工程产品的成本、效益极易受人为及自然因素的影响。道路工程作为一个现代化的大型工程项目,要动用如此巨大的财力、物力和人力,没有一套科学的管理办法,协调多方面的关系,使各个环节有条理地进行,包括施工组织、技术、管理、后勤服务和政工保卫等,生产就会出问题。另外,道路工程产品是一种特殊的商品,它不像一般的商品,企业根据市场的需要组织生产,送到市场销售。道路工程产品没有流通领域,它是为特定的用户(建设单位)生产的,也就是先确定用户再生产。由于工程浩大,投资大,有关工程资金、物资材料供应、计划和工期要求等都受建设单位的制约,要用工程合同的形式把双方的职责分工和相互配合协作关系加以明确,道路施工才能正常进行。作为示例,图1-2列举了道路工程技术、经济和管理三方面特性的主要内容。

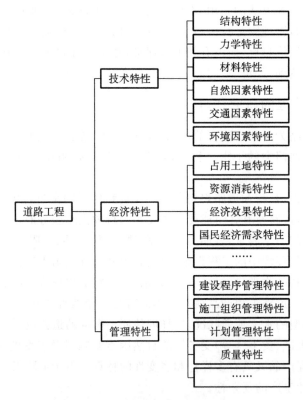

图 1-2 道路工程的特性

由于技术、经济和管理是三个同等重要的方面,那么对任何一类工程,我们就不仅要重视研究具体的工程技术问题,而且还要研究经济和管理方面的问题。属于道路工程的很多分科,诸如道路勘测设计、城市道路设计、路基工程、路面工程等,这些都是研究道路工程技术特性的学科。近年来,随着基础理论和道路工程实践的发展,上述学科日趋完善。道路经济与管理则是研究道路建设项目经济和管理特性的学科,它是用现代管理科学的理论和方法,研究如何在道路工程实体形成和营运的全过程中,有效地使用资金、人力、物力和其他资源,以取得最佳的经济效果的一门学科。

1.2 道路工程基本建设

1.2.1 基本建设简介

1. 基本建设

基本建设是指国民经济各部门为发展生产而进行的固定资产的扩大再生产,即国民经济各部门为增加固定资产而进行的建筑、购置和安装工作的总称。例如公路、铁路、桥梁和各类工业和民用建筑等工程的新建、改建、扩建、恢复工程,以及机器设备、车辆船舶的购置安装及与之有关的工作,都称为基本建设。

道路工程基本建设,是指把一定的建筑材料,通过建造和安装活动,转化为固定资产的过程。固定资产是指可供长期使用,并在使用过程中保持原有物质形态不变的物质资料,如道路、桥梁、厂房、机器设备和运输工具等。固定资产在长期的生产使用中被不断地损耗,其损耗的价值通过折旧分期计入产品成本或商品流通费用中。当固定资产的使用价值已消耗殆尽,达到寿命期终点,须重新投资去建设或购置新的固定资产来替换。凡是以新的固定资产去替换要报废的旧固定资产并且不扩大生产的规模和能力,称为固定资产的简单再生产;如在原来基础上又增加了固定资产,称为固定资产扩大再生产。

固定资产分为生产性固定资产和非生产性固定资产。凡称固定资产者,要有以下两个条件:
(1) 使用期限在一年以上;
(2) 单位价值在规定限额以上。固定资产通常按原始价值计算。

2. 基本建设的主要原则

基本建设工作中所必须遵循的原则,实际上就是基本建设客观规律的反映,也是对我国近年基本建设工作经验的总结。下述原则对道路工程建设当然也是适用的。

1) 量力而行的原则

量力而行,就是指基本建设规模要根据国家的财力、物力和人力的实际情况考虑确定,使其与国力相适应。在一定时期内,国家可用于基本建设的投资,客观上是由国内经济水平决定的。如果建设规模超过了国力所能承担的范围,其结果必然是欲速而不达,给整个国民经济带来严重后果。

2) 有计划、按比例的原则

在现代社会化大生产中,国民经济各部门、各行业之间,客观上存在一定的比例关系。国家在制定基本建设计划时,不仅要确定适度的建设规模,而且要确定投资的使用方向,并处理好以下几个主要比例关系:生产性建设与非生产性建设投资的比例;国民经济各生产部门之间的投资比例关系;先进技术投资与使用先进技术投资的比例关系;新建与扩建、改建、更新改造之间的比例关系。

3) 贯彻合理布局的原则

建设项目的建设地点一经选定,便很难再变更搬迁。所以,基本建设布局必须统筹兼顾,要从国家的政治、经济、民族团结和国防建设的全局出发,既要发挥各自的地区优势,又要服从国家的统一布局。

4) 讲求投资效益的原则

讲求基本建设经济效果,用有限的投资建造和形成最多、最好的固定资产,以满足社会和人民的需要,这也是基本建设工作中必须遵循的一条原则。

1.2.2 道路工程建设项目组成

1. 建设项目

道路工程建设项目是指按照一个总体设计进行施工的各个单位工程的总和。虽然施工场地可以是一个(如特大桥梁、立体交叉等)或几个(如一条路线,包括其中的桥梁),但同属一个独立完整的工程,对应一个建设项目。

2. 单位工程

单位工程是建设项目的组成部分,具有独立施工条件,可以单独作为成本计算对象的工程,如路基、路面、大中型桥梁及隧道等工程。

3. 分部工程

在单位工程中,按结构部位及施工特点或施工任务而划分的若干施工部分,称为分部工程。

4. 分项工程

在分部工程中,按照不同的施工方法、材料及工序等进一步划分为若干施工过程,称为分项工程。如路基、路肩、边坡、面层、基层、底基层、钢筋、基础、墩台及桥面等分项工程。

1.2.3 道路工程基本建设程序

基本建设程序是指基本建设全过程中各项工作必须遵循的先后顺序,它是基本建设过程及其客观规律的反映。

道路工程基本建设程序,是指道路工程项目从规划决策、设计施工,到竣工验收和交付使用的整个建设过程,各个紧密相连工作阶段的先后顺序。建设过程的每一阶段(或程序),都是以前一个阶段(或程序)的工作成果为依据,同时又为后一阶段(或程序)创造条件。前一阶段(或程序)是后一阶段(或程序)的工作基础,其工作的优劣必定在后阶段(或程序)中反映出来。所以道路工程的基本建设程序反映了道路工程技术经济规律的要求,是道路建设过程中有关部门和人员必须共同遵守的准则。道路基本建设程序简图如图1-3所示。

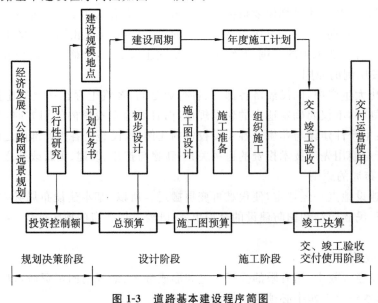

图 1-3 道路基本建设程序简图

1.3 道路经济与管理的基本内容

对道路经济与管理这一新的学科，目前还没有一个统一的内容划分方法。一般我们可以按照研究的特点与性质，把道路经济与管理的基本内容分为工程经济与项目管理两部分。前者是以投资方案为对象，运用经济学原理和定量化的科学方法，对各种方案的经济效果进行分析，并对各个技术上可行方案的经济合理性进行比较，作出评价，重在投资决策和方案选择。后者则是以建设项目为对象，积极探索项目实施过程中各个环节的内在联系与规律，运用现代管理技术对项目建设进行有效的管理与控制，从而保证建设项目"质量、进度、费用"三大目标的实现，提高建设项目的投资效益。其具体内容包括以下几个方面。

1. 道路工程项目可行性研究

可行性研究是对工程建设、企业投资和研究课题等投资项目，从技术和经济两个方面科学、系统、全面地论证项目实施的必要性、技术的可行性、经济的合理性、实施的可能性等，预测其经济效益及所能达到的社会目的，以决定项目是否进行的一种前期工作。可行性研究的目的就是在项目投资决策前，运用近代的经济分析理论，采用先进技术和方法，选择项目实施的最佳方案，避免项目实施的盲目性，减少项目投资的风险性，提高项目决策的科学化、民主化水平，为项目投资决策提供科学依据。公路建设项目可行性研究分为两个阶段，即预可行性研究阶段和工程可行性研究阶段。目前，国内外都把工程建设进度周期分为三个阶段，即投资以前阶段、投资阶段和生产阶段。可行性研究就是投资以前阶段的主要内容。在可行性研究的基础上，对那些为完成同一目的的同类工程方案进行比选。

2. 投资估算、工程定额与概预算

投资估算是公路建设项目建议书和可行性研究报告的重要组成部分，是进行建设项目经济分析（包括国民经济评价和财务评价）的前提，也是确定公路建设项目建议书和可行性研究报告中所需投资的依据。投资估算按其深度不同可分为项目建议书投资估算和可行性研究报告投资估算。工程定额是由国家或地方主管部门颁布的在合理组织生产、合理使用资源及正常施工条件下，完成单位合格产品所消耗的人工、材料和施工机械台班的数量标准。工程定额是编制概预算必须执行的文件，定额规定的标准除允许换算的外，均不得因具体工程的施工组织操作方法和材料消耗与定额的规定不同而变更。概预算则是根据设计文件内容和国家规定的工程定额及取费标准，按照规定的计算程序和方法，预先计算和确定的控制性工程造价，是项目管理的基础。公路工程概预算是在执行公路工程建设程序过程中，根据不同设计阶段的设计文件内容和国家规定的定额、指标及各项费用的取费标准，按照规定的计算程序和方法，预先计算和确定每项新建、扩建和重建工程所需要的全部建设费用的文件。

道路工程在空间上是固定的、独立的，具有露天性、周期长、程序复杂、工程质量差异大等特点，设计、生产的标准化程度低，这就决定了道路建设项目不可能统一计价，每个项目都要编制一个概算和预算，作为工程结算和投资控制的依据。所以，我们应当了解概预算的费用组成和计算程序，要掌握概预算的编制办法，同时还应了解工程项目结算与决算的有关内容。

3. 经济分析原理与方法

经济分析原理与方法是道路经济与管理的基本知识，主要介绍资金的时间价值等概念，并在复利分析的基础上,讲述各种情况下资金时间价值的等值换算原理,同时重点介绍经济分析的各种方法及敏感性分析的基本原理和方法,为道路建设项目的经济评价和方案选择奠定基础。

4. 建设项目经济评价

建设项目经济评价是可行性研究的重要组成部分,内容包括国民经济评价和财务评价,其作用是在预测、选址、技术方案等研究的基础上,对项目投入产出的各种经济因素进行调查研究,通过多项指标的计算,对项目的经济合理性、财务可行性及抗风险能力作出全面的分析与评价,为项目决策提供主要依据。

经济评价的重点是国民经济评价。因为道路建设项目不生产实物产品,而是通过为社会提供运输服务创造价值,这与一般工业项目通过生产、销售产品获得效益是不同的。所以,道路建设项目是以取得社会效益为主。为了准确衡量道路建设项目的社会效益,得出科学的经济评价结论,就必须深入研究道路建设项目投入物的影子价格换算方法和直接效益的测算方法,同时还要注意评价指标的选择。

5. 道路工程招标与投标

工程招标是指建设单位对拟建的工程项目通过法定的程序和方式吸引建设项目的承包单位竞争,并从中选择条件优越者来完成工程建设任务的法律行为。道路建筑施工招标,要就拟建工程提出设计图纸、工程技术标准、工程期限、质量标准等有关条件,公开或非公开邀请投标人(施工企业,又称承包人)报出工程价格,择日开标,从中择优选定工程承包企业。

工程投标是指准备承包项目的企业(投标人)经发包人审查获得投标资格,根据招标文件所提出的各项要求和条件,结合自己的能力和经济目标,在满足招标文件中关于工期、质量、机械设备和技术水平等要求的前提下,在规定期限内,提出投标书和报价,并争取"中标"获取项目承包权的活动。

招标投标是采购物资、技术服务、承包工程等经济活动中常用的交易行为,具有竞争性、平等性和开放性等特点。通过招标投标,可以按等价交换的原则,平等、自愿、自主地以合同方式确定招标与投标者双方的权利和义务;可以打破封锁和垄断,引入竞争机制,使招标者能够择优选择施工单位;还可以通过投标者之间的相互竞争,促使施工单位提高经营管理水平,降低资源消耗,从而提高全行业的劳动生产率。

目前,招标投标已成为国际上进行工程承包的主要方式,所以要明确招标与投标的意义,了解招标投标的程序与方式,掌握投标的工作重点和报价策略,了解评标与定标的原则及招标文件的编制方法。

6. 合同管理

合同是当事人双方或数方确定各自责、权、利和义务关系的协议,虽不等于法律,但依法成立的合同具有法律约束力。工程合同属于经济合同的范畴,受经济合同有关法规的约束。合同管理主要是指项目管理人员根据合同进行工程项目的监督和管理,是法学、经济学理论和管理科学在组织实施合同中的具体运用。合同管理的内容包括经济合同的有关基础知识,公路工程合同文件的组成条款等。本书重点根据工程实际的需要,介绍FIDIC土木工程合同条件中的监理工程师职权、工程变更与延期、索赔等,以便读者对国内外工程项目合同管理有一个较为系统的了解。

7. 工程施工组织设计

施工组织设计是用以指导施工组织与管理、施工准备与实施、施工控制与协调、资源的配置与使用等全面性的技术、经济文件,是对施工活动的全过程进行科学管理的重要手段。通过编制施工组织设计,可以针对工程的特点,根据施工环境的各种具体条件,按照客观的施工规律进行施工。施工组织设计是以施工项目为对象编制的、用以指导施工的技术、经济和管理的综合性文件。施工组织设计是使工程项目付诸实施所不可缺少的工作。现代道路工程项目往往是一个复杂的综合体系,它由很多相互依存和相互制约的分体系组成,而这些分体系又受到其本身和外界的因素影响。因此,要完成一项工程的施工,有大量的组织管理工作。施工组织设计的主要内容有施工阶段的主要工作程序、施工组织设计和方案设计、施工进度计划和资源调配计划的编制、施工现场平面图设计、流水施工组织、网络计划技术、网络图的时间参数与计算、网络图的调整和优化等。

8. 全面质量管理

全面质量管理简称 TQC(Total Quality Control),是 20 世纪 60 年代后期美国学者费根堡等人提出的新管理理论,其含义概括地说,就是以产品质量为核心,由企业全体人员参与,对产品生产的全过程进行全面系统的控制和管理。TQC 在道路工程建设中的应用收到了很好的效果。本书将系统介绍全面质量管理的内容与方法,详细论述公路工程项目建设设计、施工阶段质量管理的程序与重点,并结合计算机辅助质量管理及评定系统,介绍有关软件的结构与功能,以使读者能够了解现代管理手段及其在道路工程质量管理中的应用。

9. 工程费用管理

工程费用管理涉及的是施工阶段的投资控制问题,因此,又叫工程费用控制。所谓的工程费用管理是指在工程项目质量符合标准和工期遵照合同要求的基础上,对工程费用的计算与支付实行有效的监督和控制。这里所指的工程费用应包括合同文件工程量清单内所列的以及因承包人索赔或业主未履行义务而涉及的一切费用。

工程费用管理的核心是工程计量和支付,它是确保工程质量和进度的重要手段。费用管理的目的就是尽可能合理地减少工程量清单所列费用以外的附加支出(附加工程索赔、意外风险),以达到控制费用的最佳效果。所以,应对工程费用的组成认真分析,明确工程量清单的内容与作用,运用正确、合理的计量支付标准和方法,使项目的实际费用控制在预算范围之内。尤其要注意对项目的成本控制,以提高经济效益。

10. 道路养护与营运管理

道路的养护管理着眼于道路工程的实体部分,即路基、路面、桥涵、交通工程设施、排水构造物、绿化工程等设施的检测、维修、评价和预测工作,其任务是保证道路工程系统保持良好状态。营运管理则着眼于交通管理,通过各种行政的或技术的管理措施,保证交通的安全畅通。道路养护水平与营运状态有密切联系,这里将重点讨论路面养护管理系统及道路交通管理系统,包括数据采集、系统结构、评价指标、预测及控制方法等方面内容。

道路养护管理的核心问题是路面的养护管理,即建立路面管理系统。该系统是在采集路面状况及交通数据的基础上,利用系统分析方法,综合考虑技术、经济、社会等因素,帮助技术人员做出费用-效果最佳决策的系统。

11. 公路建设项目后评价

公路建设项目后评价是指在公路通车运营 2~3 年后,用系统工程的思想方法,对建设项目的立项决策、方案设计、工程施工和运营管理全过程各阶段工作及其变化的成因,进行全面的跟踪、调查、分析和评价。其目的是通过对项目投资全过程的综合研究、衡量和分析项目的实际情况及其与预计情况的差距，确定有关预测和判断是否正确并分析原因，从而总结经验教训，为今后改进公路建设项目的决策、设计、管理等工作创造条件，并为改善和提高项目的投资效益和改善营运状况提出切实可行的对策与措施。

后评价的主要内容包括对道路建设项目前期工作的后评价，对项目实施阶段内容的后评价及对项目营运状况的后评价等。评价指标的确定及评价方法的选择，是后评价研究的重点，目前，有关评价指标的确定及评价方法的选择等还在不断完善之中。

1.4 道路经济与管理的特点及相邻学科

1.4.1 道路经济与管理学科的特点

道路经济与管理是一门将道路工程技术与经济规律相结合，将道路工程管理经验、技术政策与现代管理科学的理论和方法相结合，将人的思想行为与道路工程建设项目的客观规律性相结合而发展起来的新学科，具体来讲有以下几方面管理学科所共有的特点。

1. 自然属性和社会属性

同其他任何领域的管理一样，道路工程管理也具有自然属性和社会属性这样的双重属性。管理的自然属性是指受生产力、生产技术、社会化大生产所制约的特性，表现为管理所具有的组织、指挥和协调生产的特性。它反映了现代社会化大生产过程中协作劳动本身的要求，是各种不同的社会生产方式都可以共有的一系列科学方法的总结。管理的社会属性是指那些受生产关系、社会制度相制约的特性。它表现为管理所具有的监督职能，反映了生产资料占有者或统治阶级的意志，受到一定生产关系的影响和制约，是为一定的经济基础服务的。由于管理本身具有双重属性，故反映在管理学科上也具有这种双重属性。在道路经济与管理中，我们一方面要讨论自然属性一面，诸如道路工程建设项目的施工组织特性，各种具体的现代管理技术等，同时，也要讨论社会属性一面，诸如政府和主管部门对道路工程建设项目的有关政策、法规等。

2. 边缘性和渗透性

从学科领域来看，管理科学是自然科学、社会科学与经济学相互渗透，并在它们的边缘上发展起来的新学科，因此，它既有自然科学的属性，也有社会科学的属性。例如，在定量分析时采用数学方法，但在定性分析时却采用逻辑推理和辩证分析的方法，有时是两者的结合。由于经济活动同人的行为有密切的关系，这样管理学科的一些内容就难以全部用自然科学(譬如数学)的规律来描述，而需要借助于哲学和辩证法。在这个意义上，管理科学是比自然科学和社会科学更高层次的科学。有人称它为"工程哲学"和"工程辩证法"，是"工程的工程"。对道路工程管理，我们不仅要考虑工程的技术特性，还要全面地、辩证地考虑经济因素和其他社会因素以及人的因素。

3. 大思路、大门类特征

所谓大思路，就是系统工程的思想，事物之间相互联系、相互制约、相互依存的思想。更通俗地讲，对任何管理问题，不能就事论事，而应该考虑其他事物对它的影响。要考虑它的过去、现在和将来，要有动态的观点。例如，我们在研究一条路是否要修建时，要考虑人口、工农业的发展、土地、资金、建筑材料等许多因素。所谓大门类，是指研究问题时涉及的学科的多样性和适用范围的广泛性。还是以要不要修一条路这个看似简单的问题为例，要完美地回答这个问题，必须要有预测论的知识,以便预测该路的交通量;要有经济学的知识,以便分析路建好后有多大的经济效益;要有道路工程学的知识,以便确定道路的等级,估算工程量和造价等。管理科学的一些原理适用于各行各业。

4. 经验与理论相结合的特性

管理问题的复杂性和管理科学的不成熟性使得目前还有很多管理问题难以完全用理论方法来解决。这一点对道路工程管理尤为明显。譬如,我们在道路建设工地上,想预测某月份有多少天是雨天,以便安排施工进度。这个问题虽然可以用概率预测法得到解决,但是答案的准确程度也许会低于有经验者的判断。因此,在管理过程中不仅要重视现代管理科学的理论,同时也应该重视成功的实践经验。

1.4.2 道路经济与管理的相邻学科

道路经济与管理是一门新的学科,它是用工程经济学和现代管理科学的理论和方法,结合在道路工程实践中所获得的成功经验和政策,对道路工程经济特性和管理特性深入研究后的成果。这一学科体系的形成过程如图1-4所示。由图1-4可以看出,道路经济与管理的主要相邻学科为道路工程学、工程经济学、现代管理科学、电子计算机软件技术。

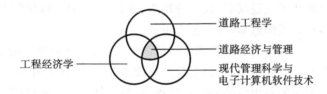

图1-4 道路经济与管理及相邻学科

1. 道路工程学

道路工程学是从事道路的规划、勘测、设计、施工、养护等的一门应用科学和技术,是土木工程的一个分支。道路工程学的研究内容主要有道路网规划和路线勘测设计、路基工程、路面工程、道路排水工程、桥涵工程、隧道工程、附属设施工程和养护工程等。

这里所说的道路工程学是指道路工程专业各学科(例如路基路面工程、道路勘测设计等)的统称。这些学科是研究道路工程技术特性的学科,可统称为道路工程方面的"硬科学"。这些硬科学是形成道路经济与管理学科的基础,因为脱离道路工程学的理论和方法去研究道路经济与管理,必然是无的放矢。很难想象,一个根本不懂公路路线线形标准的人,如何能够提出一个经济上可行、路线走向最佳的路线设计方案。可见,我们在讨论经济与管理问题时,必须紧密地结合具体的工程技术问题,否则就无法深入。

2. 工程经济学

工程经济学又称费用-效益分析,是近年来发展起来的一门新学科,是研究如何使工程技术方案(或投资项目)能取得最佳经济效果的一种科学的评价体系。工程经济学通常以工程项目为研究对象,拟建中的企业可以是一个工程项目,但企业往往还包括工程项目以外的经济活动。全面的企业经济活动的研究是企业经济学的任务。当然,大的工程项目在讨论工程的经济特性时,首先是将工程技术方案转化为相应的投资方案,然后用动态的方法、全过程的观点和系统工程的观点,对每个投资方案作出评价,据此决定方案的优劣。

工程经济学是一种科学方法论，是道路经济与管理的一门软科学基础。道路费用-效益分析一般采用寿命周期费用分析法，即考虑道路寿命周期内所有费用，包括初期修建费用、养护费用、改建费用和用户费用等。寿命周期费用，同各比较方案预期的使用性能或寿命、拟采用的养护和改建措施的类型、寿命和费用以及选用的分析期长短和贴现率大小等有着密切的关系。人们进行分析时，应首先考虑和选定这些因素，然后分析寿命周期内的各项费用，并进而确定费用最低的方案。

3. 现代管理科学

现代管理科学是本世纪初开始形成的一个庞大的学科体系，内容包括行为科学、人体工程学、系统工程学、运筹学、预测学、质量控制技术、价值工程、工作研究等。其中，行为科学和运筹学目前被认为是管理科学的主要分支。

行为科学是一门综合运用心理学、社会学、社会心理学和人类学的理论研究人们行为产生的动机及其规律的学科。在管理工作中，用以妥善地处理人际关系，减少人员之间的冲突，充分地调动人员的积极性等。行为科学目前在发达国家已成为企业人员管理的一种理论基础。

人体工程学是从人的生理和心理的角度研究人与机械设备、人与环境之间的关系，以及研究生产美学的一门学科。例如，研究工作场所的温度、湿度、颜色、照明、声响对人的生产效率、工作质量、疲劳有何影响；仪表盘与水平视线的角度、绘图桌的倾斜度、座位的高低对人的工作质量的影响等。这种研究的最终目的在于改进仪器、设备的构造，改善劳动环境，以缓解劳动者的疲劳，减少工作中的差错，防止事故，提高工作效率，改善工作质量。

系统工程学实际上是一种组织管理技术。所谓系统，首先是把要研究的对象或工程管理问题看作是一个由很多相互联系、相互制约的组成部分构成的总体，然后运用运筹学的理论和方法以及电子计算机技术对构成系统的各组成部分进行分析、预测、评价，最后进行综合，从而使该系统达到最优。系统工程学的根本目的是保证最少的人力、物力和财力在最短的时间内达到系统的目标，完成系统的任务。

运筹学实际上是属于数学的一个分支。它是将一些规划和管理问题归结为某种数学模型，然后对人力、物力、空间和时间的运用上用数学方法求得最优解答。运筹学目前已广泛地用于解决计划管理、运输管理、工程进度管理、库存管理等多方面的实际问题。这类问题往往存在着数量庞大的可行方案，用运筹学方法可以迅速地求出最优方案，并因此成为管理科学的核心。管理工作定量化主要是依靠运筹学。运筹学目前包括线性规划、整数规划、动态规划、非线性规划、图论和网络技术、排队论、库存论、决策论等。

总之，现代管理科学的产生，不但推动了社会生产力的发展，而且标志着人类管理水平发展到了新阶段。那种落后的、传统式的经验管理，已逐步地被先进的、科学的管理所取代。我们研究道路经济与管理，必须具备现代管理科学的基础知识。

4. 电子计算机软件技术

管理中的很多课题需借助于电子计算机求解，例如线性规划、图论、网络技术、质量管理技术、预测等，计算工作量一般都很大，计算过程也比较冗繁，如果用手工计算不但费工费时，而且也难以取得正确结果。为此，需编制电算程序用计算机求解。目前管理科学中的很多课题已有成套的软件包，这些软件有些可直接用于道路工程经济与管理问题。事实上，管理科学的很多分支（特别是运筹学），是伴随着电子计算机技术的发展而发展的。因此，我们在学习道路经济与管理时，也必须具备计算机方面的基础知识和功底。

1.5 学习道路经济与管理课的目的和方法

1.5.1 目的与要求

随着我国道路交通事业的发展,道路行业需要一大批既精通道路工程技术,又精通经济与管理的人才。可是,目前广大的道路工作者比较熟悉的是技术,而对经济与管理(特别是管理科学)就不是那么熟悉。传统的道路专业课程基本上是以硬科学为主,缺乏软科学方面的课程,如果这种情况不加以改变,很难适应现代化建设的需要。实践证明,随着科学技术的突飞猛进,管理也必须同步发展。我国的道路交通事业目前虽比较落后,但近年来已有较大的改观,不论是公路还是城市道路,路线里程在逐年增加,路线等级在逐步提高,高速公路也早已出现在祖国大地。由于道路(包括公路、城市道路、厂矿道路等)具有投资大、占有资源数量多、建设期和投资回收期长等特点,加强对道路工程的科学管理就显得十分重要。道路工程要进行科学管理,首先就要调整道路工作者的知识结构,使他们在实际工作中不但能完善地解决各种技术问题,而且还能灵活运用一些软科学知识对工程进行综合评价、预测、建立模型、决策等活动,使道路规划、设计、施工等阶段都做到技术与经济的统一,达到多快好省的目标。

本课程的目的就是使学生掌握道路工程项目的技术方案(包括工程项目的投资方案、工程设计和施工方案等)分析、比较、评价的方法;掌握道路工程产品生产过程中技术和经济因素的相互影响关系及内在的规律性,以确定最优方案,达到技术上先进、经济上合理的目的。同时使学生掌握道路建筑企业现代化管理的一些基本技术措施和科学组织方法,以适应道路工程设计、施工生产实际的要求。

本课程涉及的内容广泛,并与多种学科相关联,学习中的先修课主要是道路工程的专业课,用以解决工程经济与管理中的有关技术方面的问题。学习过程中,还要特别注意本课程与其他自然科学和社会科学的交错渗透。由于专业性质和教学时间的限制,所涉及的有关其他学科的内容不可能做全面系统的介绍,而只能是按需择取,所以要注意掌握其基本内容,领会其基本精神,并注意结合道路工程特点的具体应用。有的内容尚应结合我国实际情况,运用马克思主义基本原理加以探索。

1.5.2 学习方法

1. 调查研究

调查研究是进行技术经济计算、分析、比较、评价的基础和前提,通过调查研究、收集各种有关的资料和数据,并加以分析与整理,弄清每个技术方案(或课题)的有关技术因素及各有关因素之间的关系。在调查研究的过程中应密切注意以下几点。

1) 坚持理论联系实际

实践是检验真理的唯一标准。本课程的产生和发展来自实践,是一门实践性很强的学科,要求做到理论与工程实际紧密结合。既注意到理论应用于工程项目的共性,又注意到某个特定工程项目所具有的个性,灵活运用所学知识。

2) 坚持系统的观点

一个或几个工程项目往往不是孤立存在的,而是有机联系的整体,它们都是某个部门或某个行业的组成部分。例如,道路与交通工程项目是属于公路运输业的组成部分,公路运输业又是交通运输业的组成部分,交通运输与国民经济又是息息相关的。交通运输业就总体上而言是一个包含铁路、公路、水运、航空、管道5种运输方式的大系统,每一种运输方式都是这个大系统中所属的一个子系统。由于社会物质生产和劳动分工不断发展,使生产在各级水平上的空间-时间联系复杂化,所以各种运输方式要密切配合,相互促进。那么,对于属于公路运输的工程项目而言,就不能不从全局出发考虑问题,明确本项目在全局中所处的地位和作用。

3) 善于灵活应用

本课程的理论和方法带有普遍意义,但不可能完全反映交通行业的所有特征,这就要求读者做到吃透理论,灵活应用。

4) 注重学习国外经验

善于运用相邻学科知识,学习国外先进经验,结合国情,洋为中用。

为了更好地学习本课程,应具有一定深度和广度的基础和专业知识,如数学、经济学、统计学、法学、预测学、运筹学、系统工程及电子计算技术等。

此外,应经常注意关心国内外的经济信息,关心国家的各项方针政策,特别是关于经济方面的政策。

2. 计算分析

计算分析是在调查研究的基础上,对调查研究阶段所获得的资料、数据进行计算分析,找出各相关因素之间的关系,并建立数学模型,作出定量计算和定性分析。在计算分析过程中,鉴别和揭示各种矛盾,使问题的研究进一步深化。

3. 综合评价和系统选优

根据前阶段的计算和分析,将各种效果因素及决策评价综合起来进行权衡,再根据系统选优的要求,组合、调整各因素与各局部的技术指标,并结合定性和定量分析,对各种方案作出综合评价,最后选择理想方案。

【本章要点】

1. 技术、经济和管理的含义。
2. 道路经济与管理的基本内容。

【思考与练习】

1. 道路工程的基本特征有哪些?
2. 道路工程基本建设程序是什么?
3. 道路经济与管理的基本内容有哪些?
4. 道路经济与管理学科的特点是什么?

2 经济分析的基本原理与方法

2.1 经济分析的基本要素

2.1.1 基本概念

1. 资金的时间价值

资金的时间价值就是随时间的变化,资金在生产、流通的过程中发生的增量,被视为是资金的使用成本。但是只有在投资过程中资金才会产生收益,而不会自发地增值,并且在理性个体中不会出现资金闲置的现象,所以资金的时间价值通常用无风险的投资收益率来替代。资金时间价值是时间的函数,随着时间的变化价值发生改变,发生变化的部分就是原有的资金时间价值。另外,如果货币仅作为一种贮藏手段,是不会产生增值的,不管时间如何变化它仍是同等数量的货币。但作为一种流通手段,货币在社会生产资金参与再生产的过程中就会产生增值,这种现象就是资金的时间价值。

2. 利息与利率

利息是指资金所有者因把资金借贷给他人或存入银行,暂时失去对资金的使用权而获得的相应补偿,是资金在时间推移过程中的增值。

（1）单利。

单利指无论存期长短,以前各期利息在下一个利息周期内均不计息,只有本金计息。

（2）复利。

复利指除本金计算利息外,在下一个计息周期内,以前各期内产生的利息也计息。

利率是指在单位时间内利息与本金的比值,一般用百分数表示。计息周期是计算利息的时间单位,通常以年为时间单位,也会以季、月、旬、周、日为时间单位,相应的就有年利率、季利率、月利率等。

（1）名义利率。

名义利率反映了在一定周期后资金的表面收益。

（2）实际利率。

实际利率是在一定周期后资金的实际购买力变动率,反映了资金的实际时间价值。

2.1.2 现金流量图

投资项目现金流量指的是在寿命期内,项目各期实际发生的现金流入或流出序列,以及流入流出差值,即净现金流量。

现金流量图可以形象地表示现金流量。在现金流量图中,现金流发生的时间、大小和方向用时间坐标上的箭头来表示,向上代表流入,向下代表流出,线段长短表示资金的大小,如图2-1所示。

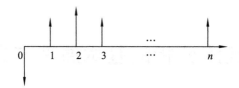

图 2-1 现金流量图

现金流量图的绘制方法及规则具体如下。

(1) 横轴表示时间轴,轴上每一刻度表示一个时间单位,可取年、半年、季或月等;零表示时间序列的起点,n 表示有限寿命期终点,坐标轴向右延伸表示时间延续。

(2) 垂直箭线表示不同时点的现金流量,箭线向上表示现金流入,即表示效益;箭线向下表示现金流出,即表示费用或损失。

(3) 现金流量的流入与流出是对特定的系统而言的。贷款方的流出就是借款方的流入;借款方的流出就是贷款方的流入。一般现金流量的方向是对资金使用者的系统而言的。

(4) 箭线长短表示现金流量数值的大小。但需要注意的是,因经济系统中各时点现金流量的数额通常相差悬殊,所以在绘制现金流量图时,箭线长短只是象征性地表现出各时点现金流量数额的差异,需要在各箭线上方(或下方)注明其现金流量的数值。

(5) 时间轴与箭线的交点表示现金流量发生的时点。

2.2 资金时间价值的计算

2.2.1 单利计算

单利计算时,只有本金产生利息,由利息产生的利息不进行计息。所以,单利计息每期产生的利息是固定的。利息总和与利息期数成正比关系。本金用 P 表示,r 表示利率,F 则表示本利和,n 表示计算利息的时间期数,一般以年计,具体计算公式如下。

第 1 期期末本利和:$F_1=P(1+r)$

第 2 期期末本利和:$F_2=P(1+2r)$

第 n 期期末本利和:$F_n=P(1+nr)$

所以,得到一次支付单利公式为

$$F=P(1+nr) \tag{2.2.1}$$

【例 2-1】 以年利率 6% 借入资金 1000 元,共借 4 年,若按单利法计算,其偿还的情况见表 2-1。

表 2-1 单利法每期偿还借款计算

年限	年初欠款(元)	年末应付利息(元)	年末欠款(元)	年末偿还(元)
1	1000	1000×0.06=60	1060	0
2	1060	1000×0.06=60	1120	0
3	1120	1000×0.06=60	1180	0
4	1180	1000×0.06=60	1240	1240

【例 2-2】 借款 10000 元,按 8% 的年利率单利计息。求第四年年末的本金与全部利息之和(即所欠的总金额)。

解: $F = P(1+nr) = 10000 \times (1+4 \times 8\%) = 13200$(元)

即到期后应归还的本息和为 13200 元。

单利法虽然考虑了资金的时间价值,但仅是对本金而言,并没有考虑每期所得利息的增值的可能性,这不符合资金运动的实际情况。因此单利法不能完全反映资金的时间价值,在应用上有局限性,通常仅适用于短期投资及期限不超过一年的借款项目。

2.2.2 复利计算

复利法与单利法不同,在计息时不仅本金计息,利息到期不付同样要计息。所以在计息时是对本金与先前周期中累计的利息和进行计息。

因此,在本金、利率和计息周期均相同的情况下,单利计算出的利息金额比复利计算出的利息金额小。本金越大,年数越多,利率越高,两者差距就会越大。在实际中复利计息法得到广泛应用,因为复利计息更符合资金在社会再生产过程中运动的实际状况。在工程经济分析中通常采用复利计息。我国现行财税制度规定:投资贷款实行差别利率并按复利计息。

复利计息分为连续复利和间断复利。按瞬时计算复利的方法称为连续复利;按期计算复利的方法称为间断复利,周期可以是年、半年、季、月、周、日。

1. 一次支付复利计算公式

设本金为 P,利率为 i,F 为本利和,n 为计算利息的时间期数,通常以年计,复利公式的推导过程见表 2-2。

表 2-2 复利法计算本利和计算公式推导过程

计息期数	期初本金	期末利息	期末本利和
1	P	$P \times i$	$F_1 = P + P \times i = P(1+i)$
2	$P(1+i)$	$P(1+i) \times i$	$F_2 = P(1+i) + P(1+i) \times i = P(1+i)^2$
3	$P(1+i)^2$	$P(1+i)^2 \times i$	$F_3 = P(1+i)^2 + P(1+i)^2 \times i = P(1+i)^3$
…	…	…	…
$n-1$	$P(1+i)^{n-2}$	$P(1+i)^{n-2} \times i$	$F_{n-1} = P(1+i)^{n-2} + P(1+i)^{n-2} \times i = P(1+i)^{n-1}$
n	$P(1+i)^{n-1}$	$P(1+i)^{n-1} \times i$	$F_n = P(1+i)^{n-1} + P(1+i)^{n-1} \times i = P(1+i)^n$

于是,得到一次支付复利公式如下:

$$F = P(1+i)^n \tag{2.2.2}$$

一般把 F 叫做本金在 n 期期末年利率为 i 的终值,本金 P 叫做初值或现值,系数 $(1+i)^n$ 叫做一次支付复利系数,简称复利系数,用 $(F/P, i, n)$ 表示。

在 $(F/P, i, n)$ 这类符号中,括号内斜线上的符号表示所求的未知数,斜线下的符号表示已知数。同样,现值 P 可由终值 F 乘以 $(1+i)^{-n}$ 得到,即

$$P = F(1+i)^{-n} \tag{2.2.3}$$

式中系数称为折(贴)现系数,用 $(P/F, i, n)$ 表示。

【例 2-3】 以年利率 6% 借入资金 1000 元，共借 4 年，若按复利法计算，其偿还借款情况见表 2-3。

表 2-3 每期偿还借款计算

年	年初欠款(元)	年末应付利息(元)	年末欠款(元)	年末偿还(元)
1	1000	1000×0.06=60	1060	0
2	1060	1060×0.06=63.60	1123.60	0
3	1123.60	1123.60×0.06=67.42	1191.02	0
4	1191.02	1191.02×0.06=71.46	1262.48	1262.48

【例 2-4】 数据同例 2-2，若按复利计息，四年的本利和为多少？

解：
$$F = P(1+i)^n = 10000 \times (1+8\%)^4 = 13605 (元)$$

与单利法计算的结果相比增加了 405 元，差额所反映的就是利息的资金时间价值。本金越大，利率越高，计息周期越多，两者的差额就越大。

2. 多次支付的情形

多次支付是工程经济实践中最常见的支付形式。它是指现金流量不是集中在某一个点上，而是在多个点上发生。用 A_t 表示第 t 期期末发生的现金流量大小，数值可以为正也可为负，用逐个折现的办法将多次现金流量换算成现值，公式如下：

$$P = A_1(1+i)^{-1} + A_2(1+i)^{-2} + \cdots + A_n(1+i)^{-n} = \sum_{t=1}^{n} A_t (P/F, i, t) \quad (2.2.4)$$

同理，也可将多次现金流量换算成终值，公式为

$$F = \sum_{t=1}^{n} A_t (F/P, i, n-t) \quad (2.2.5)$$

以上公式中，系数都可通过计算或查复利表得出，但如果 n 较大，A_t 较多时计算会比较烦琐。

3. 等额支付复利计算公式

一般情况下将各期发生相同的本金称为年金。等额年金指的是现金流出不集中在一个时间点，而在多个时间点上，形成一个现金流量额相等的序列现金流量。假设每期末发生的年金是 A，每期的利率为 i，时间是 n 期，按复利计算，则这 n 期年金 A 的本利和总额称为期末发生的复利年金终值。计算公式如下：

$$F = F_1 + F_2 + \cdots + F_n = A[(1+i)^{n-1} + (1+i)^{n-2} + \cdots + (1+i) + 1]$$

即
$$F = A \frac{(1+i)^n - 1}{i} \quad (2.2.6)$$

式中 $\frac{(1+i)^n - 1}{i}$ 称为年金终值系数或等额系列终值系数，用符号 $(F/A, i, n)$ 表示。

将公式(2.2.6)乘以折现系数，则复利年金终值可折算为期末发生的复利年金现值，公式如下：

$$P = F(1+i)^{-n} = A \frac{(1+i)^n - 1}{i(1+i)^n} = A \frac{1 - (1+i)^{-n}}{i} \quad (2.2.7)$$

式中 $A \frac{(1+i)^n - 1}{i(1+i)^n}$ 或 $A \frac{1 - (1+i)^{-n}}{i}$ 称为年金现值系数或等额系列现值系数，用符号 $(P/A, i, n)$ 表示。

2 经济分析的基本原理与方法

【例 2-5】 若某人在 5 年内,每年年末在银行存入 2000 元,年利率 6%,复利计息,则第 5 年年末他可连本带利取出多少钱?

解:由式(2.2.6)得

$$F = 2000 \frac{(1+6\%)^5 - 1}{6\%} = 11274 \text{（元）}$$

【例 2-6】 若某项目初期投资 10000 元,年回报率为 10%,10 年内收回全部本利,每年年末等额获得收益,试计算每年的收益是多少?

解:由公式(2.2.7)得

$$A = P \frac{i}{1-(1+i)^{-n}} = \frac{10000 \times 10\%}{1-(1+10\%)^{-10}} = 1627 \text{（元）}$$

在工程经济问题中,某些现金流量在各年份均有一定数量的增加或减少。这种每期发生的不相同的现金称为是变额年金,变额年金一般有等差、等比和不规则变化三种变化方式。

4. 等差支付复利计算公式

设每期现金流量的变化规律是按等差(d)数列的规则变化,如 $A, A+d, A+2d, \cdots, A+(n-1)d$,则期末发生的现金流量复利年金终值见表 2-4。若 n 期期末年金终值为 F,则有:

表 2-4 期末发生的等差现金流量年金终值计算

期 数	1	2	3	⋯	$n-1$	n
每期期末年金	A	$A+d$	$A+2d$	⋯	$A+(n-2)d$	$A+(n-1)d$
n 期期末终值	$A(1+i)^{n-1}$	$(A+d)(1+i)^{n-2}$	$(A+2d)(1+i)^{n-3}$	⋯	$[A+(n-2)d](1+i)$	$A+(n-1)d$

$$F = \sum_{t=1}^{n} [A+(t-1)d](1+i)^{n-t} \quad (2.2.8)$$

$$= A\sum_{t=1}^{n}(1+i)^{n-t} + d\sum_{t=1}^{n}(t-1)(1+i)^{n-t}$$

令 $F_A = A\sum_{t=1}^{n}(1+i)^{n-t}, F_d = d\sum_{t=1}^{n}(t-1)(1+i)^{n-t}$

利用年金复利系数可将 F_A 和 F_d 写成:

$$F_A = A\sum_{t=1}^{n}(1+i)^{n-t} = A\frac{(1+i)^n - 1}{i} \quad (2.2.9)$$

$$F_d = d\sum_{t=1}^{n}(t-1)(1+i)^{n-t} = \frac{d}{i}\left[\frac{(1+i)^n - 1}{i}\right] - \frac{nd}{i} \quad (2.2.10)$$

式(2.2.10)给出了每个在期末发生的增额 d 在 n 期期末按利率 i 计的终值和。把式(2.2.10)和式(2.2.9)代入式(2.2.8)中,得期末发生的等差现金流量年金终值公式如下:

$$F = F_A + F_d = \left(A + \frac{d}{i}\right)\frac{(1+i)^n - 1}{i} - \frac{nd}{i} \quad (2.2.11)$$

相应的现值公式为:

$$P = \left[\left(A + \frac{d}{i}\right)\frac{(1+i)^n - 1}{i} - \frac{nd}{i}\right](1+i)^{-n} \quad (2.2.12)$$

若要计算每个期末发生的增额年金 d 在 n 期期末按利率 i 计的现值总和 P_d，则只要将公式(2.2.10)乘以折现系数 $(1+i)^{-n}$ 即可；若要计算对应 F_d 的年金，则可利用公式(2.2.6)计算：

$$A_d = F_d \frac{i}{(1+i)^n - 1} = d\left[\frac{1}{i} - \frac{n}{(1+i)^n - 1}\right] \qquad (2.2.13)$$

【例 2-7】 某人准备在 5 年内投资某一项目，在第 1、2、3、4、5 年年末的投资额分别是 5000 元、5500 元、6000 元、6500 元、7000 元，若年利率为 10%，试计算该项投资的终值、现值及对应增额 d 的年金。

解：利用公式(2.2.11)可得：$F = \left(5000 + \frac{500}{0.1}\right)\frac{(1+0.1)^5 - 1}{0.1} - \frac{5 \times 500}{0.1} = 36051$（元）

对应的现值为：$P = F(1+i)^{-n} = 36051(1+0.1)^{-5} = 22385$（元）

利用公式(2.2.13)可得：$A_d = 500\left[\frac{1}{0.1} - \frac{5}{(1+0.1)^5 - 1}\right] = 905$（元）

5. 等比支付复利计算公式

设每期现金流量按等比(q)数列的规则变化，如 $A, Aq, Aq^2, \cdots, Aq^{n-1}$；则 n 期期末年金终值 F 为：

$$F = \sum_{t=1}^{n} Aq^{t-1}(1+i)^{n-t}$$

上式可变为：

$$F = A\sum_{t=1}^{n}(1+i)^{n-1}\left(\frac{q}{1+i}\right)^{t-1} = A(1+i)^{n-1}\frac{1-\left(\frac{q}{1+i}\right)^n}{1-\frac{q}{1+i}} \qquad (2.2.14)$$

其对应的现值为：

$$P = F(1+i)^{-n} = \frac{A}{1+i}\left[\frac{1-\left(\frac{q}{1+i}\right)^n}{1-\frac{q}{1+i}}\right] \qquad (2.2.15)$$

6. 不规则变化

不规则变化是指每期变额年金的变化没有规律可循，无法建立公式，只能按一次支付公式逐期计算。

2.2.3 名义利率与实际利率计算

复利计算时，利率周期一般以年为单位。利率周期可以与计息周期相同，也可以不同，当它与计息周期不相同时，就出现了名义利率与实际利率的概念。

1. 名义利率

名义利率也称为虚利率，是指在复利计息时，不按计息周期计算的利率。例如，年利率为 12%，每年计息 1 次，如果计息周期为 1 年，则实际利率为 12%；如果每年计息 12 次，计息周期为 1 月，则名义利率为 12%，实际相当于月利率为 1%。

名义利率 r 在数值上表示为计息周期利率 i 乘以一个利率周期内的计息周期数 m。公式表示如下：

$$r = i \times m \tag{2.2.16}$$

由上式我们看出，与单利的计算相同，计算名义利率时没有考虑之前各期利息所产生的增值。一般所说的利率周期，其中利率都是名义利率。

2. 实际利率

实际利率又称有效利率，是指按实际计息期计息的利率。当用计息周期利率来计算利率周期利率，并计算利率周期内的利息产生的增值时，所得的利率周期利率称为利率周期实际利率。

按复利计算，如果一年的利息期数为 m，则一年所得的利息与本金之比为实际（或有效）年利率，用字母 i_{eff} 表示。$m=1$ 时，实际年利率就是名义利率。

已知名义利率 r，一个利率周期内计息 m 次，则计息周期利率为 $i=r/m$，在某个利率周期初有资金 P。根据一次支付终值公式可得该利率周期的 F，即：

$$F = P\left(1 + \frac{r}{m}\right)^m$$

则实际年利率为：

$$i_{eff} = \frac{F-P}{P} = \frac{P\left(1+\frac{r}{m}\right)^m - P}{P} = \left(1+\frac{r}{m}\right)^m - 1 \tag{2.2.17}$$

【例 2-8】 某人想贷款 100000 元，有两种选择：甲银行年利率为 15%，按年计息；乙银行年利率 14.5%，按月计息。问应该向哪家银行贷款？

解：只要比较两家银行的实际年利率即可作出选择，实际年利率小，所付利息也就少，当然是最佳选择。根据公式(2.2.17)有：

甲银行： $i_{eff} = 15\%$

乙银行： $i_{eff} = \left(1 + \frac{0.145}{12}\right)^{12} - 1 = 15.5\%$

甲银行的实际年利率小于乙银行的，所以选择向甲银行贷款。

【例 2-9】 现设年名义利率 $r=10\%$，则年、半年、季、月、日的实际年利率见表 2-5。

表 2-5 名义利率与实际利率计算

年名义利率(r)	计息期	年计息次数(m)	计息期利率($i=r/m$)	实际年利率(i_{eff})
10%	年	1	10%	10%
	半年	2	5%	10.25%
	季	4	2.5%	10.38%
	月	12	0.833%	10.47%
	日	365	0.0274%	10.52%

由上表看出，每年计息期 m 越多，i 与 r 相差越大。在按复利计息进行各方案的比较时，如果各方案在一年中计算利息的次数不同，则各方案的经济效益就很难对比。所以在工程经济分析时，若各方案的计息期不同，为了得到正确的结论，就不能使用名义利率进行评价，而要用实际利率进行评价。

3. 连续复利

如果计息周期为无穷小，那么这种计息方式称为连续式复利。连续式复利一年中的计息次数趋于无穷大，一年末的本利和为：

$$F = \lim_{m\to\infty} P\left(1+\frac{r}{m}\right)^m = P \lim_{m\to\infty}\left[\left(1+\frac{r}{m}\right)^{\frac{m}{r}}\right]^r = Pe^r \qquad (e=2.71828)$$

则有效年利率为：

$$i_\infty = \frac{F-P}{P} = e^r - 1 \tag{2.2.18}$$

从理论上讲，整个社会的资金在不停地流动，每时每刻都通过生产和流通在增值，因而应该采用连续复利的形式。

2.3 项目经济分析概念及方法

项目经济分析指的是通过对各拟建工程方案或项目进行对比分析，对计算期内的项目或者拟建项目的各相关经济数据资料、经济因素和财务进行调查、研究、预测，以全面地分析、论证和评价各拟建项目的财务可行性、经济效果和经济合理性，并在决策阶段为项目或拟建工程方案的科学决策提供参考依据。按评价的作用、范围、角度的不同，将项目经济分析划分为财务分析和国民经济评价两个层次。

财务分析，即以我国现行的税收、财政制度和市场价格为依据，站在投资者角度计算工程项目的相关财务数据，包括产品成本、税金、产品销售收入和投资费用等，在此基础上剖析工程项目在财务上的盈利水平、偿债能力、潜在获利能力和收益状况等，由此明确项目的财务可行性、可接受性，为投资者提供项目的财务经济效果、财务分析结论和风险程度的相关内容，帮助他们作出相应的投资决策。

国民经济评价，即为了判断工程项目的经济合理性，站在国家整体的角度剖析项目对国民经济的净贡献。通常情况下，经济分析采用指标计算法，其中静态评价指标和动态评价指标是常用的两类经济指标。

静态分析指标是在忽略时间因素对货币价值影响的前提下，直接以现金流量来计算经济评价指标。计算简单是静态分析指标的最大特点。因此，在分析短期投资项目和逐年收益大致相等的项目，以及对方案进行粗略评价时一般采用静态分析指标。静态分析指标包括偿债能力、静态投资回收期、投资收益率等。

动态分析指标是在分析方案或者项目的经济效益时，要根据发生时间的不同，计算效益、费用的时间价值，是对现金流量进行等值化处理后的计算评价指标。动态分析指标可以较全面地体现出在整个计算期内投资方案的经济效果，因此，详细的可行性研究或计算期较长以及处在终评阶段的技术方案，一般采用动态分析指标。动态分析指标包括内部收益率、效益成本比、净现值率、净现值、投资回收期、净年值等。

在进行方案比选时，通常在方案初选时可采用静态评价的方法，但以动态分析为主。在工程项目方案经济评价时，要依据资料的可获得性、评价深度以及工程项目自身因素，遴选出不同指标以从多个角度体现工程项目的经济效果。

本节主要介绍项目经济分析中的常用指标。

2.3.1 投资回收期

按照是否考虑资金的时间价值因素,投资回收期可划分为两类:静态投资回收期和动态投资回收期。

1. 静态投资回收期(P_t)

1) 概念

静态投资回收期指在忽略资金的时间价值因素的情况下,以投资方案或项目的净收益的形式将其总投资(涵盖流动资金和建设投资)收回所需要的时间。自方案或项目建设开始,或者自项目开始投产都可以作为投资回收期的起算点,但应在指标计算过程中注明。

2) 应用式

自方案或项目建设开始计算投资回收期指标,其计算公式为:

$$\sum_{t=0}^{P_t}(CI-CO)_t = 0 \qquad (2.3.1)$$

式中:P_t——静态投资回收期;

$(CI-CO)_t$——项目第 t 年的净收益,其中 CI 表示现金流入,CO 表示现金流出。

一般情况下,根据公式(2.3.1)不能得到 P_t 的统一解析解,所以在 P_t 的指标计算中,可借助现金流量表,根据方案或项目每年的净收益是否相等,确定以下两种方法:

(1) 若方案或项目建成投产后,各年的净现金流量均相等,则静态投资回收期的计算公式如下:

$$P_t = \frac{I}{A} \qquad (2.3.2)$$

式中:I——项目投入的全部资金;

A——每年的净收益,即 $A = (CI-CO)_t$。

(2) 若方案或项目建成投产后,各年的净现金流量不相同,则静态投资回收期可依据累计净现金流量求得,即现金流量表中累计净现金流量由负值转为正值之间的年份就是静态投资回收期,其计算公式为:

$$P_t = \left(\begin{array}{c}累计净现金流量\\开始出现正值的年份\end{array}\right) - 1 + \frac{|上年累计净现金流量|}{当年的净现金流量} \qquad (2.3.3)$$

【例 2-10】 某工程项目总投资 2000 万元,两年建成投产。投产后每年的净收益为 150 万元。该项目的静态投资回收期为多少?

解:该投资项目每年的净收益相等,建设期为 2 年,可以直接用公式计算其静态投资回收期,即有

$$P_t = \frac{I}{A} + P_k = \frac{2000}{150} + 2 = 15.33(年)$$

【例 2-11】 某工程项目的净现金流量见表 2-6,计算该项目的静态投资回收期。

表 2-6 某项目现金流量及累计现金流量计算表   单位:万元

t(年)	0	1	2	3	4	5	6	7
现金流入(CI)	—	—	5	6	7	7	7	7

续表

t(年)	0	1	2	3	4	5	6	7
现金流出(CO)	8	10	2	2	3	2	2	2
(CI−CO)$_t$	−8	−10	3	4	4	5	5	5
$\sum$(CI−CO)$_t$	−8	−18	−15	−11	−7	−2	3	8

解:该投资项目每年的净收益不相等,利用式(2.3.3)计算其静态投资回收期为:

$$P_t = 6 - 1 + \frac{|-2|}{5} = 5.4 \text{(年)}$$

2. 动态投资回收期(P_t^*)

1) 概念

动态投资回收期是指按照基准收益率把投资项目或者方案的各年净现金流量折成现值后,累计净现金流量值为零的年份。

2) 应用式

动态投资回收期的计算公式为:

$$\sum_{t=0}^{P_t^*}(CI-CO)_t(1+i_0)^{-t} = 0 \qquad (2.3.4)$$

式中:P_t^*——动态投资回收期;

(CI−CO)$_t$——项目第 t 年的净收益;

i_0——基准收益率(也称基准折现率)。

在实际应用中,可根据投资方案或项目现金流量表中的净现金流量折现值,用下列计算公式近似求解动态投资回收期:

$$P_t^* = \left(\begin{array}{c}\text{累计净现金流量折现值}\\ \text{开始出现正值的年份}\end{array}\right) - 1 + \frac{|\text{上年累计净现金流量折现值}|}{\text{当年的净现金流量折现值}} \qquad (2.3.5)$$

【例 2-12】 某工程项目的净现金流量见表 2-7,已知基准收益率为 10%,试计算该项目的动态投资回收期。

表 2-7 某项目现金流量及累计净现金流量折现值计算表　　　　　单位:万元

t(年)	0	1	2	3	4	5	6
现金流入(CI)	—	—	5000	6000	8000	8000	7500
现金流出(CO)	6000	4000	2000	2500	3000	3500	3500
(CI−CO)$_t$	−6000	−4000	3000	3500	5000	4500	4000
(CI−CO)$_t$(1+i_0)$^{-t}$	−6000	−3636	2479	2630	3415	2794	2258
$\sum$(CI−CO)$_t$(1+i_0)$^{-t}$	−6000	−9636	−7157	−4527	−1112	1682	3940

解:该投资项目每年的净收益不相等,项目的计算数据如上表,利用式(2.3.5)插值计算该项目的动态投资回收期为:

$$P_t^* = 5 - 1 + \frac{|-1112|}{2794} = 4.4 \text{（年）}$$

为了衡量方案或项目资金回收的速度，投资项目或方案在进行项目选择或工程经济性评价时可使用投资回收期指标，但为了得到评价及衡量的标准，需要提前确定一个基准投资回收期。基准投资回收期可以是企业以自身期望的投资回收期水平确定，即企业自定的目标；也可以是以全社会或某行业投资回收期的平均水平确定，即国家或部门制定的标准。

3）判别准则

由计算获得的投资回收期（P_t 或 P_t^*）与所确定的基准投资回收期（benchment investment recovery period）（P_c）进行比较来判断方案或项目是否可行，判断准则如下：

（1）当 P_t（或 P_t^*）$\leqslant P_c$ 时，则该方案或项目可行，在经济上可以接受；

（2）当 P_t（或 P_t^*）$> P_c$ 时，则该方案或项目不可行，在经济上应予以拒绝。

4）优点与不足

投资回收期指标可以在一定程度上反映出投资项目或方案中资本的周转速度，具有计算简单、便于理解的优点，具体可以描述为投资回收期越短，周转速度越快，风险越小，则获利越多。所以，在评价技术上资金短缺、迅速更新、不可预见未来情况，但投资者又十分注重资金补偿的投资项目或方案，可以应用投资回收期指标。另外投资回收期指标无法反映投资项目和方案在投资的资金回收之后的经济效果，只反映出投资方案或项目在投资的资金回收之前的经济效果的缺点，这使得该指标不能准确评价及分析投资项目和方案在整个计算期内的经济效果，也不能全面地统筹投资项目或方案在整个计算期内的现金流量。

因此投资回收期在投资方案或项目决策时，要与其他评价方案相结合，其自身仅可作为辅助性评价指标。

2.3.2 借款偿还期（P_d）

1. 概念

借款偿还期是指以国家财政规定及投资项目的具体财务条件为依据，以项目中可偿还贷款的项目收益（包括摊销费、折旧、利润及其他收益）来偿还项目投资借款本金和利息所需要的时间。借款偿还期作为一种重要指标，可以直观地反映出项目借款偿还能力。

2. 应用式

借款偿还期的计算公式为：

$$I_d = \sum_{t=0}^{P_d}(R_p + D + R_0 - R_t)_t \tag{2.3.6}$$

式中：I_d——固定资产投资的借款本金和利息之和；

P_d——固定资产投资的借款偿还期（含建设期）；

R_p——年利润总额；

D——年可用于偿还借款的折旧；

R_0——年可用于偿还借款的其他收益；

R_t——还款期间的年企业留利，可用于偿还借款的其他收益；

$(R_p + D + R_0 - R_t)_t$——项目第 t 年用于还款的总额。

在实际工作中,借款偿还期可根据借款还本付息计算表直接推算(计算单位为年),具体推算公式为:

$$P_d = \begin{pmatrix} 借款偿还后开始 \\ 出现正值的年份 \end{pmatrix} - 1 + \frac{当年应偿还的借款额}{当年可用于还款的收益额} \quad (2.3.7)$$

【例 2-13】 某项目借款还本付息数据见表 2-8,试计算该项目的借款偿还期。

表 2-8 某项目借款还本付息计算表   单位:万元

序号	计算期	1	2	3	4	5	6
1	本年借款						
1.1	本金	400	600				
1.2	利息($i=6\%$)	12	42.72	54.2832	36.5402	14.7326	1.8083
2	还款资金来源			300	400	400	400
2.1	利润总额			200	310	310	310
2.2	用于还款的折旧和摊销			150	150	150	150
2.3	还款期企业留利			50	60	60	60
3	年末借款累计	412	1054.72	809.0032	445.5434	60.276	

各年利息计算如下(单位均为万元):

$I_1 = \frac{1}{2} \times 400 \times 6\% = 12$

$I_2 = \left(400 + 12 + \frac{1}{2} \times 600\right) \times 6\% = 42.72$

$I_3 = \left(400 + 12 + 600 + 42.72 - \frac{1}{2} \times 300\right) \times 6\% = 54.2832$

$I_4 = \left(1054.72 - 300 + 54.2832 - \frac{1}{2} \times 400\right) \times 6\% = 36.5402$

$I_5 = \left(809.0032 - 400 + 36.5402 - \frac{1}{2} \times 400\right) \times 6\% = 14.7326$

$I_6 = (445.5434 - 400 + 14.7326) \times \frac{1}{2} \times 6\% = 1.8083$

借款偿还期为:

$$P_d = (6-1) + \frac{60.276 + 1.8083}{400} = 5.155 (年)$$

3. 评价标准

通过计算获得的借款偿还期以及所确定的贷款机构要求还款期限来比较判断方案或项目是否具有借款偿债能力,判断准则如下。

(1) 若借款偿还期小于贷款机构要求还款期限,表示项目具有借款偿债能力,则该方案或项目可行,在经济上可以接受。

(2) 若借款偿还期大于贷款机构要求还款期限,表示项目不具有借款偿债能力,则该方案或项目不可行,在经济上应予以拒绝。

4. 优点与不足

借款偿还期指标的优势在于可以评价需要尽快还款、尽最大偿还能力的方案或项目,不足在于不能评价预先给定借款偿还期的方案或项目。在评价预先给定借款偿还期的方案或项目时,要应用偿债备付率指标和利息备付率来评价分析其偿债能力。

2.3.3 净现值(NPV)

1. 概念

净现值指的是在整个计算期内投资方案或项目在各年的净现金流量以一个预计的基准收益率(或设定的折现率 i_0)为基准,折现到投资方案开始实施初期的现值之和。作为一种动态评价指标,净现值体现出在计算期内投资方案的获利能力。

2. 应用式

净现值的计算公式为:

$$\text{NPV} = \sum_{t=0}^{n}(\text{CI}-\text{CO})_t(1+i_0)^{-t} \tag{2.3.8}$$

式中:NPV——项目的净现值;

(CI-CO)$_t$——项目第 t 年的净现金流量,其中 CI 表示现金流入,CO 表示现金流出;

i_0——基准收益率;

n——项目的计算期,一般为该项目的寿命周期。

3. 判别准则

净现值作为评价投资方案或项目盈利能力的绝对指标,由计算获得的净现值判断方案或项目是否可行,其判别准则如下:

(1) 若 NPV=0,表示该方案或项目的投资收益率水平恰好达到了行业或部门的基准收益率水平;

(2) 若 NPV>0,表示该方案或项目的投资收益率水平除了达到行业或部门的基准收益率水平之外,还能得到数值为 NPV 的超额收益;

(3) 若 NPV<0,表示该方案或项目的投资收益率水平达不到行业或部门的基准收益率水平。

由此可知,采用净现值对项目进行评价的结论是:当 NPV≥0 时,则该方案或项目可行,在经济上可以接受;若 NPV<0,则该方案或项目不可行,在经济上应予以拒绝。

【例 2-14】 某设备的购价为 50000 元,每年的运营收入为 20000 元,年运营费用 4000 元,4 年后该设备可以按 6000 元转让,如果基准收益率 i_0 为 20%,此项设备投资是否值得?

解:按净现值指标进行评价,有:

$$\text{NPV}(20\%) = -50000+(20000-4000)\times(P/A,20\%,4)+6000\times(P/F,20\%,4)$$
$$= -50000+41419.75+2893.52$$
$$= -5686.73(元)$$

由于 NPV(20%)<0,此项投资在经济上不合理。

在本例中,若保持其他条件不变,只改变基准收益率,如将 i_0 由 20% 调整为 4%,则相应可得:

$$\text{NPV}(4\%) = -50000+(20000-4000)\times(P/A,4\%,4)+6000\times(P/F,4\%,4)$$
$$= -50000+58078.32+5128.83$$

$$=13207.15(元)$$

此时，NPV(4%)>0，即在4%的收益率水平下，该项投资是值得的。

4. 优点与不足

净现值指标的优势在于考虑了资金的时间价值因素，同时考虑了投资方案或项目在寿命周期内的经营情况；该项指标具有确定的经济意义，可以以货币形式表示项目的收益。但净现值指标的不足之处在于需要在计算之前明确一个符合经济现实的基准收益率，而这个基准收益率的确定存在一定难度；净现值不能直接反映投资方案或项目在投资过程中单位投资的使用效率，同时也不能明确表明在整个运营期间投资方案或项目各年的经营成果。

2.3.4 净年值(NAV)

1. 概念

净年值是在某一确定的基准收益率的基础上，将项目计算期内的净现金流量等值换算为等额年值。净年值和净现值二者之间的相同点是：都要以基准收益率为前提，才能进行下一步计算。二者之间的区别是：净年值是将投资过程中的各年的净现金流量换算为等额年值，而净现值是将投资过程中的各年的净现金流量换算为基准期的现值；净年值表示投资方案或项目在整个计算期内每期(年)的等额超额收益，而净现值表示投资方案或项目在整个计算期内获得的超过基准收益率水平的收益现值。在投资方案或项目评价时，同一现金流量的现值和等额年值具有等价和等效性，并且净现值与净年值的评价结果相同；但在多投资方案或项目评价且各方案或项目的计算期不相同时，净年值比净现值更容易操作。

2. 应用式

净年值的计算公式为：

$$NAV = NPV(A/P, i_0, n) = \sum_{t=0}^{n}(CI-CO)_t(1+i_0)^{-t}(A/P, i_0, n) \quad (2.3.9)$$

式中，$(A/P, i_0, n)$ 为资本回收系数。

3. 判别准则

由于 $(A/P, i_0, n)>0$，所以净年值与净现值通常同为正或同为负，故二者在评价同一方案或项目时的结论总是相同的，由计算获得的净年值来判断方案或项目是否可行，其判断准则为：

(1) 当 NAV≥0 时，则该方案或项目可行，在经济上可以接受；

(2) 若 NAV<0 时，则该方案或项目可行，在经济上应予以否定。

2.3.5 内部收益率(IRR)

1. 概念

内部收益率指的是技术方案在净现值为零时的折现率，在数值上表现为当各现金流入的现值之和等于其各现金流出的现值之和时的折现率。

2. 应用式

内部收益率的计算公式可由下列方程求得：

$$\sum_{t=0}^{n}(CI-CO)_t(1+IRR)^{-t} = 0 \quad (2.3.10)$$

式中：IRR——内部收益率；

(CI-CO)$_t$——项目第 t 年的净现金流量。

由此式可知，净现值（NPV）与折现率（i）呈现相反方向的变化。即当 i 值较小时，NPV 为正值；当 i 值较大时，NPV 为负值。所以，区间内一定存在一个 i 值使得 NPV=0。内部收益率的几何意义就是指净现值曲线函数与折现率横坐标轴交点处的折现率值，如图 2-2 所示。

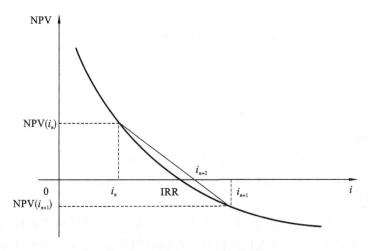

图 2-2　内插法求解 IRR 图解

由于无法直接对图 2-2 中的净现值曲线函数的高次方程进行求解，所以，一般情况下在求解内部收益率（IRR）时，可采用线性插值法求 IRR 的近似解。线性插值法基本思路是：图中净现值曲线上任意两个正负号相反的点的连线必会与横轴相交，当这两点越接近时，所求出的连线交点 i 就会越近似于 NPV 曲线与横轴的交点 IRR，因此可用该交点 i 近似替代 IRR。运用线性插值法求 IRR 的近似解的计算步骤如下：

（1）设初始折现率 i_1，一般以行业的基准收益率 i_0 作为 i_1，由此计算与之对应的净现值 NPV(i_1)。

（2）若 NPV(i_1)≠0，且 NPV(i_1)>0，则取 i_2>i_1；若 NPV(i_1)≠0，且 NPV(i_1)<0，则取 i_2<i_1，并计算与之对应的 NPV(i_2)。

（3）按步骤（2）不断重复选值和计算，直至得到 NPV(i_n)>0，且 NPV(i_{n+1})<0，或 NPV(i_n)<0，且 NPV(i_{n+1})>0，此时运用以下线性内插公式可得到 IRR 的近似值：

$$\text{IRR} = i_n + \frac{\text{NPV}(i_n)}{|\text{NPV}(i_{n+1})| + \text{NPV}(i_n)}(i_{n+1} - i_n) \tag{2.3.11}$$

IRR 所求解的近似值计算结果需要使相应的计算误差控制在许可的范围内，通常以 $|i_{n+1} - i_n|$ 来检验。通常情况下，应满足 $|i_{n+1} - i_n| < 0.05$，否则需要继续重复选值并计算，直到满足要求为止。

【例 2-15】　某项目在期初和第一年分别投资 1200 元、600 元，第二、三、四年均获净收益 800 元，第五年净收益为 500 元，试计算该项目的内部收益率。

解：利用插值法计算。先取 i_1=12%，则有：

NPV(i_1) = $-1200 - 600 \times (1+12\%)^{-1} + 800 \times (1+12\%)^{-2} + 800 \times (1+12\%)^{-3} + 800 \times$

$(1+12\%)^{-4}+500\times(1+12\%)^{-5}=263.59(元)$

由于 $NPV(i_1)=NPV(12\%)>0$，故提高折现率，如取 $i_2=20\%$，有：
$NPV(i_2)=-1200-600\times(1+20\%)^{-1}+800\times(1+20\%)^{-2}+800\times(1+20\%)^{-3}+800\times$
$(1+20\%)^{-4}+500\times(1+20\%)^{-5}=-94.74(元)$

由于 $NPV(i_2)=NPV(20\%)<0$，此时可做插值计算，有：

$$IRR=i_1+\frac{NPV(i_1)}{|NPV(i_2)|+NPV(i_1)}(i_2-i_1)$$
$$=12\%+\frac{263.59}{|-94.74|+263.59}\times(20\%-12\%)=17.88\%$$

3. 判别准则

由计算获得的内部收益率(IRR)与所确定的基准收益率(i_c)进行比较来判断方案或项目是否可行，其判断准则如下：

(1) 当 $IRR\geq i_c$ 时，该方案或项目可行，在经济上可以接受；

(2) 当 $IRR<i_c$ 时，该方案或项目不可行，在经济上应予以拒绝。

4. 优点与不足

内部收益率指标的优点在于避免了提前确定基准收益率(如净现值等指标)，因为考虑了整个计算期内投资方案或项目的经济状况以及投资资金的时间价值，所以在指标计算时仅是明确基准收益率的大致范围即可。不足之处在于计算过程较为繁琐，计算过程要考虑大量与投资方案和项目相关的数据。一些投资方案或项目自身具有非常规现金流量，内部收益率通常有多个，或者在特定情形下其内部收益率是不存在的。

2.3.6 投资收益率(R)

1. 概念

投资收益率指的是项目在达到设计生产能力后的某一正常生产年份，投资方案净收益总额与该方案投资总额的比值。投资收益率可以对投资方案获利水平进行评价，表明在正常生产年份中投资方案的单位投资每年创造的年净收益额。当投资方案在正常生产年份内各年的净收益额变化幅度较大时，可将达到设计生产能力后一个正常生产年份的年平均净收益额与投资总额的比值作为投资收益率。

2. 应用式

按照不同的分析目的，投资收益率可划分为两种类型：总投资收益率(ROI)和资本金净利润率(ROE)。

1) 总投资收益率

总投资收益率表示总投资的盈利水平，其计算公式为

$$ROI=\frac{EBIT}{TI}\times100\% \tag{2.3.12}$$

式中：ROI——总投资收益率；

EBIT——正常生产年份技术方案的年息税前利润或运营期内年平均息税前利润；

TI——技术方案总投资(包括建设投资、建设期贷款利息和全部流动资金)。

2) 资本金净利润率

资本金净利润率表示技术方案资本金的盈利水平,其计算公式为:

$$\text{ROE} = \frac{\text{NP}}{\text{EC}} \times 100\% \quad (2.3.13)$$

式中:ROE——资本金净利润率;

NP——正常生产年份技术方案的年净利润或运营期内年平均净利润(净利润＝利润总额－所得税);

EC——技术方案资本金。

3. 判别准则

由计算获得的投资收益率(R)与所确定的基准投资收益率(R_c)进行比较来判断方案或项目是否可行,其判断准则为:

(1) 当$R \geq R_c$时,则该方案或项目可行,在经济上可以接受;

(2) 当$R < R_c$时,则该方案或项目不可行,在经济上应予以拒绝。

若多个投资方案进行比较,在各个方案均满足$R \geq R_c$的基础上,投资收益率越大的方案越好。

4. 优点与不足

投资收益率指标优势在于有确定和直观的经济意义,并且计算简单易行,在反映各种投资方案的效果上也具备一定优势。不足之处在于没有考虑投资资金所具有的时间价值,这就导致了在评价投资收益中资金的时间因素被忽视,并且在指标计算过程中主观随意性太强,这体现在对正常生产年份的选择上。所以,投资收益率不能作为投资决策的决定性评价指标,只能作为投资决策的参考依据。

2.4 风险与不确定性经济分析方法

工程项目投资决策是面向未来的,项目评估存在一定程度的不确定性和风险,这是由于使用的数据大多来源于估算和预测。为了最大程度地避免投资决策失误,进行风险和不确定性分析是十分必要的。

风险分析可以分类为定性分析和定量分析。定量分析主要是概率分析方法,主要包括蒙特卡罗分析法和概率树分析。在进行概率分析时,首先对项目有影响的风险变量,例如产品的成本、建设工期、销售量、投资、销售价格等进行调查分析,进而得到相应发生的状态和概率,在此基础上计算 IRR、NPV 等的概率分布,并最终得到项目可能发生偏离的概率和偏离预期目标的程度。

概率分析可以从定量的角度明确项目从经济上可行转化为不可行的可能性,这为项目风险程度的确定提供了参考,与此同时项目决策者也获得了决策依据。

工程项目的不确定性分析其实最终可以概括为产品售价、销售量、项目寿命、经营成本等因素的变化对项目经济评价指标产生的影响。这种影响的强弱程度可以体现出项目方案对某因素的敏感性。项目决策者和项目投资者应十分重视这些敏感因素。

工程项目不确定性分析的方法有敏感性分析和盈亏平衡分析。敏感性分析和风险分析不仅适用于财务评价,还适用于国民经济评价,但盈亏平衡分析只适用于财务评价。

2.4.1 敏感性分析

1. 什么是敏感性分析

广义上讲,敏感性分析是指单一影响因素的不确定性给经济效果带来的不确定。具体而言,就是在指定的范围内,某一拟建项目的各个影响因素(成本、投资、产量等)的变化,导致经济效果指标(如投资利润、回收期、内部收益率等)的变化。对经济效果指标敏感性大的影响因素要给予重视,严加管控;而对敏感性较小的影响因素,管控力度可以小一些。

2. 建设项目的不确定因素

敏感性分析分为单因素敏感性分析和多因素敏感性分析。在分析单因素敏感性时,假定其他因素不变,只计算某一因素的变动对经济评价指标的影响程度,也可以表述为各个因素之间是相互独立的。在进行多因素敏感性分析时,要考虑多个不确定因素同时发生变化的情况。属于道路工程项目的不确定因素的有交通量(或运输周转量)、运输成本、日常养护管理费用、初始投资、年收益、年成本、寿命期等。

在计算道路建设项目的年收益时要用到交通量与运输成本,并且日常养护管理费就是项目的年成本。所以年成本、残值、贷款利率、初始投资、寿命期、年收益属于建设项目的不确定因素。为了便于敏感性分析,对于某些项目,年成本和年收益可以综合为年净收益。并不是所有的不确定因素都需要敏感性分析,在进行敏感性分析时可以按以下原则进行筛选:一是在确定性经济评价中,对某因素的数据准确性把握不大;二是在可能的变动范围内,某因素的变动对方案的经济评价指标产生明显影响。

3. 敏感性分析的目的和步骤

1) 敏感性分析的目的

敏感性分析的目的如下。

(1) 对敏感性不同的方案进行区分,进而遴选出敏感性小的方案,即风险小的方案。

(2) 为提高经济分析的可靠性,确定敏感性强的因素,以向决策者提出是否需要进一步搜集资料,作为研究的依据。

(3) 为了控制不确定性因素,把握不确定性因素的变化范围,哪种方案的经济效果最好,在什么变化范围内效果最差。

2) 敏感性分析的步骤

一般进行敏感性分析步骤如下。

(1) 选定要分析的不确定因素。不确定因素主要包括产品售价、产品产量、可变成本、建设期贷款利率、外汇汇率、资源价格、固定资产投资等。

(2) 确定敏感性分析的经济评价指标。在进行敏感性分析时,通常只对包括投资回收期、财务内部收益率、财务净现值等在内的重要指标进行分析。需要注意的是,敏感性分析的指标应与经济评价采用的指标保持一致,这是因为敏感性分析是在确定性经济评价的基础上进行的。

(3) 计算评价指标的变动值,这些变动值是由不确定因素变动引起的。首先就所选定的不确定因素设定若干级变动幅度,然后计算与每级变动相应的经济评价指标值,最后通过敏感性分析图或敏感性分析表的形式构建出一一对应的数量关系。

(4) 计算敏感度系数并排序。敏感度系数的计算公式如下:

$$\beta = \Delta A / \Delta F \qquad (2.4.1)$$

式中,β 为评价指标 A 对于不确定因素 F 的敏感度系数;ΔA 为不确定因素 F 发生 ΔF 变化率时,评价指标 A 的相应变化率(%);ΔF 为不确定因素 F 的变化率(%)。

(5)得到变动因素的临界点。超过临界点,项目的效益指标将丧失可行性。首先明确临界值的概念,它是项目可以接受的不确定因素向不利方向转变的极限值。当投资提高到某个值时,内部收益率将等于基准收益率,该点就为建设投资上升的临界点。临界点可由敏感性分析图直接求得近似值,也可用专用软件得出。当某一变量的变化达到一定数值或者一定的百分比时,可用临界点百分比或者临界值来表示项目评价指标从可行转变为不可行。

以项目财务目标为基础所做的敏感性分析称为财务敏感性分析,以项目经济目标为基础所做的敏感性分析称为经济敏感性分析。

根据考虑的变动因素的数目不同,敏感性分析可以分为单因素敏感性分析和多因素敏感性分析。

4. 单因素敏感性分析

单因素敏感性分析是假设其他因素不发生变化,仅考虑一个因素的变化的敏感性分析。

【**例 2-16**】 某公路项目投资方案的初始投资为 1000 万元,每年效益为 220 万元,年养护成本为 20 万元,寿命期为 10 年,不计残值,基准折现率为 10%,试对该方案进行敏感性分析。

解:(1)以年净效益、初始投资、寿命期为拟分析的不确定因素。

(2)选择项目的内部收益率为评价指标。

(3)本方案的现金流量表见表 2-9。

表 2-9 投资方案的现金流量表　　　　　　　　单位:万元

年份 项目	1	2	3	4	5	6	7	8	9	10
1. 现金流入		220	220	220	220	220	220	220	220	220
1.1 年效益		220	220	220	220	220	220	220	220	220
2. 现金流出	1000	20	20	20	20	20	20	20	20	20
2.1 初始投资	1000									
2.2 年养护成本		20	20	20	20	20	20	20	20	20
3. 净现金流量	−1000	200	200	200	200	200	200	200	200	200

方案的内部收益率可由公式(2.3.11)求得:IRR=13.70%。

(4)计算初始投资、年净效益、寿命期变化对内部收益率的影响,结果见表 2-10。

表 2-10 因素变化对内部收益率的影响

	−20%	−10%	基本方案	10%	20%
初始投资	20.24	16.68	13.70	11.17	8.98
年净效益	7.99	10.91	13.70	16.39	18.98

	-20%	-10%	基本方案	10%	20%
寿命期	9.20	11.81	13.70	15.10	16.15

(5) 计算方案对各因素的敏感度：

$$\beta = \frac{\text{评价指标变化的幅度}(\%)}{\text{不确定性因素变化的幅度}(\%)} \qquad (2.4.2)$$

对于本方案而言：

$$\text{初始投资平均敏感度} = \frac{|8.98-20.24|\div 20.24}{40} = 1.39\%$$

$$\text{年净效益平均敏感度} = \frac{(18.98-7.99)\div 7.99}{40} = 3.44\%$$

$$\text{寿命期平均敏感度} = \frac{(16.15-9.20)\div 9.20}{40} = 1.89\%$$

显然，内部收益率对年净效益变化的反应最为敏感。

内部收益率的敏感性分析图见图 2-3。

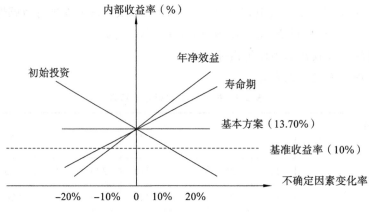

图 2-3 单因素敏感性分析图

5. 多因素敏感性分析

在进行敏感性分析时，单因素敏感性分析虽然方法简单，但存在一定不足，它并没有考虑各因素之间的相关性。而多因素敏感性分析没有忽略各因素之间的相关性，可以反映几个因素同时变动对项目产生相互影响，较单因素分析，更能全面地揭示事物的本质，更贴近实际情况。所以，在进行敏感性分析时，进行多因素敏感性分析是十分必要的，可以克服单因素分析的局限性。

【例 2-17】 项目有关数据见表 2-11。如果不确定因素是初始投资和年销售收入，并考虑它们同时发生变化，试通过净年值指标对该项目进行敏感性分析。

表 2-11 方案参数估计表

指标	初始投资（万元）	残值（万元）	年销售收入（万元）	年经营成本（万元）	寿命（年）	内部收益率（%）
数值	15000	2000	6000	2500	6	10

解:令 x 及 y 分别代表初始投资和年销售收入变化的百分数,则项目必须满足下式才能可行:
NAV$=-15000(1+x)(A/P,10\%,6)+6000(1+y)-2500+2000(A/F,10\%,6)\geqslant 0$
即 $y-0.574x+0.0525\geqslant 0$

做双参数敏感性分析图(见图2-4),得到两个区域:在直线左上方的区域,NAV>0;在直线右下方的区域,NAV<0,NAV>0 的区域占优势。

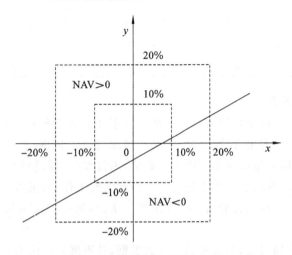

图 2-4 双参数敏感性分析图

6. 三项预测值敏感性分析

在进行多因素敏感性分析时,会出现多种因素不同变动幅度的多种组合,这使得计算过程较单因素敏感性分析要更加繁琐。在这里介绍一种最不利-最有利组合法,这种方法采用三项预测值敏感性分析,但仅适用于指标计算比较简单的情况。当不确定因素取最不利或最有利的变化值时,对经济评价指标的影响是最显著的,也是最有价值的。对一个或多个连续变化的不确定因素进行离散处理,得出最不利变化值、中间值及最有利变化值,并将三者进行组合,以此对技术方案进行敏感性分析。

【例 2-18】 某企业准备投资工程项目,方案的投资、年净效益及寿命数据见表2-12,试就这三项因素按最有利、中间值和最不利三种情况,进行净现值敏感性分析,基准折现率为10%。

表 2-12 因素变化值

因素变化情况	投资(万元)	年净效益(万元)	寿命(年)
最不利(P)	480	69.3336	8
中间值(M)	400	86.6670	10
最有利(O)	320	104.0004	12

解:计算过程见表2-13,在表2-13中最大的NAV是388.63万元,为投资、年净效益及寿命均处于最有利状态时;最不利组合时的净现值为-110.11万元。

表 2-13　净现值的敏感性分析

投资（万元）	年净效益（万元）								
	(P)			(M)			(O)		
	寿命期								
	(P)	(M)	(O)	(P)	(M)	(O)	(P)	(M)	(O)
(P)	−110.11	−53.98	−7.85	−17.64	52.53	110.52	74.83	159.04	228.63
(M)	−30.11	26.02	72.42	62.36	132.53	190.52	154.83	239.04	308.63
(O)	49.89	106.02	152.42	142.36	212.53	270.52	234.83	319.04	388.63

7. 敏感性分析的局限性

敏感性分析对识别出影响项目经济效果的敏感因素及其影响程度有所帮助，并且敏感性分析为决策者全方位了解投资方案出现的经济效果变动情况提供了依据，在此基础上决策者为了提高项目的经济效果，设法采取措施减少不利因素的影响，不仅如此，通过对方案的比较，对比各种方案对影响因素的敏感度，可以选出敏感度小的方案。但在实际工作中，通常盈利越大，投资就会越多，同时风险就会增大，风险小、盈利大的情况极少出现。所以，每一种决策的做出受到决策者对待风险态度的影响。

敏感性分析存在一定局限性，不管项目是什么类型，其不确定性因素对项目经济效果的影响都不是独立存在的，并且各个因素发生的概率和变化的幅度大小也不是确定的，敏感性分析不能就某个因素的变化对经济效果影响的可能性大小进行确定。例如在实际项目中，某敏感因素在未来可能发生变动的概率很大，必须考虑其变动对项目经济效果的影响；与此相对应的某敏感因素在未来可能发生变动的概率很小，完全可以不考虑该因素的影响。敏感性分析在解决以上这些问题上有所欠缺，而风险概率分析方法可以实现。

2.4.2　风险分析

1. 概述

1）风险概率分析的概念

风险分析可以分为定性分析和定量分析。定量分析主要是概率分析方法，主要包括蒙特卡洛模拟法和概率树分析。在进行概率分析时，首先对项目有影响的风险变量，例如产品的成本、建设工期、销售量、投资、销售价格等进行调查分析，进而得到相应的发生状态和概率，在此基础上计算IRR、NPV 等的概率分布，并最终得到项目可能发生偏离的概率和偏离预期目标的程度。

概率分析可以从定量的角度明确项目从经济上可行转化为不可行的可能性，这为项目风险程度的确定提供了参考，与此同时项目决策者也获得了决策依据。

2）风险因素识别方法

概率分析时，一般选用可以反映项目可行性的评价指标。这些指标包括经济内部收益率、经济净现值、财务内部收益率、财务净现值等关键评价指标。

确定对项目评价指标有决定性影响的关键变量是风险因素识别的目的所在。其识别方法如下。

(1) 敏感性分析。

在敏感性分析结果的基础上,将最为敏感的因素视为概率分析的关键变量。

(2) 资料分析法。

以类似项目的历史资料为基础,确定对项目有决定性影响的关键变量。

(3) 专家调查表。

在了解拟建项目所在行业的生产技术状况、市场需求、发展趋势等基础上,结合专家调查和定性分析,确定关键变量。

2. 风险概率估计

1) 风险变量概率的种类

风险变量概率分为主观概率和客观概率。

(1) 主观概率是在人们的经验基础上结合主观推断,从而得到的概率。另外,也可通过对有经验的专家调查获得或由评价人员的经验获得。这两种方法获得的主观概率可信度不同,后者的可信度较前者要低一些。

(2) 与主观概率不同,客观概率是指在基本条件不发生变化的情况下,在对类似事件多次观察试验并统计结果的基础上得到的各种结果发生的概率。

但在实际项目建设中,由于项目建设具有单件性的特点,各项目建设之间从外部条件到内部条件都存在较大的不同,因此,一般难以获得项目风险分析中变量的客观概率,项目风险分析中变量的主观概率的获得较为容易,且所占比重较大。

2) 确定变量概率分布的步骤

(1) 针对项目的适用范围,得到项目可能出现的状态。以产品市场销售量为例,可能出现不同的状态,可描述为高销售量、中等销售量、低销售量。在此基础上再进行划分,又可以划分为很高、高、中、低、很低。

(2) 在上一阶段完成后,再进一步明确在特定状态区间内发生的概率或者可能发生的各种状态的概率。

3) 变量通常的概率分布

(1) 离散型概率分布。

离散型随机变量的可能值的个数是有限的。以生产成本的状态为例,分为高、中、低三种,并且三种状态的概率和为1,那么其分布就是离散型概率分布。

(2) 连续型概率分布。

连续型概率分布的随机变量的取值可以充满整个区间范围,并且不能通过一一列举的形式将这些变量罗列出来。以产品销售价格的界限为例,其上限为a,下限为b,在两者之间存在着无限的可能取值,此时产品的销售价格就可以看作是一个连续型的随机变量。通常用概率密度和分布函数来表示连续型随机变量的概率分布。

① 正态分布。

正态分布特点是密度函数以均值为中心对称分布,如图2-5所示,这是一种最常用的概率分布,其均值为$\bar{x}$,方差为σ^2,用$N(\bar{x}, \sigma^2)$表示。当$\bar{x}=0$,$\sigma^2=1$时,称为标准正态分布,用$N(0,1)$表示。正态分布适用于描述一般经济变量的概率分布,如销售量、售价、产品成本等。

②三角形分布。

三角形分布的特点是密度函数是由最大值、最可能值和最小值构成的对称或不对称的三角形(见图 2-6)。三角形分布适用描述工期、投资等不对称分布的输入变量,也可用于描述产量、成本等对称分布的变量。

③β 分布。

β 分布的特点是密度函数的最大值在两边不对称分布(见图 2-7),适用于描述工期等不对称分布的变量。

④经验分布。

经验分布的密度函数并不适合于某些标准的概率函数,是根据统计资料及主观经验估计的非标准概率分布,它适合于项目评价中的所有各种输入变量。

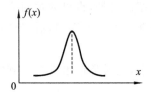
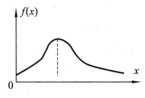

图 2-5 正态分布概率密度图　　图 2-6 三角形分布概率密度图　　图 2-7 β 分布概率密度图

4) 变量概率分析指标

描述变量概率分布的指标有期望值、方差、标准差和离散系数。

(1) 期望值。

期望值是变量的加权平均值。对于离散变量,期望值 $\bar{x}$ 的计算式如下:

$$\bar{x} = \sum_{i=1}^{n} x_i P_i \tag{2.4.3}$$

式中:n——离散变量的状态数;

x_i——离散变量的第 i 种状态下变量的值;

P_i——离散变量的第 i 种状态出现的概率。

(2) 方差。

方差描述了变量偏离期望值的大小。对于离散变量,有:

$$S^2 = \sum_{i=1}^{n} (x_i - \bar{x})^2 P_i \tag{2.4.4}$$

方差的平方根称为标准差,记为 S。

(3) 离散系数。

离散系数描述了变量偏离期望值的离散程度,记为 β。

$$\beta = S/\bar{x} \tag{2.4.5}$$

5) 风险变量概率的确定方法

(1) 主观估计法:由项目评价人员或个别专家估计。

(2) 专家调查法:专家调查法的具体步骤如下:

①以被调查问题的性质为中心,由掌握调查变量现状及未来发展规律的专家和具备经验的工作人员组成专家组。

②专家独立使用书面形式反映出被调查变量可能存在的状态或状态范围以及相应的概率。

③对专家组成员的意见进行汇总梳理,将专家组成员意见的期望值求取出来的同时就意见的分歧进行统计,并将整理结果反馈给专家组。

④在收到反馈结果后,专家组成员要探讨分析意见不一致的根源。探讨完毕后,专家组成员再次独立填写变量可能存在的状态以及相应的概率,重复以上步骤一两次,在专家意见一致程度达到要求值才可终止。

【例 2-19】 调查某项目的建设成本,项目评价中采用的当年类似项目建设成本为 100 万元,请了 10 位专家对该项目建设成本可能出现的状态及其概率进行专家预测,预测结果见表 2-14,试计算建设成本的概率分布、期望值、标准差及离散系数。

解: 对 10 位专家预测的各种建设成本的相应概率进行平均计算,得出建设成本的概率分布,见表 2-15。

根据表 2-15,计算出建设成本的期望值为:

$$\bar{x} = \sum_{i=1}^{5} P_i x_i = 8\% \times 80 + 14.7\% \times 90 + 55\% \times 100 + 15.3\% \times 110 + 7\% \times 120 = 99.86(万元)$$

建设成本的标准差为:

$$S^2 = \sum_{i=1}^{n}(x_i - \bar{x})^2 P_i$$
$$= (80-99.86)^2 \times 8\% + (90-99.86)^2 \times 14.7\% + (100-99.86)^2 \times 55\%$$
$$+ (110-99.86)^2 \times 15.3\% + (120-99.86)^2 \times 7\%$$
$$= 89.98(万元)$$

$$S = 9.49(万元)$$

离散系数为:$\beta = S/\bar{x} = 9.49/99.86 = 9.5\%$

表 2-14 专家预测意见汇总表

专家序号 \ 建设成本(万元) 概率(%)	80	90	100	110	120
1	10	15	45	20	10
2	15	25	40	15	5
3	10	15	60	10	5
4	5	12	65	13	5
5	10	15	55	15	5
6	10	15	50	15	10
7	5	15	55	15	10
8	5	10	60	15	10

续表

概率(%) \ 建设成本(万元) \ 专家序号	80	90	100	110	120
9	10	10	50	20	10
10	0	15	70	15	0

表 2-15 专家意见处理表

建设成本(万元)	80	90	100	110	120
概率(%)	8.0	14.7	55.0	15.3	7.0

3. 项目风险评价方法

1) 概率树分析

(1) 假设各风险变量之间不存在关联,项目的净现值、内部收益率等指标的获得要通过各风险变量不同种状态取值的不同组合来实现。内部收益率、净现值的概率在数值上体现为各个风险变量所处状态发生概率的乘积,是各风险变量所处状态的联合概率。

若风险变量有 $A、B、C……M$,

每个输入变量有状态 $A_1, A_2, …… A_{n_1}$;

$B_1, B_2, …… B_{n_2}$;

…… ……

$M_1, M_2, …… M_{n_m}$,

各种状态发生的概率为:

$$\sum_{i=1}^{n_1} P_i A_i = 1, \sum_{i=1}^{n_2} P_i B_i = 1, ……, \sum_{i=1}^{n_m} P_i M_i = 1$$

则各种状态组合的联合概率为: $P\{A_i\} \times P\{B_i\} …… \times P\{M_i\}$,这种状态组合和相应的联合概率为 $n_1 \times n_2 \times … \times n_m$ 个。

(2) 平均指标(净现值或内部收益率等)按由小到大的顺序排列,罗列出联合概率和从小到大的累计概率。然后绘制以评价指标为横轴、以累计概率为纵轴的累计概率曲线。并计算评价指标的期望值、标准差、方差和离散系数。

(3) 由累计概率(或累计概率图)计算 $P\{NPV(i_c) < 0\}$ 或 $P\{IRR < i_c\}$ 的累计概率,同时也可获得:

$$P\{NPV(i_c) \geqslant 0\} = 1 - P\{NPV(i_c) < 0\}$$
$$P\{IRR \geqslant i_c\} = 1 - P\{IRR < i_c\}$$

概率树方法在以下两种情况下不能使用:风险变量数和每个变量的状态数大于三个,由于状态组合数过多,故不能使用概率树方法;各风险变量之间存在关联,不是相互独立时同样不适用概率树方法。

2）概率树分析案例

【例 2-20】 某项目有两个风险变量：固定资产投资和年净收入，其估算值分别为 5400 万元和 1124 万元，项目寿命期 8 年，基准收益率 10%。两个风险变量经调查认为每个变量有三种状态，其概率分布见表 2-16，试计算其净现值 NPV 的期望值和 NPV≥0 的概率。

表 2-16 变量概率分布

不确定因素 \ 概率 \ 变化率	+20%	0	-20%
固定资产投资	0.6	0.3	0.1
年净收入	0.5	0.4	0.1

解：每个变量有三种状态，共组成 9 个财务评价数据组合，见图 2-8 中 9 个分支。方框内的数字表示风险变量各种状态发生的概率。

（1）NPV 期望值的计算。

①分别计算各种可能发生事件发生的概率：

$$P_1 = 0.6 \times 0.5 = 0.30$$
$$P_2 = 0.6 \times 0.4 = 0.24$$

依此类推，结果见图 2-8。

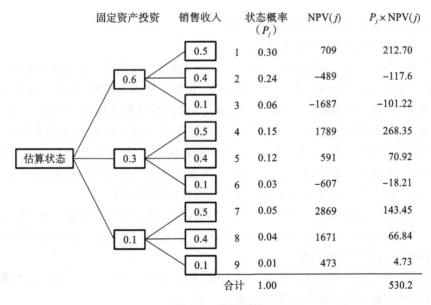

图 2-8 概率树图

②分别计算项目在各种状态下的净现值 $NPV(j)$ ($j=1,2,\cdots,9$)。

③将各事件发生的概率与其净现值分别相乘，得出加权净现值，然后将各个加权净现值相加，求得净现值的期望值为 530.2 万元。

(2) 计算净现值大于等于零的概率：
$$P(NPV \geqslant 0) = 1 - 0.24 - 0.06 - 0.03 = 0.67$$

3) 蒙特卡洛模拟法

在进行概率树分析时，一旦项目风险变量大于三个，可能出现的状态就可能无法估量，例如连续型随机变量就存在无限种状态，概率树分析方法几乎不可能实现。在这种情况下就要应用蒙特卡洛模拟法分析研究。蒙特卡洛模拟法的原理是：首先用随机抽样的方法抽取一组输入变量的数值，然后根据输入数值计算内部收益率、净现值等评价指标。只要保证随机抽样的次数足够多，采用这种方式就可以得到有关评价指标的概率分布、累计概率分布、方差、标准差、期望值等统计指标，并对项目由可行转变为不可行的概率进行计算，进而估算出项目投资风险。

(1) 蒙特卡洛模拟法的步骤。

①明确进行风险分析采取的评价指标。

②明确对评价指标产生重要影响的风险变量。

③在调查以及专家分析的基础上，确定风险变量的概率分布。

④抽取每个风险变量的随机数。

⑤将随机数转换成每个风险变量的抽样值。

⑥各风险变量的抽样值共同组成一组项目评价基础数据。

⑦以组成的基础数据为基础，计算评价指标值。

⑧对第④环节至第⑦环节进行重复，直至达到预定模拟次数后终止。

⑨对得到的评价指标的期望值、标准差、方差和概率分布累计概率进行整理，并将累计概率图绘制出来。

⑩统计项目评价指标大于基准值的累计概率。

(2) 蒙特卡洛模拟法应用时要注意的问题。

①输入变量的分解程度。假定风险变量之间没有关联性，应用蒙特卡洛模拟法进行风险分析时可能出现输入变量的分解程度问题。通常情况下，变量分解得越粗略，变量个数少，模拟可靠性越差；分解程度越高，变量个数越多，模拟可靠性越好，但获得结果速度慢。所以，在确定变量的分解程度时，要充分考虑风险变量之间的相关性。若风险变量本来是相关的，而在模拟中被理解为独立变量进行抽样，这样就会得出错误结论；若变量分解程度过高，通常易出现变量之间有相关性，例如产品销售收入与产品数量和产品价格有关，产品销售量通常与售价成负相关，而不同产品的价格之间存在或正或负的关系。可采取以下办法来避免这种问题的出现。

a. 控制输入变量的分解程度。以销量与售价为例，若销量同售价存在相关性，则可视销量与价格为一个变量；若二者没有相关性，则将二者视为两个变量。又例如若产品结构不变，那么不同产品虽有不同价格，也可采用平均价格。

b. 控制风险变量个数。应用蒙特卡洛模拟法时，除关键变量外，其他变量默认在期望值以上，从而只选取对评价指标有重大影响的关键变量。

c. 深度搜寻相关信息以得到变量之间的相关性，并构建函数关系。

②蒙特卡洛法的模拟次数。理论条件下，为了保证结果的正确性，模拟次数越多越好。但在实际操作中，要考虑到费用成本问题，同时后期的计算结果整理也需要时间和人力。所以，把握好模拟的次数尤为重要。模拟次数过多，要投入过多的时间和精力；模拟次数过少，则不能体现随机分

布的特征,对研究结果的可靠性也会产生影响。通过分析论证,通常保持在200～500次。

4. 风险决策

1) 风险态度与风险决策准则

风险条件下,决策行为是由风险决策人的风险态度决定,即使是同一风险决策问题,风险决策人的风险态度不同,所做出的风险决策一般也会不同。风险厌恶、风险中性和风险偏爱是三种典型的风险态度表现形式。风险决策人可有以下决策准则:满意度准则、最小方差准则、期望值准则和期望方差准则。

2) 风险决策准测

(1) 满意度准则。

因时空的限制性和风险决策人理性的有限性,在实际操作中,找到所有方案和比较所有方案都是不可能实现的,找到最优方案的成本太高。所以,最优准则只存在于纯粹的逻辑推理中,而在实际操作中,就要遵循满意度准则进行决策。

满意度准则不仅适用于风险偏爱决策人,而且同样适用于风险厌恶决策人。这体现在满意度准则一方面是决策人预期要达到的收益水平,另一方面也是决策人预期避免的损失水平。以下情况宜使用满意度准则决策:①找出最优方案的费用过高;②必须进行决策但还未得到其他方案的有关资料。

(2) 期望值准则。

期望值准则是根据各备选方案指标损益值的期望值大小进行决策的。如果指标值为越大越好的损益值,则应选择期望值最大的方案;如果指标为越小越好的损益值,则选择期望值最小的方案。由于不考虑方案的风险,实际上隐含了风险中性的假设。因此,只有当决策者风险态度为中性时,此原则才能适用。

(3) 期望值方差准则。

通过风险厌恶系数 A 将期望值和方差化为一个以标准 Q 进行决策的准则。

$$Q = \bar{x} - AS \qquad (2.4.6)$$

式中,风险厌恶系数 A 的取值范围从 0 到 1,越厌恶风险,取值越大。通过 A 取值范围的调整,可使 Q 值适合任何风险偏好的决策者。

(4) 最小方差准则。

通常情况下,方案指标值的方差越大,方案的风险就越大。这一原则适用于风险厌恶型的决策人选择风险较小的方案。这种方法过于保守,它不是追求最大收益而是一种避免最大损失的准则。

5. 风险控制

风险控制的四种基本方法有:风险回避、损失控制、风险转移和风险保留。

1) 风险回避

风险回避是投资主体有意识地放弃风险行为,完全避免特定的损失风险,也可以理解为投资主体有意识地将损失机会降低到零。比如,在货物运输时,业主为了避免承担货物入库前的损失风险,业主可以让供货商承担货物进入业主仓库之前的损失风险。

简单的风险回避不仅让投资者放弃风险行为,也放弃了潜在的目标收益,所以是一种最消极的风险处理办法。通常在以下情况采用风险回避。

①投资主体不能消除或转移风险;

②有可实现同样目标的且风险低的其他方案；
③投资主体不能承担该风险，或承担该风险得到的补偿不能得到满足；
④投资主体对风险极端厌恶。

2）损失控制

损失控制是在特定风险不能避免的情况下，采取行动降低与风险有关的损失的处理方法。在安全生产过程中，损失控制是很实用的。损失控制分为事前、事中和事后三个阶段。损失控制是通过制定计划和采取措施来降低损失的可能性或减少实际损失，而不是放弃风险行为。事前控制主要是为了降低损失的概率，事中、事后控制目的是降低实际的损失。各阶段都应把握重点以减少相应的管理费用。

3）风险转移

通过契约将让渡人的风险转移给受让人承担的行为称为风险转移。由于风险转移会让更多的人共同承担风险，或者受让人预测和控制损失的能力比风险让渡人要强，所以风险转移过程有时会很大程度上降低经济主体的风险程度。

(1) 合同转移。

经济主体以签订合同的形式，把部分或全部风险转移给一个或多个其他参与者。

(2) 保险转移。

任何在保险公司可保范围内的险种，经济主体都可以以投保的形式把风险部分或全部转移给保险公司，这也是最为广泛的风险转移方式。

4）风险保留

风险保留又称为风险承担。当损失发生时，经济主体可以通过当时可利用的任何资金进行支付。无计划自留、有计划自我保险是风险保留的两种形式。

(1) 无计划自留。

由风险造成的损失在收入中支出的方式称为无计划自留，这种方式并非是在损失前就做出的资金安排。无计划自留方式承担风险适用于经济主体未意识到风险并认为不会发生损失，或将意识到的与风险有关的最大可能损失明显低估的情况。但需要注意的是，若实际总损失远大于预计损失，会造成资金周转困难，这种情况下应谨慎使用无计划自留方式。

(2) 有计划自我保险。

为了确保可能的损失发生后可以及时获得资金补偿，在可能的损失发生前就做出各种资金安排的方式称为有计划自我保险。建立风险预留基金是有计划自我保险的主要形式。

【本章要点】

1. 现金流量图的绘制。
2. 复利计算方法。
3. 经济分析指标的计算。
4. 单因素敏感性分析方法。
5. 风险变量概率分析指标的计算。
6. 用概率树进行项目风险分析。
7. 风险决策方法和风险控制方法。

【思考与练习】

1. 如何理解资金的时间价值?
2. 现金流量图由哪些要素构成?
3. 现金流量图的绘制方法及规则是什么?
4. 单利与复利的区别是什么?试举例说明。
5. 什么是终值、现值、年金?
6. 什么是名义利率、实际利率?
7. 常用的经济分析指标有哪些?
8. 确定基准收益率应考虑哪些因素?
9. 什么是敏感性分析?其目的和步骤是什么?
10. 连续型风险概率分布有哪几种?
11. 项目风险评价方法是什么?
12. 险决策和风险控制的方法各是什么?
13. 有一现金流量序列,第1年年末为400万元,在以后的9年中,每年的增长率为20%,年利率为5%,求该现金流量序列的现值及等价的等额年金。
14. 有三种设备投资方案均可满足道路施工需要,各方案的投资与年营运费用见下表,设备使用寿命10年,基准折现率为15%,问哪个方案最好?

方案	1	2	3	方案	1	2	3
投资(万元)	25	21	23	年营运费(万元)	3	4.5	5

15. 设基准折现率为10%,试比较下表所示两个投资方案的优劣。

方案	初始投资(万元)	年营运费用(万元)	年收入(万元)	寿命(年)
1	1000	5	150	15
2	1500	3	200	20

16. 某施工机械有两种不同型号,其有关数据如下表,单位为元,利率为10%,购买哪种型号的机械比较经济?

方案	初始投资	年经营收入	年经营费用	残值	寿命(年)
A	120000	70000	6000	20000	10
B	90000	70000	8500	10000	8

3 道路建设项目评价

3.1 道路建设项目评价概述

社会的进步和发展,需要大量工程项目建设活动来为人类提供基础设施和生产、生活的物质条件。一方面,按照可持续发展的要求,任何一项工程建设活动,不仅要追求最佳的经济效果,同时还要追求最佳的生态环境效果和社会效果,以适应经济、生态环境和社会协调发展的要求;另一方面,实现同一目标可以有不同的工程技术措施和方案。那么,如何判别和选取既符合可持续发展要求、又能取得最佳综合效果的工程建设方案呢?这需要对道路工程项目进行经济、生态环境和社会等各方面效果的系统评价工作来提供决策信息。

道路建设项目评价就是在工程建设方案技术可行性论证的基础上,对各方案的经济效果、生态环境效果和社会效果等进行深入系统分析,并根据分析结果采用科学方法选择综合效果最佳的工程建设方案。

道路建设项目评价包括财务评价、国民经济评价、环境评价、社会评价等。

3.2 道路建设项目财务评价

3.2.1 财务评价的概念

财务评价是根据国家现行财税制度和价格体系,计算项目的财务效益和费用,编制财务报表,计算财务指标,考察项目盈利能力、清偿能力等财务状况,以判别财务可行性。对于中外合资公路建设项目、世界银行贷款公路建设项目以及其他必须偿还建设投资的公路建设项目,都必须做财务评价。在财务评价中,所考察的是项目的清偿能力和盈利能力,追求的是企业盈利最大,考察的对象是项目本身的直接效益和直接费用。由于评价范围较窄,故称为微观评价。

财务评价的主要作用有如下几个方面:

(1) 使投资者弄清项目计算期内的现金流动情况,以决定如何筹措资金,如何安排运用资金和偿还债务;

(2) 使投资者弄清在国家现行财税制度和现行价格条件下,建设项目能给投资者带来多大的盈利;

(3) 与项目的国民经济评价指标比较,根据比较结果做出项目决策,并为国家制定价格、税收、利率等政策提供参考。

3.2.2 财务评价的主要内容

1. 确定项目总投资

公路建设项目总投资由建设期费用(包括贷款利息等)、大、中修及养护费用,管理系统费用组成。

建设期费用估算的依据是交通运输部、住房和城乡建设部及其他有关部门颁布的关于投资估算的规定及方法,如公路项目可依据《公路工程估算指标》《公路工程基本建设项目投资估算编制办法》等进行估算。

根据道路等级合理安排运营期间各年养护费,合理确定大、中修年份及费用。

根据道路收费管理部门的配置情况,确定各年管理费用。

2. 确定项目建设资金来源

(1) 公路建设项目资金来源一般分为国家基建计划内建设资金(以下称"计划内资金")和国家基建计划外建设资金(以下称"计划外资金")两类。

计划内资金来源有政府预算内投资,例如拨款或拨改贷;政府特别贷款,例如银行财政发行重点工程建设债券;建设银行贷款;国外贷款,如世界银行贷款;专项资金,如交通能源重点建设基金的返还部分,车辆购置附加费;自筹资金,如地方养路费,地方发行的道路建设债券。

计划外资金来源有中外合资和外商独资。

(2) 需进行财务评价的公路建设项目的资金来源可分为国内贷款和国外贷款两类。

国内贷款的资金来源为国家计划内的拨改资金和地方发行的道路建设债券。

国外贷款的资金来源为国际金融机构贷款、外国政府贷款、国外私人贷款、外商独资和中外合资。

利用国外贷款的项目应充分了解贷款方式及贷款类型,以便准确估算负债程度及还贷能力。根据贷款的期限长短,贷款方式可分为长期、中期、短期贷款。公路建设项目一般采用长期贷款。根据贷款利息高低,贷款类型可分为无息、低息、中息和高息贷款。

如何选择各种建设资金来源比例是十分重要的,尤其是贷款比例。贷款越多,负债越重,财务评价时所采用的综合折现率越高,对财务评价指标就越不利。因此,从财务评价角度来看,项目贷款以较少为宜。贷款应控制在合理范围内,既不超过项目的还贷能力,又能保证一定的盈利能力。

3. 确定道路收费标准及过路费总收入

如何确定道路的收费标准是一个十分复杂的问题,目前尚无统一的规定。影响收费标准的因素很多,主要应考虑的因素有:道路使用者所获得的效益、道路使用者对于收费的负担能力和接受能力、不同车型车辆对道路的损坏程度、道路建设费用的投资利率、还贷期限及投资的最小回收期等。在实际工作中,应通过综合比较分析后加以确定。标准太低会达不到预期的收益,标准太高则会引起交通量的转移,同样会影响收费总收入。

公路项目的财务收入除主要来自过路费收入外,同时也可能会有一些配套服务、开发性设施的营业(销售)收入。

4. 清偿能力分析

对于贷款建设的项目,需要进行建设项目的清偿能力分析,考察计算期内各年的财务状况及偿债能力,以防止财务状况的恶化和长期负债现象。清偿能力分析的重点是财务风险和借款偿还期,常用以下两项指标来反映。

(1) 资产负债率。资产负债率是反映项目各年所面临的财务风险及偿债能力指标,计算公式为:

$$资产负债率=(负债合计/资产合计)\times 100\% \qquad (3.2.1)$$

它表明项目资产总额中,债权人提供资金所占的比重,即项目资产对债权人权益的保障程度。资金负债率越小,表明项目的长期偿债能力越强。

(2) 借款偿还期。借款偿还期是指在国家财务规定及项目具体财务条件下,项目建成投入运营后可用于还款的资金,偿还借款本金和利息所需的时间,以年表示,其计算公式为:

$$借款偿还期=从建设初期到出现盈余的年份数-1+\frac{当年应偿还的借款额}{当年可用于还款的资金额} \qquad (3.2.2)$$

当借款偿还期满足贷款机构的要求期限时,即认为项目具有偿还能力。

3.2.3 财务评价的主要内容

财务评价的主要内容是对项目进行现金流量分析、静态获利性分析、动态获利性分析、财务报表分析。

3.2.4 财务评价的步骤

1. 编制财务评价的基本报表

财务评价的基本报表有财务现金流量表、损益表、资金来源与运用表、资产负债表、财务外汇平衡表等。

1) 财务现金流量表

财务现金流量表反映在项目计算期内各年的现金收支(现金流入和现金流出),用以计算各项动态指标和静态指标,进行项目财务盈利性分析。按投资计算的基础不同,财务现金流量表分为全部投资财务现金流量表、国内投资财务现金流量表以及自有资金财务现金流量表。

全部投资财务现金流量表:该表设定全部投资(包括固定资产投资和流动资金)均为自有资金,用以计算全部财务内部收益率、财务净现值及投资回收期等指标。

国内投资财务现金流量表:该表适用于涉及外资的项目,以国内资金(包括国家预算内投资、国内贷款和自筹资金等)作为计算的基础,用以计算国内投资财务内部收益率、财务净现值等指标。

有些项目也可根据需要计算自有资金财务内部收益率,只需将"国内资金"改为"自有资金","国外贷款"本金、利息偿还改为"全部借款"本金、利息偿还。

2) 损益表

损益表反映项目计算期内各年的利润总额、所得税及税后利润的分配情况,用以计算投资利润率、投资利税率和资本利润率等指标。

3) 资金来源与运用表

该表反映项目计算期内各年资金盈余或短缺情况,用于选择资金筹措方案,制定适宜的借款及偿还计划,并为编制资产负债表提供依据。

4) 资产负债表

该表综合反映项目在计算期内各年资产、负债和所有者权益增减变化及对应关系,以考察项目资产、负债、所有者权益的结构是否合理,用以计算资产负债率、流动比率及速动比率,进行清偿能力分析。

5) 财务外汇平衡表

该表适用于有外汇收支的项目,用以反映项目计算期内各年外汇余缺程度,进行外汇平衡分析。

6) 借款还本付息表

该表反映项目偿还固定资产借款以前,各年借款、应计利息及偿还本金的状况,用于计算项目的固定资产投资借款偿还期。

以上各基本报表见表 3-1～表 3-7。

表 3-1 现金流量表(全部投资)   单位:万元

序号	项目 \ 年序	建设期		投产期		达到设计能力生产期			合计
		1	2	3	4	5	6	... n	
	生产负荷(%)								
1	现金流入								
1.1	产品销售								
1.2	回收固定资产余值								
1.3	回收流动资金								
1.4	项目间接效益								
2	现金流出								
2.1	固定资产投资								
2.2	流动资金								
2.3	经营成本								
2.4	销售税金及附加								
2.5	所得税								
2.6	特种基金								
3	净现金流量(1−2)								
4	累计净现金流量								
5	所得税前净现金流量 (3+2.5+2.6)								
6	所有税前累计净现金流量								

计算指标:财务内部收益率: 所得税后   所得税前
    财务净现值:($i_s=$ %)   ($i_s=$ %)
    投资回收期:

注:①根据需要可在现金流入和现金流出栏里增减项目;②生产期发生的更新投资作为现金流出可单独列项或列入固定投资项中。

表 3-2　现金流量表(自有资金)　　　　　　　　　　　　　　单位:万元

序号	项目＼年序	建设期		投产期		达到设计能力生产期			合计
		1	2	3	4	5	6	⋯ n	
	生产负荷(%)								
1	现金流入								
1.1	产品销售(营业)收入								
1.2	回收固定资产余值								
1.3	回收流动资金								
2	现金流出								
2.1	自有资金								
2.2	借款本金偿还								
2.3	借款利息支付								
2.4	经营成本								
2.5	销售税金及附加								
2.6	所得税								
2.7	特种基金								
3	净现金流量								

　　　　　　　　　　　　　　　　　　所得税后　　　　所得税前

计算指标:财务内部收益率:

　　　　　财务净现值:($i_s=$　　%)　　($i_s=$　　%)

注:①同表 3-1 注;②自有资金是指项目投资人的出资额。

表 3-3　损益表　　　　　　　　　　　　　　　　　　　　　　单位:万元

序号	项目＼年序	投产期			达到设计能力生产期			合计
		3	4	5	6	⋯	n	
	生产负荷(%)							
1	产品销售(营业)收入							
2	销售税金及附加							
3	总成本费用							
4	利润总额(1−2−3)							
5	所得税							
6	税后利润(4−5)							
7	特种基金							

续表

序号	项目 \ 年序	投产期			达到设计能力生产期			合计
		3	4	5	6	…	n	
8	可供分配利润(6-7)							
8.1	盈余公积金							
8.2	应付利润							
9	未分配利润 累计未分配利润							

注：利润总额应根据国家规定先调整为应纳税所得额（如减免所得税、弥补上年度亏损等），再计算所得税。

表3-4 资金来源与运用表　　　　　　　　　　　　　　　　　单位：万元

序号	项目 \ 年序	建设期		投产期		达到设计能力生产期			合计
		1	2	3	4	5	6	…	n	
	生产负荷(%)								
1	资金来源								
1.1	利润总额								
1.2	折旧费								
1.3	摊销费								
1.4	长期借款								
1.5	流动资金借款								
1.6	其他短期借款								
1.7	自有资金								
1.8	其他								
1.9	回收固定资产余值								
1.10	回收流动资金								
2	资金运用								
2.1	固定资产投资								
2.2	建设期利息								
2.3	流动资金								
2.4	所得税								
2.5	特种基金								
2.6	应付利润								
2.7	长期借款本金偿还								

续表

序号	项目＼年序	建设期		投产期		达到设计能力生产期				合计
		1	2	3	4	5	6	…	n	
2.8	流动资金借款本金偿还									
2.9	其他短期借款本金偿还									
3	盈余资金									
4	累计盈余资金									

表 3-5 资产负债表　　　　　　　　　　　　　　　　　　单位：万元

序号	项目＼年序	建设期		投产期		达到设计能力生产期				合计
		1	2	3	4	5	6	…	n	
1	资产									
1.1	流动资产总额									
1.1.1	应收账款									
1.1.2	存货									
1.1.3	现金									
1.1.4	累计盈余资金									
1.2	在建工程									
1.3	固定资产净值									
1.4	无形及递延资产净值									
2	负债及所有者权益									
2.1	流动负债总额									
2.1.1	应付账款									
2.1.2	流动资金借款									
2.1.3	其他短期借款									
2.2	长期借款									
2.3	所有者权益									
2.3.1	资本金									
2.3.2	资本公积金									
2.3.3	累计盈余公积金									
2.3.4	累计未分配利润									

计算指标：1. 资产负债率(%)：
　　　　　2. 流动比率(%)：
　　　　　3. 速动比率(%)：

表 3-6 财务外汇平衡表　　　　　　　　　　　　　　　　　单位:万美元

序号	年序\项目	建设期		投产期		达到设计能力生产期			合计
		1	2	3	4	5	6	… n	
1	外汇来源								
1.1	产品销售外汇收入								
1.2	外汇借款								
1.3	其他外汇借款								
2	外汇运用								
2.1	固定资产投资中外汇支出								
2.2	进口原材料								
2.3	进口零部件								
2.4	技术转让费								
2.5	偿付外汇借款本息								
2.6	其他外汇支出								
2.7	外汇余缺								

注:①其他外汇借款包括自筹外汇等;②技术转让费是指生产期支付的技术转让费。

表 3-7 借款还本付息计算表　　　　　　　　　　　　　　　单位:万元

序号	年序\项目	建设期		投产期		达到设计能力生产期		
		1	2	3	4	5	6	… n
1	借款及还本付息							
1.1	年初借款本息累计							
1.1.1	本金							
1.1.2	建设期利息							
1.2	本年借款							
1.3	本年应计利息							
1.4	本年还本							
1.5	本年付息							
2	偿还借款本息的资金来源							
2.1	利润							
2.2	折旧							
2.3	摊销							
2.4	其他资金							
	合计(2.1+2.2+2.3+2.4)							

2. 进行项目的财务分析

通过上述基本报表,可以计算出一系列静态和动态的分析评价指标,以此来分析项目的获利能力、偿还能力、资金流动性、外汇效果和不确定性。国内项目不编制资产负债表时,不必做资金流动性分析。项目财务评价的步骤及评价指标如图 3-1 所示。

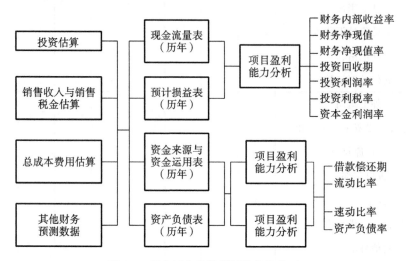

图 3-1 财务评价步骤及评价指标体系

3.2.5 财务评价指标

公路建设项目的财务盈利能力分析主要采用财务内部收益率(FIRR)、财务净现值(FNPV)、财务效益成本比(FBCR)和财务投资回收期(FN)4 项指标,其计算公式和分析评价方法也与内部收益率法、净现值法、效益成本比法和投资回收期法相同,这里使用的费用与效益分别为财务费用与财务收入,基准折现率采用财务折现率,因而冠以"财务"二字,以便区别。

在以上 4 项财务评价指标中,财务内部收益率反映了项目所占用资金的单位盈利率;财务净现值反映了项目在计算期内盈利的绝对数量;财务效益成本比反映了单位成本所获得的收益;财务投资回收期反映了项目在财务上的投资回收能力。

财务评价时采用的财务基准折现率对评价指标的计算结果影响很大,实际工作中应根据资金成本率,并考虑一定数额的目标利益及投资风险予以确定。

同时,为了考察项目在财务方面的抗风险能力,应对财务内部收益率等评价指标及借款偿还期做敏感性分析。

3.3 道路建设项目国民经济评价

国民经济评价是项目经济评价的核心部分,它从国家整体角度考察项目的效益和费用,考察的对象包含项目在内的国民经济系统,除了计算项目的直接效益和直接费用外,还要计算分析项目的间接效益和间接费用,即项目的外部效果。由于评价的范围较广,故称为宏观评价。

3.3.1 交通量和运输成本

1. 交通量

公路项目交通量与经济效益计算有直接联系，应予以区分。

交通量通常由正常交通量、转移交通量、诱增交通量三部分组成，它是计算项目效益的基本数据。在评价中，要根据经济发展情况确定各年预测值。

正常交通量是指根据自然变化趋势形成的交通量，它不受建设项目的影响。

转移交通量是指从其他运输方式（如铁路、水运）转移而来的交通量和从其他相关道路转移而来的交通量。转移交通量是由于建设项目提供了便捷的联系、较短的运输时间及较低的运输成本，对运输用户形成新的吸引力而产生的。

诱增交通量指原来没有发生，由于新建（或改建）公路导致运输成本降低而产生的交通量。诱增交通量由两部分组成：一部分是潜在运输量，由于未建公路，运输不便或经由其他途径的运输成本太高而不值得运输，公路修建后便产生了这部分运输的交通量；另一部分是公路建成后提供了便利的运输条件，改善了当地投资环境，因而刺激了当地经济活动（如新建工厂等）所带来的新的运输量而产生的。

由于项目的经济效益计算采用有无对比法，因此交通量也可相应地划分为有此项目条件下的交通量和无此项目条件下的交通量。其交通量构成如下。

有此项目条件下的交通量：新建项目的新路交通量包括由相关道路转移而来的交通量、由其他运输方式转移而来的交通量以及诱增交通量；老路交通量为各相关道路部分交通量转移到新路后留下的交通量。

改、扩建项目的新路交通量包括正常交通量、由其他相关道路转移而来的交通量、由其他运输方式转移来的交通量以及诱增交通量；老路交通量为其他相关道路中部分交通量转移后留下的交通量。

无此项目条件下的交通量：老路交通量为原路正常交通量。

正常交通量产生的效益是改建或扩建项目与无改建或扩建项目的运输成本之差所形成的效益。

转移交通量产生的效益分为两部分：一部分是通过比较转移交通量在拟建项目与其他道路或其他运输方式线路上的运输成本、运行时间的差异后所形成的；另一部分是继续留在老路或其他运输方式线路没有转移的交通量，由于运输环境改善而产生的效益，称为减少拥挤的效益。

在计算其他运输方式转移的交通量产生的效益时，可假定由其他运输方式承担的运输量先合理转移到现有道路网上，然后在运输走廊范围内进行二次转移，转移到拟建道路上。这样便可将由其他运输方式转移而来的交通量产生的效益与相关道路转移而来的交通量产生的效益合并计算，这是一种简化方法。

按照国内外的习惯做法，诱增交通量所产生的效益，按正常交通量情况下运输成本差额的一半计算。

2. 汽车运输成本

汽车运输成本是公路运输承运者进行客、货运输所消耗的以货币形式所表示的一切费用，一般由车辆费用和企业管理费组成。车辆费用是指营运车辆从事运输生产所发生的工资、燃料、轮胎、保修、大修、折旧、养路费、运输管理费、提取的职工福利基金、车船使用税等。企业管理费指承运者为组织和管理运输生产所发生的各种管理费用和业务费用。企业管理费一般分为企业管理部门管理费、车队管理费和车站管理费。

影响汽车运输成本的因素很多，如道路技术等级、路况（路面质量）、车速、交通量、汽车车型、客货种类、实载率、燃料价格等。影响运输成本变化的重要因素之一是平均技术速度，而平均技术速度与公路等级、交通量大小密切相关。为便于计算，可根据调查资料，按公路等级分别建立交通量-车速模型和车速-汽车运输成本模型，来测算汽车运输成本。

按照经济效益评价原则，汽车运输成本也和交通量划分相对应，分为有此项目的运输成本和无此项目的运输成本，具体情况如下。

(1) 有此项目的运输成本分为：新路成本，即道路升级后的运输成本；老路成本，即一部分交通量转移后的老路运输成本。

(2) 无此项目的运输成本分为：基年成本，即无此项目时老路的基年成本；老路成本，即无此项目条件下的老路运输成本。

由于各条公路每年的交通量都在发生变化，上述 4 个影响成本的因素中，除基年成本外，老路成本和新路成本每年都是不同的，在计算项目效益时要特别注意。

3.3.2 经济效益测算

公路建设项目直接经济效益指全社会公路使用者所获得的效益，包括节约运输费用，减少拥挤，缩短里程，节约货物、旅客在途时间，减少交通事故，减少货损事故等。

1. 节约运输费用

节约运输费用是指公路建设项目实施后使得客、货运输成本降低。新建公路的运输成本降低额，按没有此公路的旅客、货物通过其他公路或其他运输方式的运输成本，与有此项目时的汽车运输成本的差额计算。改建公路的运输成本降低额，按公路未经改建时评价年度交通量状况下的客、货运输成本，与经过改建在同一交通量水平下所能达到的客、货运输成本的差额计算。其计算公式如下：

$$B_{hj} = (C_{h\omega} - C_{hy}) \cdot Q_h \cdot L \tag{3.3.1}$$

$$B_{kj} = (C_{k\omega} - C_{ky}) \cdot Q_k \cdot L \tag{3.3.2}$$

式中：B_{hj}、B_{kj}——公路新建、改建使得货运成本降低得到的效益和客运成本降低得到的效益（万元）；

$C_{h\omega}$、$C_{k\omega}$——对于新建公路，指无此项目时货物和旅客分别通过其他运输方式的单位运输成本，元/(kt·km)、元/(千人·km)；对于改建公路，分别指公路未经改建时评价年度交通量状况下的单位货运成本(元/(kt·km))和单位客运成本(元/(千人·km))；

C_{hy}、C_{ky}——对于新建项目，分别指有此项目时通过此公路运输的单位货运成本(元/(kt·km))和单位客运成本(元/(千人·km))；对于改建项目，指货物和旅客通过此改建后公路运输的单位成本(元/(kt·km)、元/(千人·km))；

Q_h、Q_k——新建公路、改建公路的货运量（吨）和客运量（人）；

L——新路的长度（km）。

式中，新路的货(客)运量可以通过相应的交通量换算求得。换算公式为：

$$Q_h(Q_k) = \text{新路的货(客)车日交通量} \times \text{平均吨(座)位} \times \text{实载率} \times 365 \text{ 天} \quad (3.3.3)$$

确定货运量 Q_h 和客运量 Q_k 时应注意以下情况。

新建项目的货、客运输量由转移货、客运输量(由其他公路或其他运输方式转移而来)和诱增货、客运输量组成，其中诱增货、客运输量产生的效益按一半计取。

改建项目的货、客运输量由正常货、客运输量，转移货、客运输量及诱增货、客运输量组成，其中诱增货、客运输量产生的效益按一半计取。

2. 减少拥挤

当无此项目时，原有相关公路的交通量不断增加，平均技术车速不断下降，导致单位运输成本不断提高。有此项目后，因原有相关公路部分交通量转移到拟建公路上，原有相关公路交通量下降，拥挤减少，原应不断提高的单位运输成本降低，从而形成减少拥挤的效益，其计算公式为：

$$B_{hy} = (C_{h\omega} - C_{hyy}) \cdot Q_h \cdot L_y \quad (3.3.4)$$

$$B_{ky} = (C_{k\omega} - C_{kyy}) \cdot Q_k \cdot L_y \quad (3.3.5)$$

式中：B_{hy}、B_{ky}——由于新建或改建公路使原有相关公路减少拥挤的货运和客运效益(万元)；

$C_{h\omega}$、$C_{k\omega}$——无此项目时，原有相关公路货、客运输的单位成本(元/(kt·km)、元/(千人·km))；

C_{hyy}、C_{kyy}——有此项目时，原有相关公路减少拥挤后相应的货、客运输的单位成本(元/(kt·km)、元/(千人·km))；

Q_h、Q_k——原有相关公路部分交通量转移到拟建公路后，剩余的货物、旅客运量(吨、人)；

L_y——相关公路里程(km)。

3. 缩短里程

公路改建或新建一般可以缩短里程，以节约客、货运输费用。缩短里程产生的效益计算公式为：

$$B_{hd} = C_{ho} \times Q_{hd} \times L \quad (3.3.6)$$

$$B_{kd} = C_{ko} \times Q_{kd} \times L \quad (3.3.7)$$

式中：B_{hd}、B_{kd}——因公路改建或新建缩短里程而降低的货、客运成本(万元)；

C_{ho}、C_{ko}——无此项目时，货、客运的老路运输成本(元/(kt·km)、元/(千人·km))；

Q_{hd}、Q_{kd}——有此项目时，新路的货、客运量(吨、人)；

L——新路比老路缩短的里程(km)。

4. 节约货物、旅客在途时间

1) 节约货物在途时间

节约货物在途时间的价值，以货物运送速度提高引起资金周转期缩短而获得的效益来考虑，按在途物资所需资金利息(国民经济评价时采用的社会折现率)的减少支出量计算。《建设项目经济评价方法与参数》给出的公式为：

$$B_{hs} = P_r \times Q_h \times I \times T/24 \times 365 \quad (3.3.8)$$

式中：B_{hs}——节约货物在途时间的效益(万元)；

P_r——在途货物平均(影子)价格(元/t)；

Q_h——新建或改建公路货运量(t)；

I——社会折现率(现阶段,国家计委规定为12%);

T——项目节约的运输时间(h)。

需要说明的是,式(3.3.8)计算的仅是途中节约时间的效益,而不是比较货物送达速度的差别(货物运输期加待运期的时间节约),即货物待运期节约的时间效益未包括在内,只限于节约途中运输货物的时间。另外,考虑当前公路运输的经营水平,大都昼夜连续运送,因此,有一种处理方法是把16 h的在途时间作为减少1 d的货物流动资金周转时间。因此,可将式(3.3.8)改为:

$$B_{hs} = P_r \times Q_h \times I \times T/16 \times 365$$

2) 节约旅客在途时间

节约旅客在途时间可从创造更多的国民收入来考虑。国家计委1993年颁布的《建设项目经济评价方法与参数》中规定,节约旅客在途时间的效益以客运量中的生产人员数计算,并考虑节约的时间只有一半用于生产目的,计算公式如下:

$$B_{ks} = (I_c \times Q_k \times T/8 \times 365)/2 \tag{3.3.9}$$

式中:B_{ks}——节约旅客在途时间的效益(万元);

I_c——计算年度生产人员的年均国民收入(元/人);

Q_k——新建或改建公路上的客运量(人);

T——项目节约的运输时间(h)。

国民收入应以评价年度的第一年(项目开工的当年)的价格为基准计算,评价年度期间,价格不考虑物价总水平上涨影响。

应该说明的是,有时人均国民收入是按全社会总人口统计求出,则客运量指客运总数。

5. 减少交通事故

拟建项目实施后可减少交通事故,其节约的费用以事故率差及事故平均损失费用计算,即

$$B_{jsh} = P_{jsh} \times (J_\omega - J_y) \times M \tag{3.3.10}$$

式中:B_{jsh}——减少交通事故节约的费用(万元);

P_{jsh}——公路交通事故平均损失费(万元/次);

J_ω——无此项目的事故率(次/(万车·km));

J_y——有此项目的事故率(次/(万车·km));

M——车辆行驶量(万车·km)。

交通事故率损失费可以参照现有事故赔偿及处理情况确定。无项目和有项目的事故率可以参照统计资料及预测数据确定,但无项目时的事故不应套用统计数字,而应考虑未来交通量条件下无项目时的事故增长因素。

6. 减少货损事故的效益

减少公路货损事故所取得的效益,按货损率差及评价年度在途货物平均价格计算,其计算公式为:

$$B_{ssh} = (S_\omega - S_y) \cdot Q_h \cdot P_r \tag{3.3.11}$$

式中:B_{ssh}——因货损事故减少节约的费用(万元);

S_ω——无此项目时的货损率(%);

S_y——有此项目时的货损率(%);

Q_h——货物量(t);

P_r——在途货物平均价格(元/t)。

3.3.3 经济费用测算

公路建设项目的经济费用可分为两部分：一部分为公路建设期的工程费；另一部分是运营期的经济费用，包括日常养护费用、大修工程费用、交通管理费等。

经济费用的测算常在工程投资估算的基础上进行，通过对影子价格做相应的调整来获得。主要步骤如下。

(1) 调整项目的直接转移支付。项目的直接转移部分由于不增减国民收入，只是由于项目的实施而使建设单位付出代价或得到补贴，因此这部分费用应予以剔除。例如，剔除建筑安装工程费中的税金和供电补贴。

国内转移支付分两部分：一是对政府的转移支付，如税金、补贴等；二是信贷转移支付，如国内借款利息等。

(2) 剔除预留费用中的建设期物价上涨费。

(3) 对建筑安装工程费用中的人工费用可用影子工资调整，对主要材料(木材、钢材、水泥、沥青等)和电力用影子价格调整。

(4) 用土地的影子费用代替其他费用的实际土地占用费。

(5) 涉及外汇借款时，用影子汇率计算外汇借款本金与利息偿还额。

(6) 以负值计入残值费用，残值一般取为公路项目经济费用的50%。

(7) 必要时，计入项目的其他外部费用，如环保费用等。

3.3.4 公路建设项目的经济评价参数

在公路建设项目国民经济评价中，项目的效益及费用的测算涉及许多经济参数，而影子价格的概念十分重要，它是正确确定经济评价参数的前提。

1. 影子价格的概念

影子价格是指资源最优分配条件下的价格，又称计算价格或调整价格，是一种虚拟价格。其经济含义是：在一定技术水平条件下，资源获得的最大效用反映了资源的稀缺性和使用价值。当前，我国市场经济不发达及经济管理存在欠缺，因而市场价格偏离了实际价值，现行市场价格的扭曲不能正确地为项目的经济评价做出合理判定。因此必须将市场价格做出相应调整，形成影子价格。实践中一般把国际市场价格作为影子价格，即认为国际市场具有完全的竞争条件，接近于供求平衡价格。

在确定影子价格时，将项目的投入物分为外贸货物、非外贸货物和特殊投入物三种类型来分别考虑。

2. 一般投入物影子价格的确定方法

公路项目的国民经济评价只涉及使用投入物的影子价格，当利用市场价格调整方法确定项目投入物的影子价格时，应按照国家颁布的有关规定，重点调整建设项目中费用与效益占有较大比重及市场价格明显扭曲的投入物价格。

1) 外贸货物的影子价格

外贸货物是指生产或使用将直接或间接影响国家进出口的货物。项目投入物中的外贸货物分为直接进口产品(国外产品)、间接进口产品(国内产品,挤占其他企业的投入物使其增加进口,如木材、钢材及铁矿等的大量进口)、减少出口产品(国内产品,挤占原来用于出口、现在也能出口的产品,如石油、煤炭、有色金属等)三类。

外贸货物的影子价格以实际可能发生的口岸价格为基础确定。离岸价格(F.O.B)指的是出口货物的离岸交货价格;到岸价格(C.I.F)指的是进口货物到达本国口岸的价格。

①直接进口产品的影子价格(SP)等于到岸价格(C.I.F)乘以影子汇率(SER),再加上国内运输费用(T_1)和贸易费用(T_{r_1}),即

$$SP = C.I.F \times SER + (T_1 + T_{r_1}) \qquad (3.3.12)$$

②间接进口产品的影子价格(SP)等于到岸价格(C.I.F)乘以影子汇率,再加上口岸到原用户的运输费用(T_2)及贸易费用(T_{r_2}),减去供应厂到原用户的运输费用(T_3)及贸易费用(T_{r_3}),再加上供应厂到拟建项目的运输费用(T_4)及贸易费用(T_{r_4}),再加上供应厂到拟建项目的运输费用(T_4)及贸易费用(T_{r_4}),即

$$SP = C.I.F \times SER + (T_2 + T_{r_2}) - (T_3 + T_{r_3}) + (T_4 + T_{r_4}) \qquad (3.3.13)$$

原供应厂和用户难以确定时,可按直接进口考虑。

2) 非外贸货物的影子价格

非外贸货物指其生产或使用不影响国家进出口的货物。非外贸货物中一类是"天然"的非外贸货物,如公路港口等,另一类是由于运输费用过高或受国内外贸易政策和其他条件限制不能进行贸易的货物。

公路建设项目投入物中非外贸货物的影子价格按以下原则和方法确定。

①能通过原有企业挖潜(不增加投资)增加供应的长线货物,按可变成本分解定价。

②在拟建项目计算期内需通过增加投资、扩大生产规模来满足拟建项目需要的短线货物,按全部成本(包括可变成本和固定成本)分解定价,当难以获得分解成本所需的资料时,可参照国内市场价格定价。

非外贸货物的分解成本(影子价格)与财务价格的比值即为换算系数。将某种非贸易货物的财务价格乘以换算系数,即为该货物的影子价格。对于供求基本平衡,市场机制对其供求影响较为充分的货物换算系数取定为1。对于外贸货物,在不考虑国内运费及贸易费用的情况下,该换算系数就是口岸价格与财务价格的比值。在国家计委颁布的《建设项目经济评价方法与参数》中,列出了统一测定的部分货物影子价格(或影子价格换算系数),可直接使用,但要注意其附加条件和说明。

3) 贸易费用

国民经济评价中的贸易费用是指物资系统、外贸公司和各级商品批发站等部门花费在货物流通过程中的以影子价格计算的费用(不包括长途运输费用)。

贸易费用率是计算贸易费用的一个系数,国家计委规定,一般为6%,对少数价格高、体积及重量较小的货物取值可适当降低。由贸易费用率计算货物贸易费用时使用下列公式。

$$进口货物的贸易费用 = 到岸价格 \times 影子汇率 \times 贸易费用率 \qquad (3.3.14)$$

$$出口货物的贸易费用 = (离岸价格 \times 影子汇率 - 国内长途费用) \div (1 + 贸易费用率) \times 贸易费用率 \qquad (3.3.15)$$

$$非外贸货物的贸易费用 = 出厂影子价格 \times 贸易费用率 \qquad (3.3.16)$$

不经商贸部门流转而由生产厂家直供的货物,不计贸易费用。

3. 特殊投入物影子价格的确定方法

公路项目的特殊投入物在性质上不同于一般的投入物,如劳动力、土地、资金等,其影子价格的确定方法各不相同。

1) 社会折现率

社会折现率是从国民经济角度对资金机会成本和资金时间价值的估量,也就是资金的影子价格。它是国民经济评价的重要参数,是计算经济净现值指标或其他等值换算时采用的折现率,也是衡量经济内部收益率的依据。

社会折现率由国家统一测定发布,目前我国社会折现率规定值为12%。

2) 影子汇率

影子汇率是从国民经济角度对外汇价值的估量,是外汇的影子价格。在国民经济评价中,影子汇率用于外汇与人民币之间的换算,同时又作为经济换汇或节汇成本的判断依据。影子汇率取值的高低,直接影响项目(或方案)比选中进出口的抉择,影响对产品进口替代型项目和产品出口型项目的决策。

按国家计委的规定,我国进行国民经济评价时,用国家外汇牌价乘以影子汇率换算系数得到影子汇率,即

$$影子汇率 = 影子汇率换算系数 \times 官方汇率 \tag{3.3.17}$$

其中,影子汇率换算系数是一个重要的通用参数,国家计委曾规定影子汇率换算系数为1.08。我国汇率并轨后,国家外汇牌价已基本反映了国际市场的真实价格,在这种情况下,换算系数为1,影子汇率可取为外汇买入价与卖出价的平均值。

3) 影子工资

劳动力的影子价格就是影子工资。影子工资是指建设项目使用劳动力,国家和社会为此付出的代价。影子工资由劳动力的边际产出(劳动力的边际产出是指一个建设项目占用的劳动力,在其他使用机会下可能创造的最大效益)和劳动力就业或转移而引起的社会资源消耗两部分构成。在国民经济评价中,影子工资作为项目费用。

影子工资可通过财务评价所用的工资及福利费之和乘以工资换算系数求得。根据我国劳动力状况、结构以及就业水平,一般影子工资换算系数为1。对于就业压力大的地区占用大量非熟练劳动力的项目,影子工资换算系数可小于1;对于占用大量短缺的专业技术人员的项目,影子工资换算系数可大于1。影子工资换算系数由国家统一测定发布。

4) 土地的影子费用

土地的影子费用可按土地机会成本加国民经济为项目占用土地而新增加的资源消耗(如拆迁费用、剩余农业劳动力安置费等)确定。土地机会成本指土地被项目占用后所丧失的所有其他各种可能被利用机会中所产生的最大效益。

计算土地机会成本时,应根据占用土地的种类,分析项目计算期内技术、环境、政策、适宜性等多方面的约束条件,选择该土地可行的2~3种替代用途(包括现行用途)进行比较,以其中净效益最大者为计算基础。

土地机会成本可按下式计算:

$$OC = \sum_{t=1}^{n} B_0 (1+i)^{t+r} (1+R)^{-t}$$
$$= B_0 (1+i)^{r+1} \left[\frac{1 + (1+i)^n (1+R)^{-n}}{R-i} \right], R \neq i \quad (3.3.18)$$
$$= n B_0 (1+i)^r, R = i$$

式中：OC——土地单位面积的机会成本；

n——项目占用土地年限，一般为项目计算期；

B_0——基年土地的"最好可行替代用途"的单位面积净效益；

r——基年（即土地在可行替代用途中净效益测算年）距项目开工年年数；

t——年序数；

i——土地最好可行替代用途的年平均净效益增长率；

R——社会折现率。

建议项目实际征地费用可分为三部分：属于机会成本性质的费用，如土地补偿费、青苗补偿费；新增资源消耗费用，如拆迁费用、剩余劳动力安置费、养老保险费等；转移支付，如粮食开发基金、耕地占用税等。

根据效益和费用划分的原则，在国民经济评价中，前两部分费用应按影子价格进行调整，而第三部分则不计入费用。

4. 公路建设项目主要投入物的影子价格

公路建设项目主要投入物有钢材、木材、水泥、沥青等，现分别介绍其影子价格的计算方法。

1) 钢材的影子价格

钢材属国家外贸进口货物，是公路建设项目的主要投入物，应进行价格调整，求得其影子价格。

若能直接调查到项目使用的钢材到岸价格，则影子价格为到岸价乘以影子汇率加贸易费用和国内运输费用。

若采用国家计委颁布的《建设项目经济评价方法与参数》中已给定的钢材影子价格，则还应加上国内运输费用和贸易费用。

2) 木材的影子价格

木材是公路项目的主要投入物之一，属外贸进口货物。一种是直接进口；另一种是间接进口。原供应厂和用户难以确定的，可按直接进口计算。按直接进口计算时，影子价格等于到岸价乘影子汇率加贸易费用和国内运输费用。

木材到岸价可直接调查得到，也可采用《建设项目经济评价方法与参数》中给定的数据。

3) 水泥的影子价格

水泥是公路项目的主要投入物。若采用进口水泥，其影子价格为到岸价加贸易费用和国内运输费用。若采用国内水泥，则应按非外贸货物处理，水泥在国内市场供需基本平衡，其影子价格换算系数为1，因此，国内水泥影子价格为出厂价再加上贸易费用和国内运输费用。

4) 沥青的影子价格

沥青是公路项目的主要投入物之一。采用国内石油沥青时，沥青的影子价格等于沥青出厂价乘以影子价格换算系数，再加上国内运输费用和贸易费用。

采用进口沥青时，其影子价格为到岸价乘影子汇率，再加上贸易费用及国内运输费用。

5. 汽车运输成本的影子价格

汽车运输成本是效益计算的重要参数,公路项目的经济效益主要来自汽车运输成本的降低。为正确测算,在国民经济评价中应对汽车财务成本构成要素进行分解,并进行费用调整,从而得到汽车运输成本的影子价格,即经济成本。主要分解调整步骤如下。

第一步:列出汽车运输财务成本各组成要素及其在单位成本中所占的比重。成本要素参见表3-8。

第二步:从单位成本中扣除第13项费用(车船使用税)。

第三步:第6、7项为主要外购材料,依据影子价格换算系数,将燃料出厂价换算为影子价格。轮胎成本应扣除财务成本中的转移支付(为税金),转换为经济成本。第4、5项,取影子工资换算系数为1.0,该财务分析的名义工资(4、5项之和)即为影子工资。第8至第11项各项费用扣除相应的税金、补贴,即经济成本。

第四步:第12、14项费用不予调整,直接作为经济成本。

第五步:将调整后各要素经济成本相加,即得汽车运输的单位经济成本。

表 3-8 汽车运输单位经济成本

单位成本(元/km 换算为 t/km)	企业管理费用/(%)	车辆费用/(%)	其中:车辆费用各要素占单位成本的比重/(%)									
			工资	提取的职工福利基金	燃料	轮胎	保修	大修	折旧	养路费	运输管理费	车船使用税	其他
1	2	3	4	5	6	7	8	9	10	11	12	13	14

3.3.5 经济评价指标

公路建设项目的经济合理性是通过对经济费用与经济效益的分析计算,以一组经济评价指标来反映的。因此,国民经济评价也被称为费用效益分析。

公路项目常用的国民经济评价指标有经济内部收益率(EIRR)、经济净现值(ENPV)、经济效益成本比(EBCR)及经济投资回收期(EN)4个,只是这里使用的是经济费用与经济效益,基准折现率为政府规定的社会折现率,所以4项指标前均冠以"经济"二字(符号E),以示区别。

以上4个经济评价指标中,ENPV 是一个绝对指标,它反映了国民经济净收益的绝对增加情况;EBCR 和 EIRR 均为相对指标,尤其是 EIRR 指标,反映了资金的利用效率;EN 是一个短期指标,倾向于考察项目在国民经济方面的回收能力,但不能完整反映项目的净收益。

评价决策时,还应对有关的因素作敏感性分析,以估计项目在经济方面抗风险的能力。

3.4 道路建设项目环境评价

3.4.1 环境、生态系统与自然资源

1. 环境

自然界指包括人类社会在内的整个客观世界;而环境指以人为中心的一切客观事物的总和。

环境可区分为自然环境和社会环境。自然环境指大气层、水、土壤岩石和生物圈。社会环境指人类的创造物,例如工农业、城市、交通、娱乐场所、文物古迹和风景区等。社会环境又称为人工环境,是注入了人类劳动的自然环境。自然环境和社会环境相互联系、相互影响,难以分开。

2. 生态系统

生态系统指在一定地域或空间内,所有生物和环境相互作用的,具有能量转换、物质循环代谢和信息传递功能的统一体。生态系统由生物和非生物两部分组成。

生态系统简称生态,是天然物质在自然条件下,相互作用、相互影响、相互制约所形成的具有结构与属性的、遵循平衡规律的、有机的自然环境。

3. 自然资源

资源,就是自然界赋予或前人留下的,可直接或间接用于满足人类需要的所有有形之物与无形之物。资源可分为自然资源与经济资源。

能满足人类需要的整个自然界都是自然资源。自然资源包括空气、水、土地、森林、草原、野生生物、各种矿物和能源等。自然资源为人类提供生存、发展和享受的物质与空间。社会的发展和科学技术的进步,需要开发和利用越来越多的自然资源。如何合理地开发与保护自然资源,使其能为人类世代所用而不耗尽,是人类面临的一个重大问题。

自然资源在数量、稳定性、再生与循环的可能性等方面差别极大。项目应当根据这些特性决定利用和维护自然资源的措施。自然资源一般可分为以下三大类。

1) 恒定资源

恒定资源指太阳能、风能、潮汐能、水、大气和气候等。这种资源数量大,人类的需要仅占其中很少部分。然而,包括项目在内的人类活动会降低其质量,例如大气和水。

2) 可再生资源

可再生资源包括各种植物、动物、微生物及其组成的各种生态系统,例如森林、草地、土壤及水系等。自然物质循环或生物的生长繁殖能够不断更新可再生资源。若合理利用,可取之不尽、用之不竭;若利用不当,就会破坏上述循环或生长繁殖,无法使其再生。项目活动必须保护和维持资源再生的生命和生态过程的必备条件。

3) 非再生资源

非再生资源又可根据能否回收、重新利用分为可回收非再生资源和不可回收非再生资源两类。我们应当多提出和实施能够利用可回收非再生资源的项目。例如,研究回收利用技术的项目,以废弃物为原料、燃料的项目。对于不可回收非再生资源,应当注意提高其利用率,减少消耗量和降低消耗速度。

自然资源之间、自然资源与人类社会和各种开发利用技术之间相互联系、相互影响、相互制约。自然资源任何一部分的变动,都会影响其他部分,乃至整体。农村能源短缺,人们就会过度采樵,或以秸秆或畜粪为燃料,使其无法还田,长此以往,会造成水土流失、土壤肥力下降和作物减产等。项目在规划时,务必考虑自然资源的整体性和综合利用。

自然资源有限性的具体表现是,自然资源在一定技术和生产力水平下,只能供有限的人口使用。任何项目利用的资源都要有合理的限度。在资源组合中,如果某种资源短缺而又无可替代,此种资源就会成为制约因素。例如,我国西北干旱地区的退耕还林项目,都因为缺水而无法实施。

技术可以扩大资源的利用范围和种类,弥补资源的不足。研究资源利用的项目应大力提倡。

例如,研究风能、海水淡化和地热等新资源利用的技术项目。

自然资源都是缓慢而又长久的自然过程产物。例如,土壤肥力的周期性恢复、水的循环和生态系统的演替等。然而,自然资源一旦受到人类的扰动,其变化十分迅速。项目对自然资源的扰动可以产生有利的结果,例如土壤改良、兴修水利和植树造林等,也可能会起破坏作用。

4. 原生环境与次生环境

未污染的自然环境称为原生环境,它是地形、气候、水文和植被等的组合。城乡地区的风貌在很大程度上取决于原生环境。由人类活动污染或改变了的自然环境称为次生环境。

环境、生态和自然资源的数量有限,彼此之间有一定的比例,进行着有序、有规律的物质、能量和信息的交换。交换的"质"与"量"有一定限度,超出这一限度,结构就会紊乱,功能就会失调,甚至解体。项目必须十分注意这些属性与规律,给予保护,使其成为人类生活、生产永续利用的源泉。为了便于叙述,在此将环境、生态和自然资源统称为自然资源或环境。

3.4.2 环境问题

人类活动影响环境,环境又反过来影响人类。人口和包括项目在内的人类活动的增加,特别是工业发展带来的"三废",严重影响了城乡人民的生存环境,摧毁了许多宝贵的自然生态系统。

环境问题有广义和狭义之分。广义的环境问题指自然资源的破坏,全球及地区的生态系统失衡等;狭义的环境问题仅指环境污染。

地震、火山、台风、海啸、暴雨、洪水、塌方和泥石流等自然灾害或工程病害,称为原生环境问题。原生环境问题是自然界自身演化的结果。由人类活动引起的环境退化(例如土地沙化、土壤盐碱化等)和环境污染,称为次生环境问题。

有些次生环境问题不易与原生环境问题分开。很多所谓原生环境问题,其实是人为因素引起的。例如,过量抽取地下水就可能造成地面沉陷。

3.4.3 项目对环境的影响

1. 项目同自然资源的关系

人类同自然界的关系是不断发展变化的,已经经历了依赖、顺应、掠夺与和谐四个阶段。进入20世纪70年代,人们认识到,不能再因追求经济增长而破坏自然环境,应该与自然界保持和谐的关系。

2. 项目对自然资源的作用

项目对自然资源的作用,表现在以下几个方面。

①开发。开采和垦殖尚未利用的资源。
②利用。加工和处理已开采的资源。
③改造。利用经过加工的材料和产品改善自然环境和人工环境。
④破坏。不合理地开发和利用自然资源,造成不良后果。
⑤污染。开发、利用和改造过程中排放的废物危害了环境、生态或人类本身。
⑥治理。治理已经破坏和污染了的环境。
⑦保护。采取必要的措施,保护尚未破坏或污染的环境。

多年来,我国国民经济的增长造成了巨大的环境破坏。有环境专家指出:如果考虑环境补偿成本,我国 GDP 的增长很可能是负数。

3. 项目与自然资源的折耗

对于开采和利用自然资源的项目,应该考虑自然资源的耗尽问题,特别是非再生资源的耗尽问题。例如矿石,尤其是矿物燃料,无法复原,不能再生。在项目规划分析时,必须仔细研究并全面反映人类后代的自然资源的所有损失。

人类挥霍、滥用与破坏环境、生态与自然资源的主要表现在于过度使用、使用不当与浪费、多用途资源未得到合理使用以及舍不得投入资金保护环境与自然资源等。

目前,全球以城市为中心的经济发达、人口稠密地区的环境污染仍在加剧,并蔓延到农村。自然生态破坏日益严重,已经开始制约经济增长与社会发展。

3.4.4 自然资源恶化原因

西方经济学家认为,经济活动的费用和效益、资源的稀缺和价格、经济主体权利和义务与行为和结果的脱节或背离是环境恶化、生态破坏与资源耗尽的原因。而脱节或背离则是市场失灵、政府失灵或两者共同失灵作用的结果。

我国许多污染环境的行业和企业即使已经具备了足够的财力,也常以代价高昂为借口,拒绝治理污染。这种情况说明,我国环境恶化的原因有多种,包括社会、制度和文化等方面。很多地方官员和企业管理人员认为,对排污者的惩罚远低于治污的费用,使得很多企业根本不考虑污染问题,因此破坏了环境、生态和自然资源。

3.4.5 项目规划与设计

项目的规划与分析要特别注意对自然资源的直接影响和间接影响,以及对自然资源的保护。直接影响一般在提出项目建议就应预见或者考虑到。但间接影响往往由于项目和自然资源之间的关系复杂而难以觉察。本节将介绍若干估算项目环境效果的概念和方法,供项目规划分析人员在分析和评价环境效果时使用和参考。

在提出和论证项目的过程中,主要考虑项目的实际或潜在的不利环境效果。当然,并非所有的项目都会损害自然资源。

许多项目明显具有改善环境的作用,例如,增加土地、湖泊和海洋的稳定性和生产能力,提供洁净空气和水,以及处理污水、污染的空气和垃圾等。当然,改善环境的项目有时候也可能对环境产生不利的影响。还有些项目不会影响自然资源,特别是改建和资本更新项目。这类项目,只要以前的技术仍然可用,就没有必要支付环境方面的费用。有些更新项目会减少噪声和污染,改善景观。例如,恢复环境或重置设备,在环境方面不会有大的开销。

3.4.6 环境影响评价

1. 环境影响及其评价

在项目实施之前,应充分调查和分析、识别、预测及评价项目可能对环境造成的影响,并提出预防或减轻不良后果的措施。

我国已经颁布了《中华人民共和国环境保护法》《建设项目环境保护管理条例》《关于执行建设项目环境影响评价制度有关问题的通知》和《中华人民共和国环境影响评价法》,制定了环境影响评价制度和程序。环境影响评价已成为项目规划和分析中防止破坏环境,实现经济、社会和环境效益必不可少的组成部分。除以上法规外,有关部门和地方政府也都根据本部门和地区的具体情况将上述制度和程序具体化。

2. 环境影响评价目的

1) 实施可持续发展战略

颁布法律、建立环境影响评价制度,是为了确保项目在规划阶段就考虑保护环境,改变不良的经济行为,确保经济和社会的可持续发展。

2) 防止破坏环境

环境一经破坏,不但给经济和社会造成巨大损失,而且难以恢复。绝大多数生态系统的破坏是不可逆的。因此,在项目规划阶段就进行环境影响评价,提出保护环境的措施,就可以以很小的代价预防和减轻项目对环境可能造成的不良影响。

3) 促进经济、社会和环境的协调发展

在项目的规划阶段,就同时考虑经济和社会活动与环境、生态和资源之间的关系及相互影响。环境影响评价是避免和减轻项目对环境,以及环境破坏对经济和社会发展造成不良影响的有效步骤,能够以很小的代价促进经济、社会和环境的协调发展。

3. 环境影响评价依据与准则

1) 法律依据

有关可持续发展战略的法律法规是环境影响评价的依据,要求项目在规划阶段就做到以下几点。

① 与环境协调。

② 预防为主,防治结合。

③ 污染者负担、受益者补偿和开发者恢复。

2) 环境影响评价准则

环境影响评价的准则主要包括以下几个方面。

① 符合政策。必须根据政府有关环境的方针、政策、标准、规范以及规划进行,提出切合实际的环境保护措施与对策。

② 有针对性。必须针对项目和所在地环境的特点,抓住危害环境的主要因素,有的放矢,确保环境影响评价真正成为主管部门决策的依据,为设计工作提出防治措施,为环境管理提供科学依据。

③ 使用正确的方法。在调查现状、识别影响因素、布置监测点、测试、取样、分析、处理数据和确定预测模式,以及作出评价时,都应认真、客观,使用正确的方法。

4. 环境影响评价程序与内容

1) 环境影响评价与项目程序

环境影响评价的依据是由有关部门批准并纳入计划的项目建议书,其结论是项目决策的主要依据之一。环境影响评价应与可行性研究分开进行,但要同时完成。评价的重点是项目所在地环境的容量和项目可能带来的环境影响。环境影响评价和提出项目环境治理措施既有联系,又有区别,经常交叉。项目的设计是环境影响评价的依据,项目设计体现的治理措施必须符合环境影响评价的结论和要求。在项目实施的过程中,环境治理设施必须与项目同时设计,同时施工,同时投产。

2) 环境影响评价的基本内容

项目环境影响评价的基本内容可根据项目的类型及其可能产生的影响，确定评价具体内容和深度，分别编制上报环境影响评价报告书、环境影响报告表或环境影响登记表。环境影响评价的基本内容主要包括以下几个方面：①现场调查；②选用评价标准；③项目成果分析；④环境影响因素识别与评价；⑤提出环境保护措施。

3.5 道路建设项目社会评价

3.5.1 概述

经济增长和公平分配是社会发展的两个方面。效率要求经济增长，公平则要求在各个收入阶层和地区，以及现在和将来的消费之间合理地分配国民收入。几十年来，许多国家都投入了大量资金，促进了国民经济的增长。但是，大多数发展中国家至今未摆脱失业、衰退、贫穷和落后的面貌，究其原因，就是这些国家在促进经济增长的同时，忽视了社会的发展。

项目总是由一定的社会群体在社会之中付诸实施的。一方面，所有的项目都对社会产生直接和间接、有利和不利、近期和长远、显著和潜在的影响。另一方面，社会也反过来影响项目，项目所在地尤其如此。今天，项目和社会之间的相互影响越来越受到人们的重视。

项目应促进经济和社会发展，尤其是人的自身发展。但是，许多项目不但没有发挥积极的作用，反而妨碍、损害或破坏了社会和人的发展，造成了严重的社会恶果。某些意在促进地方经济发展的项目，却使很多人失去了生计。还有些项目因为没有考虑生产设施建成后的社会组织、机构建设和人员的培养问题，致使生产设施不能发挥应有的作用。

1. 社会评价

随着新的发展观的形成，项目和其他经济活动的社会评价在发达国家开展起来。美国1969年公布了《国家环境政策法》，要求及时进行社会影响评价。后来联邦政府还发布了12074号行政令《城市及社会影响分析》，重申社会评价。英国和欧洲共同体（现简称"欧盟"）推行的环境评价中，包括对自然环境和社会环境的评价。加拿大政府推行的社会评价，包括分配效果、环境质量和国防能力等多方面的影响分析。世界银行不仅要求借款国在开发项目可行性研究阶段进行社会影响分析，还要求在部分项目后评价中进行社会分析和评价等。

世界银行、亚洲开发银行和英国国际发展部（原海外开发署）对援助发展中国家的某些项目也进行社会评价，并且对评价内容和做法都提出了原则性要求。社会评价的重要性越来越为社会所认同。

大多数国家目前的社会评价都是识别、预测、分析、比较和评价项目实施中产生的社会影响，判断项目能否适应当地社会以及所在地区对项目的认可程度。在此基础上提出与项目所在地关系、规避社会风险、确保项目顺利实施和有利于社会稳定的方案。

项目社会评价在我国开展的时间不长，实践不多，进展不能令人满意，理论和方法有待完善。尽管如此，政府和项目分析人员已经从过去几十年来，特别是近二十几年的项目实施中深深地感受到了识别、分析和评价项目社会效果的必要性和紧迫性。绝大多数人已经承认，社会评价是必需的，应成为项目评价和选择的重要一环。

2. 社会评价的特点

相对于财务评价和国民经济评价,社会评价具有以下几个特点。

1) 以新发展观和战略为指导

社会评价根据组织、地区或国家的发展目标,考察项目实施过程中和项目成果投入使用后的作用和影响,判断是否促进社会的发展,是否实现了原定的社会发展目标。社会发展目标是根据组织、地区或国家经济与社会发展需要制定的,包括经济增长、国家安全、人口控制、减少失业和贫困及环境保护等经济和社会的各个方面。当然,并非每一个项目都要实现以上所有的社会目标。但是,社会评价要认真考察可能与项目的实施互相影响的各种因素。因此,社会评价应从大处着眼,权衡利弊。社会评价涉及的大多数都是长期问题。项目效率评价考察的时间不超过20年,而社会评价一般要考虑中期和远期发展,时间可能不是几十年,而是上百年,甚至关乎几代人。例如,长江三峡水利枢纽工程,在考察项目对生态环境、人民生活和国家发展的影响时,势必要考虑几代人、上百年的时间。

2) 多种目的和复杂的目标

社会评价的指标体系要比项目效率分析和评价多而复杂。社会评价的目标分为多个层次,具体体现为组织、地区或国家发展战略。由就业、扶贫、妇女地位、文化、教育和卫生保健等方面的目标构成的体系,情况很可能不同,要求和重点也不同。因此,社会评价需要从组织、地方和国家三个不同层次进行分析,将总体与局部分析结合起来。社会评价要考察社会各个领域与项目之间的相互关系和影响,就必须分析多个社会发展目标、多种政策、多种效益和多样的人文与环境因素。各个不同的社会发展目标对项目的影响程度,应结合项目的性质和特点,进行具体分析。因此,社会评价一般要用多目标评价法判断其可行性。

3) 多种不同的评价指标和标准

社会评价涉及的社会因素太多,太复杂,不同行业和地区彼此之间相差很大,评价指标的设定因项目而异。由于各种社会效果难以定量,一般做定性分析。社会评价中通用指标很少,专用指标多;定量指标少,定性指标就多。这就要求在具体项目的社会评价中,充分发挥评价人员的主观能动性。

3. 社会评价的范围和层次

1) 社会评价范围

社会评价有助于将项目方案设计和实施与当地社会发展相结合,力求将经济增长与社会发展有机地结合起来,减少社会风险,促进社会稳定。社会评价适用于社会因素复杂、社会影响久远、社会效益较为显著、社会矛盾较为突出和社会风险较大的项目。并非任何项目在任何情况下都要做社会评价。需要进行社会评价的项目主要包括以下两类。

(1) 需要大量移民或占用农田较多的项目,例如交通和水利项目、以及采矿和油田项目。

(2) 具有明确的社会发展目标的项目,例如减轻贫困项目、区域发展项目和社会服务项目,以及文化、教育和公共卫生项目。

2) 社会评价层次

项目生命期各个阶段对社会评价的要求不同,可分为以下三个层次。

(1) 项目识别阶段——初级社会评价。通过实地考察,确定项目利害关系者,选定主要的社会因素和风险,识别消极后果。通过初步的社会评价识别项目,并为项目建设方案设计、实施做准备。

(2) 项目准备阶段——详细社会分析。详细社会分析描述影响发展项目诸方面的社会形式和过程,通过弱势群体和广大利害关系者的参与,交流信息,为项目实施做准备。

(3) 项目实施阶段——建立监控和评价机制。在项目实施阶段,测量投入与产出,以此作为衡量项目成功进展的尺度,并随时间的发展衡量项目的社会影响。

4. 社会评价的作用

社会评价的作用主要表现在以下三个方面。

(1) 有利于协调经济增长与社会发展。社会评价应在项目实施前进行,否则很可能阻碍项目预期目标的实现。实践证明,社会影响较大的项目,直接关系到国家和当地经济发展与社会发展目标的协调一致。如果处理好社会评价,项目建设与社会发展相协调,必将促进经济发展目标的实现和社会效益的提高,从而使国家和地区社会发展进入一个新的阶段。

(2) 便于协调项目与所在地的利益,减少纠纷和冲突,防止不利后果,促进社会稳定。识别并确定有利影响和不利影响的大小,判断有利影响和不利影响在项目中的比例,是判断项目好坏的标准。社会评价应始终把项目同当地人民的利益联系起来,充分估计到项目实施可能造成的不利影响,预先采取适当的措施,把可能由此引起的社会动荡减到最小。

(3) 有利于避免或减少项目实施和投入运营后的社会风险。事实表明,要减少社会风险,项目规划与分析人员就应当认真考虑项目的各个方面是否适合当地人民的需要,包括文化、教育、卫生、健康、宗教信仰和风俗习惯等。进行广泛、细致和深入的调查,了解当地人民对项目的期望和态度,并有针对性地提出解决办法,规避社会风险。项目只有满足当地人民的需要,为其带来利益,而不是损害人民的利益,才能真正避免社会风险,才能保证顺利实施,取得预想的结果。

5. 社会评价的原则和要求

社会评价的原则和要求主要包括以下几个方面。

(1) 遵守法律及规章,认真贯彻各级政府有关社会发展的方针、政策。

(2) 对于国民经济与社会发展计划中制定的近期和远期目标,考虑时既要有重点,又要两者兼顾;分析和评价要研究的项目与当地社会的关系,评价结论中应全面反映项目可能带来的有利与不利的社会效果,以及项目所在地区人民对项目的各种不同反应;应提出措施,保证项目满足当地人民的需要,取得他们对项目的支持,做到相互适应,共同发展。

(3) 实事求是。从实际出发,实事求是,遵循客观规律,采用切实可行的分析与评价方法与准则。

(4) 注意可比性。在通过定量和定性分析与评价项目社会效果时,都应注意数据依据和各种方案的可比性。

(5) 分清主次和轻重缓急。每个项目都有多个社会目标,所有目标全部实现是不可能的。而且,多个社会目标中对项目欲达到目的的贡献不同,必有主次之分。项目规划与分析人员应当认真地分析和比较这些目标,评价它们的重要程度,并据此确定其主次与轻重缓急的顺序,为综合社会评价奠定基础。

(6) 以人为本。项目与当地人民的利益应平等对待。凡是涉及当地人民的切身利益,都要深入了解他们的意见与要求,诚心实意地请其参与项目的提出、规划和实施,只有这样,才能做到项目与当地社会协调发展。

(7) "有/无"对比。"有/无"对比的原则在社会评价中同样适用。

(8) 深入调查。项目规划分析使用的各种依据,一定要符合实际。准确的数据和资料是社会评价的出发点,不能有任何错漏。准确的数据和资料来自认真、细致和深入的调查。

(9) 公正、客观、求是。项目规划分析人员的社会评价必须公正、客观和实事求是,不得受任何人的干扰,这是确保社会评价真实、客观必不可少的条件。

3.5.2 社会评价内容

项目社会评价的内容极其广泛,要根据项目要实现的社会发展目标,以及项目的具体情况来确定。可以从不同的角度进行归纳和分类。

1. 贡献分类法

贡献分类法,是从项目对效率的贡献角度出发,将其归纳为以下两个主要方面。

1) 对静态效率和动态效率的贡献

国民经济静态效率和动态效率还应体现在国际竞争力、国民经济结构和布局及部门和地区经济发展与技术进步等方面,项目效率分析和评价使用的各项指标未反映这些方面,有必要在社会评价中加以补充。

2) 对分配效率的贡献

项目效率分析和评价使用的各项指标也未反映项目的收入分配效果,社会评价也应当对此加以补充。但是,对于许多项目规划分析人员而言,分配权重方法难以理解,不便于使用。因此,应当寻求其他便于使用的方法,分析和评价项目对改善收入分配的贡献。对项目收益在国家、地方和企业之间的分配进行简单的比重分析,也能大致估计项目对分配效率的贡献,进而提出合理的分配比例,以利于将项目的收益公平合理地分配给项目的所有利害关系者。

2. 关系分类法

关系分类法,是从项目利害关系者同项目的关系与对待项目的角度出发,将社会评价的内容归纳为项目社会效果、项目要求同所在地区条件对照和社会风险三个方面,如图3-2所示。

1) 社会效果

可从社会、经济、自然与生态环境和资源四个方面识别、分析和评价项目给国家、地区带来的效果。项目对自然与生态环境和自然资源方面的影响将在环境评价中详细说明,本节主要讨论项目社会效果和经济效果。

(1) 对所在地区居民收入的影响。

对所在地区居民收入的影响,是指识别、分析和预测当地居民收入可能由于项目的实施而造成的增减范围、程度及其原因;考察项目造成的收入分配变化是否公平,是否扩大了收入差距,并提出改善收入分配的措施与建议。例如,扶贫项目应着重分析项目实施后,能在多大程度上减轻当地居民的贫困和帮助多少贫困人口脱贫。

(2) 对所在地区居民生活水平和生活质量的影响。

对所在地区居民生活水平和生活质量的影响,是指识别、分析和预测项目实施后居民消费水平与结构、居住条件和卫生与健康状况,以及人均寿命的变化及其原因。

(3) 对所在地区居民就业的影响。

对所在地区居民就业的影响,是指识别、分析和预测项目实施、运营对当地居民就业结构和机会的有利影响与不利影响。可能增加就业机会和就业人数属于有利影响;可能减少原有就业机会

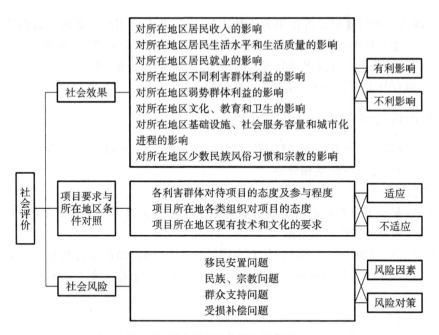

图 3-2 社会评价各部分之间的关系

及就业人数,进而引发社会矛盾属于不利影响。

(4) 对所在地区不同利害群体的影响。

对所在地区不同利害群体的影响,是指识别、分析和预测何人将从项目的实施中获益或受损,如何补偿受损群体的损失。露天矿区、水利枢纽、交通运输和城市基础设施等项目一般都会迫使某些人迁移,应特别加强这项内容的分析。

(5) 对所在地区弱势群体利益的影响。

对所在地区弱势群体利益的影响,是指识别、分析和预测项目对当地妇女、儿童和残疾人员利益的有利影响和不利影响。

(6) 对所在地区文化、教育和卫生的影响。

对所在地区文化、教育和卫生的影响,是指识别、分析和预测项目实施期间是否会引起当地文化、教育、卫生、健康水平以及当地人文环境的变化,提出减小不利影响的措施。公益性项目要特别加强对这项内容的分析。

(7) 对所在地区基础设施、社会服务容量和城市化进程的影响。

对所在地区基础设施、社会服务容量和城市化进程的影响,是指识别、分析和预测项目实施期间,是否可能增加或者占用当地的基础设施,包括道路、桥梁、供电、给排水、供气和服务网点,以及由此产生的后果。

(8) 对所在地区少数民族风俗习惯和宗教的影响。

对所在地区少数民族风俗习惯和宗教的影响,是指识别、分析和预测项目实施是否符合国家的民族和宗教政策,是否充分考虑了当地民族的风俗习惯、生活方式或者当地居民的宗教信仰,是否会引发民族矛盾、宗教纠纷,影响当地社会安定。

在上述识别、分析和预测的基础上,对项目的社会影响做出评价,编制社会影响分析表(见表 3-9)。

表 3-9 项目社会影响分析表

序号	社 会 因 素	影响的范围、程度	可能出现的后果	措施建议
1	对所在地区居民收入的影响			
2	对所在地区居民生活水平和生活质量的影响			
3	对所在地区居民就业的影响			
4	对所在地区不同利害群体的影响			
5	对所在地区弱势群体利益的影响			
6	对所在地区文化、教育和卫生的影响			
7	对所在地区基础设施、社会服务容量和城市化进程的影响			
8	对所在地区少数民族风俗习惯和宗教的影响			

2) 项目要求与所在地区条件对照

分析项目同所在地区的关系,主要是识别、分析和预测项目能否为当地的社会环境、人文条件所接纳,以及当地政府、居民支持项目存在与发展的程度,考察项目与当地社会环境的相互适应关系。

(1) 各利害群体对待项目的态度及参与程度。

在明确了各利害群体对待项目的态度及参与程度的基础上,选择各利害群体的参与方式,提出防范可能阻碍项目实施的因素的措施,确保项目取得成功。为此,在项目生命期各个阶段,应当考察和评价地区参与的可行性,即项目所在地区各不同利益集团参与项目的重要性;考虑影响当地人民参与的关键因素;项目所在地区哪些群体可能被排斥在项目设计之外,没有发表意见的机会;识别项目所在地区人民参与项目设计、准备和实施的恰当的形式和方法。

(2) 项目所在地各类组织对项目的态度。

在明确了各利害群体在哪些方面、在多大程度上可能支持和配合项目的基础上,首先分析当地政府对项目的态度以及给予的支持和协作的范围和程度。如果投资者不是当地政府及其下属企业,则必须征得当地政府的同意并取得支持和协作。外来的项目,尤其是大型项目,在后勤保障等诸多方面离不开当地社会。应当认真考察需要由当地提供的交通、电力、通信、供水、粮食、蔬菜、肉类、医疗和教育等条件。如果当地政府不配合,项目很难取得成功。其次,分析当地群众对项目的态度和可能参与的程度。任何一个项目,必须使当地人民受益,才能取得其信任,只有让他们以各种方式参与到项目的设计、决策、实施和管理中来,才能得到拥护和支持。项目规划和分析人员要判明人为项目的受益者,受益的范围、数量和程度;何人为受损者,受损的范围、数量和程度,以及如何给予合适的补偿。这些问题都应该在社会评价中予以解决。

(3) 项目对所在地区现有技术和文化的要求。

对于发展地方经济、改善生产生活条件的水利、交通和扶贫项目,应分析当地居民的教育水平能否满足项目的技术要求,能否保证实现项目既定目标。

将项目要求与所在社区条件对照之后,就项目是否适应当地条件,以及当地社区能否接受项目和接受的程度做出评价,并编制项目要求同所在社区条件对照表(见表 3-10)。

表 3-10 项目要求同所在社区条件的对照表

序号	社会因素	适应程度	可能出现的问题	措施建议
1	不同利害群体			
2	当地组织机构			
3	当地技术和文化条件			

3) 社会风险

社会风险分析就是识别各种可能影响项目的社会风险,并确定影响程度的大小顺序。在此基础上,选择影响大、持续时间长,并容易引发较大社会矛盾的进行分析,分析引发这种风险的社会环境和条件。对于可能诱发民族、宗教问题的项目要特别引起注意,应提出防范措施。移民的生活若得不到有效保障或大幅度降低水平,补偿又不合理,就会滋生抵触情绪,进而拖延工期,降低项目的预期效益。社会风险分析之后,应编制项目社会风险分析表(见表 3-11)。

表 3-11 社会风险分析表

序号	风险	持续时间	可能造成的后果	建议的措施
1	移民安置			
2	民族、宗教问题			
3	弱势群体			
4	受损补偿			

3.5.3 社会评价步骤

社会评价一般可分为社会调查、识别社会因素和分析与评价三个步骤。

1. 社会调查

社会调查主要涉及项目所在地区基本社会经济情况与因项目而可能发生的变化。社会调查的具体内容包括人口,基础设施与服务设施,风俗习惯和人际关系,各利害群体对项目的反应,要求与接受程度,以及各利害群体参与项目活动的可能性。例如,项目所在地区干部、群众对参与项目活动的态度和积极性,可能参与的形式、时间,以及妇女在参与项目活动方面有无特殊情况等。社会调查可采用多种方法,例如查阅文献、统计资料,发放调查问卷,现场访问、观察和开座谈会等。

2. 识别社会因素

整理和分析社会调查的成果,识别项目涉及的社会因素,一般可根据后果将其分为以下三类。

1) 人类生活

人类生活因素,包括对就业、收入分配、社区发展和城市建设、居民身心健康、文化教育事业及社会福利和社会保障的影响等。

2) 社会环境

社会环境因素,包括对自然和生态环境、资源综合开发利用、能源节约、耕地和水资源的影响等。

3) 社会稳定与发展

社会稳定与发展因素,包括对风俗习惯、宗教信仰、民族团结、社区组织结构和地方管理机构及国家安全和地区威望的影响等。

从上述因素中，识别与选择影响项目实施和项目成功的主要因素，将其作为社会评价的重点。

3. 分析与评价

对项目各种方案的主要社会效果进行定性、定量的分析和比较，推荐有利效果明显、不利后果小的方案。分析与评价主要可分为以下几个步骤。

1）确定评价目标与范围

根据项目的目的、功能以及组织、地区和国家的发展战略，分析研究与项目有关的各社会因素，识别项目可能对社会产生的影响，确定评价指标和目标，区分主要目标和次要目标。

确定评价的空间范围和时间范围。空间范围是指项目所在的地区、县市。大型项目有可能会影响到多个省市。时间范围指项目生命期，甚至项目结束后的时期。

2）选择评价指标

根据评价目标选择评价指标，评价指标包括效益和代价的定性指标和定量指标。评价指标不宜过多，一般不超过 50 个，且应便于搜集数据。

3）确定评价标准

在广泛调查和分析的基础上，收集项目本身及评价空间范围内社会、经济和环境等各方面的信息，并预测在项目评价和实施阶段这些方面是否有可能变化，然后确定评价的标准。一定要明确给出定量指标的评价标准。

4）列出备选方案

根据项目目标、实施地点、资金来源和技术方案等，列出可供选择的方案，并以访问、座谈和实地考察等方式，了解项目影响范围内政府与群众的意见，将其纳入方案比较过程之中。

5）进行项目评论

根据调查资料和预测，对所有备选方案进行定量评价和定性评价。可定量的因素，根据调查和预测测算，并根据选定的标准评价优劣。不可定量的因素，判断其对项目影响的大小，揭示可能存在的社会风险。阐述项目在社会发展中起作用的定性指标和定量指标，应按重要性大小排出顺序并赋予一定的权重。重要的是，对于不利的指标应进行深入分析，提出减轻不利影响的措施。对于社会风险，应研究其性质与重要程度，提出规避风险的措施。最后，计算各指标得分和加权平均值，并据以排列各备选方案的优劣顺序，得分高者中选；若出现得分相同情况，则以权重最大的某项指标为准，以该指标优者为先。

6）专家判断

召集专家论证最优方案，详细分析中选方案，就其不利因素、不良影响和存在的问题提出改进和解决办法，进一步补充和完善该方案。会议规模视项目的具体情况而定。

3.5.4 社会评价办法

评价项目涉及的社会因素、可能的社会效果和风险，应根据具体情况采用灵活的方法。项目规划和设计各个阶段使用的方式和方法，应考虑分析和评价的深度要求和时间限制。

1. 快速评价和详细评价

1）快速评价

快速评价在项目规划与评价初期阶段经常使用。通过快速评价可大致了解项目所在地的基本社会情况,识别主要影响因素,粗略预测可能出现的情况及其对项目的影响。快速评价主要是分析现有资料和现状,着眼于不利因素。一般以定性分析和说明为主。快速评价可分为以下几个步骤。

(1) 识别主要社会因素。

可按与项目之间的关系和预期影响程度,将主要社会因素划分为影响一般、影响较大和影响严重三个等级。应侧重分析评价那些影响严重的社会因素。

(2) 确定利害群体。

对项目所在地区的受益、受损群体进行划分,着重分析受损群体的情况。按受损程度,将项目所在地区的受损群体划分为受损一般、受损较大和受损严重三个等级,重点分析受损严重群体的人数、结构以及他们对项目的态度和可能产生的矛盾。

(3) 估计接受程度。

大体分析当地现有经济条件、社会条件对项目存在与发展的接受程度,一般分为高级、中级和低级三个等级。应侧重对接受程度低的因素进行分析,并提出项目与当地社会环境相互适应的措施和建议。

2) 详细评价

详细评价在项目可行性研究阶段广泛应用。在快速评价的基础上,进一步研究与项目有关的社会因素和项目的社会效果,详细地评价和预测风险。项目规划与分析人员应对项目的各个备选方案,根据选定的评价指标和标准进行优化。详细评价可分以下几个步骤。

(1) 识别社会因素并排序。

对社会因素按有利影响和不利影响、持续时间、风险大小和风险变化趋势进行分组。重点评价持续时间长、风险大和可能激化矛盾的不利影响。

(2) 识别利害群体并排序。

对利害群体按直接和间接受益或受损、减轻或补偿代价分组。在此基础上,详细评价各受益与受损群体之间、利害群体与项目之间的利害关系,以及可能出现的社会矛盾。

(3) 评价当地社会满足项目要求的程度。

详细分析项目实施过程中可以从当地获得支持与配合的程度,按好、中、差分组。重点是当地利害群体、政府和非政府机构的参与意愿和方式,并提出协调措施。

(4) 方案比较与选择。

归纳上述各项分析与评价的结果,比较各个方案,选择并推荐符合组织、地区或国家发展战略要求的方案。

项目社会评价应经常鼓励、动员公众参与项目方案的设计和评价。

2. 定性分析和定量分析

社会因素多而复杂。有些社会因素可以定量分析,例如就业情况、收入分配和节约资源等,而更多的社会因素因量纲不同,难以用统一的公式进行计算。因此,社会评价通常将定性与定量相结合、参数与经验判断相结合,并且以定性和经验判断为主。定性分析和定量分析都要建立表达对象内在规律性以及外部环境之间的联系和因果关系的模型。

1) 定性分析

定性分析就是根据对象的内在规律性以及与外部环境之间的联系和因果关系,以语言、文字、图表或图形详细说明其现状、性质、程度和优劣,并据以做出判断或得出结论。定性分析应尽量引用直接或间接的数据,以便准确地说明问题的性质和影响程度。例如,对于项目对所在地区文化和教育的影响,就可以引用某些统计数据,例如项目所在地区实施项目前后的小学生入学率、人均大学毕业人数、大专院校科研人员数目和人均图书拥有量等。

定性分析首先要合理确定评价指标的标准,然后将具有可比性的指标遵照有无分析原则同选定的标准对比。在调查之前要制定调查提纲,以便提高调查和分析的效率。最后,在衡量影响程度的基础上,确定各种指标的权重和重要性顺序,为项目综合评价做好准备。定性分析的指标因行业和项目而异。

项目的许多社会效果无法定量。因此,当前项目社会评价以定性分析为主。常用的定性分析方法主要有利害关系分析法、排序打分法,以及德尔菲法、矩阵分析法和层次分析法等综合分析评价法。定性分析应考虑项目的积极和消极的影响。

(1) 国民经济静态和动态效率。

对国民经济静态和动态效率的定性分析主要体现在产品国际竞争力、国民经济发展(如结构与布局的改变、无形效益和危害等)、部门和地区经济的改变、时间的节约、技术进步、收入分配的变化和就业的增减等方面。

(2) 自然资源。

对自然资源的定性分析主要体现在自然资源(水、耕地、能源、矿藏和空气等)的节约、保护或破坏,综合利用,国土开发等。

(3) 生态平衡。

对生态环境的定性分析主要体现在野生动物的生存及其与地震、洪水和火灾等活动的关系与后果,森林植被和水土的保护或破坏,有害或有利微生物的诱发和传播,以及自然景观的保护或损害、污染(气、渣、液、声和放射物等)。违背自然规律,必然损害生态环境,必将为一时之利付出高昂的长远代价。

(4) 当地社会。

对当地社会的定性分析主要体现在当地人民和政府对项目的态度,以及参与项目规划与实施的程度;对当地管理机构、社会保障、社会福利、当地风俗习惯与宗教信仰、社会结构和各民族之间关系的影响;防止自然灾害的作用;对卫生保障、教育和当地文化娱乐的影响;对文化、文物和传统的影响;对当地生活物资供应、居住条件、生活设施、基础设施、城市建设及其发展、居民收入和人口增长与控制等方面的影响;以及对社会治安、国家国际威望和国防的影响等。

2) 定量分析

(1) 定量分析方法。

必要时,应根据调查数据建立数学模型,以便准确地表示、分析和说明问题。分析用的多种指标的量纲应协调。但是,由于对社会因素和效果的计算复杂、量大、成本高,因而不可能都进行。实践中经常将其合理地简化,以加权方式将过多的指标或参数予以合并,必要时借助计算机。

(2) 定量分析指标。

① 就业指标。就业指标可按目前一般采用的单位投资就业人数计算,即

$$\text{单位资金创造的就业人数} = \frac{\text{新增总就业人数(包括本项目与有关项目)}}{\text{投入的总资金(包括直接投入和间接投入)}} \quad (3.5.1)$$

式中:总就业人数可分为直接投入待实施项目的资金创造的就业人数和投入直接与该项目有关的

项目的资金创造的间接就业人数。

因此,上述指标可分解为以下两项指标,即

$$单位资金直接创造的就业人数 = \frac{本项目新增的就业人数}{直接投入本项目的资金(万元)} \tag{3.5.2}$$

$$单位资金间接创造的就业人数 = \frac{有关项目新增的就业人数}{投入有关本项目的资金(万元)} \tag{3.5.3}$$

式中:本项目新增就业人数一般指项目成果(例如厂房、生产设备)投入生产或经营后正常年增加的固定就业人数。

项目实施期临时就业人数不计入,可在定性分析中另行考虑。

如果主要是为解决临时就业而将项目成果投入生产经营,临时就业人数可按劳动和社会保障部规定的标准折算为固定就业人数,并加以说明。

有关项目新增就业人数,一般指直接与本项目有关的配套项目,例如铁路专用线、港口及其他公用设施等未列入本项目的工程增加的就业人数。应注意新增就业人数与投入的资金计算口径需保持一致。

投入项目的单位资金所创造的就业机会,对于劳动密集型项目与资金技术密集型项目而言,相差很大。项目创造的就业机会与收益之间也会存在矛盾,这就使项目规划和分析人员在衡量项目社会效果时遇到了困难。所以,投入项目的单位资金所创造的就业机会,应根据项目所在地的实际情况而定。例如,在待业率高的地区,投入项目的单位资金能够带来的就业机会应越多越好。当然,对于高技术项目,就业指标和净效益指标就应减少。

②收入分配指标。项目全部净收益在社会各阶层之间、地区之间和国内与国外之间分配。

a. 项目成果投入使用后,国民收入净增值在社会各阶层和机构之间的分配。考虑项目正常经营期间净收益在国家、地方、企业和职工之间的分配比例,即

$$国家收益比重 = \frac{缴给中央财政的利税}{本项目每年为国民收入贡献的净增额} \times 100\% \tag{3.5.4}$$

$$地方收益比重 = \frac{缴给地方财政的利税}{本项目每年为国民收入贡献的净增额} \times 100\% \tag{3.5.5}$$

$$企业收益比重 = \frac{企业净利润}{本项目每年为国民收入贡献的净增额} \times 100\% \tag{3.5.6}$$

$$职工收益比重 = \frac{职工个人收入}{本项目每年为国民收入贡献的净增额} \times 100\% \tag{3.5.7}$$

b. 地区分配。地区分配是指项目成果完成后为国民收入贡献的净增值在各个地区之间的分配情况。可用地区分配指数来表示,即项目在正常经营年度当地政府税收、当地企业净利润、当地职工工资和地区福利收入等总和占项目年国民收入贡献净增值的比例,其计算公式为

$$地区分配指数 = \frac{年税收 + 年净利 + 年工资 + 年福利}{本项目每年对国民收入贡献的净增额} \times 100\% \tag{3.5.8}$$

c. 国内与国外之间的分配。国内与国外之间的分配指项目国民收入贡献净增值以及项目汇出国外付款增值等在项目国内净增值中所占的比例,计算公式为

$$国内分配指数 = \frac{项目国民净增值贡献}{项目国内净增额贡献} \times 100\% \tag{3.5.9}$$

式中:项目国内净增额贡献指国民净增值贡献与汇出国外付款。

$$国外分配指数 = \frac{项目汇出国外付款}{项目国内净增额贡献} \times 100\% \qquad (3.5.10)$$

其中：汇出国外付款＝国外贷款本息＋国外投资利润＋外籍人员工资＋其他。

3.6 案例分析

3.6.1 项目概述

现有的 S-D 公路全长 422 km，技术标准低，除 S-A 段近 90 km 为二级路，其余大部分为三级路。随着经济的发展，交通量增长与道路承受能力之间的矛盾日趋尖锐，S-D 公路的扩建已势在必行。

经多次调查踏勘、线路比选方案论证，拟将该公路全线先期建成一级公路并为过渡到高速公路创造条件。二期工程是将公路交通量较大的两端建成高速公路，视交通量的发展而逐步实现全线公路高速化。除 S-A 段约 90 km 路段利用原路基扩建外，其他路段均为新建，建设一级公路的同时，在扩建路附近建设一条二级公路与旧线连通形成一条平行通道，其费用列入本项目。工程建设费用投资大部来自养路费收入，其余为国家、省、市拨款及地方集资解决。（注：本案例选自高家驹主编的《综合运输概论》，1993 年）

3.6.2 基础数据分析

1. 交通量预测

预测到 2000 年，S-D 线汽车交通量合计达 27000 辆，年平均递增 15.4%，其中新线为 23700 余辆。详见表 3-12。

2. 建设规模

新公路全长 376 km，一期工程中路基、线形按高速公路标准建设，其余为一级标准，路基宽度为 26 m，平曲线最小半径大于 700 m，最大坡度小于 3%，通行能力为 5000～25000 辆/昼夜，设计行车速度在平丘区为 120 km/h。二期工程将南北两端建成全封闭、全立交的高速公路，全长 151 km，交通量通过能力为 25000 辆/昼夜以上，实现自动化管理。该公路建成后，可以满足未来交通量增长的需求。

表 3-12 S-D 公路交通量（汽车）发展预测　　　　　　　　　　单位：辆/日

顺序号	年度	总计	新建公路					辅助公路
			合计	货车	客车	S-A 段	S-D 段	
1	1984	2744						
2	1985	3754						
3	1986	4120				4614	5163	
4	1987	4862				5445	6078	
5	1988	5737				6483	7171	
6	1989	6770				7650	8530	

续表

顺序号	年度	总计	新建公路					辅助公路
			合计	货车	客车	S-A 段	S-D 段	
7	1990	8056	7008	5957	1051	8409	9110	1048
8	1991	9748	8481	7175	1306	10177	11025	1267
9	1992	11795	10262	8641	1621	12110	13135	1533
10	1993	13918	12109	10147	1962	14018	15603	1809
11	1994	16006	13925	11613	2312	16432	17684	2081
12	1995	18247	15875	13176	2699	18732	20161	2372
13	1996	20619	17939	14818	3121	21168	22434	2680
14	1997	22681	19833	16303	3530	23205	24989	2848
15	1998	24495	21433	17532	3901	25077	27005	3062
16	1999	25965	22849	18599	4250	26733	28789	3116
17	2000	27003	23763	19248	4515	27565	29703	3420
18	2001	28083	24741	19941	4800	28452	31174	3342
19	2002	29206	25760	20660	5100	29624	32457	3446
20	2003	30375	26821	21403	5418	31112	33526	3554
21	2004	31589	27925	22172	5753	32114	34906	3664
22	2005	32537	28795	22748	6047	33234	35994	3742
23	2006	33513	29693	23457	6236	34443	37116	3820
24	2007	34518	30582	24037	6545	35475	37922	3936
25	2008	35554	31536	24661	6875	36266	39105	4018
26	2009	36621	32519	25300	7219	37397	40649	4102
27	2010	37719	33570	25983	7587	38605	41963	4149
28	2011	38851	34616	26654	7692	39808	42934	4235
29	2012	40016	35694	27484	8210	41048	44261	4322
30	2013	40717	36037	27605	8702	42328	45273	4410

3. 计算期

本项目计算期为30年，建设期为7年，其中一期工程建设期为6年，二期工程为3年。第4年一期工程部分完成并通车，第7年一期工程全线通车，第8年全部工程可完成并投入使用。

4. 费用估算

公路建设费用一般包括直接工程费、征地费、拆迁费、测设费、预备费等。直接工程费包括人工费、材料费、机械使用费、施工管理费等。

本项目一期工程的费用根据可行性研究报告和初步设计概算为155132万元，按建设项目分列，见表3-13。

表 3-13 一期工程初步设计概算　　　　　　　　　　　　　　　单位:万元

建设项目	费用	建设项目	费用
(1)路基和中小桥涵	44510	(8)沿线设施	5170
(2)路面工程	44340	(9)辅道	7952
(3)大桥工程	17041	(10)支线	1812
(4)互通式立交工程	15115	(11)建设单位管理费	250
(5)非互通式立交	1659	(12)勘测设计费	2287
(6)跨线桥	3740	(13)科学实验研究费	150
(7)平面交叉	2427	(14)材料差价预备费	8679
合计:155132			

二期工程总费用估算为 15027 万元,其中:

(1) 建筑安装工程费 9093 万元,包括引道土方、立交、防护栏、通信中心、停车场、收费站等费用。

(2) 设备及工具器具购置费 3549 万元,包括通信及电子监控系统、收费系统、养护设备等费用。

(3) 其他基建费用 1402 万元,包括拆迁、勘测、技术装备费等费用。

(4) 预备费 983 万元。

S-D 公路一、二期工程建设投资为 170159 万元,其分年投资计划见表 3-14。

表 3-14 S-D 公路年度投资计划

建设期	一期工程/万元	二期工程/万元	一期分年投资比例/%	二期分年投资比例/%
1	10932		7.1	
2	21100		13.6	
3	31600		20.4	
4	33500		21.6	
5	34500	4100	22.2	27.3
6	23500	5957	15.1	39.6
7		4970		33.1
合计	155132	15027	100	100

5. 养护大修费用

S-D 公路建成后养护费用按每千米 9000 元计,高速公路段按每千米追加 3000 元共 12000 元计,年需养护费用 384 万元。大修为 15 年一次,费用为 1919 万元。

由于公路具有相对汽车运输的独立性,故汽车运输部门固定资产投资及运营费用不计入公路建设项目,因此公路本身占用的滚动资金极少,可忽略不计,而公路运营费则计入养护费用中。

3.6.3 国民经济评价

本项目采用的影子价格系数和社会折现率以国家计委颁布的《建设项目经济评价方法与参数》为准,社会折现率为10%。

1. 费用调整

1) 一期工程总费用的调整

(1) 材料费。材料费用调整见表3-15。

表3-15 工程材料费用调整

名称	用量/t	影子价格 /(元/吨)	调价后费用 /万元	预算财务 费用/万元	费用增减 /万元
钢材、钢筋	51315	1200	6157.8	2924.9	+3232.9
高强钢丝	2138	4500	962.1	294.2	+667.9
木材(m³)	67593	480	3244.5	2088.6	+1155.9
水泥	351600	100	3516	1969	+1547
沥青	102700	330.2	3391.2	2054	+1337.2
合计					+7940.9

(2) 机械使用费。主要机械费用调整见表3-16。

表3-16 主要机械使用费调整

机械	台班数量/ 台班	台班修正费用 /(元/台班)	调整后 费用/万元	财务费用/ 万元	费用增减 /万元
汽车	2214200	132.4	29316	25020.5	+4295.5
推土机	71027	131.2	931.9	745.8	+186.1
装卸机	31602	137.3	433.9	347.6	+86.3
压路机	60800	59	358.7	287.6	+71.1
摊铺机	4450	884.4	393.6	265.8	127.8
合计			31434.1	26667.3	+4766.8

(3) 人工费。S-D公路建设工程需人工量为52684人/年。本项目为一般建设项目,劳动力影子工资换算系数为1,其影子工资等于财务中的名义工资,即工资加职工福利基金。项目名义工资估算为1500元/(人·年),费用为7902元,此费用不作调整。

(4) 征用土地费用。S-D公路一期工程征用土地1378.941 km²,其中旱田922.6 km²,水田255.734 km²,菜田53.34 km²,果园7.467 km²,其他139.8 km²。"其他"用地多为荒地,机会成本可视为零,对于农林用地作如下计算调整:

① 根据每一种农田的产值和种植成本计算每平方千米农田的年净产值 P_n。

② 按下式计算项目期内每平方千米农田的总净产值 P。

$$P = \sum_{t=1}^{30} P_n \left(\frac{1+j}{1+i}\right)^t \tag{3.6.1}$$

式中：P_n——当年某种农田年净产值；

j——年产量递增率，取 4%；

i——社会折现率，10%；

t——建设期加使用期，30 年。

根据占用某种农田的数量计算所占该种农田的总效益，即修建公路国民经济为此所付的费用。土地费用调整见表 3-17。

表 3-17 土地费用调整

项目	征用土地数量/km²	每平方千米年净产值/(元/km²)	每平方千米30年净效益/(元/km²)	调整后土地总费用/万元	财务费用/万元	费用增减/万元
旱田	922.6	2250	31750.5	2929.3	2767.8	+161.5
水田	255.734	4875	68793	1759.3	767.2	+992.1
菜田	53.34	18000	254007	1354.9	1600	−245.3
果园	7.467	27000	381010.5	284.5	224	+60.5
合计				6327.8	5359	+968.8

（5）其他的费用调整。材料价差预备费是考虑物价上涨因素而列入财务支出的。由于前面已将材料费用按影子价格进行了调整，故在经济费用中应减去这部分费用，计为 −8679.4 万元。

（6）总费用调整。通过以上项目费用的增减调整，一期工程总费用（经济费用）为

$$EC = 155132 + 7940.9 + 4766.8 + 968.8 - 8679.4 = 160129.1（万元）$$

2）二期工程总费用调整

二期工程财务预算费用为 15027 万元。按上述办法调整费用，主要有以下几项：

（1）材料费。主要包括原木、锯材、钢材、水泥等。调整后增加 1148.47 万元。

（2）机械费。调整后增加 470 万元。

（3）通信、电子监控及收费系统设备费。这些设备大部分为进口设备，按影子汇率进行调整后增加 223 万元。

（4）土地费用。二期工程立交桥建设需占地 63.34 km²，其经济费用比财务费用增加 190 万元。

（5）其他。总费用中应减去材料价差预备费用 983 万元。

经上述增减，二期工程国民经济费用应为 16076 万元。

3）调整后费用的年投资分配

根据 S-D 公路年度投资计划，对调整后的经济费用年度分配见表 3-18。

表 3-18 年度投资分配　　　　　　　　　　　　　　　　　　　　单位：万元

年度 \ 工程期数	一期工程	二期工程
1984 年		

续表

工程期数 年度	一期工程	二期工程
1985 年	11130	
1986 年	21800	
1987 年	32500	
1988 年	34500	4416
1989 年	35600	6430
1990 年	19832.3	5230
合计	155362.3	16076

2. 效益计算

有此项目比无此项目时所产生的国民经济效益主要表现在:缩短运距,减少运输费用;降低汽车运输成本;节省运输时间;降低货损货差;降低辅道上运输成本等。

1) 缩短运距,减少运输费用

新线建成后比原有公路缩短里程 46 km,节约了无此项目时这部分运输成本的支出。计算公式如下:

$$B_{SD}=Q_N \cdot C_0 \cdot (L_0-L_N) \tag{3.6.2}$$

式中:B_{SD}——缩短运距节约的运输成本(万元);

Q_N——新线客、货运输量(kt);

C_0——旧线客货综合单位运输成本,取 C_0 为 185 元/(kt·km);

L_0、L_N——旧线、新线里程,$L_0-L_N=46$ km。

其中,汽车运输量 Q=交通量×平均吨位×实载率,本例中货车平均吨位为 5 t,实载率为 40%;客车综合换算平均吨位 1.5 t,实载率为 70%,代入式中即可求出汽车运输量 Q,再代入上式得:

$$B_{SD}=365×[(日货车交通量×5×40\%)+(日客车交通量×1.5×70\%)]×46×185$$

B_{SD} 的计算结果为:B_{SD}(1990 年)=4043.4 万元;B_{SD}(2000 年)=13430.0 万元;B_{SD}(2010 年)=18615.9 万元。

2) 降低汽车运输成本

有此项目时解决了混合交通问题,提高了汽车行驶速度,减少了油耗和材料消耗,从而比无项目时降低了运输成本,前后运输成本差额的累计值即为有项目时的经济效益。计算公式如下:

$$B_{RC}=Q_N \cdot L_N \cdot (C_0-C_N) \tag{3.6.3}$$

式中:L_N——新线里程,为 376 km;

C_N——新线综合平均汽车运输成本,经测算取 120 元/(kt·km)。

新旧线平均单位汽车运输成本差 $C_0-C_N=185-120=65$ 元/(kt·km)。根据汽车交通量反算的汽车运输量代入式中,B_{RC} 计算结果为:B_{RC}(1990 年)=11612.3 万元;B_{RC}(2000 年)=38570.0 万元;B_{RC}(2010 年)=53463.3 万元。

3) 节省运输时间

(1) 节省旅客运输时间。

当项目不成立时,旅客运输项目须由原有公路承担。从 S 市到 D 市,客运时间约需 11 h,而项目建成后,客运时间缩短为 5 h,比原有公路运行节约了 6 h,其经济效益 B_{TP} 的计算公式如下:

$$B_{TP} = Q_P \cdot G \cdot (t_1 - t_2) \cdot \alpha \tag{3.6.4}$$

式中:Q_P——新线旅客运输量(万人);

G——社会劳动者人均小时国民收入,根据该地区资料测算为 1.02 元/(人·时);

t_1、t_2——新、旧线运输时间,其差额取 6 h;

α——乘客生产性的出行时间占总出行时间的比重,本案例中取 60%。

根据新线客车交通量推算出客运量并代入式中,求得旅客节约运输时间的效益 B_{TP} 如下:B_{TP}(1990 年)=1479.0 万元;B_{TP}(2000 年)=6354.0 万元;B_{TP}(2010 年)=10675.0 万元。

(2) 减少在途货物运输时间。

减少在途货物运输时间的效益 B_{TC} 是由于新线货物运输提高了送达速度从而引起资金周转时间缩短所产生的效益,一般按在途货物所需流动资金减少的利息支出量来计算。

$$B_{TC} = Q_N \cdot \overline{C} \cdot i \cdot (t_1 - t_2) \tag{3.6.5}$$

式中:Q_N——新线完成货运量(t);

$\overline{C}$——在途货物平均价值(元/t);

i——小时流动资金利率;

t_2、t_1——旧、新线货物运输时间。

在途货物平均价值根据该地区当前公路货运结构及产品价值大致推算,按 1200 元/t 计;流动资金利息率按社会折现率 10% 计;从 S 市到 D 市新旧线货物运输时间仍按 5 h 和 11 h 计算,时间差为 6 h。

经计算,新、旧线对比产生的货物运输时间节约效益 B_{TC} 如下:B_{TC}(1990 年)=53.6 万元;B_{TC}(2000 年)=173.3 万元;B_{TC}(2010 年)=233.9 万元。

4) 降低货损货差

本例中由于新线建成后,路况大大改善,平稳度提高,运行速度加快,与旧线相比,货物运输中的损耗有所减少,其效益可用下式计算:

$$B_{RL} = Q_c \cdot j \cdot \overline{C} \tag{3.6.6}$$

式中:j 为货损货差差率,有无项目对比时货损货差降低 0.1%;货物平均价值为 1200 元/t。B_{RL} 计算结果如下:1990 年为 521.9 万元;2000 年为 1686.1 万元;2010 年为 2276.2 万元。

5) 降低辅道运输成本

由于项目兴建,吸引了大量交通流量,从而减轻了旧路的拥挤程度,加上旧路改造成辅道后路况进一步改善,使得运输成本下降,计算公式如下:

$$B_{SB} = Q_S \cdot L_0 \cdot (C_1 - C_2) \tag{3.6.7}$$

式中:Q_S——辅道客货运输量,根据预测辅道交通量可以推算得出;

L_0——辅道(旧线)里程;

$C_1 - C_2$——有无项目对比的运输成本差额,按 20 元/(kt·km)计算。

B_{SB} 计算结果如下:B_{SB}(1990 年)=322.8 万元;B_{SB}(2000 年)=998.1 万元;B_{SB}(2010 年)=

1278.1万元。

6) 总效益计算

由该项目带来的总经济效益(可计算的)为上述各种效益的总和,即

$$B = B_{SD} + B_{RC} + B_{TP} + B_{TC} + B_{RL} + B_{SB} \tag{3.6.8}$$

效益计算汇总见表 3-19。

计算期年度效益根据不同年度的交通量分别计算,结果详见表 3-20~表 3-22。

表 3-19 S-D 公路经济效益计算表 单位:万元

序号	项目	1990 年	2000 年	2010 年
1	缩短运距效益	4043.4	13430.0	18615.9
2	降低运输成本效益	11612.3	38570.0	53463.3
3	旅客运输时间节约效益	1479.0	6354.0	10675.0
4	在途货物时间节约效益	53.6	173.3	233.9
5	降低货损货差效益	521.9	1686.1	2276.2
6	辅道成本降低效益	322.8	998.1	1278.1
7	合计	18033.0	61211.5	86542.4

3. 经济现金流量分析

运用经济现金流量表分析得出本项目的经济内部收益率 EIRR 为 17.62%,大于社会折现率 10%;项目经济净现值 ENPV 为 132.327 万元;EBCR 为 2.14,大于 1;动态投资回收期为 14 年(包括建设期在内)。以上结果表明:本项目具有较高的国民经济效益。

4. 敏感性分析

我们选择了交通量和投资两个变化因素对 S-D 公路项目进行敏感性分析,结果见表 3-23 及图 3-3。

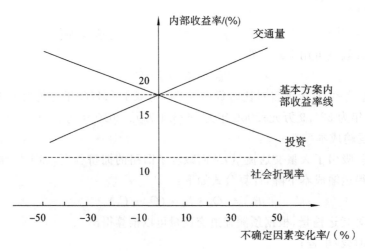

图 3-3 经济敏感性分析

表 3-20 S-D 公路经济效益分析计算表（IRR＝17.62%，BCR＝2.14，NPV＝132327.0）

单位：万元

序号	年度	经济费用				经济效益							费用效益分析(折现率10%)			
		一期投资	二期投资	养护大修	合计	运距缩短	成本降低	节约旅客时间	节约在途货物时间	减少货损货差	降低辅道成本	合计	费用现值	效益现值	年净现值	累积净现值
1	1984	11130.0			11130.0								−10118.2	0.0	−10118.2	−10118.2
2	1985	21800.0			21800.0								−18016.5	0.0	−18016.5	−28134.7
3	1986	22500.0			22500.0								−16904.6	0.0	−16904.6	−45039.3
4	1987	34500.0			34500.0	3785.8						3785.8	−23564.9	2585.8	−20978.2	−66017.5
5	1988	35600.0	4416.0		40016.0		4478.8					4478.8	−24846.8	2781.0	−22065.8	−88083.3
6	1989	24600.0	6430.0		31030.0		5294.7					5294.7	−17515.6	2988.7	−14526.9	−88083.3
7	1990		5230.0	338.4	5568.4	4043.4	11612.3	1479.0	53.6	521.9	322.8	18033.0	−2857.5	9253.8	6396.3	−96213.9
8	1991			383.7	383.7	4468.6	13982.1	1837.7	64.6	628.6	390.3	21771.9	−179.0	10156.8	9997.8	−86236.2
9	1992			383.7	383.7	5897.0	16935.6	2281.0	77.4	757.0	472.3	26420.3	−162.7	11204.8	11042.1	−75194.1
10	1993			383.7	383.7	6941.6	19941.4	2761.0	91.4	888.8	557.3	31181.5	−147.9	12021.8	11873.9	−63320.2
11	1994			383.7	383.7	7968.6	22885.2	3253.8	118.6	1017.3	641.1	35870.5	−135.5	12572.4	12437.9	−50882.3
12	1995			383.7	383.7	9065.9	26036.5	3798.2	118.6	1154.2	730.7	40904.1	−122.3	13033.3	12911.0	−37971.3
13	1996			383.7	383.7	10223.3	29360.4	4392.1	133.4	1298.1	825.6	46232.9	−111.1	13392.0	13280.9	−24690.4
14	1997			383.7	383.7	11279.4	32393.4	4968.0	146.7	1428.2	877.4	51093.1	−101.0	13454.4	13353.4	−11337.0
15	1998			383.7	383.7	12163.9	34933.8	5489.9	157.8	1535.8	943.7	55224.5	−91.9	13220.3	13128.5	1791.4
16	1999			383.7	383.7	12940.5	37164.0	5981.0	167.4	1629.3	959.9	58842.1	−83.5	12805.8	12722.3	14513.7

续表

序号	年度	经济费用				经济效益						费用效益分析(折现率10%)			
		一期投资	二期投资	养护大修	合计	运距缩短	成本降低	节约旅客时间	节约在途货物时间	减少货损货差	降低辅道成本	合计	费用现值	效益现值	年净现值	累积净现值
17	2000			383.7	383.7	13430.0	38570.0	6354.0	173.3	1686.1	959.9	58842.1	−83.5	12805.8	12722.3	14513.7
18	2001			383.7	383.7	13953.0	40072.9	6755.0	179.5	1746.9	1029.5	63737.2	−69.0	11463.7	11394.7	37942.8
19	2002			383.7	383.7	14498.3	41637.9	7177.3	185.9	1809.9	1061.6	66370.9	−62.7	10852.7	10789.4	48732.3
20	2003			383.7	383.7	15063.5	43261.0	7624.0	192.6	1874.9	1094.8	69111.4	−57.0	10273.0	10215.9	58948.2
21	2004			1918.5	1918.5	15650.3	44962.0	8095.9	199.5	1992.8	1152.8	74211.8	−47.1	9116.6	9069.5	77485.0
22	2005			383.7	383.7	16104.0	46249.4	8508.0	204.8	2054.9	1176.8	76512.3	−42.9	8544.8	8501.9	85986.9
23	2006			383.7	383.7	16604.4	47690.3	8774.9	211.0	2105.6	1212.5	78827.0	−39.0	8003.0	7964.0	93950.9
24	2007			383.7	383.7	17066.9	49014.8	9210.9	216.3	2160.3	1237.8	81296.6	−35.4	7503.4	7467.9	101418.8
25	2008			383.7	383.7	17562.6	50438.2	9675.8	221.9	2160.3	1237.8	81296.6	−35.4	7503.4	7467.9	101418.8
26	2009			383.7	383.7	18071.7	51900.4	10159.2	227.7	2216.3	1263.7	83839.0	−32.2	7034.5	7002.4	108421.2
27	2010			383.7	383.7	18616.0	53638.5	10675.0	233.9	2276.2	1278.1	86717.2	−29.3	6614.6	6585.3	115006.5
28	2011			383.7	383.7	19154.8	55011.0	11204.8	239.8	2334.9	1304.6	89249.9	−26.6	6188.9	6162.3	121168.8
29	2012			383.7	383.7	19751.7	56725.3	11554.0	247.4	2407.5	1331.1	92017.0	−24.2	5800.7	5776.3	126945.3
30	2013			383.7	383.7	20150.1	57869.5	12246.1	248.5	2418.2	1358.5	94290.9	−22.0	5403.7	5381.7	132327.0

表 3-21 S-D 公路项目财务分析计算表（$i=3.6\%$）

单位：万元

序号	年度	财务费用				收入			费用现值	效益现值	年净现值	累计净现值
		一期投资	二期投资	养护、大修	合计	S-D段	P-D段	合计				
1	1984	10932.0			10932.0				−10552.1		−10552.1	−10552.1
2	1985	21100.0			21100.0				−19659.1		−19659.2	−30211.2
3	1986	31600.0			31600.0				−28418.9		−28418.9	−58630.1
4	1987	33500.0			33500.0				−29080.8		−29080.8	−87710.9
5	1988	34500.0	4100.0		38600.0				−32343.6		−32343.6	−120054.5
6	1989	23500.0	5957.0		29457.0				23824.8		−23824.8	−143879.3
7	1990		4970.0	338.4	5308.4				−4144.2		−4144.2	−148023.6
8	1991			383.7	383.7	3491.7	2293.9	5785.6	−289.1	4359.8	4070.7	−143952.0
9	1992			383.7	383.7	4154.9	2732.7	6887.6	−27.1	5009.9	4730.8	−39222.1
10	1993			383.7	383.7	4809.6	3246.2	8055.8	−269.4	5656.0	5386.6	−133835.4
11	1994			383.7	383.7	5637.8	3679.2	9317.0	−260.0	6314.2	6054.2	−127781.3
12	1995			383.7	383.7	6427.3	4194.5	10621.8	−251.4	6948.7	6697.3	−121083.9
13	1996			383.7	383.7	7262.7	4667.4	11930.1	−242.3	7533.0	7290.7	−113793.2
14	1997			383.7	383.7	7961.6	5199.9	13161.5	−233.9	8021.7	7787.9	−106005.3
15	1998			383.7	383.7	8603.9	5618.4	14222.3	−225.7	8367.1	8141.3	−97864.0
16	1999			383.7	383.7	9172.1	5991.4	15163.5	−217.9	8610.8	8392.9	−89471.1
17	2000			383.7	383.7	9457.6	6179.7	15637.3	−210.3	8571.3	8361.0	−891110.1
18	2001			383.7	383.7	9761.9	6485.8	16247.7	−203.0	8596.4	8393.4	−72716.7

IRR=4.17%

BCR=1.2

NPV=27039.0

续表

序号	年度	财务费用 一期投资	财务费用 二期投资	财务费用 养护、大修	财务费用 合计	收入 S-D段	收入 P-D段	收入 合计	现金流量分析(折现率3.6%) 费用现值	现金流量分析(折现率3.6%) 效益现值	现金流量分析(折现率3.6%) 年净现值	现金流量分析(折现率3.6%) 累计净现值
19	2002			383.7	383.7	10164.0	6752.7	16916.7	−196.0	8639.3	8443.4	−64273.3
20	2003			383.7	383.7	10674.5	6975.1	17649.6	−189.1	8700.4	8511.1	−55762.1
21	2004			1918.5	1918.5	11018.3	7262.2	18280.5	−912.9	8698.3	7785.4	−47976.7
22	2005			383.7	383.7	11402.6	7488.6	18891.2	−176.2	8676.5	8500.3	−3476.434
23	2006			383.7	383.7	11817.4	7722.0	19539.4	−170.1	8662.4	8492.3	−30984.1
24	2007			383.7	383.7	12171.5	7889.7	20061.2	−164.2	8584.7	8420.5	−22563.7
25	2008			383.7	383.7	12442.9	8135.8	20578.7	−158.5	8500.1	8341.6	−1422.1
26	2009			383.7	383.7	12830.9	8457.0	21287.9	−153.0	8487.5	8334.5	−5887.5
27	2010			383.7	383.7	13245.4	8730.4	21975.8	−147.7	8457.3	8309.6	2422.1
28	2011			383.7	383.7	13658.1	8932.4	22590.5	−142.5	8391.8	8249.2	10671.3
29	2012			383.7	383.7	14083.6	9208.5	23292.1	−137.6	8351.7	8214.1	18885.4
30	2013			383.7	383.7	14522.7	9419.0	23941.7	−132.8	8286.3	8153.5	27039.0

3　道路建设项目评价

表3-22　S-D公路项目财务分析计算表（$i=8\%$）

单位：万元

序号	年度	财务费用				收入			现金流量分析（折现率 8%）			
		一期投资	二期投资	养护、大修	合计	S-D段	P-D段	合计	费用现值	效益现值	年净现值	累计净现值
1	1984	10932.0			10932.0				−10122.2		−10122.2	−10122.2
2	1985	21100.0			21100.0				−18089.8		−18089.8	−28212.1
3	1986	31600.0			31600.0				−25085.1		−25085.1	−53297.2
4	1987	33500.0			33500.0				−24623.5		−24623.5	−77920.7
5	1988	34500.0	4100.0		38600.0				−26270.5		−26270.5	−104191.2
6	1989	23500.0	5957.0		29457.0				18562.9		−18562.9	−122754.1
7	1990		4970.0	338.4	5308.4				3097.4		−3097.4	−125851.5
8	1991			383.7	383.7	3491.7	2293.9	5785.6	−207.3	3125.8	2918.5	−122933.0
9	1992			383.7	383.7	4154.9	2732.7	6887.6	−191.9	3445.5	3253.6	−119679.4
10	1993			383.7	383.7	4809.6	3246.2	8055.8	−177.7	3731.4	3553.7	116125.8
11	1994			383.7	383.7	5637.8	3679.2	9317.0	−164.6	3995.9	3831.3	−122294.4
12	1995			383.7	383.7	6427.3	4194.5	10621.8	−152.4	4218.1	4065.7	−108228.7
13	1996			383.7	383.7	7262.7	4667.4	11930.1	−141.1	4386.7	4245.6	−103983.2
14	1997			383.7	383.7	7961.6	5199.9	13161.5	−130.6	4481.0	4350.3	−99632.8
15	1998			383.7	383.7	8603.9	5618.4	14222.3	−112.0	4426.1	4314.1	−90956.2
16	1999			383.7	383.7	9172.1	5991.4	15163.5	−112.0	4426.1	4314.1	−90956.2
17	2000			383.7	383.7	9457.6	6179.7	15637.3	−103.7	4226.3	4122.6	−86833.7
18	2001			383.7	383.7	9761.9	6485.8	16247.7	−96.0	4066.0	3970.0	−82863.7

IRR=4.71%
BCR=0.6
NPV=−46456.0

续表

序号	年度	财务费用				收入			现金流量分析(折现率8%)			
		一期投资	二期投资	养护、大修	合计	S-D段	P-D段	合计	费用现值	效益现值	年净现值	累计净现值
19	2002			383.7	383.7	10164.0	6752.7	16916.7	−88.9	3919.8	3830.9	−79032.8
20	2003			383.7	383.7	10674.5	6975.1	17649.6	−82.3	386.7	3704.4	−72078.0
21	2004			1918.5	1918.5	11018.3	7262.2	18280.5	−381.1	3631.5	3250.4	−72078.0
22	2005			383.7	383.7	11402.6	7488.6	18891.2	−70.6	3474.9	3404.3	−68673.8
23	2006			383.7	383.7	11817.4	7722.0	19539.4	−65.3	3327.9	3262.5	−65411.2
24	2007			383.7	383.7	12171.5	7889.7	20061.2	−60.5	3163.6	3103.1	−62308.1
25	2008			383.7	383.7	12442.9	8135.8	20578.7	−56.0	3004.9	2948.8	−59359.3
26	2009			383.7	383.7	12830.9	8457.0	21287.9	−51.9	2878.2	2826.3	−56533.0
27	2010			383.7	383.7	13245.4	8730.4	21975.8	−48.0	2751.1	2703.0	−53830.0
28	2011			383.7	383.7	13658.1	8932.4	22590.5	−44.5	2618.5	2574.1	−51255.9
29	2012			383.7	383.7	14083.6	9208.5	23292.1	−41.2	2499.9	2458.7	−48797.2
30	2013			383.7	383.7	14522.7	9419.0	23941.7	−38.1	2379.3	2341.1	−46456.0

从图表可以看出，项目投资变化和预测交通量的变化对内部收益率有一定影响，但影响幅度不大，说明该项目对不确定因素的变化具有较强的抗风险能力。交通量降低的临界点在 50% 以上，投资增加的临界点在 70% 以上。

表 3-23 S-D 公路经济敏感性分析

项目		+50%	+30%	+10%	0	−10%	−30%	−50%
交通量变化	EIRR			18.73	17.62	16.45	13.86	10.75
	EBCR			2.35	2.14	1.93	1.51	1.09
	ENPV			156741.3	132327.0	107912.6	59083.9	10255.1
投资变化	EIRR	13.35	14.78	16.56	17.62	18.85		
	EBCR	1.44	1.66	1.95	2.14	2.38		
	ENPV	75502.2	98232.1	120962.0	132327.0	143691.9		

3.6.4 财务评价

1. 收入计算

该项目唯一的收入来源是收取过路费，收入计算是以预测的交通量为基础的。根据可行性研究报告中的收费标准，结合交通量的车辆构成、综合分析、加权平均，得出每车每千米平均收费额为 0.10 元。再根据 S-D 公路两端收费路段交通量预测分别测算两段的年收费总额，计算公式如下：

$$年收入 = 交通量 \times 路段里程 \times 收费定额 \times 工作日 \tag{3.6.9}$$

测算结果详见表 3-24。

表 3-24 项目年收入测算结果

	S-A 段	P-D 段	合计
1991 年	3491.7 万元	2293.8 万元	5785.6 万元
2000 年	9457.6 万元	6179.7 万元	15637.3 万元
2010 年	13245.4 万元	8730.4 万元	21975.8 万元

2. 费用计算

费用包括初期投资和建成后的养护、大修费用，其他管理费包括在养护费用中，均按工程财务概算费用数据计算。

3. 财务现金流量分析

在折现率 i 为 3.6% 和 8% 两种情况下对项目进行的现金流量分析结果见表 3-25。

表 3-25 项目的现金流量指标分析结果

	$i=3.6\%$	$i=8\%$
FIRR	4.71%	4.71%
FNPV	27039 万元	−46456 万元
FBCR	1.2	0.6
回收期	26 年	计算期内不能回收

分析表明：如果此项目是国家按基础设施给予低息贷款(利率3.6%)，通过收取过路费可以勉强偿还贷款，但这是在交通量达到预测的水平情况下才行；如有所下降，势必难以清偿贷款。如项目贷款利率高于4.7%，则从财务本身看是不可行的，除非是提高每车每千米收费率，增加财务收入，以偿还贷款本息。

3.6.5 综合评价

通过对S-D公路项目的国民经济评价和财务评价可以看出，本项目具有较高的国民经济效益，经济内部收益率达17%，远高于10%的社会折现率。财务评价尽管也能满足低息贷款要求，但受交通量变化及制定的收费标准影响很大。评价客观地反映了公路建设作为社会经济发展的基础设施这一特点。我们认为，应以国民经济效益的高低作为公路建设的唯一评价准则。

本项目除可以定量计算的国民经济效益以外，还具有大量难以定量分析的国民经济和社会效益，例如促进地区经济发展，改善投资环境，也应做出定性分析(从略)。

【本章要点】

1. 财务评价。
2. 国民经济评价。
3. 影子价格。
4. 社会折现率。
5. 影子汇率。
6. 经济内部收益率。
7. 经济净现值。
8. 经济效益成本比。
9. 经济投资回收期。

【思考与练习】

1. 举例说明费用效益分析选定的项目经常无法满足社会发展的要求。
2. 举例说明项目离不开环境、生态与自然资源，说明项目与这三者之间的辩证关系。
3. 何为影子价格？一般投入物影子价格的确定方法是什么？
4. 财务评价的主要作用是什么？财务评价和国民经济评价的区别是什么？
5. 某方案现金流量见表3-26，试计算静态投资回收期。

表3-26 某方案现金流量表

年度	1	2	3	4
年净现金流	−6000	3200	2800	1400
累计净现金流量	−6000	−2800	0	1400

6. 某项目第1年年初投入1200万元，年末投产并达到设计的生产能力。在生命期末，收回净残值和周转资金分别为30万元和50万元。销售税金及附加为销售额的10%。基准折现率$i_c =$

10%。其余数据见表 3-27,试计算该项目财务净现值。

表 3-27 计算某项目财务净现值需要的数据

投资 /万元	售价 /(元/台)	年经营成本 /万元	净残值 /万元	使用年限 /年	设计生产 能力/万台	周转资金 /万元
1200	39	140	30	10	10	50

7. 某项目第 1 年年初投入 1200 万元,年末投产并达到设计的生产能力。在生命期末,收回净残值和周转资金分别为 30 万元和 50 万元。销售税金及附加为销售额的 10%。其余数据见表 3-28,试计算该项目财务内部收益率。

表 3-28 计算某项目财务内部收益率需要的数据

投资 /万元	售价 /(元/台)	年经营成本 /万元	净残值 /万元	使用年限 /年	设计生产 能力/万台	周转资金 /万元
1200	39	140	30	10	10	50

8. 某山区因无道路和外界相通,每年都有大量农特产因无法运出而大量烂掉,给农民造成巨大经济损失。为解决该问题,政府决定修建道路。现有如下 4 种方案供选择,此外,"维持现状"也作为备选方案之一。有关数据见表 3-29,试对方案的效益成本进行分析。假设使用年限很长,基准收益率为 10%。

表 3-29 各方案效益费用分析表　　　　　　　　　　　　　　　单位:万元

	方案	投资与运行成本年值	农产品外卖年效益	旅游开发年效益
A	维持现状	0	0	0
B	修普通公路	50	100	10
C	修高速公路	80	120	30
D	修铁路	120	150	50
E	修铁路+公路	170	160	70

4 道路工程项目可行性研究

4.1 项目可行性研究概述

4.1.1 项目可行性研究的目标

项目可行性研究是项目生命周期重要的组成部分，是投资决策的基础和重要依据，因此可行性研究应能够满足项目科学决策、指导项目实施、避免重大错误和风险，为此需要调查、研究及分析项目相关的法律政策、相关信息、数据，并充分分析论证项目的技术、经济、工程、环境等，从而判断项目是否值得投资并就如何投资提出可行性建议。

项目可行性研究的意义是揭示和规避风险预测投资收益，降低机会成本。当一个企业只面对一个项目时，可行性研究如上所述，主要工作是回答项目的实施是否为政策、市场所允许，企业盈利前景怎样，如何创造条件，风险在哪儿及多大等问题。但很多企业经常遇到在同一时间面临两个或两个以上项目的情况，这时需要集中有限的资源，选择实施其中的某个或某几个项目，此时可行性研究的任务除了对单个项目进行可行性研究外，还需要横向比较不同项目的投入产出，从中选择机会成本最低、风险最小、投资收益最大的项目。

4.1.2 项目可行性研究的内涵

项目可行性研究是分析及控制我国工程项目经济效益的重要手段，利用可行性研究以达到用最小的投资获得最大的项目经济效益。在项目可行性分析的过程中，我们应充分考虑的问题包括工程项目的综合性、可能性、有效性、合理性。我们在可行性分析研究的过程中还应充分地考评和论证工程项目的技术可能性、经济可行性以及建设过程中的可行性。上述工作可为道路工程项目的投资者提供科学客观的数据参考，有效地避免或减少工程项目决策过程中的失误，最大限度地提升项目投资效果。我国政府有关部门及相关施工企业在项目决策过程中所应用的项目可行性分析研究的工作报告，是项目决策的重要信息。

4.1.3 项目可行性研究的作用

项目的可行性分析研究是项目启动前的必要环节，它也是提升项目经济效益的重要组成部分。项目的可行性分析研究报告不但可以帮助项目投资者更好地决策，还可以为项目主管部门的项目审批提供文件资料，当项目需要银行贷款时，它也可以为银行提供项目的整体风险分析，作为银行在贷款过程中进行风险分析的数据基础。在项目的环保审批和规划审批流程中，相关部门也需要通过项目可行性报告的内容来分析项目是否符合当前国家政策和相应的标准。在项目启动之前，如果没有项目可行性分析报告，也就不会有相应的设计基础和项目建设依据以编制项目的设计施工任务书。因此，在建设项目施工的早期阶段，项目的可行性分析报告是至关重要的，且在推动项目发展的过程中扮演重要角色。

4.1.4 可行性研究在工程项目建设管理中的地位

这需要借助可行性研究在我国工程项目基本建设管理程序来理解,具体管理程序见图4-1。全过程分为前期、中期和后期三个阶段。前期阶段,根据道路网络规划和特定的社会和经济发展现状的要求,由建设单位委托具有相关资质的咨询公司或设计院编制项目建议书。经相关部门批准后,再编制可行性研究报告,经相关单位审查同意后,依据审批权限报送国家或省或市发展和改革委员会或国务院审批。相关部门组织有关专家进行评估和审查,可行性研究报告批准后,下达设计任务书。在投资建设期,一般工程项目设计需经历初步设计阶段和施工图设计阶段,个别重大建设项目或技术复杂项目在初步设计后还需增加技术设计阶段。

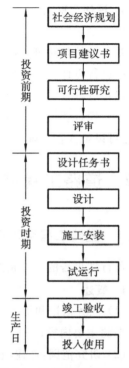

图 4-1 我国基本建设程序

从工程建设项目管理程序中可知,可行性研究阶段是项目的孕育阶段,可行性研究工作开展的好坏直接决定了项目先天条件的好坏。因为道路工程建设项目投资大,涉及范围广,是一个具有不确定性的复杂的巨大系统,建设项目投入运行后对社会经济影响巨大,具有不可恢复的特性,因此必须通过可行性研究来确定其是否真正可行。在工程建设项目未开展可行性研究工作的情况下,有时会因技术不可行或者经济效益不可行产生大量的投资无底洞项目,严重损害国家及人民的经济利益。对于具有可行性的工程建设项目,可行性研究可以解决什么时候建设、如何安排计划、如何解决配套等问题。以往的经验告诉我们,只有将建设项目投资纳入国家发展计划之中,才能促进国民经济及社会走健康可持续发展的道路。可行性研究确定了建设项目的规模与具体路线走向,由此避免产生"三边"、工期马拉松工程。可行性研究通过综合评价分析多种可行且非劣方案,选择出综合效用值较佳方案,同时,符合科学决策程序的可行性研究是实现项目微观效益、社会宏观效益最优化的重要手段。

4.1.5 项目可行性研究的阶段

1. 机会研究

可行性研究的第一个阶段,即投资机会鉴定阶段(机会研究)。这一阶段主要是要提供一定的投资方向建议,即在既定的地区,根据市场需求、自然资源及国内政策等实际情况进行可行性研究及分析,最终选择最为有利且合适的投资项目。由于是初步调查阶段,主要工作是为投资者提供一个时间和成本花费更少的可行项目,故其研究也较为粗略。

2. 初步可行性研究

机会研究只能提供很少的数据,它无法成为大多数项目做决策的根据,因此需进行初步可行性研究,也就是预可行性研究。这一阶段要依据第一阶段的数据再次进行详细调查研究,从而确定项目是否值得投资。也就是说初步可行性研究是确定项目能否获得最佳经济效益的辅助性专题研究。

3. 详细可行性研究

详细可行性研究又称最终可行性研究,这一阶段应深入论证项目的技术和经济情况,确定项目是否可行,并根据项目的实际情况为投资者提供可靠的数据。

4. 评估与决策

前三个阶段完成以后,要由投资部门或相关的工程咨询公司全面评审及再评价可行性报告。其主要目的就是对可行性报告中反映的情况的真实性、各项指标的精确度及社会经济效益等内容客观地进行再评价,并提出相应的评价意见,最终确定项目的可行性及最优投资方案。当前我国工业现代化进程日益加快,建设项目数量迅速增加,项目的可行性报告也就显得更为重要。可行性报告可以为投资者提供最为可靠的数据,详细论证项目建设的必要性、财务的盈利性及经济上的合理性,还可以最大程度降低投资风险。

4.2 道路工程可行性研究报告

4.2.1 道路工程可行性研究报告的主要内容

可行性报告的文本格式及内容要求基本如下。

1. 概述

(1) 任务依据和历史背景:项目建设发展历史概况,调查的概略结果,相关规划、意向书、项目建议书的主要内容;

(2) 研究范围:概述项目研究的主要内容;

(3) 研究的主要结论:建设理由,交通量发展预测,建设规模,技术标准,路线走向及主要控制点,投资估算,总劳动工日和钢材、木材、水泥等主要材料用量,工期安排及项目经济评价;

(4) 主要问题及建议。

2. 现有道路的概况及其存在的问题

(1) 在交通运输网络中的作用:地区综合运输网络交通运输现状,道路网交通运输概况,该项目在综合运输网中的地位;

(2) 存在的主要问题;

(3) 原有道路技术状况及其适应程度的分析。

3. 运输量和交通量的发展预测

(1) 项目所在区域经济特征:历年地区国民经济部门结构与布局的发展趋势和地区交通运输结构及发展趋势;

(2) 地区经济结构和经济指标与道路客货运输量、交通量增长的关系,其他因素和道路运输量、交通量的关系;

(3) 交通调查:交通量、汽车行驶起讫点、汽车运输指标等;

(4) 运输量及交通量发展预测:确定路段基年交通量及交通量、运输量增长率,预测路段运输量、交通量及互通式立交交通量。

4. 道路建设规模与标准

建设规模论证,推荐方案的路线长度(含新建、改建里程)、技术等级及附属配套工程,主要技术指标。

5. 建设条件及方案选择

(1) 工程方案、施工条件、工程造价受地理位置和地形、地质、气候、水文等条件的影响程度;

(2) 筑路材料来源及运输条件:筑路材料质量、数量、运输方式等;

(3) 社会环境分析:道路选线受沿线村镇居民点、建筑构造物、农林布局的制约程度及征用程度,新建线路与附近道路、铁路、水运、航空交通的衔接状况;

(4) 比较方案选择:各个比较方案及主要技术经济指标、背景和有关单位意见,各方案技术经济评价,推荐方案的评价;

(5) 推荐方案的路线走向及主要控制点;

(6) 建设项目对环保的影响评价。

6. 投资估算及资金筹措

主要工程数量,建设用地和拆迁量,投资估算、资金筹措意见。

7. 实施方案

(1) 分析工程的施工条件和特点,研究制约整个工程工期、质量、造价的关键环节,提出合理的施工方案;

(2) 根据分期建设、分段通车、提高投资效益的原则,合理安排施工计划;

(3) 对高速道路工程管理和技术人员实行培训。

8. 经济评价

按《公路建设项目经济评价方法》实施。

9. 问题与建议

即项目存在的主要问题和有关建议。

10. 附件

包括有关的各种协议、意向书以及会议纪要等。

11. 工程部分图表

比例尺 1∶2000000～1∶500000 的××道路地理位置图,路线平纵面缩略图,路线方案比较图表,主要技术经济指标表,路基标准横断面图,土石方数量估算表,不良地质地段表,路面结构方案图,路面工程量估算表,小、中、大桥涵工程估算表,包括 1/5000～1/2000 平面图在内的典型大桥方案图,典型大桥桥型布置图,隧道工程比较图,隧道工程量估算表,路线交叉表,典型互通式立体交叉布置图,防护工程估算表,占用土地估算表,筑路材料料场调查表,筑路材料运距示意图,投资估算表,比较方案主要工程数量和投资估算表。

12. 经济评价和交通量预测部分图表

影响区内主要运输现状表,××省(市、地、县)经济指标与道路客货运输量调查表,××道路交通量调查表,沿线各市(县)交通事故调查表,分类交通量预测表,道路交叉、互通式立交及路段交通量预测分布图,××道路客货周转量、交通量预测表,国民经济评价指标汇总表,国民经济评价敏感性分析汇总表,国内外贷款偿还能力计算表。对于高速道路、一级道路及专供汽车行驶的二级道路必须另外提交××年(基年)××道路交通量 OD 表,××年××道路预测交通量 OD 表,互通式立交及路段交通量预测表。

4.2.2 道路工程可行性研究报告撰写的重点和难点

应根据道路工程可行性研究报告的编写要求收集、整理、完善相关内容,一般从以下几个方面集中论证。

1. 项目建设的必要性

重点分析拟建项目在城镇及路网规划、区域经济社会发展、交通需求状况、综合运输体系等方面的定位和作用,阐述道路项目建设时机的准确性和必要性,从社会发展、经济发展、交通发展等多方面充分论述建设项目实施的必要性。

2. 项目交通量分析和预测

指调查分析建设项目影响道路交通现状及发展的工作和预测建设项目交通量的工作。其主要内容有:区域交通运输特点分析、区域交通需求测算、道路网交通运行质量现状评价、区域社会经济和交通运输状况影响调查及发展趋势研究、建立交通需求分担或分配模型、建设项目交通量预测等。

交通量分析与预测的基础为 OD 调查、交通流运行特征调查、旅客出行目的调查等交通调查,这些也是交通量分析与预测工作需要进行的专项调查工作。通常情况下,主要使用"四阶段预测法"(以汽车出行起讫点矩阵(简称 OD 表)为基础)预测道路建设项目交通量。其他项目,如二级及以下道路建设项目、功能单一的各类专用道路、筹资建设的地方县乡道路项目以及其他不适宜采用"四阶段预测法"预测的道路建设项目,可适当简化或采用其他预测方法。一般可采用定基法预测低等级道路交通量。

3. 项目建设方案的确定

在初步比选可能的工程建设方案的基础上,进一步做同等深度的技术、经济效益、工程造价比较选择,从中筛选出更具价值的方案。建设方案应综合考虑建设条件、工程规模及投资、环境影响、经济评价、土地占用等相关因素。根据拟建项目在区域道路网中的功能与定位、交通量的预测结果,综合考虑地形条件等因素,项目拟采用的技术等级、设计速度、车道数及路基宽度、荷载标准、抗震设防标准、隧道建筑限界、交通工程及沿线设施等具体指标均应按照公路或城市道路工程技术标准的相关规定,在通行能力及服务水平分析的基础上,进行广泛论证。

4. 投资估算及资金筹措

需严格执行交通运输部《公路工程估算指标》《公路基本建设工程投资估算编制办法》等。

5. 经济评价

以国家发展和改革委员会及住房和城乡建设部颁发的《公路建设项目经济评价方法》、《建设项目经济评价方法与参数》为依据开展项目经济评价工作。确定国民经济评价中所采用的参数时应参照国家发展和改革委员会及住房和城乡建设部发布的《建设项目经济评价方法与参数》(第三版)及有关资料。项目计算期由项目建设期和项目竣工后运营期组成。

4.2.3 可行性研究工作的步骤

根据道路建设项目的具体特点,应按照以下步骤开展可行性研究工作。

1. 建设单位委托,组建可行性研究小组

建设单位委托具有相关资质的咨询公司或设计院负责可行性研究工作,咨询单位组成的可行性研究小组一般由总负责人、交通工程人员、道路经济管理人员、道路与桥梁工程技术人员、工程水文地质技术人员等组成,主要骨干人员应具有丰富的道路勘测、设计、施工的实践经验,并且对地区社会经济发展规划与计划、道路网规划等有全面了解。

2. 拟订工作计划与进度表

进行详细的调查、勘测和分工,制定详细、切实、可行的工作计划安排,并根据交通部可行性研究的具体要求,对各部分内容详细分工,并对可能遇到的各种问题提前做出安排和部署。

3. 外业踏勘与调查

包括社会经济发展调查、交通量调查、水文地质调查及必要的钻探、路况调查、地形图或航测照片定线、线路桥隧踏勘及必要的测量、建筑材料调查、线路经过地方政府的考虑区域与要求等。同时根据要求,直接采用或进行机动车起讫点调查。

4. 整理资料,分析与技术经济等相关的问题并进行研究

研究的相关问题包括交通量预测与分配结果,工程规模与技术标准研究,线路和桥隧方案研究,工程量估算,资金来源与经济效益分析,环境保护工作等,得到项目建设必要性、技术可行性、经济合理性与实施可能性的判断结论。

5. 综合评价优选

对于可行的道路建设项目,构思若干可行方案,对其中非劣方案进行综合分析评价,推荐一个或多个具有更好综合效用价值的项目方案供决策选择。

6. 对选取的方案进行更加详细的分析、计算与研究

确定具体范围、线路组向、投资估算、资金投融资计划、经营成本与收益,对项目做出财务分析和经济分析。

7. 编制可行性研究报告

按照前述交通运输部颁布的《公路建设项目可行性报告编制办法》的具体内容、格式编制,包括文本及附图、表的绘制等。

8. 送审

在具体编制过程中,根据项目具体情况,不断接受反馈,并重复2~6的过程。

4.3 道路可行性研究中的风险评价

4.3.1 风险评价的步骤

1. 风险因素的识别

对道路项目的所有信息资料进行分类整理,并根据实际情况,找出影响道路工程项目可行性建设的主要风险因素,再对其进行分析,这就是风险因素识别。其中,风险因素分为外部风险因素和内部风险因素,因而要进一步细化分类找出主要风险因素,从而有效地推导得出项目的整体风险水平。

2. 风险的分析与估计

风险的分析与估计指利用最大最小后悔值法、决策树模型法等科学合理的方法,分析已知风险因素后预测道路项目的整体风险,提出解决方案以降低风险。最后结合管理学方法评价风险的不确定性并对未来的风险进行估计。

3. 提出风险应对决策

风险分析的重点是制定最坏的打算。风险应对决策的主要内容是:当风险真正发生时,针对现状及时制定合理的应对策略,使风险造成的损失最小化。风险评价的目标是基于具体情况具体分析,提出合理的风险解决方案。

4. 风险监控

只有时刻监控风险水平,才能尽可能地保证道路工程项目可行性建设的发展。加强项目整体决策机制建设,能够保障风险监控。在道路工程项目可行性研究过程中,不仅要确保效益最大化,还要使风险控制实现最小化。当找到效益与风险之间的平衡点的时候,风险评价的可靠性也随之增加。

4.3.2 风险评价的策略分析

1. 培养风险意识

道路项目可行性研究过程中,风险控制的主体必须要具有较强的风险意识。对参加可行性研究阶段的人员加强培训和教育,使他们了解风险意识的重要性,进而提高对风险的抵抗力。只有当参与者了解到个人的失误可能给整个项目的发展带来严重危害时,每个人的风险意识才会提高,才能更好地降低风险发生的概率。

2. 建立风险决策的动态控制机制

一般道路工程项目都具有建设时间长、收益不确定性强、建设资金大、牵扯内容多等特点。就我国当前的市场经济状况而言,市场尚不规范,经济规律性不明显,市场发展趋势不稳定,这些因素均导致项目建设风险增加。因此,为应对当前不稳定的局势,最有效的风险评价方法是建立一套风险决策的动态控制机制。它能够时刻了解决策存在的风险,及时更新项目相关信息和资讯,将其作为项目决策的重要依据,从而降低决策带来的风险,实现经济效益最大化。这种方法可以提供有针对性的风险评价,避免资源在风险评价方面的浪费。

3. 成立跨部门的风险评价组织

道路项目在可行性研究中涉及的面非常广泛,如果仅局限于一个方面对项目进行风险评估与分析往往是不准确的,其可靠性非常低。所以,成立一个独立的跨部门风险评价组织是很有必要的,该组织不仅能够为项目的风险评价提供更为准确的数据分析,并且可以做出相对全面的风险应对决策。这种组织的建立极大地形成了一种相互监督和督促的氛围,有利于实现风险最小化的目标。当风险发生时,可以利用风险承担、风险规避、风险转移、风险转换以及风险控制等风险管理工具降低风险带来的损失。其中,风险规避和风险转移是企业最常用的两种风险工具,风险评价组织常常利用它们来降低风险。企业通过停止某一具有风险的商业项目来避免损失就是风险规避的主要做法,而风险转移是企业将不愿意接受的某种风险转换为愿意接受的另一种风险。风险管理工具多种多样,风险评价组织的判断能力及水平决定了风险预测的程度。

4. 加强对风险发生概率的预测

目前我国主要采取定性与定量分析相结合的方法来预测风险发生的概率。定性分析即利用自己熟悉的业务知识和工作经验对事物发展的变化规律作出相应判断。而定量分析与之相反,它是用数学方法整理统计出来的数据,从而得出风险发生概率的一般性规律。将两者相互结合,优势互补,以提高风险预测的准确性。

4.4 道路可行性研究中的相关问题

根据道路项目可行性研究的工作步骤与内容,本节讲述社会经济调查与分析预测、交通分析与预测、建设方案研究等相关问题。

4.4.1 社会经济调查与分析预测

在道路建设项目可行性研究中,有必要确定规划年度交通量等综合运输指标,而这些指标是由项目所在区域社会经济发展水平所决定的,存在着不可避免的因果关系。项目建设的必要性、可行性以及建设方案的设计等,均是以项目所在区域规划年份社会经济方面的指标为依据的,因此,对项目所在区域进行社会经济调查、分析,并在此基础上进行预测是整个可行性研究的前提和基础。

1. 调查范围

调查范围一般为受道路建设项目影响的区域,一般来说,影响区域分为直接影响区域和间接影响区域,其中直接影响区域是社会经济调查分析的重点。而划分二者的标准在于直接影响区域之间的社会经济关系能否反映项目所需预测的交通流量相关指标。一般来讲,直接影响区域在项目实施后,社会经济效益会发生显著变化,成为交通流量的主要发生点或吸引点,与此同时交通条件得到显著改善,形成一种新的交通运输方式分配格局;从地理位置上讲,直接影响区域通常是指项目所在区域或距离项目很近的区域,类似于沿路线形成的一条运输走廊。如通常将道路建设项目所经过的市、县、镇(乡)、开发区、交通中转集疏点等行政单位作为直接影响区域,而将直接影响范围之外但可能被分配在建设项目上的交通流量所涉及的区域范围,叫做间接影响区域。

2. 调查内容

调查内容就是工程项目所在区域的历史、现状、规划发展等各种具体的社会经济发展指标与宏观发展趋势,从而对影响交通流量的各种相关因素进行分析、预测。一般来讲,道路建设项目需要调查的主要内容有人口、社会经济指标、自然资源和区位优势等。

1) 人口

人口调查的指标分为两类:一类是总量指标,包括总人口、农业人口、非农业人口、职工人口等;另一类是相对指标,如人口自然增长率、人口密度等。

2) 社会经济指标

该项指标主要有代表经济发展水平的国民生产总值、工业总产值、农业总产值等;代表经济外向型发展水平的外贸进出口总量、进出口产品结构等指标;代表经济结构的各种产业如工业、建筑业、运输业等;代表建设投资的固定资产投资总额、更新改造投资总额等。

3) 自然资源

道路建设项目区域自然资源的分布、储量与开发状况,直接决定了区域社会经济发展情况、区域交通基础设施的规划布局与建设情况,从而决定了所研究的建设项目的交通分配量。其中矿产资源和旅游资源与公路建设项目密切相关。

矿产资源主要指煤矿、石油、铁矿石等,调查内容包括资源储量、资源质量、相关开发技术、资金条件、已开发的规模与开发计划和前景、自然资源服务区域等。

旅游资源是客流聚集的重要来源,调查内容包括旅游风景名胜地、文物古迹的分布、位置与在国家、省所处的等级;旅游区与道路建设项目的地理位置关系;旅游区目前的接待能力和收入,未来发展计划,其他可能的旅行工具等。

4) 区位优势

区位反映了区域生产力布局、重要物资生产部门的空间分布状况和从该区域经过的物资状况,交通流的产生、疏散、主要交通流类型与分布等均为区位所决定。如山西省的煤炭运输过程中有很大一部分需要经过河北省,河北省特殊的区位优势决定了它的一些道路建设项目主要为运送煤炭物资服务;河北省唐山市是我国重要的煤炭、铁矿石、钢铁和陶瓷基地,其区位优势明显,决定了唐山道路建设项目的特殊优势。

5) 区域社会经济发展规划与近期计划

道路建设项目必需依照区域社会经济发展规划与计划确立并以其为发展目标,道路建设项目必须满足发展规划并成为发展计划。调查内容主要包括区域社会经济基本定位、经济发展目标与水平、经济发展趋势与展望、主导与优先发展产业、城市发展规划与布局、城市近年发展速度等。

3. 社会经济分析与预测

通过对社会经济历史和现状的调查,分析相关指标的发展趋势,得出未来年份相关社会经济指标的变化过程。预测的核心是选择合适的符合预测内容需要的方法。目前已有近二百多种预测方法,按量化程度分类包括定性预测、定量预测与混合预测;按照采用的模型分类包括基本计量经济学预测、神经网络模型预测、动态系统模型预测等;按照是从过去和现在的条件出发预测未来还是从未来的目标或需要出发研究满足未来需要的条件,分为探索型预测方法和规范型预测方法。具体预测方法的使用一般是基于具体的道路建设项目情况,考虑到可能建立的模型和收集到的资料,综合使用,即在许多情况下,系统人员应该综合运用相关预测方法,用某些预测方法的优点去弥补其他预测方法的不足,使所获得的预测效果更为接近客观规律或更符合系统的实际情况。

1) 头脑风暴法

头脑风暴法又称专家会议方法、集思广益法,是定性预测的方法之一,这一方法主要是请熟悉相关预测问题的专家或学者参加专题讨论会,参会人员对所预测的问题发表看法和意见,集中进行探讨,是一种刺激创造性、产生新思想的技术。这种技术由美国人奥斯本于1939年首创,首先是用于设计广告。"头脑风暴"常用来形容参加会议的人可以畅所欲言,鼓励发表不同意见,不受任何约束。其实施步骤一般分三个阶段。

(1) 明确问题:即要使会议的参与者明确要讨论的问题是什么。

(2) 发表意见:到会的专家对要讨论的问题提出各自不同的观点和看法,广泛发表意见。要尽可能多地表达不同的意见,产生思维碰撞,这是一种决策者的艺术。其好处至少有三点:防止虚假的附和;利于产生可供选择的新方案;激发想象,得到启迪,以利于纠正错误的想法,找到正确的答案。

（3）认真讨论：找出大家满意的答案。

该预测方法的优点和缺点是显而易见的。优点是在充分利用专家个人丰富知识和经验的基础上，通过交换意见、相互启发，对过去发生的事情进行分析和评价，对未来的趋势进行探索和判断，因而该方法能较为全面地考虑到事件发生的可能性，从而达到预测的目标。这种预测方法简单易行，节约时间。但缺点是参加会议的人数受限，不能更广泛收集了解各方的意见；由于是面对面地讨论，可能会出现少数人的正确意见屈从于多数人的错误意见，或者是大多数人受权威人士观点左右，不能充分表达意见和看法。

2）德尔菲（Delphi）法

在1960年代美国著名的咨询机构——兰德公司创造了这一方法。"德尔菲"是以古希腊预言神殿所在的历史名城德尔菲命名的，该方法又称专家调查方法或专家意见方法。

此种方法是预测单位根据预测的目的、要求设计意见征询表，有选择地聘请一组专家并向他们提供与预测问题相关的情况和资料，分发征询表，要求专家根据自身经验判断，并回答征询表的问题。在实施过程中，专家们互不知情，且征询表不署名，排除了相互影响和心理干扰。预测人员将第一轮发放的征询表收回后，将各位专家的意见归纳、整理、列表，再发给各位专家，使他们能够将自己的判断和他人的意见进行对比，以修正自己的判断。这样，经过几轮的意见反馈，当各专家的意见较为统一以后，询问即结束。最后，对意见进行汇总、统计、计算、分析并整理成预测报告。由于这种方法克服了专家会议对心理因素影响较大的缺点，因此被广泛采用。

3）因果分析预测法

因果分析预测法又称回归预测方法，是基于事物或系统内部因素的因果关系变化来预测事物未来的发展趋势的方法。对于交通系统的预测就是要寻找影响交通量的各个变量与交通量之间的定量数学关系，并按照这种关系进行预测。根据模型中变量个数的不同，可以分为一元回归分析和多元回归分析；根据变量之间的关系不同又可分为线性回归分析和非线性回归分析。

(1) 多元线性回归分析。

假设存在多个影响预测量的因素，它们共同构成多维向量，即 $X = (x_1, \cdots, x_m)^T$，有

$$Y = b_0 + b_1 x_1 + b_2 x_2 + \cdots + b_m x_m \tag{4.4.1}$$

对于给定的 n 组样本（历史数量），需要确定 b 值。其关系可以表示为矩阵即 $Y = XB + N$，其中 N 为随机变量。这里取：

$$Y = \begin{bmatrix} Y_1 \\ Y_2 \\ \vdots \\ Y_n \end{bmatrix} \quad X = \begin{bmatrix} x_{11} x_{21} \cdots x_{m1} \\ x_{12} x_{22} \cdots x_{m2} \\ \vdots \\ x_{1n} x_{2n} \cdots x_{mn} \end{bmatrix}_{n \times (m+1)} \quad B = \begin{bmatrix} b_0 \\ b_1 \\ \vdots \\ b_m \end{bmatrix}_{(m+1) \times 1} \quad N = \begin{bmatrix} \mu_1 \\ \mu_2 \\ \vdots \\ \mu_n \end{bmatrix}_{n \times 1}$$

用最小二乘法或最大似然法可得到：

系数矩阵为 $\hat{B} = (X^T X)^{-1} X^T Y$，随机误差均值为0，方差估计量为 $\hat{\sigma}_\mu^2 = \dfrac{e^T e}{n - m - 1}$，其中 $e = (e_1, e_2, \cdots, e_n)^T = Y - X\hat{B}$。

(2) 非线性回归分析。

非线性是指自变量和因变量之间的关系为非线性，即 $Y = f(x_1, x_2, \cdots, x_n)$。该方法在变量之间的关系基本确定的情况下，可以通过数学转化将其变为线性方式予以回归分析，如国民生产总值

Y 和社会资本 K、劳动力 L、技术与管理水平 M，时间 t 的关系为非线性，即

$$Y = f(K, L, M, t) \tag{4.4.2}$$

对于第一期的可用 Y_0、K_0、L_0 表示，可化为

$$\ln\left(\frac{Y_t}{Y_0}\right) = c + \mu \cdot t + \alpha_k \cdot \ln\left(\frac{K_t}{K_0}\right) + \alpha_l \cdot \ln\left(\frac{L_t}{L_0}\right) \tag{4.4.3}$$

其中 c 为系数，μ 为技术与管理进步率，α_k、α_l 分别表示资本和劳动产出弹性。用回归方法可以确定出 c、μ、α_k、α_l 以预测未来的 Y_t 值和确定有关置信区间。

4) 时间序列预测法

按照时间顺序排列被预测的值，构成一个时间序列，从构成的这一组时间序列过去的变化规律，来推断未来变化的可能性及其变化趋势、变化规律，这就是时间序列预测法。时间序列的应用始于 19 世纪 80 年代西方经济学家和对资本主义经济周期波动进行研究和业务预测的统计学家。这种分析预测方法在应用过程中被不断地丰富和发展，逐步形成了预测学中一个具有广泛应用价值的方法。

(1) 加权滑动预测法。

该方法是将原时间序列按一定的时间跨度逐项移动，计算一系列的时间序列加权平均数，形成一个新的时间序列，以消除短期、偶然因素变动，显示出长期趋势来。计算公式如下。

$$F_t = \beta_1 x_{t-1} + \beta_2 x_{t-2} + \cdots + \beta_n x_{t-n}, \quad \sum_{i=1}^{n} \beta_i = 1 \tag{4.4.4}$$

其中，F_t 为第 t 期预测值，x_t 为第 t 期实际值，n 为数值个数。

(2) 指数平滑预测法。

基本原理同上，只需要掌握本期实际值和本期的预测值即可预测下一期的数据。

$$F_{t+1} = \alpha X_t + (1-\alpha) F_t \tag{4.4.5}$$

其中 α 是平滑系数，$0 < \alpha < 1$。

5) 神经网络预测法

在实践中，大多数非线性因果关系无法用数学公式描述，这种情况可使用人工神经网络 (ANN) 预测模型。

ANN 就是为模拟人脑工作方式而设计的一个系统，可以是一台机器设备、交通系统、社会经济系统、计算机软件仿真系统等。它具有大量连接的并行分布式处理器和通过学习获得知识并解决问题的能力，并且知识是分布在连接结点（对应于生物神经元的突触）中的。ANN 是由大量的简单处理单元（神经元）构成的非线性动力学系统，因为能够模仿人脑智能，且其设计的系统采用存储等方式，使其具有巨量并行性、结构可变性、存贮分布性、高度非线性、自学习及自组织性等特点。

ANN 是一个正规化网络，一个通用函数逼近器只要有足够数量的隐单元，可以任意逼近定义在 R^n 集上的任何多元连续函数。也就是说，任何函数都可以用一个人工神经网络模型来表示，任何一个 ANN 模型都表示某一具体的系统模型，无论这个系统的模型是否可以用具体的数学公式表示出来。因此，使用该模型可以表示出某一个具体的社会经济系统预测模型。

6) 动态系统模型预测

即建立社会经济具体指标随时间变化的函数关系，其中基于随机生灭过程的人口方程、戈珀兹曲线方程和逻辑斯蒂曲线方程较为常用。这些曲线方程近似 S 形，早期增长速度较慢，一段时间后

增长速度逐渐加快,但增长到一定程度时出现矛盾,增长速度将会放缓。

(1) 基于随机生灭过程的人口方程。模型表示为:

$$n(t) = \frac{Ne^{(\lambda-\mu)t}}{\frac{N}{n_0} - 1 + e^{(\lambda-\mu)t}} \tag{4.4.6}$$

其中,$n(t)$ 表示第 t 年的预测人口数量,N 表示最大允许人口,n_0 为初始人口数量,λ 为人口生育和迁入率,μ 为人口死亡和迁出率。

(2) 戈珀兹曲线方程。模型表示为:

$$y(t) = ka^{b^t} \tag{4.4.7}$$

其中,$y(t)$ 为第 t 年预测的目标值,a、b、k 为需要确定的参数。

(3) 逻辑斯蒂曲线方程。模型表示为:

$$y(t) = \frac{k}{1 - be^{-at}} \tag{4.4.8}$$

式中各符号意义同前。

4. 社会经济调查、分析与预测需要注意的问题

1) 行政区域变动问题

经济指标所覆盖的行政区域的范围应一致,如原来某市为一个县级市,随着社会经济大发展大变革,成为地级城市;最初的一些县、乡镇归 A 市所辖,现归 B 市所辖等,所有这些都必须在社会经济调查过程中分析清楚,必要时进行更为精细的资料调查、分析与计算工作,使其能够满足道路建设项目社会经济指标预测的需要。

2) 社会经济指标内涵问题

过去,我国社会经济指标与苏联一致,现在,与西方发达国家一致。二者存在着两个主要问题:一是指标的内涵不同,如现阶段我国采用国民生产总值(GDP)指标,然而之前只有国民收入指标;二是统计指标的口径问题,如 1982 年以前,我国将村级工业产值计入农业产值,后计入工业产值。对该类性质不同但具有一定相似性的指标,必须充分了解和比较,找出相同点并指出其中差异,结合项目具体要求,提出具有相同内涵的指标值。

3) 价格问题

统计指标中一般有当年价格、可比价格和不变价格,分析预测应该采用可比价格,即扣除物价变动因素,确切反映物量变化的价格。我国统计局多次制定了全国的不变价格,相关资料中有关指标值应按照价格的转换公式转换为可比价格。

4.4.2 交通调查、分析与预测

交通调查、分析及预测是道路建设项目可行性研究的重要组成部分,为了解项目所在地区道路交通量的特性和构成,掌握道路交通流量、流向及车辆构成等数据资料,为未来拟建道路交通量预测提供基础数据,同时也为经济评价和道路设计提供准确且可靠的依据。因此,交通调查、分析与预测是可行性研究中重要的基础性工作。工作完成的水平、质量和准确性直接影响到建设项目的可行性与最优性。

1. 交通调查、分析与预测小区选择

交通调查与预测的前提是选择规模合理的交通小区。交通小区成为 OD 区,通过对交通小区进行划分,将交通流划分为若干个 OD 点之间的交通流。OD 节点的划分,实际上是一个模糊聚类的过程,需要采用模糊聚类的方法将交通流按照一定的隶属度划分到具体的交通小区中。但目前在我国的实际工作中,由于统计资料采集难度大等多方面原因,一般采用省、市、县(乡、区)交通枢纽中心等行政区为单位或高速道路进出口作为交通小区。

对于具体的道路建设项目,可根据可行性研究的深度等不同要求,确定具体的交通小区划分。如一条国道,可以将县、市作为交通小区;一条省级道路,可以将县、乡(镇)、市作为交通小区;一条县级道路,可以将县、乡(镇)、村作为交通小区。同时在划分交通小区时,还应考虑经济技术开发区、新技术产业区、旅游区、重要矿山或大型单位所在地等。

2. 交通调查

根据社会经济调查所确定的地理范围,在交通小区内进行交通调查。根据所采用的方法不同,可以将交通调查划分为普查和抽查两大类,在我国改革开放初期曾采用过普查方式进行交通调查,但由于费用高、涉及范围广,目前已很少使用。根据调查对象的不同,抽查可分为典型调查、抽样调查和重点调查。交通调查的主要内容如下。

1)运输方式及其发展趋势调查

包括铁路、道路、水运、航空及管道五种运输方式的当前基本状况、发展历史以及发展规划、计划;五种运输方式的线路长度、主要货物类型、年客货量、周转量和流向;各种运输方式的能力利用率、所占比例等。

2)道路交通状况及关键指标的收集

包括项目影响区域主要道路交通量和平均增长率、平均速度、高峰小时交通量;客货比例、车型构成;交通量月、周、日不均匀系数;各个相关交通口交通状况等。

3)道路运输概况

包括道路运输的各项基本费用、成本构成;道路运输企业、运输市场、物流市场基本经营状况;有关道路收费的目的、费率标准、收费年限等;道路养护、大修、养护费用等。

4)道路交通管理基本状况

包括道路交通管理现状、信控设备、交通安全管理基本情况;交通事故率、平均损失等。

5)OD 调查

根据时间和行驶方向对车辆的起点、终点、车型、核载吨位、实载吨位、货物类别、出行目的等内容进行调查。

3. 交通分析

交通分析就是对交通调查得到的各类资料采用系统分析方法,找出内部因果关系及其发展趋势,为交通预测提供定性模型与结论。其主要内容如下。

1)综合运输发展趋势分析

对各个交通小区与整个道路建设项目覆盖范围综合运输方式的主要影响因素、特点进行分析,以总结出基本产生、吸引的相关关系,为交通发生提供定性结论。同时对运输量增长、运输价格弹性、运输收入弹性等进行分析。

2)综合运输区域性特点进行分析

包括各种不同类型货物在各个交通小区之间的主要流向、增长方式、发展趋势,不同运输方式的分担方式等,主要交通站点交通量分析。

3）综合运输结构分析

包括不同运输方式在运输里程、运输量等方面占运输总量的比例，未来规划建设状况，道路交通在综合交通运输网络中的地位、作用与发展趋势等。

4）运输线路适应性和特点分析

目前运输网络中特别是道路线路，具体通行能力、长度、养护状况、通行能力的利用程度如何，能否满足现阶段及未来发展需要，未来规划、计划中改扩建的可能性等。

5）OD分析

对OD调查数据进行总结、分析，得到基本出行情况的现状OD表和一系列反映交通流特性的具体指标，其中包括24小时各断面交通量、高峰小时交通量、各车型比例、货车平均吨位、客车平均客位、客（货）车实载率、主要货物种类等。

4．交通量预测方法

目前常用的交通预测方法有两类，一类是基于路段交通量的个别推算方法；另一类是基于OD调查的四阶段法。

1）基于路段交通量的个别推算方法

该类方法又分为定基预测法和定标预测法，定基预测法又称直接法，即直接根据交通量本身的变化规律进行预测；定标预测法又称定标法，即根据其他社会经济指标与交通量的关系来进行交通量预测。具体常见数学模型见表4-1。

表 4-1 基于路段交通量的个别推算法部分预测数学模型表

类别	线型	模型	符号含义
定基预测法	平均增长曲线	$a = (Y_n/Y_0)^{(1/n)} - 1$ $Y_m = Y_n(1+a)^{m-n}$	a 为增长率；Y_n 为已知的第 n 年的交通量（一般为基年）；Y_0 为已知的第 0 年的交通量；Y_m 为需要预测的第 m 年的交通量
定基预测法	指数曲线	$Y_t = ae^{b(t-t_1)}$	Y_t 为需要预测的第 t 年的交通量；a、b 为系数；t、t_1 为预测年份和基年
定基预测法	S曲线	$Y_t = ka^{b^t}$	Y_t 为需要预测的第 t 年的交通量；k、a、b 为系数
定标预测法	一元回归曲线	$Y_m = aE_m^b$	Y_m 为需要预测的第 m 年的交通量；a、b 为系数；E_m 为第 m 年的经济指标，远景年份的指标需预测
定标预测法	多元回归曲线	$Y_m = b_0 T^{b_1} U^{b_2} R^{b_3} \cdots\cdots$	Y_m 为需要预测的第 m 年的交通量；b_0、b_1、b_2、b_3 为系数；T、U、R 为第 m 年的各个经济指标，远景年份的指标需预测
定标预测法	S曲线	$Y_m = \dfrac{A}{1+ae^{bE_m}}$	Y_m 为需要预测的第 m 年的交通量；a、b 为系数；E_m 为第 m 年的经济指标，远景年份的指标需预测；A 为曲线上限

2）基于 OD 调查的四阶段法

该方法又称四步模式法,是以 Wardrop 的交通分配第一原理、第二原理为基础建立起的交通预测分配方法,基本工作步骤如图 4-2 所示,由于该方法按照交通量发生与吸引、交通量分布、交通选择(各个出行方式的划分)、交通分配四个步骤来进行道路网络交通量的预测,理论体系完善,考虑因素全面且易于收集资料,所以应用广泛,理论体系也较为成熟。具体预测流程如图 4-3 所示。

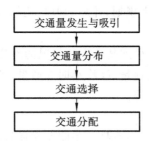

图 4-2 四阶段法工作步骤

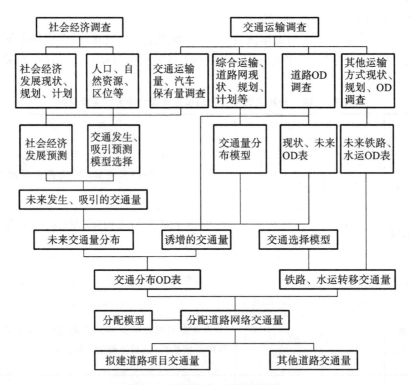

图 4-3 四阶段法交通预测流程

（1）交通量发生与吸引预测。

即预测道路建设项目投入使用年份各个交通小区的交通吸引量、交通发生量。其预测模型与社会经济预测方法相同。

（2）交通量分布预测。

交通量分布预测,又称出行分布预测、OD 分布预测。就是基于每个交通小区交通吸引和交通发生总量,已知各个交通小区交通阻抗的条件下将交通量分布到各个节点中。该类方法细分类别较多,有均衡增长率法、佛尼斯(Furness)法、平均增长率法、介入机会模型、新增长系数法、重力模型法等。

如采用重力模型法,设 T_{ij} 为发生地 i 到目的地 j 之间的出行量,也可能是交通流、客流和物流等,O_i 是发生地的出行发生总量,D_j 是目的地的出行发生总量,显然 T_{ij} 构成一个 OD 矩阵。仿效万有引力的原理,区域间交通量表示为:

$$T_{ij} = K_{ij} O_i^\alpha D_j^\beta F_{ij}^{-\theta} \tag{4.4.9}$$

式中,F_{ij} 表示 i 区到 j 区的交通阻抗,一般为距离、时间或费用;K_{ij} 表示 i 区到 j 区的社会经济调整系数;α、β、θ 分别为修正系数。同时对于具有 M 个交通小区的区域,T_{ij} 满足下式:

$$\sum_{j=1}^{M} T_{ij} = O_i, \sum_{i=1}^{M} T_{ij} = D_j \tag{4.4.10}$$

(3) 交通选择预测。

交通选择预测,也称模态分担预测,就是在确定两个交通节点之间交通流量的基础上,进一步确定交通量按照何种方式实现运输,即在铁路运输、航空运输、道路运输、水路运输和管道运输五种基本运输方式中选择道路运输方式的交通量。这是按照效用值最大的原则进行具体选择的,即选择与个人的行为爱好有关。选择模型有多种形式,以货运方式分担型为例,M 个交通小区,每个小区有 N 种不同的运输方式并且各个小区间的货流起终点均为小区节点,由节点 i 到 j 的第 h 种货物数量为 x_{ijh},要求确定节点间分担方式货流量 x_{kijh}。

货运方式选择的实质就是选择一种服务,包括运输服务费用、运达时间、货物批量、运距、货物种类、运输服务可靠性和运输频率等。一般情况下主要取决于运输服务费用 C_{rk}、运达时间 T_{rk}、服务可靠性 R_{rk} 和服务频率 F_{rk} 这四种服务指标影响属性。因此货运方式分担率是运输方式服务指标影响属性相对值的函数,即

$$P_k(x_{ijh}) = f(R_{rk}, C_{rk}, T_{rk}, F_{rk}) \tag{4.4.11}$$

式中 $P_k(x_{ijh})$ 为由节点 i 到节点 j,方式 k 承担第 h 种货物运量所占的比例。广义重力模型公式可以写为

$$P_k(x_{ijk}) = \alpha_0 R_{rk}^{\alpha_1} C_{rk}^{\alpha_2} T_{rk}^{\alpha_3} F_{rk}^{\alpha_4} \tag{4.4.12}$$

约束条件为

$$\sum_{k=1}^{N} P_k(x_{ijk}) = 1 \tag{4.4.13}$$

式中,α_0、α_1、α_2、α_3、α_4 是通过回归确定的系数。由节点 i 到节点 j,方式 k 所承担的第 h 种货物的运量 x_{kijh} 为

$$x_{kijh} = P_k(x_{ijh}) x_{kij} \tag{4.4.14}$$

(4) 交通分配模型。

交通分配又称网络分配,就是将 OD 交通量分配到具体道路网络中,从而得到具体拟建道路建设项目上的交通量。交通分配主要模型如下。

①最短路径分配模型。即认为出行者按照包括最短距离、时间和最少费用等在内的广义费用最小化原则选择最短路径。该方法建立在出行者对路网状况完全了解的基础之上,使得广义费用最小化的道路上分配了所有 OD 间的交通量,而其他 OD 间的道路上则无交通量,因此又称为全有全无方法。显然该方法仅适用于交通量较小、信息完全的理想情况下,在实际情况中鲜少应用。

②多路径随机分配方法。在交通量较大、信息不完全的情况下,出行者根据经验知识随机选择OD之间路径的方法。

③多通路均衡分配模型。考虑到广义出行费用最小的路径由于交通量的不断增大,其广义出行费用不断增加,多个出行者非合作博弈的结果构成了 Nash 均衡,使得各条路径均分配得到一定交通流量。该模型实际上是 Wardrop 均衡原理的直观应用,适用于交通流量较大的道路网络。

实际交通分配在上述各种理论基础上,发展出很多如增量迭代分配法、动态路径分配法、容量受限分配法等简单适用的交通分配方法。

4.4.3 建设方案研究

建设方案研究就是在社会经济、交通调查和外业踏勘等工作的基础上,通过对主要影响因素进行分析,确定具体技术标准后构思出若干可行的方案,在此基础上,综合比较选择方案的各项技术经济指标及实施可行性,最后推荐出一个综合效用值较佳的方案来。

1. 外业踏勘与资料收集

通过调查研究及外业踏勘,收集包括地方政府、规划部门等在内的机构对建设项目标准、规模、线路走向、起讫点、与城镇及相关道路的衔接等方面的意见与建议;沿线地区的水文、地质、地形、气候条件等,按照《公路工程地质勘察规范》的要求进行地质勘查活动;筑路材料的分布及运输条件;沿线土地价格和可能穿越区域的拆迁安置费用标准、需修建的老路现有技术状况等。

2. 对建设方案主要影响因素分析

在上述资料的基础上,分析其主要影响因素,除对上述水文、地形、地质、沿线筑路材料和运输等条件进行分析,还应对社会经济环境状况、项目对社会环境的影响、项目在路网和区域路网中的地位和作用、和其他道路连接、与其他运输方式交通枢纽的衔接等社会环境进行分析;工程对生物环境、水环境、社会环境、土地利用及类型、沿线农林布局情况、沿线其他工程、大型企业、文物古迹、矿区等可能产生的影响;包括项目的施工与运营对生态环境、社会环境、土地利用的可能影响;路线方案的对策、借方及水土保护、绿化植被恢复等在内的减缓工程对环境影响的对策等。

3. 研究和确定技术标准

结合远景交通量预测,根据《公路工程技术标准》道路分级的选用原则,并考虑到项目所在区域的道路网规划现状,确定道路等级;根据道路等级及路线穿越地地形,计算行车速度;在确定道路等级、行车速度的基础上,根据交通流量的预测结果,计算具体车道数,根据道路实际地形、道路绿化带要求、是否混行等具体特点,确定路基宽度;根据分析结构,依据《公路工程技术标准》等有关规定,确定相关的道路具体技术标准,如行车道宽度、路基宽度、停车视距等。

4. 分析项目建设存在的主要和关键技术难题

可能的初步解决方案,并提出需要安排的重大科学研究课题和重大技术设备引进项目。

5. 可能建设方案的拟定与比选

根据两阶段的具体要求,在不同比例尺地形图上研究可能的路线方案及其主要控制点。其主要原则是满足《公路工程技术标准》中相关各项指标要求;在经济合理的条件下尽量优化平面线形,取得较高的标准;尽量减少建筑物拆迁和占用良田;充分利用地形条件,避免高填深挖;充分考虑地方政府及相关部门对线路走向的要求等。从构思的若干可行方案中,选择出非劣方案进行综合评价分析。

6. 确定推荐方案

根据系统综合评价原则,确定了具有较好综合效用值的推荐方案,供决策者参考选择。包括具体的项目概况、项目建设规模、项目建设进度、项目投资估算及项目资金安排等。

4.5 案例分析

本节通过《×××至××高速道路可行性研究》简述可行性研究过程与报告内容。

4.5.1 研究过程

经项目建设单位授权,×××公司会同×××设计院有关专家,于××年××月××日,组成可行性研究小组,调查了解项目相关信息及相关部门的意见,进行现场沿线重点踏勘。在经过社会经济调查、分析预测,交通调查、分析与预测、技术研究、方案研究等阶段后,初步确定项目路线的走向方案,经研究,方案总工作量约为 45 km,以此为范围,进行了工程量的估算和造价估算,于××年××月底完成了《×××至××高速道路可行性研究路线走向方案报告》(送审稿)。经×××有关部门审查和有关批复,对路线走向方案报告中的Ⅰ方案和Ⅱ方案进行了调整、优化,重新计算工程数量并进行投资估算,于××年××月××日编制完成本项目可行性研究报告(初稿)。×××发展计划委员会组织规划局、土地局、交通局和工程咨询院等单位领导及相关专家,初步审查可行性研究报告(初稿),并于会后征求了相关部门意见,提出初步审查意见。根据该意见,对×××公司和×××设计院"可行性研究报告(初稿)"做了较大范围的修改、补充。按照调整后的土地费用和主要材料价格,重新编制四车道和六车道估算投资,分别对四车道和六车道做了经济评价,于××月××日完成可行性研究报告。

4.5.2 项目建设必要性与功能性定位

×××至××高速道路,连接×××市区和××市,对于地区路网完善、道路交通条件改善、加强两座城市的进一步联系,加强地区交流,促进沿线土地的开发利用,推动发展旅游事业等各个方面均具有非常重要的意义。建设理由简述如下:

(1) 项目的建设是地区主干线建设,地区道路网络完善的需要;
(2) 本项目的建设是区域经济发展和投资环境改善的需要;
(3) 本项目的建设是区域交通运输发展的需要;
(4) 本项目的建设是旅游资源开发、加速旅游业发展的需要。

作为×××市城市"三大交通规划"项目之一,该项目是×××市城市总体交通发展规划的核心支柱,它的尽早实施,对于落实本省政府加快开发开放要求,为实现×××市远期经济和社会发展增强后劲,具有积极的现实意义和深远的战略意义。

4.5.3 社会经济调查、分析与预测

具体内容略,仅列举出×××市社会经济主要指标,见表4-2。

表 4-2 ×××市社会经济主要指标

年份	人口/万人	国内生产总值/亿元	其 中			工业总产值/亿元	农业总产值/亿元	人均 GDP/(元/人)
			第一产业	第二产业	第三产业			
1990	104.9	29.6	4	18.6	7	49.2	5.7	2822
1991	106.9	33.9	3.6	22.1	8.2	57.9	5.3	3171
1992	110	43.2	4.1	28.6	10.5	76.9	6.4	3927
1993	111.3	65.9	5.6	46.7	13.6	135.9	8.8	5921
1994	112.9	72.8	7.7	48.2	16.9	168.5	11.9	6448
1995	114.2	80.4	9.3	52	19.1	160.9	14.6	7040
1996	115.2	93.5	11.9	57.5	24.1	185.8	18.1	8116
1997	116.1	105.9	12.4	63.5	30	202.1	18.8	9121
1998	116.6	111.8	12.7	68.7	30.4	165.2	19.4	9588
1999	118.1	119	12.4	71.4	35.2	113.3	18.9	10076
2000	119	126.2	12.6	74.3	39.3	132.4	12.5	10605
2001	120	138.15	12.85	81.84	43.46	147.16	18.9	11513
2002	122.1	154.99	13.18	92.95	48.86	172.3	19.4	12694

4.5.4 交通调查、分析与预测

按照 2008 年正式建成通车预测本项目的远景交通量,包括趋势型交通量和诱增交通量。分别以 2008 年、2010 年、2015 年、2020 年和 2027 年为五个预测特征年度,采用四阶段法,计算得出各方案特征年的总预测交通量,见表 4-3 和表 4-4。

表 4-3 Ⅰ方案交通量预测结果表　　　　　　　　　　　　　　单位:pcu/日

项目 \ 年度	2008 年	2010 年	2015 年	2020 年	2027 年
通道总交通量	57973	68113	82702	95920	108048
项目总交通量	9039	12502	18750	25636	35383
×××至××高速交通量	17483	22489	29200	33909	36316
G×××线交通量	14443	14979	15137	15105	14874
S×××线交通量	12143	12631	12937	13108	12872
S×××线交通量	4865	5513	6679	8163	8603

表 4-4　Ⅱ方案交通量预测结果表　　　　　　　　　　　单位:pcu/日

项目＼年度	2008 年	2010 年	2015 年	2020 年	2027 年
通道总交通量	57972	68113	82701	95922	108050
项目总交通量	9026	12486	18711	25557	35199
×××至××高速交通量	17490	22504	29240	33983	36243
G×××线交通量	14445	14982	15148	15120	14916
S×××线交通量	12146	12629	12931	13112	12876
S×××线交通量	4865	5511	6672	8150	8815

4.5.5　技术标准

根据预测交通量,方案Ⅰ和方案Ⅱ2027 年折算小客车交通量分别为 35383 pcu/日和 35199 pcu/日,考虑沿线地形、地貌条件,高速道路的相关技术标准和路网规划的交通量需要,根据《公路工程技术标准》的要求,拟建项目采用双向四车道高速道路标准(100 km/h),满足二级服务水平,整体服务水平较高,能满足交通流量的需要。根据×××市交通局初审意向,考虑我国目前车辆运行的实际情况,结合近年来高速道路建设和运营的经验教训,建议采用双向六车道高速道路标准(100 km/h)。通过投资估算和经济评价,因本项目远景设计年限交通量为 35383 pcu/日,仅达到四车道高速道路适应交通量(25000～55000pcu/日)的中等水平,若按六车道高速道路标准建设,不仅增加初期投资,影响国民经济收益率和财务内部收益率,且延迟了投资回收期,因此,为了适应长远发展并充分发挥投资效益,建议采用双向四车道高速道路标准(100 km/h),按照双向六车道高速道路标准(100 km/h)规划预留用地。

4.5.6　路线方案及建设规模

本项目方案研究起点:位于×××至××高速道路与××南环路互通式立交桥头,××高速道路至××高速道路(一期)互通式立交桥头为其终点。本次可行性研究路线走向是在 2003 年 10 月《×××至××高速道路可行性研究路线走向方案报告》(送审稿)的基础上,将原路线方案报告中的三个路线走向方案,经过比较,淘汰投资和施工难度均较大的隧道方案,对原Ⅰ方案(北线)和Ⅱ方案(中线)进行了局部调整,组成本报告路线Ⅰ方案(北线)和路线Ⅱ方案(南线),进行同精度比较。

Ⅰ方案(北线):路线起点位于×××至××高速道路与×××南环路互通式立交桥头,向东北方向布线,经××等控制点至本项目终点结束。方案中四车道高速道路标准(100 km/h)的主要工程数量为:路线长度 46.853 km,土石方量 805.68×10⁴ m³,占地 6361.81 亩,大中桥 818 延长米/9 座,互通式立交 4 处。

Ⅱ方案(南线):路线起点与Ⅰ方案相同,其位于×××至××高速道路与×××南环路互通式立交桥头,向东北经××等控制点,至本项目终点结束。方案中四车道高速道路标准(100 km/h)的主要工程数量为:路线长度 44.248 km,土石方量 681.69×10⁴ m³,占地 5734.21 亩,大中桥 377

延长米/3座,互通式立交4处。

各方案具体技术指标和比较情况见表4-5和表4-6。

因Ⅱ方案满足两市城市发展及道路网规划走向,路线较短,平、纵面线形良好,工程量较小,投资更省,故作为推荐方案。

表4-5 ×××至××高速道路路线走向方案指标比较表

序号	项目	单位	方案	
			Ⅰ(北线)	Ⅱ(南线)
1	路线长度	km	46.853	44.248
2	路基土石方	10^4 m³	805.68	681.69
3	特殊路基处理	km	7.2	6.9
4	排水与防护工程	10^4 m³	51.21	44.29
5	路面	10^3 m²	1070.719	1010.804
6	小桥涵	道	141	133
7	大中桥	m/座	818/9	377/3
8	互通式立交	处	4	4
9	征用土地	亩	6361.81	5734.21
10	估算总额	万元	164373.78	162527.15
11	技术经济指标	万元/km	3508	3673
12	方案综合评价及推荐意见		符合城市发展预期及路网规划,衔接××休闲度假风景区,利于开发旅游资源。路线绕行距离较长,占地较多,工数量及投资较大。平纵断面线形指标较差;路线跨越铁路、省道S××及多处县乡道路,施工干扰大。因此推荐作为比选方案。	基本符合城市发展预期及路网规划走向;具有促进旅游资源开发及环境保护的作用。路线走向接近航空距离,占地较少,工程量及投资较小。平纵断面线形平顺,路线未跨越铁路且与其他省道、县乡道路交叉少,施工干扰较小。因此建议作为推荐方案。

表4-6 路线长度分布情况表

方案	Ⅰ方案(北线)	Ⅱ方案(南线)	备注
×××市(km)	17.800	12.000	
××市(km)	29.053	32.248	
总长度(km)	46.853	44.248	

4.5.7 投资估算与资金筹措

该项目投资估算,基于交通部颁布的《公路基本建设项目投资估算编制办法》《公路基本建设工程概算、预算编制办法》《公路工程估算指标》《公路工程机械台班费用定额》等文件编纂完成。

材料单价:依据×××市建设工程造价管理站发布的"×××市建设工程造价管理信息"2003年第6、7、11、12期,2004年第1期及相关调查了解得到的资料和信息,考虑材料来源和近期材料价格变动趋势等影响因素,综合确定材料预算价格。

征地安置补助和青苗等作物补助费:永久性土地占用按每亩30000元计算,临时性土地占用按每亩3000元计算。

建设周期:三年。

筹款:按照自筹、招商引资或BOT方式,争取利用国债资金和银行贷款。其中自筹35%(包括省交通建设资金),成立高速道路投资公司以负责市场化运作。

各方案总投资估算及技术经济指标见表4-7。

表4-7 各方案投资估算总额及技术经济指标表(四车道)

项 目	单 位	Ⅰ方案		Ⅱ方案		备注
		(贷款)	(自筹)	(贷款)	(自筹)	
路线长度	km	46.853	46.853	44.248	44.248	
估算总额	万元	164373.78	155645.67	162527.15	153884.97	
技术经济指标	万元/km	3508	3322	3673	3478	

每个方案的"总估算汇总表""总估算人工、主要材料数量汇总表",分地区"总估算表"及"人工、主要材料数量汇总表"等列入"附图、附表"文件。"附表"文件中,各方案投资估算总额及技术经济指标均按考虑利用贷款的资金筹措方式计算。若应用招商引资或BOT方式筹集建设资金,则不计入建设期贷款利息,即在上述对应表格中,扣除按贷款占投资额的65%、年利率5.76%计算的贷款利息,即可得出投资总额和指标。

4.5.8 经济评价

本例以国家计委颁布的《建设项目经济评价方法与参数》(第二版)及交通部颁布的《公路建设项目可行性研究报告编制办法》为依据。评价中采用的速度——流量模型及有关运营成本修正模型取自于中、澳研究项目"道路投资优化研究和可行性研究办法改进"的成果,利用上述模型对本项目的Ⅰ方案和Ⅱ方案进行了评价。评价结果见表4-8。

表4-8 评价结果

方案 \ 指标	国民经济评价			财务评价(税后)		
	EIRR/(%)	ENPN/万元	N/年	FIRR/(%)	FNPN/万元	N/年
Ⅰ方案	17.27	138841.69	13.99	6.77	59426.10	17.93
Ⅱ方案	17.22	135937.55	14.05	6.49	53064.57	18.38

基于全面的国民经济和财务评价的结果,可以看出,该项目具有良好的经济内部收益率,从国民经济角度来看,该项目是可行的。同时,只有在影响因素最不利的情况下,项目的财务内部收益率才低于财务的基准收益率,表明该项目具有一定抗风险能力,在财务上是基本可行的。

另外,本项目的建成,将加强××与××两省特别是×××市和××市之间的沟通和联络及其对外联系,形成一条快速、便捷、舒适、安全的运输通道,对沿线资源的开发利用有重要的带动意义,同时对改善这一地区的交通运输条件、投资环境和促进地方经济快速发展具有重要意义。

【本章要点】

1. 可行性研究。
2. 交通量预测四阶段法。
3. 回归预测法。
4. 时间序列预测法。
5. 神经网络预测法。

【思考与练习】

1. 我国基本建设管理程序是什么?结合程序谈一谈可行性研究在工程管理中的作用。
2. 试阐述研究的主要内容、工作步骤。
3. 在道路建设项目可行性研究过程中社会经济调查主要内容、范围以及在调查和分析中应注意哪些问题?
4. 在道路建设项目可行性研究过程中,社会经济预测使用的主要方法有哪些?
5. 简述交通小区选择的理论方法、实际采用的方法,交通调查与分析内容。
6. 分析基于路段交通量个别推算法的主要数学模型及各自的优势与劣势。
7. 结合道路建设项目可行性研究交通量预测,谈一谈采用四阶段法的具体流程、优缺点。
8. 结合建设方案研究的相关步骤谈一谈其主要内容。

5 概预算与工程定额

5.1 定额的基本概念

5.1.1 定额的定义及分类

1. 定额的定义

在社会生产中,为了生产某一合格产品或完成某一工作,都要消耗一定数量的人力、物力和资金。从个别的生产过程来考查,这种消耗数量因受各种生产条件的限制,各不相同。从总体的生产工作过程来考查,规定的社会平均必需消耗的数量标准就称为定额。

什么是工程定额?在建筑安装工程施工生产过程中,为完成某项工程或某项结构构件,都必须消耗一定数量的劳动力、材料和机具。在社会平均生产条件下,把科学的方法和实践经验相结合,生产质量合格的单位工程产品所必需的人工、材料、机具数量标准,就称为建筑安装工程定额,简称工程定额。工程定额除了规定有数量标准外,也要规定出它的工作内容、质量标准、生产方法、安全要求和适用的范围等。

2. 工程定额的分类

公路工程定额一般可分为两类,即按生产因素分类和按定额用途分类。其中,按生产因素分类是基本方式;按定额用途分类的定额实际上包括了按生产因素分类的定额。

1) 按生产因素分类的定额

按生产因素分类的定额有劳动定额、材料定额和机械定额。

(1) 劳动定额。

劳动定额又称为劳动消耗定额,是指在正常的生产技术和生产组织条件下,为完成单位合格产品所规定的劳动消耗标准。劳动定额有两种表现形式:时间定额和产量定额。

时间定额是指在技术条件正常、生产工具使用合理和劳动组织正确的条件下,工人为生产单位合格产品所消耗的劳动时间,包括准备与结束的时间、基本生产时间、辅助生产时间、不可避免的中断时间及工人必需的休息时间。时间定额以工日为单位,1 个工日相当于 1 个工人工作 8 小时的劳动量。

产量定额是指在技术条件正常、生产工具使用合理和劳动组织正确的条件下,工人在单位时间内完成合格产品的数量。

(2) 材料定额。

材料定额又称为材料消耗定额,是指在节约和合理使用材料的条件下,生产单位合格产品所必须消耗的一定品种规格的材料、半成品、配件和水、电、燃料等数量标准,包括材料的净用量和必要的工艺性损耗及废料数量。材料消耗定额有两种表现形式:材料产品定额和材料周转定额。

材料产品定额是指用一定规格的原料,在合理的操作条件下获得的标准产品的数量。

材料周转定额是指周转性材料(如模板、支架、拱盔等)在施工中合理周转使用的次数或用量的定额,其用量是按正常周转次数分摊于定额之中的。

(3) 机械定额。

机械定额又称为机械台班消耗定额,是指在正常施工条件下,合理组织和利用某种机械完成单位合格产品所必需的机械台班消耗标准,或在单位时间内完成的产品数量。因此,机械台班定额有时间定额和产量定额两种。

时间定额是指在正常和合理使用机械的条件下,完成单位合格产品所必须的工作时间。时间定额以台班为单位,1台班相当于1台机械工作8小时的劳动量。

产量定额是指在正常和合理使用机械的条件下,在单位台班内完成合格产品的数量标准。因此,产量定额与时间定额是互为倒数的关系。

要计算机械使用费,还需要使用机械台班费用定额。机械台班费用定额是以机械的1个台班为单位,规定其所消耗的工时、燃料及费用等数量标准,并可折算为货币形式表现的定额。它是计算机械台班单价的依据。

2) 按用途分类的定额

按用途分类的定额有施工定额、预算定额、概算定额和估算指标等。

(1) 施工定额。

施工定额是规定建筑安装工人或小组在正常施工条件下,完成单位合格产品所消耗的劳动力、材料和机械台班的数量标准。它是施工企业组织生产、编制施工阶段施工组织设计和施工作业计划、签发工程任务单和限额领料单、考核工效、评奖、计算劳动报酬、加强企业成本管理和经济核算、编制施工预算的依据,同时也是编制预算定额和补充定额的基础。

施工定额水平是平均先进的,它包括时间定额和产量定额,采用的产品单位一般比较细,其中时间以工时计,产品以最小单位 m、m^2、m^3 等计,定额子目多,细目划分复杂。

(2) 预算定额。

预算定额是施工图设计阶段采用的定额,这种定额按分项工程和结构构件的要求,以一定产品单位来规定劳动力、材料和机械的消耗数量。因此,这种定额采用的产品单位比施工定额大,如时间以工日、台班计,产品单位以 $10\ m$、$1000\ m^2$、$10\ m^3$ 等计。

预算定额水平是平均先进合理的,但比施工定额水平略低。它主要是为了满足编制施工图预算的要求,为确定和控制基本建设投资额,编制施工组织计划,对结构的设计方案进行技术经济比较提供计算依据,同时也是编制概算定额的基础。

(3) 概算定额。

概算定额是初步设计或技术设计阶段采用的定额,它是在预算定额基础上综合计算得来的。因而产品常使用更大的单位来表示,如小桥涵以座(道)、桥涵上部构造以 $10\ m$ 标准跨径、路面以 $1000\ m^2$ 计算等。其定额水平比预算定额低。它是编制设计概算和修正概算的依据,是编制估算指标的基础。

(4) 估算指标。

估算指标是在可行性研究阶段采用的一种扩大的技术经济指标。它以独立的建筑项目、单项工程或单位工程为对象,综合项目全过程投资和建设中的各类成本和费用,反映出其扩大的技术经济指标。因而,它既是定额的一种表现形式,但又不同于其他的计价定额,具有较强的综合性和概括性。

估算指标根据项目建设前期工作深度和要求不同,分为综合指标和分项指标两部分。综合指标是编制项目建议书投资估算的依据,主要用于研究建设项目的经济性和合理性。分项指标是编制项目可行性报告投资估算的依据,也可作为技术方案比较的参考,主要用于确定近期建设方案和建设项目的成本,以便研究经济上是否可行。

5.1.2 定额的特性及作用

1. 定额的特性

1) 科学性

定额是人们根据生产实践做出的总结,定额值的测定是在先进合理的技术条件、组织条件下,根据一般的劳动情况、技术水平,对各工序进行分解,分别测定每一工序的各种资源消耗数量,然后在反复观测、整理、分析对比的基础上确定的。因此,定额的科学性一方面是指定额必须和生产力发展水平相适应;另一方面是指定额值的测定是在实践的基础上,通过科学的测定、分析、计算,用科学的方法和手段测定出来的。它符合生产消费的客观规律。

2) 法令性

定额是工程建设规划、组织、调节、控制的尺度,具有严肃性。凡经国家建设管理部门或授权机关颁发的定额,都是具有法令性的一种指标,不能私自修改和滥用。

3) 系统性

任何一种专业定额都是一个完整、独立的系统,公路工程定额也不例外,它从测定到使用,直至再修订都是为了全面地反映公路工程所有的工程内容和项目。公路工程定额与公路工程技术标准、规范配套,准确地反映公路工程施工工艺流程中的每一环节。

公路工程定额是为公路建设服务的,虽然公路是一个庞大的实体,但定额将其项目分解成成千上万道工序,内部层次分明,如项、目、节的划分。任何一个分部分项工程在公路工程定额中都能一一确定,如在《公路工程概算定额》中,一共用七章定额将所有公路工程的内容进行分割和包容。而且在编制定额过程中,每一个不同的工作都有不同的计算规则或计算模型,它们互相协调,组成一个完善的系统。

4) 相对稳定性

定额水平是与社会生产力发展水平相适应的,当定额执行一段时间以后,随着新设备、新工艺、新材料的不断涌现,原有定额就会逐渐不适应生产力发展水平,这时就应重新编制、修订定额。但重新修订定额不宜过于频繁,否则会因定额的执行时间太短而失去稳定性。因此,从长远来看,定额需要多次地修订,但从某一阶段来看,定额又要相对稳定。定额若不稳定,不但不能树立其权威,而且还会失去定额的严肃性和法令性。

2. 定额的作用

在建设项目的整个设计、施工、管理过程中,都必须以定额为工作尺度。只有认真贯彻执行定额,才能有周密的计划和合理的施工,才能有真正的经济核算。所以,定额是现代科学管理的基础,其作用主要有以下几方面。

1) 定额是确定工程造价的依据

基本建设投资和工程造价是根据工程的建设规模、工程数量以及相应定额中的各种资源消耗量来确定的。因此,定额是确定工程基本建设投资和造价的依据,是编制概预算和签发任务单、领料单的依据。

2）定额是企业经营核算、考核成本的依据

在施工过程中，定额起着严密的经济监督作用。执行定额，按定额规定签发任务单，就要求施工人员必须自觉遵守定额的人工、材料、机械台班、各种半成品以及行政管理费等各方面的规定，使其不超过规定的额度，并在保证工程质量的前提下力求节约。这样不仅控制了成本，而且为企业内部经济核算、考核成本提供了依据。

3）定额是核算工资、实行经济承包责任制的依据

定额明确规定了工人在一定工作时间内应当完成的生产任务。企业通过定额，可以把具体而又合理的生产任务落实到每个工人或班组。工人为了完成或超额完成定额，就必须不断提高操作水平，改进劳动组织，提高劳动效率。因此，定额不仅是加强施工管理、提高劳动效率的重要手段，而且还是核算工资、实行经济承包责任制的依据。

5.2 定额的组成及查用方法

5.2.1 概预算定额的基本组成及说明

1. 基本组成

现行的《公路工程概算定额》（以下简称《概算定额》）和《公路工程预算定额》（以下简称《预算定额》）于2007年10月19日由交通部颁布，2008年1月1日开始施行，其组成部分均包括公告、总说明、目录，以及各种工程的章说明、节说明、定额表，《预算定额》还包括附录。

《概算定额》包括路基工程、路面工程、隧道工程、涵洞工程、桥梁工程、交通工程及沿线设施、临时工程7章。

《预算定额》包括路基工程、路面工程、隧道工程、桥涵工程、防护工程、交通工程及沿线设施、临时工程、材料采集及加工、材料运输9章及附录。附录包括路面材料计算基础数据、基本定额、材料的周转及摊销，以及定额基价人工、材料单位质量、单价表等内容。

2. 总说明及各章节说明

在现行的《预算定额》和《概算定额》中编有"总说明""章说明"，它们对于正确运用定额具有重要作用。要想准确而又熟练地运用定额，必须理解这些说明，而且应全面记住。

定额的"总说明"是涉及定额使用方面的全面性的规定和解释。《预算定额》的总说明有22条，《概算定额》的总说明有23条。《预算定额》共9章，有9个章说明；《概算定额》共7章，有7个章说明；除此之外，每章包含若干节，每节前面都有节说明。

为了正确运用定额，要求概预算专业人员和技术人员必须耐心、反复、全面地理解和牢记各章说明和各节说明。

3. 定额表

定额表是各类定额最基本的组成部分，是定额指标数额的具体表示。概算定额和预算定额的定额表格式基本相同，一般由定额表名称、定额表号、工程内容、工程项目计量单位、顺序号、项目、项目单位、代号、工程细目、栏号、定额值、基价和注组成，如表5-1为《预算定额》第5页"表1-1-2 人工挖运土方"。

表 5-1 定额表（人工挖运土方）

1-1-2 人工挖运土方

工程内容　1）挖松;2）装土;3）运送;4）卸除;5）空回。

单位:1000 m³ 天然密实土

顺序号	项目	单位	代号	第一个 40 m			每增运 10 m
				松土	普通土	硬土	
				1	2	3	4
1	人工	工日	1	148.1	206.6	284.0	12.8
2	基价	元	1999	7287	10165	13973	630

注：1. 当采用人工挖、装,机动翻斗车运输时,其挖、装所需的人工按第一个 40 m 挖运定额减去 72 工日计算；

2. 当采用人工挖、装、卸,手扶拖拉机运输时,其挖、装、卸所需的人工按第一个 40 m 挖运定额减去 42 工日计算;

3. 如遇升降坡时,除按水平距离计算运距外,并按下表另加运距：

升降坡度	高度差	
	每升高 1 m	每降低 1 m
0～5%	15 m	不增加
6%～10%		5 m
10%以上	25 m	8 m

(1) 定额的表号及名称。位于定额表的最上端。如表 5-1 的定额表号为"1-1-2",表示第一章路基工程的第一节路基土、石方工程的第 2 个表,其名称为"人工挖运土方"。

(2) 工程内容。主要说明本定额表所包括的操作内容。查定额时,必须将实际发生的项目操作内容与表中内容进行比较,若不一致时,应进行抽换或采取其他调整措施。

(3) 工程项目计量单位。位于表的右上方,即定额概念所指的"单位合格产品"的数量标准,如表 5-1 的工程项目计量单位为"1000 m³ 天然密实土"。

(4) 顺序号。表示工、料、机及费用的顺序号,起简化说明的作用。

(5) 项目。表示本定额表的工程所需人工、材料、机具、费用的名称和规格。项目中的其他材料费是指项目中未列出,但实际使用的那部分材料的费用。其他定额表项目中的小型机具使用费是指未列入机械台班费用定额,但实际使用的小型机具的费用。

(6) 项目单位。它是与工程计量单位不同的概念,是指项目内容对应的单位。

(7) 代号。当采用电算方法来编制造价文件时,可引用表中代号作为对工、料、机名称的识别符号。每个定额表中工、料、机均按代号由小到大进行排列。

(8) 工程细目。表示本定额表所包括的工程项目。如表 5-1 中第一个 40 m 松土、普通土、硬土。

(9) 栏号,即工程细目编号。如表 5-1 所示,定额中"第一个 40 m 松土"栏号为 1。"每增运 10 m"栏号为 4。

(10) 定额值,即定额表中各种资源的消耗量。预算定额表中部分定额值是带有括号的,括号内的数值一般是指所需半成品的数量(定额值),基价未包含此费用。

(11) 基价。亦称定额基价或定额表基价,是指该工程细目以规定的工、料、机基价计算人工费、材料费、机械使用费的合计价值。基价中的人工费、材料费基本上是按北京市2007年的人工、材料预算价格计算的,机械使用费是按2007年交通部公布的《公路工程机械台班费用定额》(JTG/T B06-03—2007)计算的。

(12) 注。有些定额表列有"注",位于定额表的下方。使用定额时,必须仔细阅读注,以免发生错误。

4. 附录

附录包括路面材料计算基础数据、基本定额、材料周转及摊销,以及定额基价人工、材料单位质量、单价表等四部分内容。基本定额又包括桥涵模板工作、砂浆及混凝土材料消耗、脚手架、踏步、井字架工料消耗,以及基本定额材料规格与质量等内容。

5.2.2 定额查用方法

公路工程是一个庞大的系统工程,与之对应的定额也是一个内容繁多、复杂多变的定额。因此,查用定额的工作不仅量大,而且要十分细致。

为了能够正确地运用定额,首先,必须反复学习定额,熟练地掌握定额,在查用方法上应按如下步骤进行。

1. 确定定额种类

公路工程定额按基建程序的不同阶段,已形成一套完整的定额系统,如《概算定额》《预算定额》《施工定额》等。在查用定额时,应根据运用定额的目的,确定所用定额的种类。

2. 确定定额编号

在编制概预算文件时,计算表格中均要列出所选用定额的编号,其目的一方面是便于快捷查找,核对所选用定额的准确性;另一方面是便于计算机识别和运算。定额编号的编写方法主要有以下三种:

(1) [页-表-栏]式。[页-表-栏]式的特点是容易查找,复核、检查方便,不易出错,但书写比较麻烦。例如《预算定额》中定额编号[5-1-1-2-1],就是指第5页,第1章第1节第2表第1栏,即"第一个40 m松土"。

(2) [表-栏]式。这种编号方法是舍去页码数,只用"表-栏"表示。[表-栏]式比[页-表-栏]书写简单,但查找不便。如上例,其定额编号为[1-1-2-1]。

(3) 数码式。在计算机软件编制概预算文件时,预算定额编号是用8位数码编制的,即章占1位,节占2位,表占2位,栏占3位,如[2-1-9-7]数码式表示为20109007。概算定额是用7位数码表示,即章占1位,节占1位,表占2位,栏占3位。例如:概算定额212页第1栏的定额,即[212-2-2-12-1],用数码式表示时,则为2212001。

3. 定额的直接套用

如果设计要求、工作内容及确定的工程项目完全与相应定额的工程项目符合,则可直接套用定额。

例如确定抛石挤淤的预算定额(见表5-2),可查《预算定额》72页,可知定额编号为[1-3-11-1],由定额表[1-3-11-1]查得1000 m³抛石量定额为:人工:263.1工日;片石:1100.00 m³;石渣:70.45 m³;15 t以内振动压路机:0.15台班;基价:52053元。

表 5-2　定额表（抛石挤淤）

1-3-11　抛石挤淤

工程内容:1)人工抛填片石;2)整平;3)碾压。

单位:1000 m³ 设计抛石量

顺序号	项目	单位	代号	抛石挤淤
				1
1	人工	工日	1	263.1
2	片石	m³	931	1100.00
3	石渣	m³	939	70.45
4	15 t 以内振动压路机	台班	1088	0.15
5	基价	元	1999	52053

4. 复杂定额的套用

复杂定额是指一个定额的工程内容与设计图纸不符,可适当采用两个或两个以上的定额组合时,定额的工作内容又互相重叠,为了加以完善而需增减定额人工、材料、机械台班的消耗数量,或用另外相关的定额来补充的定额。虽然这部分定额占总定额量的比例不大,但如果采用时不注意,会对造价的计算产生很大的影响。

5. 定额的调整换算

由于定额是按一般正常合理的施工组织和正常的施工条件编制的,定额中所采用的施工方法和工程质量标准主要是根据国家现行公路工程施工技术及验收规范、质量评定标准及安全操作规程取定的。因此,一般情况下不得因具体工程的施工组织、操作方法和材料消耗与定额的规定不同而变更定额。以下是几种允许对定额中某些项目进行换算调整的情况。

(1) 水泥、石灰稳定土类基层定额配合比换算。

(2) 稳定土类混合料不同生产能力拌和设备定额消耗量的换算。

(3) 抽换定额砂浆、混凝土强度等级。

(4) 片石混凝土定额的片石掺量换算。

(5) 钢筋混凝土锚碇体积比换算。

(6) 周转及摊销材料定额用量换算。

(7) 定额钢筋品种比例调整。

(8) 每 10 t 预应力钢筋、钢丝束的根、束数计算。

5.3　概预算的费用组成和计算方法

5.3.1　概预算费用的组成

根据交通部颁发的《公路基本建设工程概算、预算编制办法》的规定,公路工程概预算费用由建筑安装工程费,设备、工具、器具及家具购置费,工程建设其他费和预留费用等四大部分组成,如图 5-1 所示。其中,建筑安装工程是一个十分复杂庞大的综合体,是计算工作量最大的费用,同时也是概预算金额的主要组成部分,其费用通常占工程总造价的 90% 左右。因此,在一定意义上讲,编制公路工程概预算,主要是编制建筑安装工程概预算,公路工程招投标实质上也是对建筑安装工程

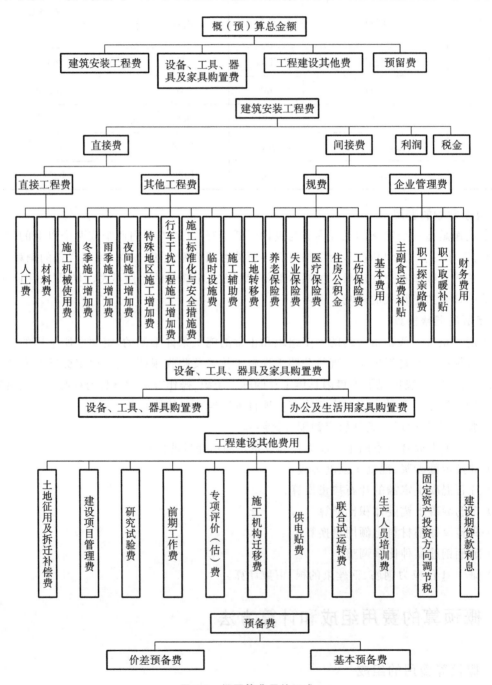

图 5-1 概预算费用的组成

进行招投标。因此,对第一部分即建筑安装工程费用的测算精度将直接影响工程概预算的编制质量。

5.3.2 建筑安装工程费

建筑安装工程费是施工企业通过生产活动消耗一定的资源,按预定生产目的创造的工程实体的价值体现,包括直接费、间接费、利润和税金。

1. 直接费

直接费是由直接工程费和其他工程费组成。

1) 直接工程费

直接工程费是指施工过程中耗费的构成工程实体和有助于工程形成的各项费用,包括人工费、材料费、施工机械使用费。

(1) 人工费。

人工费是指列入概、预算定额的直接从事建筑安装工程施工的生产工人开支的各项费用,内容如下:

①基本工资。指发放生产工人的基本工资,流动施工津贴和生产工人劳动保护费,以及职工缴纳的养老、失业、医疗保险费和住房公积金等。

生产工人劳动保护费指按国家有关部门规定标准发放的劳动保护用品的购置费及修理费,徒工服装补贴,防暑降温费,在有碍身体健康环境中施工的保健费用等。

②工资性补贴。指按规定标准发放的物价补贴,煤、燃气补贴,交通补贴,地区津贴等。

③生产工人辅助工资。指生产工人年有效施工天数以外非作业天数的工资,包括开会和执行必要的社会义务时间的工资,职工学习、培训期的工资,调动工作、探亲、休假期间的工资,因气候影响停工期的工资,女工哺乳时间的工资,病假在六个月以内的工资及产假、婚假、丧假期的工资。

④职工福利费。指按国家规定标准计提的职工福利费。

人工费以概、预算定额人工工日数乘以每工日人工费计算。

人工费标准按照本地区公路建设项目的人工工资统计情况并结合工种组成、定额消耗、最低工资标准以及公路建设劳务市场情况进行综合分析确定,由各省、自治区、直辖市交通运输厅(局、委)审批并公布。

人工费单价仅作为编制概、预算的依据,不作为施工企业实发工资的依据。

(2) 材料费。

材料费指施工过程中耗用的构成工程实体的原材料、辅助材料、构(配)件、零件、半成品、成品的用量和周转材料的摊销量,按工程所在地的材料预算价格计算的费用。

材料预算价格由材料原价、运杂费、场外运输损耗、采购及仓库保管费组成,公式如下:

$$材料预算价格 = (材料原价 + 运杂费) \times (1 + 场外运输损耗率) \times (1 + 采购及保管费率) - 包装品回收价值$$

①材料原价。

各种材料原价按以下规定计算。

a. 外购材料:国家或地方的工业产品,按工业产品出厂价格或供销部门的供应价格计算,并根据情况加计供销部门手续费和包装费。如供应情况、交货条件不明确时,可采用当地规定的价格计算。

b. 地方性材料:地方性材料包括外购的砂、石材料等,按实际调查价格或当地主管部门规定的预算价格计算。

c. 自采材料:自采的砂、石、黏土等自采材料,按定额中开采单价加辅助生产间接费和矿产资源税(如有)计算。

材料原价应按实计取。各省、自治区、直辖市公路(交通)工程造价(定额)管理站应通过调查,编制本地区的材料价格信息,供编制概、预算使用。

②运杂费。

运杂费指材料自供应地点至工地仓库(施工地点存放材料的地方)的运杂费用,包括装卸费、运费,有时还应计囤存费及其他杂费(如过磅、标签、支撑加固、路桥通行等费用)。

通过铁路、水路和公路运输部门运输的材料,按铁路、航运和当地交通部门规定的运价计算运费。

施工单位自办的运输,单程运距 15 km 以上的长途汽车运输按当地交通部门规定的统一运价计算运费;单程运距 5～15 km 的汽车运输按当地交通部门规定的统一运价计算运费;当工程所在地交通不便、社会运输力量缺乏时,如边远地区和某些山岭区,允许按当地交通部门规定的统一运价加 50% 计算运费;单程运距 5 km 及以内的汽车运输以及人力场外运输,按预算定额计算运费,其中人力装卸和运输另按人工费加计辅助生产间接费。

一种材料如有两个以上的供应点时,都应根据不同的运距、运量、运价采用加权平均的方法计算运费。

由于预算定额中汽车运输台班已考虑工地便道特点,以及定额中已计入了"工地小搬运"项目,因此平均运距中汽车运输便道里程不得乘调整系数,也不得在工地仓库或堆料场之外再加场内运距或二次倒运的运距。

有容器或包装的材料及长大轻浮材料,应按表5-3规定的毛重计算。桶装沥青、汽油、柴油按每吨摊销一个旧汽油桶计算包装费(不计回收)。

表 5-3 材料毛重系数及单位毛量表

材料名称	单位	毛重系数	单位毛重
爆破材料	t	1.35	—
水泥、块状沥青	t	1.01	—
铁钉、铁件、焊条	t	1.10	—
液体沥青、液体燃料、水	t	桶装 1.17,油罐车装 1.00	—
木料	m³	—	1.000 t
草袋	个	—	0.004 t

③场外运输损耗。

场外运输损耗指有些材料在正常的运输过程中发生的损耗,这部分损耗应摊入材料单价内。材料场外运输操作损耗率见表5-4。

表 5-4　材料场外运输操作损耗率表(%)

材料名称		场外运输(包括一次装卸)	每增加一次装卸
块状沥青		0.5	0.2
石屑、碎砾石、砂砾、煤渣、工业废渣、煤		1.0	0.4
砖、瓦、桶装沥青、石灰、黏土		3.0	1.0
草皮		7.0	3.0
水泥(袋装、散装)		1.0	0.4
砂	一般地区	2.5	1.0
	多风地区	5.0	2.0

注:汽车运水泥如运距超过 500 km 时,增加损耗率:袋装 0.5%。

④采购及保管费。

材料采购及保管费指材料供应部门(包括工地仓库以及各级材料管理部门)在组织采购、供应和保管材料过程中,所需的各项费用及工地仓库的材料储存损耗。

材料采购及保管费,以材料的原价加运杂费及场外运输损耗的合计数为基数,乘以采购保管费费率计算。材料的采购及保管费费率为 2.5%。

外购的构件、成品及半成品的预算价格,其计算方法与材料相同,但构件(如外购的钢桁梁、钢筋混凝土构件及加工钢材等半成品)的采购保管费费率为 1%。

商品混凝土预算价格的计算方法与材料相同,但其采购保管费费率为 0。

(3)施工机械使用费。

施工机械使用费指列入概、预算定额的施工机械台班数量,按相应的机械台班费用定额计算的施工机械使用费和小型机具使用费。

施工机械台班预算价格应按交通部公布的《公路工程机械台班费用定额》(JTG/T B06-03)计算,台班单价由不变费用和可变费用组成。不变费用包括折旧费、大修理费、经常修理费、安装拆卸及辅助设施费等;可变费用包括机上人员人工费、动力燃料费、养路费及车船使用税。可变费用中的人工工日数及动力燃料消耗量,应以机械台班费用定额中的数值为准。台班人工费工日单价同生产工人人工费单价。动力燃料费用则按材料费的计算规定计算。

当工程用电为自行发电时,电动机械每千瓦时(度)电的单价可由下述近似公式计算。

$$A = 0.24K/N \tag{5.3.1}$$

式中:A——每千瓦时电单价(元);

K——发电机组的台班单价(元);

N——发电机组的总功率(kW)。

2)其他工程费

其他工程费指直接工程费以外施工过程中发生的直接用于工程的费用。内容包括冬季施工增加费、雨季施工增加费、夜间施工增加费、特殊地区施工增加费、行车干扰工程施工增加费、安全及文明施工措施费、临时设施费、施工辅助费、工地转移费九项。公路工程中的水、电费及因场地狭小等特殊情况而发生的材料二次搬运等其他工程费已包括在概、预算定额中,不再另计。

(1) 冬季施工增加费。

冬季施工增加费指按照公路工程施工及验收规范所规定的冬季施工要求,为保证工程质量和安全生产所需采取的防寒保温设施、工效降低和机械作业率降低以及技术操作过程的改变等所增加的有关费用。

冬季施工增加费的内容如下。

①因冬季施工所需增加的一切人工、机械与材料的支出。

②施工机具所需修建的暖棚(包括拆、移),增加油脂及其他保温设备费用。

③因施工组织设计确定,需增加的一切保温、加温及照明等有关支出。

④与冬季施工有关的其他各项费用,如清除工作地点的冰雪等费用。

冬季气温区的划分是根据气象部门提供的满 15 年以上的气温资料确定的。每年秋冬第一次连续 5 天出现室外日平均温度在 5℃ 以下,日最低温度在 −3℃ 以下的第一天算起,至第二年春夏最后一次连续 5 天出现同样温度的最末一天为冬季期。冬季期内平均气温在 −1℃ 以上者为冬一区,−1~−4℃ 者为冬二区,−4~−7℃ 者为冬三区,−7~−10℃ 者为冬四区,−10~−14℃ 者为冬五区,−14℃ 以下为冬六区。冬一区内平均气温低于 0℃ 的连续天数在 70 天以内的为Ⅰ副区,70 天以上的为Ⅱ副区,冬二区内平均气温低于 0℃ 的连续天数在 100 天以内的为Ⅰ副区,100 天以上的为Ⅱ副区。

气温高于冬一区,但砖石、混凝土工程施工须采取一定措施的地区为准冬季区,准冬季区分两个副区,简称准一区、准二区。凡一年内日最低气温在 0℃ 以下的天数多于 20 天的,日平均气温在 0℃ 以下的天数少于 15 天的为准一区,多于 15 天的为准二区。

冬季施工增加费的计算方法是根据各类工程的特点,规定各气温区的取费标准。为了简化计算手续,采用全年平均摊销的方法,即不论是否在冬季施工,均按规定的取费标准计取冬季施工增加费。一条路线穿过两个以上的气温区时,可分段计算或按各区的工程量比例求得全线的平均增加率,计算冬季施工增加费。

冬季施工增加费以各类工程的直接工程费之和为基数,按工程所在地的气温区选用表 5-5 的费率计算。

(2) 雨季施工增加费。

雨季施工增加费指雨季期间施工为保证工程质量和安全生产所需采取的防雨、排水、防潮和防护措施、工效降低和机械作业率降低以及技术作业过程的改变,所需增加的有关费用。

表 5-5 冬季施工增加费费率表(%)

工程类别	冬季期平均温度(℃)								准一区	准二区
	−1 以上		−1~−4		−4~−7	−7~−10	−10~−14	−14 以下		
	冬一区		冬二区		冬三区	冬四区	冬五区	冬六区		
	Ⅰ	Ⅱ	Ⅰ	Ⅱ						
人工土方	0.28	0.44	0.59	0.76	1.44	2.05	3.07	4.61	—	—

续表

气温区\工程类别	冬季期平均温度(℃)								准一区	准二区
	-1以上		-1～-4		-4～-7	-7～-10	-10～-14	-14以下		
	冬一区		冬二区		冬三区	冬四区	冬五区	冬六区		
	Ⅰ	Ⅱ	Ⅰ	Ⅱ						
机械土方	0.43	0.67	0.93	1.17	2.21	3.14	4.71	7.07	—	—
汽车运土	0.08	0.12	0.17	0.21	0.40	0.56	0.84	1.27	—	—
人工石方	0.06	0.10	0.13	0.15	0.30	0.44	0.65	0.98		
机械石方	0.08	0.13	0.18	0.21	0.42	0.61	0.91	1.37		
高级路面	0.37	0.52	0.72	0.81	1.48	2.00	3.00	4.50	0.06	0.16
其他路面	0.11	0.20	0.29	0.37	0.62	0.80	1.20	1.80		
构造物Ⅰ	0.34	0.49	0.66	0.75	1.36	1.84	2.76	4.14	0.06	0.15
构造物Ⅱ	0.42	0.60	0.81	0.92	1.67	2.27	3.40	5.10	0.08	0.19
构造物Ⅲ	0.83	1.18	1.60	1.81	3.29	4.46	6.69	10.03	0.15	0.37
技术复杂大桥	0.48	0.68	0.93	1.05	1.91	2.58	3.87	5.81	0.08	0.21
隧道	0.10	0.19	0.27	0.35	0.58	0.75	1.12	1.69	—	—
钢材及钢结构	0.02	0.05	0.07	0.09	0.15	0.19	0.29	0.43		

雨季施工增加的内容包括以下方面。

①因雨季施工所需增加的工、料、机费用的支出,包括工作效率的降低及易被雨水冲毁的工程所增加的工作内容等(如基坑坍塌和排水沟等堵塞的清理、路基边坡冲沟的填补等)。

②路基土方工程的开挖和运输,因雨季施工(非土壤中水影响)而影响的黏附工具,降低工效所增加的费用。

③因防止雨水必须采取的防护措施的费用,如挖临时排水沟、防止基坑坍塌所需的支撑、挡板等。

④材料因受潮、受湿的损耗费用。

⑤增加防雨、防潮设备的费用。

⑥其他有关雨季施工所需增加的费用,如因河水高涨致使工作困难而增加的费用等。

雨量区和雨季期的划分是根据气象部门提供的满15年以上的降雨资料确定的。凡月平均降雨天数在10天以上,月平均日降雨量在3.5～5 mm者为Ⅰ区。月平均日降雨量在5 mm以上者为Ⅱ区。

雨季施工增加费的计算方法,是将全国划分为若干雨量区和雨季期,并根据各类工程的特点规定各雨量区和雨季期的取费标准,采用全年平均摊销的方法,即不论是否在雨季施工,均按规定的取费标准计取雨季施工增加费。

一条路线通过不同的雨量区和雨季期时,应分别计算雨季施工增加费或按工程量比例求得平均的增加率,计算全线雨季施工增加费。

雨季施工增加费以各类工程的直接工程费之和为基数,按工程所在地的雨量区、雨季期选用表5-6的费率计算。

室内管道及设备安装工程不计雨季施工增加费。

(3)夜间施工增加费。

夜间施工增加费系指根据设计、施工的技术要求和合理的施工进度要求,必须在夜间连续施工而发生的工效降低、夜班津贴以及有关照明设施(包括所需照明设施的安拆、摊销、维修及油燃料、电)等增加的费用。

表5-6 雨季施工增加费费率表(%)

雨季月数 雨量区 工程类别	1	1.5		2		2.5		3		3.5		4		4.5		5		6		7	8
	Ⅰ	Ⅰ	Ⅰ	Ⅱ	Ⅰ	Ⅱ	Ⅰ	Ⅱ	Ⅰ	Ⅱ	Ⅰ	Ⅱ	Ⅰ	Ⅱ	Ⅰ	Ⅱ	Ⅰ	Ⅱ	Ⅰ	Ⅱ	Ⅱ
人工土方	0.04	0.05	0.07	0.11	0.09	0.13	0.11	0.15	0.13	0.17	0.15	0.20	0.17	0.23	0.19	0.26	0.21	0.31	0.36	0.42	
机械土方	0.04	0.05	0.07	0.11	0.09	0.13	0.11	0.15	0.13	0.17	0.15	0.20	0.17	0.23	0.19	0.27	0.22	0.32	0.37	0.43	
汽车运土	0.04	0.05	0.07	0.11	0.09	0.13	0.11	0.16	0.13	0.19	0.15	0.22	0.17	0.25	0.19	0.27	0.22	0.32	0.37	0.43	
人工石方	0.02	0.03	0.05	0.07	0.06	0.09	0.07	0.11	0.08	0.13	0.09	0.15	0.10	0.17	0.12	0.19	0.15	0.23	0.27	0.32	
机械石方	0.03	0.04	0.06	0.10	0.08	0.12	0.10	0.14	0.12	0.16	0.14	0.19	0.16	0.22	0.18	0.25	0.20	0.29	0.34	0.39	
高级路面	0.03	0.04	0.06	0.10	0.08	0.13	0.10	0.15	0.12	0.17	0.14	0.19	0.16	0.22	0.18	0.25	0.20	0.29	0.34	0.39	
其他路面	0.03	0.04	0.06	0.09	0.08	0.12	0.09	0.14	0.10	0.16	0.12	0.18	0.14	0.21	0.16	0.24	0.19	0.28	0.32	0.37	
构造物Ⅰ	0.03	0.04	0.05	0.08	0.06	0.09	0.07	0.11	0.08	0.13	0.10	0.15	0.12	0.17	0.14	0.19	0.16	0.23	0.27	0.31	
构造物Ⅱ	0.03	0.04	0.05	0.08	0.07	0.10	0.08	0.12	0.09	0.14	0.11	0.16	0.13	0.18	0.15	0.21	0.17	0.25	0.30	0.34	
构造物Ⅲ	0.06	0.08	0.11	0.17	0.14	0.21	0.17	0.25	0.20	0.30	0.23	0.35	0.27	0.40	0.31	0.45	0.35	0.52	0.60	0.69	
技术复杂大桥	0.03	0.05	0.07	0.10	0.08	0.12	0.10	0.14	0.12	0.16	0.14	0.19	0.16	0.22	0.18	0.25	0.20	0.29	0.34	0.39	
隧道	—	—	—	—	—	—	—	—	—	—	—	—	—	—	—	—	—	—	—	—	
钢材及钢结构	—	—	—	—	—	—	—	—	—	—	—	—	—	—	—	—	—	—	—	—	

夜间施工增加费以夜间施工工程项目(如桥梁工程项目包括上、下部构造全部工程)的直接工程费之和为基数,按表5-7的费率计算。

表5-7 夜间施工增加费费率表(%)

工程类别	费率	工程类别	费率
构造物Ⅱ	0.35	技术复杂大桥	0.35

续表

工程类别	费率	工程类别	费率
构造物Ⅲ	0.70	钢材及钢结构	0.35

注：设备安装工程及金属标志牌、防撞钢护栏、防眩板（网）、隔离栅、防护网等不计夜间施工增加费。

（4）特殊地区施工增加费。

特殊地区施工增加费包括高原地区施工增加费、风沙地区施工增加费和沿海地区施工增加费三项。

①高原地区施工增加费。

高原地区施工增加费指在海拔高度1500 m以上地区施工，由于受气候、气压的影响，致使人工、机械效率降低而增加的费用。该费用以各类工程人工费和机械使用费之和为基数，按表5-8的费率计算。

一条路线通过两个以上（含两个）不同的海拔高度分区时，应分别计算高原地区施工增加费或按工程量比例求得平均增加率，计算全线高原地区施工增加费。

②风沙地区施工增加费。

风沙地区施工增加费指在沙漠地区施工时，由于受风沙影响，按照施工及验收规范的要求，为保证工程质量和安全生产而增加的有关费用，内容包括防风、防沙及气候影响的措施费，材料费，人工、机械效率降低增加的费用，以及积沙、风蚀的清理修复等费用。

根据《公路自然区划标准》《沙漠地区公路建设成套技术研究》的公路自然区划和沙漠公路区划，结合风沙地区的气候状况将风沙地区分为三区九类；半干旱、半湿润沙地为风沙一区，干旱、极干旱寒冷沙漠地区为风沙二区，极干旱炎热沙漠地区为风沙三区；根据覆盖度（沙漠中植被、戈壁等覆盖程度）又将每区分为固定沙漠（覆盖度＞50%）、半固定沙漠（覆盖度10%～50%）、流动沙漠（覆盖度＜10%）三类，覆盖度由工程勘探设计人员在公路工程勘察设计时确定。

表5-8 高原地区施工增加费费率表(%)

工程类别	海拔高度(m)							
	1501～2000	2001～2500	2501～3000	3001～2500	3501～4000	4001～4500	4501～5000	5000以上
人工土方	7.00	13.25	19.75	29.75	43.25	60.00	80.00	110.00
机械土方	6.56	12.60	18.66	25.60	36.05	49.08	64.72	83.80
汽车运土	6.50	12.50	18.50	25.00	35.00	47.50	62.50	80.00
人工石方	7.00	13.25	19.75	29.75	43.25	60.00	80.00	110.00
机械石方	6.71	12.82	19.03	27.01	38.50	52.80	69.92	92.72
高级路面	6.58	12.61	18.69	25.72	36.26	49.41	65.17	84.58
其他路面	6.73	12.84	19.07	27.15	38.74	53.17	70.44	93.60
构造物Ⅰ	6.87	13.06	19.44	28.56	41.18	56.86	75.61	102.47
构造物Ⅱ	6.77	12.90	19.17	27.54	39.41	54.18	71.85	96.03

续表

工程类别	海拔高度(m)							
	1501~2000	2001~2500	2501~3000	3001~2500	3501~4000	4001~4500	4501~5000	5000以上
构造物Ⅲ	6.73	12.85	19.08	27.19	38.81	53.27	70.57	93.84
技术复杂大桥	6.70	12.81	19.01	26.94	38.37	52.61	69.65	92.27
隧道	6.76	12.90	19.16	27.50	39.35	54.09	71.72	95.81
钢结构	6.78	12.92	19.20	27.66	39.62	54.50	72.30	96.80

一条路线穿过两个以上不同风沙区,按路线长度经过不同的风沙区加权计算项目全线风沙地区施工增加费。

风沙地区施工增加费以各类工程的人工费和机械使用费之和为基数,根据工程所在地的风沙区划及类别,按表 5-9 的费率计算。

表 5-9 风沙地区施工增加费费率表(%)

	风沙一区			风沙二区			风沙三区		
	沙漠类型								
	固定	半固定	流动	固定	半固定	流动	固定	半固定	流动
人工土方	6.00	11.00	18.00	7.00	17.00	26.00	11.00	24.00	37.00
机械土方	4.00	7.00	12.00	5.00	11.00	17.00	7.00	15.00	24.00
汽车运输	4.00	8.00	13.00	5.00	12.00	18.00	8.00	17.00	26.00
人工石方	—	—	—	—	—	—	—	—	—
机械石方	—	—	—	—	—	—	—	—	—
高级路面	0.50	1.00	2.00	1.00	2.00	3.00	2.00	3.00	5.00
其他路面	2.00	4.00	7.00	3.00	7.00	10.00	4.00	10.00	15.00
构造物Ⅰ	4.00	7.00	12.00	5.00	11.00	17.00	7.00	16.00	24.00
构造物Ⅱ	—	—	—	—	—	—	—	—	—
构造物Ⅲ	—	—	—	—	—	—	—	—	—
技术复杂大桥	—	—	—	—	—	—	—	—	—
隧道	—	—	—	—	—	—	—	—	—
钢结构	1.00	2.00	4.00	1.00	3.00	5.00	2.00	5.00	7.00

③沿海地区工程施工增加费。

沿海地区工程施工增加费指工程项目在沿海地区施工受海风、海浪和潮汐的影响,致使人工、机械效率降低等所需增加的费用。本项费用,由沿海各省、自治区、直辖市交通厅(局)制定具体的适用范围(地区),并抄送交通部公路司备案。

沿海地区工程施工增加费以各类工程的直接工程费之和为基数,按表 5-10 的费率计算。

表 5-10 沿海地区工程施工增加费费率表(%)

工程类别	费 率	工程类别	费 率
构造物Ⅱ	0.15	技术复杂大桥	0.15
构造物Ⅲ	0.15	钢材及钢结构	0.15

(5)行车干扰工程施工增加费。

行车干扰工程施工增加费指由于边施工边维持通车,受行车干扰的影响,致使人工、机械效率降低而增加的费用。该费用以受行车影响部分的工程项目的人工费和机械使用费之和为基数,按表 5-11 的费率计算。

表 5-11 行车干扰工程施工增加费费率表(%)

工程类别	施工期平均每周夜双向行车次数(汽车、兽力车合计)							
	51~100	101~500	501~1000	1001~2000	2001~3000	3001~4000	4001~5000	5000以上
人工土方	1.64	2.46	3.28	4.10	4.76	5.29	5.86	6.44
机械土方	1.39	2.19	3.00	3.89	4.51	5.02	5.56	6.11
汽车运土	1.36	2.09	2.85	3.75	4.35	4.84	5.36	5.89
人工石方	1.66	2.40	3.33	4.06	4.71	5.24	5.81	6.37
机械石方	1.16	1.71	2.38	3.19	3.70	4.12	4.56	5.01
高级路面	1.24	1.87	2.50	3.11	3.61	4.01	4.45	4.88
其他路面	1.17	1.77	2.36	2.94	3.41	3.79	4.20	4.62
构造物Ⅰ	0.94	1.41	1.89	2.36	2.74	3.04	3.37	3.71
构造物Ⅱ	0.95	1.43	1.90	2.37	2.75	3.06	3.39	3.72
构造物Ⅲ	0.95	1.42	1.90	2.37	2.75	3.05	3.38	3.72
技术复杂大桥	—	—	—	—	—	—	—	—
隧道	—	—	—	—	—	—	—	—
钢结构	—	—	—	—	—	—	—	—

(6)施工标准化与安全措施费。

施工标准化与安全措施费指工程施工期间为满足安全生产、施工标准化、规范化、精细化所发生的费用。该费用不包括施工期间为保证交通安全而设置的临时安全设施和标志、标牌的费用,需要时应根据设计要求计算。施工标准化与安全措施费以各类工程的直接工程费之和为基数,按表 5-12 的费率计算。

(7)临时设施费。

临时设施费指施工企业为进行建筑安装工程施工所必需的生活和生产用的临时建筑物、构筑物和其他临时设施的费用及其标准化的费用,但不包括概、预算定额中临时工程在内。

表 5-12 施工标准化与安全措施费费率表(%)

工程类别	费率	工程类别	费率
人工土方	0.70	构造物Ⅰ	0.85
机械土方	0.70	构造物Ⅱ	0.92
汽车运输	0.25	构造物Ⅲ	1.85
人工石方	0.70	技术复杂大桥	1.01
机械石方	0.70	隧道	0.86
高级路面	1.18	钢材及钢结构	0.63
其他路面	1.20		

注:设备安装工程按表中费率的50%计算。

临时设施包括:临时生活及居住房屋(包括职工家属房屋及探亲房屋)、文化福利及公用房屋(如广播室、文体活动室等)和生产、办公房屋(如原材料、半成品、成品存放场及库房、加工厂、钢筋加工场、发电站、变电站、空压机站、停机棚等),工地范围内的各种临时的工作便道(包括汽车、畜力车、架子车道)、人行便道,工地临时用水、用电的水管支线和电线支线,临时构筑物(如水井、水塔等)以及其他小型临时设施。

临时设施费用内容包括临时设施的搭设、维修、拆除费或摊销费。

临时设施费以各类工程的直接工程费之和为基数,按表 5-13 的费率计算。

表 5-13 临时设施费费率表(%)

工程类别	费率	工程类别	费率
人工土方	1.73	构造物Ⅰ	2.92
机械土方	1.56	构造物Ⅱ	3.45
汽车运输	1.01	构造物Ⅲ	6.39
人工石方	1.76	技术复杂大桥	3.21
机械石方	2.17	隧道	2.83
高级路面	2.11	钢结构	2.73
其他路面	2.06		

(8) 施工辅助费。

施工辅助费包括生产工具用具使用费、检验试验费和工程定位复测、工程点交、场地清理等费用。

生产工具用具使用费指施工所需不属于固定资产的生产工具、检验、试验用具及仪器、仪表等的购置、摊销和维修费,以及支付给工人自备工具的补贴费。

检验试验费指对建筑材料、构件和建筑安装工程进行一般鉴定、检查所发生的费用,包括自设试验室进行试验所耗用的材料和化学药品的费用,以及技术革新和研究试验费。但不包括新结构、新材料的试验费和建设单位要求对具有出厂合格证明的材料进行检验、对构件破坏性试验及其他特殊要求检验的费用。

施工辅助费以各类工程的直接工程费之和为基数,按表 5-14 的费率计算。

表 5-14 施工辅助费费率表(%)

工程类别	费率	工程类别	费率
人工土方	0.89	构造物Ⅰ	1.30
机械土方	0.49	构造物Ⅱ	1.56
汽车运输	0.16	构造物Ⅲ	3.03
人工石方	0.85	技术复杂大桥	1.68
机械石方	0.46	隧道	1.23
高级路面	0.80	钢材及钢结构	0.56
其他路面	0.74		

(9) 工地转移费。

工地转移费指施工企业根据建设任务的需要,由已竣工的工地或后方基地迁至新工地的搬迁费用,其内容包括以下几点。

① 施工单位全体职工及随职工迁移的家属向新工地转移的车费、家具行李运费、途中住宿费、行程补助费、杂费及工资与工资附加费等。

② 公物、工具、施工设备器材、施工机械的运杂费,以及外租机械的往返费及本工程内部各工地之间施工机械、设备、公物、工具的转移费等。

③ 非固定工人进退场及一条路线中各工地转移的费用。

工地转移费以各类工程的直接工程费之和为基数,按表 5-15 的费率计算。

表 5-15 工地转移费费率表(%)

工程类别	工地转移距离(km)					
	50	100	300	500	1000	每增加 100
人工土方	0.15	0.21	0.32	0.43	0.56	0.03
机械土方	0.50	0.67	1.05	1.37	1.82	0.08
汽车运输	0.31	0.40	0.62	0.82	1.07	0.05
人工石方	0.16	0.22	0.33	0.45	0.58	0.03
机械石方	0.36	0.43	0.74	0.97	1.28	0.06
高级路面	0.61	0.83	1.30	1.70	2.27	0.12
其他路面	0.56	0.75	1.18	1.54	2.06	0.10
构造物Ⅰ	0.56	0.75	1.18	1.54	2.06	0.11
构造物Ⅱ	0.66	0.89	1.40	1.83	2.45	0.13
构造物Ⅲ	1.31	1.77	2.77	3.62	4.85	0.25
技术复杂大桥	0.75	1.01	1.58	2.06	2.76	0.14
隧道	0.52	0.71	1.11	1.45	1.94	0.10
钢材及钢结构	0.72	0.97	1.51	1.97	2.64	0.13

转移距离以工程承包单位(如工程处、工程公司等)转移前后驻地距离或两路线中点的距离为准;编制概(预)算时,如施工单位不明确时,高速、一级公路及独立大桥、隧道按省城(自治区首府)至工地的里程,二级及以下公路按地(市、盟)至工地的里程计算工地转移费,工地转移里程数在表列里程之间时,费率可内插计算。工地转移距离在50 km以内的工程不计取本项费用。

2. 间接费计算

间接费是间接为建筑安装工程施工生产服务所发生的费用。间接费由规费和企业管理费两项组成。

1) 规费

规费系指政府和有关权力部门规定施工企业必须缴纳的费用(简称规费),包括以下方面。

(1) 养老保险费:施工企业按规定标准为职工缴纳的基本养老保险费。

(2) 失业保险费:施工企业按国家规定标准为职工缴纳的失业保险费。

(3) 医疗保险费:施工企业按规定标准为职工缴纳的基本医疗保险费和生育保险费。

(4) 住房公积金:施工企业按规定标准为职工缴纳的住房公积金。

(5) 工伤保险费:施工企业按规定标准为职工缴纳的工伤保险费。

各项规定以各类工程的人工费之和为基数,按国家或工程所在地相关部门规定的标准计算。

2) 企业管理费

企业管理费由基本费用、主副食运费补贴、职工探亲路费、职工取暖补贴和财务费用五项组成。

(1) 基本费用。

企业管理费基本费用指施工企业为组织施工生产和经营管理所需的费用,内容包括以下方面。

①管理人员工资:管理人员的基本工资、工资性补贴、职工福利费、劳动保护费以及缴纳的养老、失业、医疗、生育、工伤保险费和住房公积金等。

②办公费:企业办公文具、纸张、账表、印刷、邮电、书报、会议、水、电、烧水和集体取暖(包括现场临时宿舍取暖)用煤(气)等费用。

③差旅交通费:职工因公出差和工作调动(包括随行家属的旅费)的差旅费,住勤补助费,市内交通及误餐补助费,职工探亲路费,劳动力招募费,职工离退休、退职一次性路费,工伤人员就医路费,以及管理部门使用的交通工具油料、燃料、牌照及养路费等。

④固定资产使用费:管理和试验部门及附属生产单位使用的属于固定资产的房屋、设备、仪器等的折旧、大修、维修或租赁费等。

⑤工具用具使用费:管理使用的不属于固定资产的生产工具、用具、家具、交通工具和检验、试验、测绘、消除用具等的购置、维修和摊销费。

⑥劳动保险费:企业支付离退休职工的易地安家补助费、职工退休金、六个月以上病假人员工资、职工死亡丧葬补助费和抚恤费,按规定支付给离休干部的各项经费。

⑦工会经费:企业按职工工资总额计提的工会经费。

⑧职工教育经费:企业为职工学习先进技术和提高文化水平,按职工工资总额计提的费用。

⑨保险费:企业财产保险、管理用车辆等保险费用。

⑩工程保修费:工程竣工交付使用后,在规定保修期以内的修理费用。

⑪工程排污费:施工现场按规定缴纳的排污费用。

⑫税金：企业按规定交纳的房产税、车船使用税、土地使用税、印花税。

⑬其他：上述项目以外的其他必要的费用支出，包括技术转让费、技术开发费、业务招待费、绿化费、广告费、投标费、公证费、定额测定费、法律顾问费、审计费、咨询费等。

基本费用以各类工程的直接工程费之和为基数，按表5-16的费率计算。

(2) 主副食运费补贴。

主副食运费补贴指施工企业在远离城镇及乡村的野外施工购买生活必需品所需的费用。该费用以各类工程的直接费之和为基数，按表5-17的费率计算。

综合里程＝粮食运距×0.06＋燃料运距×0.09＋蔬菜运距×0.15＋水运距×0.70

粮食、燃料、蔬菜、水的运距均为全线平均运距；综合里程数在表列里程之间时，费率可内插；综合里程在1 km以内的工程不计取本项费用。

表5-16 基本费用费率表(%)

工程类别	费率	工程类别	费率
人工土方	3.36	构造物Ⅰ	4.44
机械土方	3.26	构造物Ⅱ	5.53
汽车运输	1.44	构造物Ⅲ	9.79
人工石方	3.45	技术复杂大桥	4.72
机械石方	3.28	隧道	4.22
高级路面	1.91	钢材及钢结构	2.42
其他路面	3.28		

(3) 职工探亲路费。

职工探亲路费指按照有关规定施工企业在探亲期间发生的往返车船费、市内交通费和途中住宿费等费用。该费用以各类工程的直接费之和为基数，按表5-18的费率计算。

(4) 职工取暖补贴。

职工取暖补贴指按规定发放给职工的冬季取暖或在施工现场设置的临时取暖设施的费用。该费用以各类工程的直接费之和为基数，按工程所在地的气温区选用表5-19的费率计算。

表5-17 主副食运费补贴费费率表(%)

工程类别	综合里程(km)											
	1	3	5	8	10	15	20	25	30	40	50	每增加10
人工土方	0.17	0.25	0.31	0.39	0.45	0.56	0.67	0.76	0.89	1.06	1.22	0.16
机械土方	0.13	0.19	0.24	0.30	0.35	0.43	0.52	0.59	0.69	0.81	0.95	0.13
汽车运输	0.14	0.20	0.25	0.32	0.37	0.45	0.55	0.62	0.73	0.86	1.00	0.14
人工石方	0.13	0.19	0.24	0.30	0.34	0.42	0.51	0.58	0.67	0.80	0.92	0.12
机械石方	0.12	0.18	0.22	0.28	0.33	0.41	0.49	0.55	0.65	0.76	0.89	0.12
高级路面	0.08	0.12	0.15	0.20	0.22	0.28	0.33	0.38	0.44	0.52	0.60	0.08

续表

工程类别	综合里程(km)											
	1	3	5	8	10	15	20	25	30	40	50	每增加10
其他路面	0.09	0.12	0.15	0.20	0.22	0.28	0.33	0.38	0.44	0.52	0.61	0.09
构造物Ⅰ	0.13	0.18	0.23	0.28	0.32	0.40	0.49	0.55	0.65	0.76	0.89	0.12
构造物Ⅱ	0.14	0.20	0.25	0.30	0.35	0.43	0.52	0.60	0.70	0.83	0.96	0.13
构造物Ⅲ	0.25	0.36	0.45	0.55	0.64	0.79	0.96	1.09	1.28	1.51	1.76	0.24
技术复杂大桥	0.11	0.16	0.20	0.25	0.29	0.36	0.43	0.49	0.57	0.68	0.79	0.11
隧道	0.11	0.16	0.19	0.24	0.28	0.34	0.42	0.48	0.56	0.66	0.77	0.10
钢材及钢结构	0.11	0.16	0.20	0.26	0.30	0.37	0.44	0.50	0.59	0.69	0.80	0.11

表 5-18 职工探亲路费费率表(%)

工程类别	费率	工程类别	费率
人工土方	0.10	构造物Ⅰ	0.29
机械土方	0.22	构造物Ⅱ	0.34
汽车运输	0.14	构造物Ⅲ	0.55
人工石方	0.10	技术复杂大桥	0.20
机械石方	0.22	隧道	0.27
高级路面	0.14	钢材及钢结构	0.16
其他路面	0.16		

表 5-19 职工取暖补贴费费率表(%)

工程类别	气温区						
	准二区	冬一区	冬二区	冬三区	冬四区	冬五区	冬六区
人工土方	0.03	0.06	0.10	0.15	0.17	0.26	0.31
机械土方	0.06	0.13	0.22	0.33	0.44	0.55	0.66
汽车运输	0.06	0.12	0.21	0.31	0.41	0.51	0.62
人工石方	0.03	0.06	0.10	0.15	0.17	0.25	0.31
机械石方	0.05	0.11	0.17	0.26	0.35	0.44	0.53
高级路面	0.04	0.07	0.13	0.19	0.25	0.31	0.38
其他路面	0.04	0.07	0.12	0.18	0.24	0.30	0.36
构造物Ⅰ	0.06	0.12	0.19	0.28	0.36	0.46	0.56
构造物Ⅱ	0.06	0.13	0.20	0.30	0.41	0.51	0.62
构造物Ⅲ	0.11	0.23	0.37	0.56	0.74	0.93	1.13

续表

工程类别	气温区						
	准二区	冬一区	冬二区	冬三区	冬四区	冬五区	冬六区
技术复杂大桥	0.05	0.10	0.17	0.26	0.34	0.42	0.51
隧道	0.04	0.08	0.14	0.22	0.28	0.36	0.43
钢材及钢结构	0.04	0.07	0.12	0.19	0.25	0.31	0.37

(5) 财务费用。

财务费用指施工企业为筹集资金而发生的各项费用,包括企业经营期间发生的短期贷款利息净支出、汇兑净损失、调剂外汇手续费、金融机构手续费,以及企业筹集资金发生的其他财务费用。

财务费用以各类工程的直接费之和为基数,按表5-20 的费率计算。

表 5-20 财务费用费率表(%)

工程类别	费率	工程类别	费率
人工土方	0.23	构造物Ⅰ	0.37
机械土方	0.21	构造物Ⅱ	0.40
汽车运输	0.21	构造物Ⅲ	0.82
人工石方	0.22	技术复杂大桥	0.46
机械石方	0.20	隧道	0.39
高级路面	0.27	钢材及钢结构	0.48
其他路面	0.30		

3) 辅助生产间接费

辅助生产间接费指由施工单位自行开采加工的砂、石等自采材料及施工单位自办的人工装卸和运输的间接费。

辅助生产间接费按人工费的5%计。该项费用并入材料预算单价内构成材料费,不直接出现在概(预)算中。

高原地区施工单位的辅助生产,可按其他工程费中高原地区施工增加费费率,以直接工程费为基数计算高原地区施工增加费(其中人工采集、加工材料、人工装卸、运输材料按人工土方费率计算;机械采集、加工材料按机械石方费率计算;机械装、运输材料按汽车运输费率计算)。辅助生产高原地区施工增加费不作为辅助生产间接费的计算基数。

3. 利润

利润指施工企业完成所承包工程应取得的盈利,利润按直接费与间接费之和扣除规费的7%计算。

4. 税金

税金指按国家税法规定应计入建筑安装工程造价内的增值税,城市维护建设税及教育费附加等。计算公式为

$$综合税金额=(直接工程费+间接费+利润)\times 综合税率$$

5.3.3 设备、工具、器具及家具购置费

1. 设备购置费

设备购置费指为满足公路的营运、管理、养护需要,购置的构成固定资产标准的设备和虽低于固定资产标准但属于设计明确列入设备清单的设备的费用。包括渡口设备,隧道照明、消防、通风的动力设备;高等级公路的收费、监控、通信、供电设备,养护用的机械、设备和工具、器具等的购置费用。

设备购置费应由设计单位列出计划购置的清单(包括设备的规格、型号、数量),以设备原价加综合业务费和运杂费按以下公式计算。

设备购置费＝设备原价＋运杂费(运输费＋装卸费＋搬动费)＋运输保险费＋采购及保管费

需要安装的设备,应在第一部分建筑安装工程费的有关项目内另计设备的安装工程费。

1) 国产设备原价的构成及计算

国产设备的原价一般是指设备制造厂的交货价,即出厂价或订货合同价。它一般根据生产厂或供应商的询价、报价、合同价确定,或采用一定的方法计算确定。内容包括按专业标准规定的在运输过程中不受损失的一般包装费,及按产品设计规定配带的工具、附件和易损件的费用,即

设备原价＝出厂价(或供货地点价)＋包装费＋手续费

2) 进口设备原价的构成及计算

进口设备的原价是指进口设备的抵岸价,即抵达买方边境港口或边境车站,且交完关税为止形成的价格。即:

进口设备原价＝货价＋国际运费＋运输保险费＋银行财务费＋外贸手续费＋关税＋增值税＋消费税＋商检费＋检疫费＋车辆购置附加费

(1) 货价。货价一般指装运港船上交货价(FOB,习惯称离岸价)。设备货价分为原币货价和人民币货价。原币货价一律折算用美元表示,人民币货价按原币货价乘以外汇市场美元兑换人民币的中间价确定。进口设备货价按有关生产厂商询价、报价、订货合同价计算。

(2) 国际运费。国际运费指从装运港(站)到达我国抵达港(站)的运费,即

国际运费＝原币货价(FOB价)×运费费率

我国进口设备大多采用海洋运输,小部分采用铁路运输,个别采用航空运输。运费费率参照有关部门或进出口公司的规定执行,海运费费率一般为 6%。

(3) 运输保险费。运输保险费是由保险人(保险公司)与被保险人(出口人或进口人)订立保险契约,在被保险人交付议定的保险费后,保险人根据保险契约的规定对货物在运输过程中发生的承保责任范围内的损失给予经济上的补偿。这是一种财产保险,计算公式为

运输保险费＝[原币货价(FOB价)＋国际运费]÷(1－保险费费率)×保险费费率

保险费费率是按保险公司规定的进口货物保险费费率计算,一般为 0.35%。

(4) 银行财务费。银行财务费一般指中国银行手续费,可按下式简化计算。

银行财务费＝人民币货价(FOB价)×银行财务费费率

银行财务费费率一般为 0.4%～0.5%。

(5) 外贸手续费。外贸手续费指按规定计取的外贸手续费,计算公式为

外贸手续费＝[人民币货价(FOB价)＋国际运费＋运输保险费]×外贸手续费费率

外贸手续费费率一般为 1%~1.5%。

(6) 关税。关税指海关对进出国境或关境的货物和物品征收的一种税,计算公式为

$$关税=[人民币货价(FOB 价)+国际运费+运输保险费]×进口关税税率$$

进口关税税率按我国海关总署发布的进口关税税率计算。

(7) 增值税。增值税是对从事进口贸易的单位和个人,在进口商品报关进口后征收的税种。按《中华人民共和国增值税暂行条例》的规定,进口应税产品均按组成计税价格和增值税税率直接计算应纳税额。即

$$增值税=[人民币货价(FOB 价)+国际运费+运输保险费+关税+消费税]×增值税税率$$

增值税税率根据规定的税率计算,目前进口设备适用的税率为 17%。

(8) 消费税。消费税对部分进口设备(如轿车、摩托车等)征收,一般计算公式为

$$应纳消费税额=[人民币货价(FOB 价)+国际运费+运输保险费+关税]\div(1-消费税税率)×消费税税率$$

消费税税率根据规定的税率计算。

(9) 商检费。商检费指进口设备按规定付给商品检查部门的进口设备检验鉴定费,其计算公式为

$$商检费=[人民币货价(FOB 价)+国际运费+运输保险费]×商检费费率$$

商检费费率一般为 0.8%。

(10) 检疫费。检疫费指进口设备按规定付给商品检疫部门的进口设备检验鉴定费,其计算公式为

$$检疫费=[人民币货价(FOB 价)+国际运费+运输保险费]×检疫费费率$$

检疫费费率一般为 0.17%。

(11) 车辆购置附加费。车辆购置附加费指进口车辆需缴纳的附加费用,计算公式为

$$进口车辆购置附加费=[人民币货价(FOB 价)+国际运费+运输保险费+关税+消费税+增值税]×进口车辆购置附加费费率$$

在计算进口设备原价时,应注意工程项目的性质,有无按国家有关规定减免进口环节税的可能。

3) 设备运杂费的构成及计算

国产设备运杂费指由设备制造厂交货地点至工地仓库(或施工组织设计指定的需要安装设备的堆放地点)所发生的运费和装卸费;进口设备运杂费指由我国到岸港口或边境车站至工地仓库(或施工组织设计指定的需要安装设备的堆放地点)所发生的运费和装卸费。其计算公式为

$$运杂费=设备原价×运杂费费率$$

设备运杂费费率见表 5-21。

表 5-21 设备运杂费费率表(%)

运输里程(km)	100 以内	101~200	201~300	301~400	401~500	501~750	751~1000	1001~1250	1251~1500	1501~1750	1751~2000	2000 以上每增 250
费率(%)	0.8	0.9	1.0	1.1	1.2	1.5	1.7	2.0	2.2	2.4	2.6	0.2

4) 设备运输保险费的构成及计算

设备运输保险费指国内运输保险费,其计算公式为

$$运输保险费＝设备原价\times 保险费费率$$

设备运输保险费费率一般为1%。

5) 设备采购及保管费的构成及计算

设备采购及保管费指采购、验收、保管和收发设备所发生的各种费用,包括设备采购人员、保管人员和管理人员的工资、工资附加费、办公费、差旅交通费,设备部门办公和仓库所占固定资产使用费、工具用具使用费、劳动保护费、检验试验费等。其计算公式为

$$采购及保管费＝设备原价\times 采购及保管费费率$$

需要安装的设备的采购保管费费率为2.4%,不需要安装的设备的采购保管费费率为1.2%。

2. 工器具购置费

工器具购置费指建设项目交付使用后为满足初期正常营运必须购置的第一套不构成固定资产的设备、仪器、仪表、工卡模具、器具、工作台(框、架、柜)等的费用,不包括构成固定资产的设备、工器具和备品、备件以及已列入设备购置费中的专用工具和备品、备件的费用。

3. 办公和生活用家具购置费

办公和生活用家具购置费指为保证新建、改建项目初期正常生产、使用和管理所必须购置的办公和生活用家具、用具的费用。

范围包括行政、生产部门的办公室、会议室、资料档案室、阅览室、单身宿舍及生活福利设施等的家具、用具。

办公和生活用家具购置费按表5-22的规定计算。

表5-22 办公和生活用家具购置费标准表

工程所在地	路线(元/公里)				有看桥房的独立大桥(元/座)	
	高速公路	一级公路	二级公路	三、四级公路	一般大桥	技术复杂大桥
内蒙古、黑龙江、青海、新疆、西藏	21500	15600	7800	4000	24000	60000
其他省、自治区、直辖市	17500	14600	5800	2900	19800	49000

注:改建工程按表列数80%计。

5.3.4 工程建设其他费用

1. 土地征用及拆迁补偿费

土地征用及拆迁补偿费指按照《中华人民共和国土地管理法》及其实施条例、《中华人民共和国基本农田保护条例》等法律、法规的规定,为进行公路建设需征用土地所支付的土地征用及拆迁补偿费等费用。

1) 费用内容

(1) 土地补偿费。

土地补偿费指被征用土地地上、地下附着物及青苗补偿费,征用城市郊区的菜地等缴纳的菜地开发建设基金,租用土地费,耕地占用税,地图编制费及勘界费,征地管理费等。

(2) 征用耕地安置补助费。

征用耕地安置补助费指征用耕地需要安置农业人口的补助费。

(3) 拆迁补偿费。

拆迁补偿费指被征用或占用土地上的房屋及附属构筑物、城市公用设施等的拆除、迁建补偿费以及拆迁管理费等。

(4) 复耕费。

复耕费指临时占用的耕地、渔塘等,待工程竣工后将其恢复到原有标准所发生的费用。

(5) 耕地开垦费。

耕地开垦费指公路建设项目占用耕地的,应由建设项目法人(业主)负责补充耕地所发生的费用。没有条件开垦或者开垦的耕地不符合要求的,应按规定缴纳耕地开垦费。

(6) 森林植被恢复费。

森林植被恢复费指公路建设项目需要占用、征用或者临时占用林地的,经县级以上林业主管部门审核同意或批准,建设项目法人(业主)单位按照有关规定向县级以上林业主管部门预缴的森林植被恢复费用。

2) 计算方法

土地征用及拆迁补偿费应根据审批单位批准的建设工程用地和临时用地面积及其附着物的情况,以及实际发生的费用项目,按国家有关规定及工程所在地的省(自治区、直辖市)人民政府颁发的有关规定和标准计算。

森林植被恢复费应根据审批单位批准的建设工程占用林地的类型及面积,按国家有关规定及工程所在地的省(自治区、直辖市)人民政府颁发的有关规定和标准计算。

当与原有的电力电讯设施、水利工程、铁路及铁路设施互相干扰时,应与有关部门联系,商定合理的解决方案和赔偿金额,也可由这些部门按规定编制费用以确定补偿金额。

2. 建设项目管理费

建设项目管理费包括建设单位(业主)管理费、工程质量监督费、工程监理费、工程定额测定费、设计文件审查费和竣(交)工验收试验检测费。

1) 建设单位(业主)管理费

建设单位(业主)管理费指建设单位(业主)为建设项目的立项、筹建、建设、竣(交)工验收、总结等工作所发生的管理费用,不包括应计入设备、材料预算价格的建设单位采购及保管设备、材料所需的费用。

该项费用包括工作人员的工资、工资性补贴、施工现场津贴、社会保障费用(基本养老、基本医疗、失业、工伤保险)、住房公积金、职工福利费、工会经费、劳动保护费;办公费、差旅交通费、固定资产使用费(包括办公及生活房屋折旧、维修或租赁费,车辆折旧、维修、使用或租赁费,通讯设备购置、使用费,测量、试验设备仪器折旧、维修或租赁费,其他设备折旧、维修或租赁费等)、零星固定资产购置费、劳动力招募费;技术图书资料费、职工教育经费、工程招标费(不含招标文件及标底或造价控制值编制费);合同契约公证费、法律顾问费、咨询费;建设单位的临时设施费、完工清理费、竣(交)工验收费(含其他行业或部门要求的竣工验收费用)、各种税费(包括房产税、车船使用税、印花税等);建设项目审计费、境内外融资费用(不含建设期贷款利息)、业务招待费和其他管理性费用开支。

为施工企业代建设单位(业主)办理土地、青苗等补偿费的工作人员所发生的费用,应在建设单位(业主)管理费项目中支付。当建设单位(业主)委托有资质的单位代理招标时,其代理费应在建设单位(业主)管理费中支出。

建设单位(业主)管理费以建筑安装工程费总额为基数,按表5-23的费率,以累进法计算。

水深≥15 m、跨度≥400 m的斜拉桥和跨度≥800 m的悬索桥等独立特大型桥梁工程的建设单位(业主)管理费按表5-23中的费率乘以1.0~1.2的系数计算;海上工程(指由于风浪影响,工程施工期(不包括封冻期)全年月平均工作日少于15天的工程)的建设单位(业主)管理费按表5-23中的费率乘以1.0~1.3的系数计算。

表 5-23　建设单位(业主)管理费费率表

第一部分 建筑安装工程费（万元）	费率(%)	计算示例(万元)	
		建筑安装工程费	建设单位(业主)管理费
500 以下	3.48	500	500×3.48%=17.4
501~1000	2.73	1000	17.4+500×2.73%=31.05
1001~5000	2.18	5000	31.05+4000×2.18%=118.25
5001~10000	1.84	10000	118.25+5000×1.84%=210.25
10001~30000	1.52	30000	210.25+20000×1.52%=514.25
30001~50000	1.27	50000	514.25+20000×1.27%=768.25
50001~100000	0.94	100000	768.25+50000×0.94%=1238.25
100001~150000	0.76	150000	1238.25+50000×0.76%=1618.25
150001~200000	0.59	200000	1618.25+50000×0.59%=1913.25
200001~300000	0.43	300000	1913.25+100000×0.43%=2343.25
300000 以上	0.32	310000	2343.25+10000×0.32%=2375.25

2) 工程监理费

工程监理费指建设单位(业主)委托具有公路工程监理资格证书的单位,按施工监理办法进行全面的监督与管理所发生的费用。

费用内容包括:工作人员的基本工资、工资性津贴、社会保障费用(基本养老、基本医疗、失业、工伤保险)、住房公积金、职工福利费、工会经费、劳动保护费;办公费、会议费、差旅交通费、固定资产使用费(包括办公及生活房屋折旧、维修或租赁费,车辆折旧、维修、使用或租赁费,通讯设备购置、使用费,测量、试验、检测设备仪器折旧、维修或租赁费,其他设备折旧、维修或租赁费等)、零星固定资产购置费、劳动力招募费;技术图书资料费、职工教育经费、投标费用;合同契约公证费、咨询费、业务招待费;财务费用、监理单位的临时设施费、各种税费和其他管理性开支。

工程监理费以建筑安装工程费总额为基数,按表5-24的费率计算。

表 5-24 工程监理费费率表

工程类别	高速公路	一级及二级公路	三级及四级公路	桥梁及隧道
费率(%)	2.0	2.5	3.0	2.5

表 5-24 中的桥梁指水深大于 15 m 的斜拉桥和悬索桥等独立特大型桥梁工程;隧道指水下隧道工程。

建设单位(业主)管理费和工程监理费均为实施建设项目管理费用,执行时可根据建设单位(业主)和施工监理单位实际所承担的工作内容和工作量统筹使用。

3) 设计文件审查费

设计文件审查费指国家和省级交通主管部门在项目审批前,为保证勘察设计工作的质量,组织有关专家或委托有资质的单位,对设计单位提交的建设项目可行性研究报告和勘察设计文件以及对设计变更、调整概算进行审查所需要的相关费用。

设计文件审查费以建筑安装工程费总额为基数,按 0.1% 计算。

4) 竣(交)工验收试验检测费

竣(交)工验收试验检测费指在公路建设项目交工验收和竣工验收前,由建设单位(业主)或工程质量监督机构委托有资质的公路工程质量检测单位按照有关规定对建设项目的工程质量进行检测,并出具检测意见所需要的相关费用。

竣(交)工验收试验检测费按表 5-25 的规定计算。

表 5-25 竣(交)工验收试验检测费标准表

项目	路线(元/千米)				独立大桥(元/座)	
	高速公路	一级公路	二级公路	三、四级公路	一般大桥	技术复杂的大桥
试验检测费	15000	12000	10000	5000	30000	100000

关于竣(交)工验收试验检测费,高速公路、一级公路按四车道计算,二级及以下等级公路按二车道计算,每增加一条车道,按表 5-25 的费用增加 10%。

3. 研究试验费

研究试验费指为本建设项目提供或验证设计数据、资料进行必要的研究试验和按照设计规定在施工过程中必须进行试验所需的费用,以及支付科技成果、先进技术的一次性技术转让费,但不包括以下几类情况。

(1) 应由科技三项费用(即新产品试制费、中间试验费和重要科学研究补助费)开支的项目。

(2) 应由施工辅助费开支的施工企业对建筑材料、构件和建筑物进行一般鉴定、检查所发生的费用及技术革新研究试验费。

(3) 应由勘察设计费或建筑安装工程费用中开支的项目。

计算方法:按照设计提出的研究试验内容和要求计算,不需要验证设计基础资料的项目不计本项费用。

4. 建设项目前期工作费

建设项目前期工作费指委托勘察设计、咨询单位对建设项目进行可行性研究、工程勘察设计,以及设计、监理、施工招标文件及招标标底或造价控制值文件编制时,按规定应支付的费用。具体包括以下内容。

(1) 编制项目建议书(或预可行性研究报告)、可行性研究报告、投资估算,以及相应的勘察、设计、专题研究等所需的费用。

(2) 初步设计和施工图设计的勘察费(包括测量、水文调查、地质勘探等)、设计费、概(预)算及调整概算编制费等。

(3) 设计、监理、施工招标文件及招标标底(或造价控制值或清单预算)文件编制费等。

计算方法:依据委托合同计列,或按国家颁发的收费标准和有关规定计算。

5. 专项评价(估)费

专项评价(估)费指依据国家法律、法规规定须进行评价(评估)、咨询,按规定应支付的费用。包括环境影响评价费、水土保持评估费、地震安全性评价费、地质灾害危险性评价费、压覆重要矿床评估费、文物勘察费、通航认证费、行洪认证(评估)费、使用林地可行性研究报告编制费、用地预审报告编制费等费用。

计算方法:按国家颁发的收费标准和有关规定计算。

6. 施工机构迁移费

施工机构迁移费指施工机构根据建设任务的需要,经有关部门决定,承建之地(指工程处等)由原驻地迁移到另一地区所发生的一次性搬迁费用。该项费用不包括以下内容:

(1) 应由施工企业自行负担的,在规定距离范围内调动施工力量以及内部平衡施工力量所发生的迁移费用;

(2) 由于违反基建程序,盲目调迁队伍所发生的迁移费;

(3) 因中标而引起施工机构迁移所发生的迁移费。

费用内容包括:职工及随同家属的差旅费、调迁期间的工资、施工机械、设备、工具、用具和周转性材料的搬运费。

计算方法:施工机构迁移费应经建设项目的主管部门同意按实计算。但计算施工机构迁移费后,如迁移地点为新工地地点(如独立大桥),则其他工程费内的工地转移费应不再计算;如施工机构迁移地点至新工地地点尚有部分距离,则工地转移费的距离应以施工机构新地点为计算起点。

7. 供电贴费(停止征收)

供电贴费指按照国家规定,建设项目应交付的供电工程贴费、施工临时用电贴费。

计算方法:按国家有关规定计列。

8. 联合试运转费

联合试运转费指新建、改(扩)建工程项目在竣工验收前按照设计规定的工程质量标准,进行动(静)载荷载实验所需的费用,或进行整套设备带负荷联合试运转期间所需的全部费用抵扣试车期间收入的差额,不包括应由设备安装工程项下开支的调试费的费用。

费用内容包括:联合试运转期间所需的材料、燃料和动力的消耗,机械和检测设备使用费,工具用具和低值易耗品费,参加联合试运转人员的工资及其他费用等。

联合试运转费以建筑安装工程费总额为基数,独立特大型桥梁按 0.075% 计算,其他工程按 0.05% 计算。

9. 生产人员培训费

生产人员培训费指为保证生产的正常运行,新建、改(扩)建公路工程项目在工程竣工验收、交付使用前对运营部门生产人员和管理人员进行培训所必需的费用。

费用内容包括：培训人员的工资、工资性补贴、职工福利费、差旅交通费、劳动保护费、培训及教学实习费等。

生产人员培训费按设计定员和 2000 元/人的标准计算。

10. 固定资产投资方向调节税（暂停征收）

固定资产投资方向调节税指为了贯彻国家产业政策，控制投资规模，引导投资方向，调整投资结构，加强重点建设，促进国民经济持续稳定协调发展，依照《中华人民共和国固定资产投资方向调节税暂行条例》规定，公路建设项目应缴纳的固定资产投资方向调节税。

11. 建设期贷款利息

建设期贷款利息指建设项目中分年度使用国内贷款或国外贷款部分，在建设期间内应归还的贷款利息。费用内容包括各种金融机构贷款、企业集资、建设债券和外汇贷款等利息。

计算方法：根据不同的资金来源按需付息的分年度投资计算。

计算公式如下：

建设期贷款利息＝∑（上年年末付息贷款本息累计＋本年度付息贷款额÷2）×年利率

即

$$S = \sum_{n=1}^{N}(F_{n-1} + b_n \div 2) \times i \qquad (5.3.1)$$

式中：S——建设期贷款利息（元）；

N——项目建设期（年）；

n——施工年度；

F_{n-1}——建设期第（$n-1$）年年末需付息贷款本息累计（元）；

b_n——建设期第 n 年度付息贷款额（元）；

i——建设期贷款年利率（%）。

5.3.5 预备费

预备费由价差预备费及基本预备费两部分组成。在公路工程建设期限内，凡需动用预备费时，属于公路交通部门投资的项目需经建设单位提出，按建设项目隶属关系，报交通部或交通厅（局）基建主管部门核定批准。属于其他部门投资的建设项目，按其隶属关系报有关部门核定批准。

1. 价差预备费

价差预备费指设计文件编制年至工程竣工年期间，第一部分费用的人工费、材料费、机械使用费、其他工程费、间接费等，第二、三部分费用由于政策、价格变化可能发生上浮而预留的费用，以及外资贷款汇率变动部分的费用。

（1）计算方法：价差预备费以概（预）算或修正概算第一部分建筑安装工程费总额为基数，按设计文件编制年至建设项目工程竣工年的年数和年工程造价增长率计算。

计算公式如下：

$$价差预备费 = P \times [(1+i)^{n-1} - 1] \qquad (5.3.2)$$

式中：P——建筑安装工程费总额（元）；

i——年工程造价增长率（%）；

n——设计文件编制年至建设项目开工年与建设项目建设期限之和。

(2) 年工程造价增长率按有关部门公布的工程投资价格指数计算,或由设计单位会同建设单位根据该工程第一部分费用的人工费、材料费、施工机械使用费、其他工程费、间接费,以及第二、三部分费用可能发生的上浮因素,以第一部分建安费为基数进行综合分析预测。

(3) 设计文件编制至工程完工在一年以内的工程,不列此项费用。

2. 基本预备费

基本预备费指初步设计和概算中难以预料的工程和费用,用途如下。

(1) 技术设计、施工图设计和施工过程中,在批准的初步设计和概算范围内所增加的工程费用。

(2) 在设备订货时,由于规格、型号改变的价差,材料货源变更、运输距离或方式的改变以及因规格不同而替换使用等原因发生的价差。

(3) 由一般自然灾害造成的损失和预防自然灾害所采取的措施费用。

(4) 在项目主管部门组织竣(交)工验收时,验收委员会(或小组)为鉴定工程质量必须开挖和修复隐蔽工程的费用。

(5) 投保的工程根据工程特点和保险合同发生的工程保险费用。

计算方法:以第一、二、三部分费用之和(扣除固定资产投资方向调节税和建设期贷款利息两项费用)为基数,按下列费率计算:设计概算按 5% 计列;修正概算按 4% 计列;施工图预算按 3% 计列。

采用施工图预算加系数包干承包的工程,包干系数为施工图预算中直接费与间接费之和的 3%。施工图预算包干费用由施工单位包干使用。

该包干费用的内容如下。

(1) 在施工过程中,设计单位对分部分项工程修改设计而增加的费用。但不包括因水文地质条件变化造成的基础变更、结构变更、标准提高、工程规模改变而增加的费用。

(2) 预算审定后,施工单位负责采购的材料由于货源变更、运输距离或方式的改变以及规格不同而替换使用等发生的价差。

(3) 由于一般自然灾害所造成的损失和预防自然灾害所采取的措施费用(例如防台风、防洪的费用)等。

5.3.6 回收金额

概、预算定额所列材料一般不计回收金额,只对按全部材料计价的一些临时工程项目和由于工程规模或工期限制达不到规定周转次数的拱盔、支架及施工金属设备的材料计算回收金额。回收率见表 5-26。

表 5-26 回收率表

回收项目	使用年限成周转次数				计算基数
	一年或一次	二年或二次	三年或三次	四年或四次	
临时电力、电讯线路	50%	30%	10%	—	材料原价
拱盔、支架	60%	45%	30%	15%	
施工金属设备	65%	65%	50%	30%	

注:施工金属设备指钢壳沉井、钢护筒等。

5.4 概、预算的编制方法

5.4.1 概、预算编制依据

1. 概算(修正概算)编制依据

(1) 国家发布的有关法律、法规、规章、规程等。

(2) 现行的《公路工程概算定额》《公路工程预算定额》《公路工程机械台班费用定额》及相关编制办法。

(3) 工程所在地省级交通主管部门发布的补充计价依据。

(4) 批准的可行性研究报告(修正概算时为初步设计文件)等有关资料。

(5) 初步设计(或技术设计)图纸等设计文件。

(6) 工程所在地的人工、材料、机械及设备预算价格等。

(7) 工程所在地的自然、技术、经济条件等资料。

(8) 工程施工方案。

(9) 有关合同、协议等。

(10) 其他有关资料。

2. 预算编制依据

(1) 国家发布的有关法律、法规、规章、规程等。

(2) 现行的《公路工程预算定额》《公路工程机械台班费用定额》及相关编制办法。

(3) 工程所在地省级交通主管部门发布的补充计价依据。

(4) 批准的初步设计文件(或技术设计文件,若有)等有关资料。

(5) 施工图纸等设计文件。

(6) 工程所在地的人工、材料、设备预算价格等。

(7) 工程所在地的自然、技术、经济条件等资料。

(8) 工程施工组织设计或施工方案。

(9) 有关合同、协议等。

(10) 其他有关资料。

5.4.2 概、预算文件组成

概、预算文件由封面及目录,概、预算编制说明及全部概、预算计算表格组成。

1. 封面及目录

概、预算文件的封面和扉页应按《公路工程基本建设项目设计文件编制办法》中的规定制作,扉页的次页应有建设项目名称,编制单位,编制、复核人员姓名并加盖执业(从业)资格印章,编制日期及第几册共几册等内容。目录应按概、预算表的表号顺序编排。

2. 概、预算编制说明

概、预算编制完成后,应写出编制说明,文字力求简明扼要。应叙述的内容一般包括以下几个方面。

(1) 建设项目设计资料的依据及有关文号,如建设项目可行性研究报告批准文件号、初步设计和概算批准文号(编制修正概算及预算时),以及根据何时的测设资料及比选方案进行编制等。

(2) 采用的定额、费用标准,人工、材料、机械台班单价的依据或来源,补充定额及编制依据的详细说明。

(3) 与概、预算有关的委托书、协议书、会议纪要的主要内容(或将抄件附后)。

(4) 总概、预算金额,人工、钢材、水泥、木料、沥青的总需要量情况,各设计方案的经济比较,以及编制中存在的问题。

(5) 其他与概、预算有关但不能在表格中反映的事项。

3. 概、预算表格

公路工程概、预算应按统一的概、预算表格计算,其中概、预算相同的表式,在印制表格时,应分别印制概算表与预算表。

4. 甲组文件与乙组文件

概、预算文件是设计文件的组成部分,按不同的需要分为两组,甲组文件为各项费用计算表,乙组文件为建筑安装工程费各项基础数据计算表(只供审批使用)。甲、乙组文件应按《公路工程基本建设项目设计文件编制办法》关于设计文件报送份数的要求,随设计文件一并报送。报送乙组文件时,还应提供建筑安装工程费各项基础数据计算表的电子文档和编制补充定额的详细资料,并随同概、预算文件一并报送。

乙组文件中的建筑安装工程费计算数据表和分项工程概(预)算表应根据审批部门或建设项目业主单位的要求全部提供或仅提供其中的一种。

概、预算应按一个建设项目(如一条路线或一座独立大、中型桥梁、隧道)进行编制。当一个编制项目需要分段或分部编制时,应根据需要分别编制,但必须汇总编制总概(预)算汇总表。

甲、乙组文件包括的内容如下。

甲组文件:

(1) 编制说明;

(2) 总概(预)算汇总表(01-1 表);

(3) 总概(预)算人工、主要材料、机械台班数量汇总表(02-1 表);

(4) 总概(预)算(01 表);

(5) 人工、主要材料、机械台班数量汇总表(02 表);

(6) 建筑安装工程费计算表(03 表);

(7) 其他工程费及间接综合费率计算表(04 表);

(8) 设备、工具、器具购置费计算表(05 表);

(9) 工程建设其他费用及回收金额计算表(06 表);

(10) 人工、材料、机械台班单价汇总表(07 表)。

乙组文件:

(1) 建筑安装工程费计算数据表(08-1 表);

(2) 分项工程概(预)算表(08-2 表);

(3) 材料预算单价计算表(09 表);

(4) 自采材料料场价格计算表(10 表);

(5)机械台班单价计算表(11表);
(6)辅助生产人工、材料、机械台班单位数量表(12表)。

5.4.3 概、预算项目

概、预算项目应按项目表的序列及内容编制,如实际出现的工程和费用项目与项目表的内容不完全相符时,一、二、三部分和"项"的序号应保留不变,"目""节""细目"可随需要增减,并按项目表的顺序以实际出现的"目""节""细目"依次排列,不保留缺少的"目""节""细目"序号。如第二部分,设备、工具、器具购置费在该项工程中不发生时,第三部分工程建设其他费用仍为第三部分。同样,路线工程第一部分第六项为隧道工程,第七项为公路设施及预埋管线工程,若路线中无隧道工程项目,但其序号仍保留,公路设施及预埋管线工程仍为第七项。但如"目"或"节"或"细目"发生这样情况时,可依次递补改变序号。路线建设项目中的互通式立体交叉、辅道、支线,如工程规模较大时,也可按概、预算项目表单独编制建筑安装工程,然后将其概、预算建安工程总金额列入路线的总概、预算表中相应的项目内。

概、预算项目主要包括以下内容:

第一部分:建筑安装工程费;
第一项:临时工程;
第二项:路基工程;
第三项:路面工程;
第四项:桥梁涵洞工程;
第五项:交叉工程;
第六项:隧道工程;
第七项:公路设施及预埋管线工程;
第八项:绿化及环境保护工程;
第九项:管理、养护及服务房屋;
第二部分:设备、工具、器具购置费;
第三部分:工程建设其他费用。

5.4.4 概、预算各项费用的计算程序

公路工程建设中概、预算各项费用的计算程序及计算方式见表5-27。

表5-27 公路工程建设中概、预算各项费用的计算程序及计算方式

代号	项目	说明及计算式
(一)	直接工程费	按编制年工程所在地的预算价格计算
(二)	其他工程费	(一)×其他工程费综合费率或(各类工程人工费+机械费)×其他工程费综合费率
(三)	直接费	(一)+(二)
(四)	间接费	各类工程人工费×规费综合费率+(三)×企业管理费综合费率

续表

代号	项目	说明及计算式
(五)	利润	[(三)+(四)－规费]×利润率
(六)	税金	[(三)+(四)+(五)]×综合税率
(七)	建筑安装工程费	(三)+(四)+(五)+(六)
(八)	设备、工具、器具购置费(包括备品备件)	Σ(设备、工具、器具购置数量×单价＋运杂费)×(1＋采购保管费率)
	办公和生活用家具购置费	按有关定额计算
(九)	工程建设其他费用	
	土地征用及拆迁补偿费	按有关规定计算
	建设单位(业主)管理费	(七)×费率
	工程质量监督费	(七)×费率
	工程定额测定费	(七)×费率
	设计文件审查费	(七)×费率
	竣(交)工验收试验检测费	按有关规定计算
	工程监理费	(七)×费率
	研究试验费	按批准的计划编制
	前期工作费	按有关规定计算
	专项评价(估)费	按有关规定计算
	施工机构迁移费	按实计算
	供电贴费	按有关规定计算
	联合试运转费	(七)×费率
	生产人员培训费	按有关规定计算
	固定资产投资方向调节税	按有关规定计算
	建设期贷款利息	按实际贷款数及利率计算
(十)	预备费	包括价差预备费和基本预备费两项
	价差预备费	按规定的公式计算
	基本预备费	[(七)+(八)+(九)－固定资产投资方向调节税－建设期贷款利息]×费率
	预备费中施工图预算包干系数	[(三)+(四)]×费率
(十一)	建设项目总费用	(七)+(八)+(九)+(十)

5.4.5 概预算的编制步骤

1. 编制步骤

1）编制前期准备工作

在编制概预算文件之前，应认真掌握设计文件、设计图纸、施工组织设计及概预算调查资料，对工程的全局做到融会贯通、心中有数。

2）准备文件、工具书、表格

在编制概预算文件之前，应将有关文件如《公路工程基本建设项目概算预算编制办法》《公路工程基本建设项目设计文件编制办法》、国家及地方的有关文件等准备齐全，同时也要把定额等工具书以及概预算表格准备好。

3）列项

列项指根据工程设计，参照"项目表"，结合公路工程概算、预算定额的分析，将工程项、目、节列出，经复核后，再一一算出工程数量，一并填入项目表的相应栏内（应先写在草稿上，审查无误后再填入正式的项目表）。

4）初编 08 表

根据已填好的项目表以及所用的定额，逐"节"（无"节"按"目"）分别在 08 表中填列编制范围、工程名称、工程细目、定额单位工程数量、定额表号以及（各工程细目所用定额中所列的）工、料、机的名称和基价等栏。

5）编制 10 表

根据初编 08 表的自采材料规格名称，并结合外业料场调查资料编制"自采材料料场价格计算表"（10 表）。

6）编制 09 表

根据初编 08 表所出现的各种材料名称及其来源，先在 09 表草稿上按调拨、外购、自采加工顺序并考虑其材料代号次序进行登记、填表计算，然后随着 08 表编制的需要不断登记、计算，最后再在草稿的基础上正式编制"材料预算单价计算表"（09 表）。

7）编制 11 表

根据 08 表、10 表所出现的机械规格、名称，先在 11 表草稿上按机械的代号次序登记、计算，然后不断登记、计算，最后正式编制"机械台班单价计算表"（11 表）。

8）编制 07 表

将人工单价及 09 表材料预算单价、11 表机械台班单价汇总于 07 表，形成"人工、材料、机械单价汇总表"。

9）编制 04 表

根据工程的自然条件、施工条件等具体情况，按工程分类，将其他直接费、现场经费及间接费综合费率计算出来。列于"其他直接费、现场经费及间接费综合费率计算表"（04 表）中。

10）编制 05 表

根据工程的实际需要，按编制办法的规定，编制"设备、工具、器具购置费计算表"（05 表）。

11) 编制 08 表

根据本工程项目表、07 表、11 表、04 表、05 表,在初编 08 表的过程中经过各表间的相互补充、交叉,最后完成"分项工程概(预)算表"(08 表)。

12) 编制 03 表

根据 08 表、04 表,将定额基价、直接工程费、定额直接工程费、间接费、施工技术装备费率、计划利润费率、税金综合税率填入并做计算,即可编制"建筑安装工程费计算表"(03 表)。

13) 编制 06 表

根据施工组织设计和外业调查资料(包括协议书)以及有关的政策性文件规定,编制"工程建设其他费用及回收金额计算表"(06 表)。

14) 编制 01 表及 01-1 表

根据经过复核的 03 表、05 表、06 表、08 表,即可汇编"总概(预)算表"(01 表)。若工程是分段编制概(预)算时,尚应根据各"××××段总概(预)算表"汇编成"总概(预)算表"(01-1 表)。

至此,概(预)算总费用金额已得出结果,计算完毕。

15) 编制 12 表

根据 10 表所列的自采材料规格和名称及其他辅助生产项目,按所用定额编制"辅助生产人工、材料、机械台班单位数量表"(12 表),以供 02 表计算辅助生产人工、机械数量之用。

16) 编制 02 表及 02-1 表

根据 08 表各"工程名称"(项目表中的"节"或"目")的数量,并根据 12 表的辅助生产单位数量工料消耗量,结合本表自采材料数量算得的人工、材料、机械数量,则可编制"人工、主要材料、机械台班数量汇总表"(02 表)。若分段编制概(预)算时,尚应根据各"××段人工、主要材料、机械台班数量汇总表",汇总编制"全概(预)算人工、主要材料、机械台班数量汇总表"(02-1 表)。

17) 编写"编制说明"

当概预算各表格全部编制完成后,应根据编制过程和内容,参照本章第一、二节所述有关编制说明的主要内容和要求,编写本概(预)算的"编制说明"。

18) 复核、印刷、装订、报批

当概(预)算各表及编制说明全部完成后,应再进行一次全面的复核。确认无误并签字后,即可按规定对甲组文件印制规定份数,并将甲、乙组文件分别装订成册,上报待批。

上述步骤并非一成不变。有些表不仅可以按规定不编,而且各表的编制次序也是可以变换的。为了正确地编制概预算,仅仅了解其编制步骤是不够的,最根本的还是要掌握《公路工程基本建设项目概算预算编制办法》的各项规定,明确各表的作用和相互关系,精通表中各栏的填列方法。

2. 注意事项

(1) 若材料价格可按各地交通厅(局)规定的价格计列时,则 10 表可以不必编制;若工程中不发生某表内容的费用,则可不编该表。

(2) 对各项、目、节的工程量计算一定要严格按照定额的口径、要求以及工程计算规则,既不要多算,也不要少算,这是做好概预算工作至关重要的一环。工程量一旦出错,修改工作费时费力。计算与分列工程量时,要与技术设计人员紧密配合,在设计阶段最好就能按照定额分项口径"对号入座"。

(3) 要加强复核工作,这是由概预算编制是一项系统工程,须环环相扣的特点所决定的。每个表格均应由"编制"人员与"复核"人员完成,并应分步完成,每步复核无误后再进行下一步,切勿单人自编自核,更不要未复核就引用。

(4) 08表与09表、11表、10表、07表在编制过程中是交叉进行、相互补充的。09表与10表之间、09表与11表之间也是相互利用、相互补充的关系。

(5) 进行02表编制时,不要忘记汇总那些按费率或指标计算的增工、增料数量,如自办运输、人工装卸用工、公路交工前用工、冬雨夜施工,以及临时设施用工和辅助生产所需人工、材料、机械数量等。不要忘记在02表的"分项"中列项,特别是对12表单位数量的应用更应注意。

(6) 编制概预算的原始资料均应有据可查,特别是对06表的计算内容、05表中设备购置内容以及年造价增长率等伸缩性较大的项目、数量、指标、费率的确定,更应项项有据,切勿以权谋私。

(7) 引用定额值要"瞻前顾后",注意章节说明和表下的小注。

(8) 要全面地、全过程地遵循编制概预算的总则以及国家和地方的有关规定,特别是在每次编制之前都要查询有无新的有关文件或规定下达。

(9) 注意正确计算工程量。设计人员提供的工程量和概预算的工程量含义不尽相同。如路基填方的工程量,概算的填方量应该是填方的设计断面方+预计的沉降方+表土清除和耕地填前压实后的回填量,至于路基填方两边加宽以保证路肩压实的增加方和压实后又需刷坡的土方,应将其发生的费用摊入填方价格内,即计价不计量,不列入计量工程量。又如用天然密实方的挖方来填筑时,应乘以不同的系数,而不是挖一方填一方。类似情况在编制时必须理顺,并计算一遍适用于概预算的工程量,既不能漏项,也不能重复。

(10) 编制出的概预算是否正确,还要进行造价分析加以验证。造价分析是保证概预算质量的重要环节。在进行多方案比选时,还可为设计人员提供技术经济分析结果,使概预算人员能主动地参与设计方案的优化工作。

5.5 案例分析

【例 5-1】 某桥的草袋围堰工程,装草袋土的运距为 220 m,围堰高 2.2 m,确定该工程的预算定额。

解:由预算定额第四章第二节说明 2 可知,草土、草(麻)袋、竹笼、木笼铁丝围堰定额中已包括 50 m 以内人工挖运土方的工日数量,定额括号内所列"土"的数量不计价,仅限于取土运距超过 50 m 时,按人工挖运土方的增运定额,增加运输用工,当运距大于 50 m 时,应按"人工挖运土方"的增运定额,增加运输用工。

查定额表[4-2-2-6](表 5-28)和定额表[1-1-6-4](表 5-29),可知:

人工:$38.8+18.2\times[(220-50)\div10]\times(68.41\div1000)=59.97$(工日)

草袋:1139 个

土:68.41 m³

基价:$3150+895\times[(220-50)\div10]\times(68.41\div1000)=4191$(元)

表 5-28　预算定额表(草、麻袋围堰)

4-2-2　草、麻袋围堰

工程内容:(1)人工挖运土;(2)装袋、缝口、运输、堆筑;(3)中间填土夯实;(4)拆除清理。

单位:10 m 围堰

顺序号	项目	单位	代号	围堰高(m)								
				1.0	1.2	1.5	1.8	2.0	2.2	2.5	2.7	3.0
				1	2	3	4	5	6	7	8	9
1	人工	工日	1	8.6	11.6	17.7	24.7	31.9	38.8	51.9	62.6	80.9
2	草袋	个	819	260	358	543	741	950	1139	1498	1781	2255
3	土	m³	895	(17.16)	(22.71)	(33.54)	(45.30)	(57.20)	(68.41)	(88.40)	(104.39)	(130.26)
4	基价	元	1999	707	961	1463	2023	2605	3150	4186	5021	6438

表 5-29　预算定额表(人工挖运土方)

1-1-6　人工挖运土方

工程内容:(1)挖松;(2)装土;(3)运送;(4)卸除;(5)空回。

单位:1000 m³ 天然密实方

顺序号	项目	单位	代号	第一个 20 m 挖运			每增运 10 m	
				松土	普通土	硬土	人工挑抬	手推车
				1	2	3	4	5
1	人工	工日	1	122.6	181.1	258.5	18.2	7.3
2	基价	元	1999	6032	8910	12718	895	359

注:1. 当采用人工挖、装、机动翻斗车运输时,其挖、装所需的人工按第一个 20 m 挖运定额减去 30.0 工日计算;

2. 当采用人工挖、装、卸,手扶拖拉机运输时,其挖、装、卸所需的人工按第一个 20 m 挖运定额计算;

3. 如遇升降坡时,除按水平距离计算运距外,并按下表增加运距:

项目	升降坡度	高度差	
		每升高 1 m	每降低 1 m
人工挑抬	0%~10%	7 m	不增加
	11%~30%		4 m
	30%以上	10 m	7 m
手推车运输	0%~5%	15 m	不增加
	6%~10%		5 m
	10%以上	25 m	8 m

【例 5-2】 某高速公路路基工程全长 28 km,按设计断面计算的填缺压实方为 6720000 m³,无利用方,平均填土高度 7.0 m,两边各宽填 0.2 m,路基平均占地宽 45 m,路基占地及取土坑均为耕地,土质为Ⅲ类土。采用 1 m³ 以内斗容,单斗挖掘机挖装土方,平均挖深 2 m,填土前以 12 t 光轮

压路机压实耕地。设 12 t 光轮压路机的有效作用力为 66 kN/cm²，普通土的抗沉陷系数为 3.5 kN/cm³。试确定：(1) 路基宽填增加土方量为多少？(2) 填前压实增加土方量为多少？(3) 总计价土方量(压实方)为多少？(4) 挖掘机挖装借方作业所需工料机消耗量及基价为多少？

解：(1) 路基宽填增加土方量为：宽填压实方＝28000×7×0.2×2＝78400 m³(借方)。

(2) 按概算定额第一章路基工程第一节路基土、石方说明 2：因路基沉陷需增加的填方应计入路基填方。则有：

天然土压实产生的沉降量＝66/3.5＝18.86（cm）

平均路基基底面积＝45×28000＝1260000（m²）

填前压实增加土方量(压实方)＝12600000×0.1886＝237636（m³）

(3) 总计价方(压实方)＝78400＋6720000＋237636＝7036036（m³）。

(4) 挖掘机挖装土方(借方)人工、材料、机械消耗量。

按概算定额第一章路基工程第一节路基土、石方说明 1：当以填方压实体积为工程量，采用以天然密实方为计量单位时普通土的换算系数为 1.16。

查概算定额[1-1-6-5]，如表 5-30 所示。计算工料机消耗量为：

人工：14.7×7036036×1.16/1000＝119978.5（工日）

75 kW 以内履带式推土机：0.44×7036036×1.16/1000＝3591（台班）

1 m³ 以内履带式单斗挖掘机：2.06×7036036×1.16/1000＝16813（台班）

总基价为：2694×7036036×1.16/1000＝21987894（元）

表 5-30　概算定额表(挖掘机挖装土、石方)

1-1-6　挖掘机挖装土、石方

工程内容：(1)安设挖掘机；(2)开辟工作面；(3)挖土；(4)装车；(5)移位；(6)推土机清理余土。

单位：1000 m³ 天然密实方

顺序号	项目	单位	代号	挖装土方								
				斗容量(m³)								
				0.6 以内			1.0 以内			2.0 以内		
				松土	普通土	硬土	松土	普通土	硬土	松土	普通土	硬土
				1	2	3	4	5	6	7	8	9
1	人工	工日	1	10.8	14.7	19.6	10.8	14.7	19.6	10.8	14.7	19.6
2	75 kW 以内履带式推土机	台班	1003	0.59	0.69	0.80	0.38	0.44	0.51	0.21	0.24	0.27
3	0.6 m³ 以内履带式单斗挖掘机	台班	1027	2.76	3.23	3.72	—	—	—	—	—	—
4	1.0 m³ 以内履带式单斗挖掘机	台班	1035	—	—	—	1.78	2.06	2.36	—	—	—
5	2.0 m³ 以内履带式单斗挖掘机	台班	1037	—	—	—	—	—	—	0.97	1.10	1.24
6	基价	元	1999	2273	2761	3315	2234	2694	3226	2023	2416	2873

【本章要点】

1. 定额的定义。
2. 工程定额的内容。
3. 定额的查用方法。
4. 概预算的费用组成和计算方法。
5. 概预算的编制原则和步骤。

【思考与练习】

1. 什么是定额?
2. 工程定额是如何分类的?
3. 什么是材料消耗定额?其表现形式是什么?
4. 定额有何特性?其作用是什么?
5. 什么是建筑安装工程费?包括哪些内容?
6. 编制预算时应遵守什么原则?
7. 简述概预算的编制步骤。
8. 某段公路路基土方采用的借土填方为普通土 95000 m^3(天然方),去土场取土。拟采用 3 m^3 装载机配合推土机集土,自卸车运输 5 km 施工。试按概算定额计算其工料机消耗。
9. 某水泥砂砾稳定土垫层厚 15 cm,工程量 105650 m^2,已知人工 70 元/工日。材料和机械情况如下:325 水泥 474 元/t;砂砾 23 元/m^3;自行式平地机 700/台班;6~8 吨压路机 350 元/台班;12~15 吨压路机 585 元/台班;稳定土拌合机 1200 元/台班;洒水车 235 元/台班。试求该垫层的直接费。

6 道路建设项目招标与投标

6.1 概述

6.1.1 招标与投标的基本概念

招标投标是指招标人对工程建设、货物买卖、劳务承担等交易业务,事先公布选择采购的条件和要求,招引他人承接,若干或众多投标人做出愿意参加业务承接竞争的意思表示,招标人按照规定的程序和办法择优选定中标人的活动。

建设工程招标是指招标人在发包建设项目之前,公开招标或邀请投标人,投标人根据招标人的意图和要求提出报价,择日当场开标,以便从中选定中标人的一种经济活动。

建设工程投标是工程招标的对称概念,指具有合法资格和能力的投标人根据招标条件,经过初步研究和估算,在指定期限内填写标书,提出报价,并等候开标,决定能否中标的经济活动。

6.1.2 公路工程招标与投标的发展与现状

招标投标活动起源于英国。18世纪后期英国政府和公用事业部门实行"公共采购"。这是公开招标的雏形。19世纪初英法战争结束后,英国军队需要建造大量军营,为了满足建造速度并节约开支的要求,决定每一项工程由一个承包商负责,由该承包商统筹安排工程中的各项工作,并通过竞争报价方式来选择承包商,结果有效地控制了建造费用。这种竞争性的招标方式由此受到重视。最初的竞争招标要求每个承包商在工程开始根据图纸计算工程量并作出估价,到19世纪30年代发展为以业主提供的工程量清单为基础进行报价,从而使投标的结果具有可比性。进入20世纪,特别是第二次世界大战之后,招标投标在西方发达国家已成为重要的采购方式,在工程承包、咨询服务以及货物采购中得到广泛应用。

国际上一些著名的行业学会如国际咨询工程师联合会(FIDIC)、英国土木工程师学会(ICE)、美国建筑师学会(AIA)等编制了多种版本的合同条件,适用于不同类型、不同合同的工程的招标投标活动,在世界上许多国家和地区广泛应用。世界银行(WB)、亚洲发展银行(ADB)等国际金融组织在其贷款项目采购中推行招标方式,制定了相应的文件,并不断修改与完善。

从20世纪80年代中期开始,我国在引入FIDIC合同条款的基础上,结合自身实际,逐步确立了具有自身特色的标准化招投标制度。交通部于1985年颁布了《公路工程施工招标投标试行办法》;1989年交通部又正式颁布了《公路工程施工招标投标办法》,明确提出"凡列入国家和地方公路建设计划的公路基本建设项目都要实行招标、投标制";2003年6月1日起,公开招标和邀请招标的二级以上公路和大型桥梁、隧道建设项目,必须使用2003年版《公路工程国内招标文件范本》。随着社会发展和建筑市场不断完善,我国公路工程施工招标投标办法及招标文件范本经过多次修订、修改。2015年12月2日,交通运输部第23次部务会议通过,2015年12月8日中华人民共和国交通运输部令2015年第24号公布,自2016年2月1日起施行《公路工程建设项目招标投标管理办法》(以下简称《招投标办法》)。按照新的招标投标管理办法,在国家发展和改革委员会牵头编制的《标准施工招标文件》及《标准施工招标资格预审文件》基础上,结合公路工程施工招标特点和管理需要,交通运输部组织制定了《公路工程标准施工招标文件》(2018版)及《公路工程标准施工招标资格预审文件》(2018版),并于2018年3月1日起施行。

实践证明,公路工程建设实行招投标制适应了我国社会主义市场经济发展的需要。招投标工作的开展引进了竞争机制,促进了社会生产力水平的提高;防止垄断和地区部门保护主义现象,促进了社会主义市场经济体制在建设市场方面的建立和完善;体现了公平竞争原则,促进了建设市场的统一和开放,使业主(建设单位)、承包商(承包单位)都按商品交换的法则,互相制约,互相促进,从而各自都获得更好的经济效果。

6.1.3 招标与投标的特点

1. 组织性

招标投标是一种有组织、有计划的交易方式。招标投标过程必须依照招标文件的规定,按事先规定的规则、标准、方法进行,有严密的程序,处处体现高度的组织性。工程招标应有固定的招标组织人员负责整个招标过程;招标方要提供固定的招标地点,以开展投标咨询、递交标书、公开开标等工作;招标的时间进程固定,招标文件的发售、投标文件的递交和开标的时间应按事先规定的时间进行。

2. 公开性

规范的招标投标活动应严格按照事先拟订的程序进行:公开发布招标信息;公开开标的程序和内容;公开招标条件,在招标文件中对拟采购的货物、工程或服务内容做出详细的介绍,并说明评价和比较投标文件及确定中标人的标准;公开中标结果,确定中标人后,招标人应当向中标人发出中标通知书,并同时将中标结果通知所有未中标的投标人。招标交易方式的公开性特点,使投标者能有均等的机会参与竞争,在竞争中充分展示自己的实力,通过努力争取中标,以实现投标人期望的效能与效益。

3. 公平性

招标投标制度的公平性是市场竞争的重要特点,通过科学合理和规范化的监管制度与运作程序,可以有效地杜绝不正之风,保证交易的公平和公正。公平竞争的特点具体体现在:招标单位在招标过程中应公平、公正地对待每一个投标单位,评标工作由专门的评标委员会负责,评标时禁止投标人对其投标实质性内容进行修改,禁止投标人或与其利益相关的其他任何人以某种不正当的手段影响评标结果。

4. 一次性

招标与投标方式不同于一般的商品交易。一般商品交换过程往往要经过多次讨价还价后才能成交。而在招标投标过程中,投标人没有讨价还价的权利,投标人参加投标,只能应邀进行一次性秘密报价,即在投标截止时间之前必须确定唯一报价。在投标文件递交截止日期以后,投标文件不得撤回或进行实质性修改。

5. 法律特性

招标投标行为是一种法律行为。根据我国的法律规定,合同的订立程序包括要约和承诺两个阶段。招标投标的过程是要约和承诺实现的过程(在招标投标过程中投送标书是一种要约行为,签发中标通知书是一种承诺行为),是当事人双方合同法律关系产生的过程。因为招标投标是一种法律行为,它必然要受到法律的规范和约束,并且必须服从法律的规范和要求。

6. 竞争性

招投标的核心是竞争,按规定每一次招标必须有三家以上投标,这就形成了投标者之间的竞争,他们以各自的实力、信誉、服务、报价等优势,战胜其他的投标者。此外,在招标人与投标者之间也展开了竞争,招标人可以在投标者之间"择优选择",有选择就有竞争。

6.1.4 招标投标的基本原则

1. 合法原则

由于招标投标是合同的订立方式,招标投标行为是一种法律行为,它必然要受到法律的规范和约束。我国招标投标法中明确规定了工程建设依法实行招标发包,并且招标投标活动要求依法定程序进行,从而堵住建设工程发包与承包活动中行贿、受贿和不正当行为的"黑洞"。合法原则主要包括主体资格合法、内容合法、程序合法、代理合法等。

2. 平等原则

从商品经济的本质属性分析,商品经济的基本原则是等价交换。招标投标是独立法人之间的经济活动,按照平等、自愿、互利的原则和规范的程序进行,双方享有同等的权利和义务,受到法律的保护和监督。招标方应为所有投标者提供同等条件,让他们公开竞争。

3. 优胜劣汰原则

这是由招标投标的竞争规律所决定的,也是通过市场优化资源的必然结果。

4. 诚实信用原则

诚实是指真实和合法,不可以歪曲或隐瞒真实情况去欺骗对方。信用是指遵守承诺,履行合约,不见利忘义,弄虚作假,甚至损害他人、国家和集体的利益。诚实信用原则是市场经济的基本前提。在社会主义条件下一切民事权利的行使和民事义务的履行,均应遵循这一原则。道路建设项目招标与投标所遵循的诚实信用原则实际上是对我国民商法确立的诚实信用原则的确认,具体来讲就是要求招标投标当事人应以诚实、守信的态度行使权利、履行义务以维持双方的利益平衡。根据这一原则,要求招标投标各方都要诚实守信,不得有欺骗背信的行为。招标人不得以任何形式搞虚假招标;投标人递交的资格证明材料和投标书的各项内容都要真实;中标订立合同后,各方都要严格履行合同,对违反诚实信用原则,给他方造成损失的,应依法承担赔偿责任。

6.1.5 招标投标的意义

基本建设体制改革的实践证明,实行招标投标制度确实收到了显著的效果,给建设市场带来了以下几方面的作用。

(1) 促使建设单位重视并做好建设前期工作,从根本上改正"边勘察、边设计、边施工"的违背建设秩序的"三边"做法,有利于坚持基本建设程序。

(2) 有利于降低工程造价,节省建设资金,提高社会经济效益。

(3) 增强了设计单位的经济责任感,促进设计人员注意技术和经济的结合。

(4) 合同对工期、质量标准等规定明确,促使施工企业励精图治,改善与改革生产经营管理,在竞争中求生存和发展;在重视经济效益的同时,也重视社会效益和企业信誉,有利于提高工程质量、缩短工期、降低成本和提高劳动生产率,也必然促使企业加速培养一批经营管理人才,提高企业职工队伍素质。

(5) 有利于加强企业相互合作,简化办事手续和流程,促进了工作效率的提高和企业经济效益的增长。

(6) 招标投标体现了建筑产品是商品的性质,运用价值规律处理承发包双方的经济关系。

(7) 有利于建设企业参与国际竞争,逐步与国际接轨,融入国际市场。

6.2 招标

6.2.1 公路建设项目招标类别

1. 勘察设计招标

招标过程中,由业主在可行性研究工作的基础上,提出勘察设计的基本原则(如路线走向、桥址位置、计划工期等),然后由勘察设计单位提出勘察设计方案,业主从中选择一家方案优秀、设计费用(报价)适中的单位作为本项目的勘察设计单位。在勘察设计招标过程中应重点考查设计方案的优劣,因为设计方案的优劣对工程造价和工程总体质量有决定性的影响。因此,业主在勘察设计招标中,应认真评价勘察设计方案的可行性、可靠性以及技术实施的难易程度(这些因素对工程造价和工期也有重要影响)。另外,勘察设计单位的业绩、技术经历、技术等级也是考查勘察设计单位的一些重要方面,而勘察设计费用报价只要适中即可。

2. 施工招标

公路工程施工是公路建设项目形成工程实体的阶段,各种资源投入量最大、最集中,是最终实现预定项目目标的重要阶段。招标是招标人对工程建设项目的实施者采用市场采购的方式进行选择的方法和过程,也可以说是招标人对申请实施施工工程的承包人的审查、评比和选用的过程。通过严格规范的招标投标工作,选择一个高水平的承包人完成工程的建造和保修,是对工程的投资、进度和质量进行有效控制,获得合格的工程产品,达到预期投资效益的关键。

3. 施工监理招标

这是公路建设项目推行施工监理制度后发展起来的一种重要的招标方式。施工监理招标过程中,业主制定一份招标文件(包括监理合同条款、服务范围、施工图纸、监理规范等内容),监理单位在此基础上提出监理规划和监理费报价,业主通过评比,从中选择一家监理方案优秀、监理费用适中的单位承担项目的监理工作。监理招标的目的是优选监理单位,优化监理规划,从而达到保证质量、工期及控制工程造价的目的。因此,业主在监理招标过程中,应对拟承担本项目监理工作的人员素质、经验、资质等进行重点评定,在人员资质、监理经验及方案优秀的情况下,再考查其监理报价是否合理适中。

4. 材料设备招标

招标过程中由业主提出所需材料、设备的品种和规格及数量要求,供应商或制造商据此提供自己的材料设备性能和报价,业主对材料或设备供应单位择优。材料设备招标过程中,价格性能比高是选择供应商或制造商的基本原则。

5. 总承包招标

即选择项目总承包人的招标,发包人将工程项目的勘察、设计、施工、采购等一并发包给一个单位或将几项发给一个工程总承包单位的招标行为,即为总承包招标。

6.2.2 招标方式

根据《中华人民共和国招标投标法》(以下简称《招标投标法》),我国建设项目招标方式有公开招标和邀请招标两种方式。

1. 公开招标

公开招标,是指招标人以招标公告的方式邀请不特定的法人或者其他组织投标。招标人采用公开招标方式的,应当发布招标公告。依法必须进行招标的项目的招标公告,应当通过国家指定的报刊、信息网络或者其他媒介发布。

公开招标有利于开展真正意义上的竞争,最充分地展示公开、公正、平等竞争的招标原则,防止和克服垄断;能有效地增强承包人的实力,提高工程质量,缩短工期,降低造价,求得经济性和效率,创造最合理的利益回报;有利于防范招标投标活动操作人员和监督人员的舞弊现象。但是这种招标形式参加竞争的投标人越多,每个参加者中标的机率将越小,白白损失投标费用的风险也越大,并且招标人审查投标人资格、投标文件的工作量比较大,耗费的时间长,招标费用支出也比较多。

2. 邀请招标

邀请招标,是指招标人以投标邀请书的方式邀请特定的法人或者其他组织投标。招标人采用邀请招标方式的,应当向三个以上具备承担招标项目的能力、资信良好的特定的法人或者其他组织发出投标邀请书。

邀请招标目标集中,招标的组织工作较容易,工作量比较小。但是这种招标形式由于参加的投标单位较少,竞争性较差,招标单位选择投标单位的余地较少。如果招标单位在选择邀请单位前掌握的信息资料不足,则会失去发现最适合承担该项目的承包人的机会。

6.2.3 工程招标的范围

1. 强制招标的工程范围

根据《招标投标法》,在中华人民共和国境内进行下列工程建设项目的勘察、设计、施工、监理以及与工程建设有关的重要设备、材料等的采购,必须进行招标:

(1) 大型基础设施、公用事业等关系社会公共利益、公众安全的项目;

(2) 全部或者部分使用国有资金投资或者国家融资的项目;

(3) 使用国际组织或者外国政府贷款、援助资金的项目。

上述所列项目的具体范围和规模标准,由国务院发展计划部门会同国务院有关部门制定,报国务院批准。法律或者国务院对必须进行招标的其他项目的范围有规定的,依照其规定。

任何单位和个人不得将依法必须进行招标的项目化整为零或者以其他任何方式规避招标。招标投标活动应当遵循公开、公平、公正和诚实信用的原则。

依法必须进行招标的项目,其招标投标活动不受地区或者部门的限制。任何单位和个人不得违法限制或者排斥本地区、本系统以外的法人或者其他组织参加投标,不得以任何方式非法干涉招标投标活动。

2. 可以不进行招标的工程范围

根据《招投标办法》,有下列情形之一的公路工程建设项目,可以不进行招标。

(1) 涉及国家安全、国家秘密、抢险救灾或者属于利用扶贫资金实行以工代赈、需要使用农民工等特殊情况。

(2) 需要采用不可替代的专利或者专有技术。

(3) 采购人自身具有工程施工或者提供服务的资格和能力,且符合法定要求。

(4) 已通过招标方式选定的特许经营项目投资人依法能够自行施工或者提供服务。

(5) 需要向原中标人采购工程或者服务,否则将影响施工或者功能配套要求。

(6) 国家规定的其他特殊情形。

招标人不得为适用前款规定弄虚作假,规避招标。

3. 可以采用邀请招标的工程范围

根据《招标投标法》,国务院发展计划部门确定的国家重点项目和省、自治区、直辖市人民政府确定的地方重点项目不适宜公开招标的,经国务院发展计划部门或者省、自治区、直辖市人民政府批准,可以进行邀请招标。

依据《中华人民共和国招标投标法实施条例》,有下列情形之一的,可以采用邀请招标。

(1) 技术复杂、有特殊要求或者受自然环境限制,只有少量潜在投标人可供选择。

(2) 采用公开招标方式的费用占项目合同金额的比例过大。

6.2.4 施工招标程序

根据《招投标办法》,公路工程建设项目采用资格预审方式公开招标的,应当按照下列程序进行:

(1) 编制资格预审文件;

(2) 发布资格预审公告,发售资格预审文件,公开资格预审文件关键内容;

(3) 接收资格预审申请文件;

(4) 组建资格审查委员会对资格预审申请人进行资格审查,资格审查委员会编写资格审查报告;

(5) 根据资格审查结果,向通过资格预审的申请人发出投标邀请书;向未通过资格预审的申请人发出资格预审结果通知书,告知未通过的依据和原因;

(6) 编制招标文件;

(7) 发售招标文件,公开招标文件的关键内容;

(8) 需要时,组织潜在投标人踏勘项目现场,召开投标预备会;

(9) 接收投标文件,公开开标;

(10) 组建评标委员会评标,评标委员会编写评标报告、推荐中标候选人;

(11) 公示中标候选人相关信息;

(12) 确定中标人;

(13) 编制招标投标情况的书面报告;

(14) 向中标人发出中标通知书,同时将中标结果通知所有未中标的投标人;

(15) 与中标人订立合同。

采用资格后审方式公开招标的,在完成招标文件编制并发布招标公告后,按照前款程序第(7)项至第(15)项进行。

采用邀请招标的,在完成招标文件编制并发出投标邀请书后,按照前款程序第(7)项至第(15)项进行。

1. 确定招标方式

按照国家有关规定需要履行项目审批、核准手续的依法必须进行招标的项目,其招标范围、招标方式、招标组织形式应当报项目审批、核准部门审批、核准。项目审批、核准部门应当及时将审批、核准确定的招标范围、招标方式、招标组织形式通报有关行政监督部门。

招标人应当合理划分标段、确定工期,提出质量、安全目标要求,并在招标文件中载明。标段的划分应当有利于项目组织和施工管理、各专业的衔接与配合,不得利用划分标段规避招标、限制或者排斥潜在投标人。

招标人可以实行设计施工总承包招标、施工总承包招标或者分专业招标。

2. 编制投标资格预审文件和招标文件

招标人应当根据交通运输部制定的标准文本,结合招标项目具体特点和实际需要,编制资格预审文件和招标文件。

资格预审文件和招标文件应当载明详细的评审程序、标准和方法,招标人不得另行制定评审细则。

招标人应当按照省级人民政府交通运输主管部门的规定,将资格预审文件及其澄清、修改,招标文件及其澄清、修改报相应的交通运输主管部门备案。

根据《公路工程标准施工招标资格预审文件》(2018年版),资格预审文件包括资格预审公告、申请人须知、资格审查办法、资格预审申请文件格式、项目建设概况等部分。

根据《公路工程标准施工招标文件》(2018年版),招标文件由四卷组成,第一卷包括招标公告(或投标邀请书)、投标人须知、评标办法、合同条款及格式、工程量清单;第二卷为图纸;第三卷包括技术规范和工程量清单计量规则;第四卷为投标文件格式。

3. 发布资格预审公告(招标公告),发售投标资格预审文件(招标文件)

招标人应当自资格预审文件或者招标文件开始发售之日起,将其关键内容上传至具有招标监督职责的交通运输主管部门政府网站或者其指定的其他网站上进行公开,公开内容包括项目概况、对申请人或者投标人的资格条件要求、资格审查办法、评标办法、招标人联系方式等,公开时间至提交资格预审申请文件截止时间2日前或者投标截止时间10日前结束。

招标人发出的资格预审文件或者招标文件的澄清或者修改涉及前款规定的公开内容的,招标人应当在向交通运输主管部门备案的同时,将澄清或者修改的内容上传至前款规定的网站。

潜在投标人或者其他利害关系人可以按照国家有关规定对资格预审文件或者招标文件提出异议。招标人应当对异议作出书面答复。未在规定时间内作出书面答复的,应当顺延提交资格预审申请文件截止时间或者投标截止时间。

招标人书面答复内容涉及影响资格预审申请文件或者投标文件编制的,应当按照有关澄清或者修改的规定,调整提交资格预审申请文件截止时间或者投标截止时间,并以书面形式通知所有获取资格预审文件或者招标文件的潜在投标人。

4. 资格预审审查

国有资金占控股或者主导地位的依法必须进行招标的公路工程建设项目,采用资格预审的,招标人应当按照有关规定组建资格审查委员会审查资格预审申请文件。资格预审审查办法原则上采用合格制。

资格预审审查工作结束后,资格审查委员会应当编制资格审查报告。资格审查报告应当载明下列内容:

(1) 招标项目基本情况;
(2) 资格审查委员会成员名单;
(3) 监督人员名单;
(4) 资格预审申请文件递交情况;
(5) 通过资格审查的申请人名单;
(6) 未通过资格审查的申请人名单以及未通过审查的理由;
(7) 评分情况;
(8) 澄清、说明事项纪要;
(9) 需要说明的其他事项;
(10) 资格审查附表。

除上述规定的第(1)、(3)、(4)项内容外,资格审查委员会所有成员应当在资格审查报告上逐页签字。

资格预审申请人对资格预审审查结果有异议的,应当自收到资格预审结果通知书后 3 日内提出。招标人应当自收到异议之日起 3 日内作出答复。作出答复前,应当暂停招标投标活动。

招标人未收到异议或者收到异议并已作出答复的,应当及时向通过资格预审的申请人发出投标邀请书。未通过资格预审的申请人不具有投标资格。

5. 组织投标人踏勘项目现场,召开投标预备会

(1) 踏勘项目现场。招标人按资料表写明的地点和时间统一组织投标人对现场及其周围环境进行一次考察,以便使投标人自行查明或核实有关编制投标文件和签订合同所必需的一切资料。现场考察前,招标人或其委托的设计单位将介绍工程的地形、地貌、水文、地质、气象、料场、水源、电源、通信、交通条件等,以帮助投标人了解现场情况,利于编制投标文件。

(2) 投标预备会。投标预备会的目的是澄清并解答投标人在查阅招标文件和现场考察后,可能提出的涉及投标和合同方面的任何问题。

投标预备会与发售招标文件的时间应有一定的间隔,一般不得少于 3 天,以便投标人阅读招标文件和准备提出问题。

投标人应在标前会议召开前,以书面的形式将要求答复的问题提交招标人,招标人将在标前会议上就此作出澄清和解答。会后,招标人将其书面解答和澄清的内容以编号的补遗书形式发给所有已购买招标文件的投标人。投标人在收到答复(补遗书)后,应在 24 小时以内(以发出时间为准)以传真等书面形式向招标人确认收到。

6. 开标

开标应当在招标文件确定的提交投标文件截止时间的同一时间公开进行;开标地点应当为招标文件中预先确定的地点。

投标人少于3个的,不得开标,投标文件应当当场退还给投标人,招标人应当重新招标。

开标由招标人主持,邀请所有投标人参加。开标过程应当记录,并存档备查。投标人对开标有异议的,应当在开标现场提出,招标人应当当场作出答复,并制作记录。未参加开标的投标人,视为对开标过程无异议。

投标文件按照招标文件规定采用双信封形式密封的,开标分两个步骤公开进行:第一步骤,对第一信封内的商务文件和技术文件进行开标,对第二信封不予拆封并由招标人予以封存;第二步骤,宣布通过商务文件和技术文件评审的投标人名单,对其第二信封内的报价文件进行开标,宣读投标报价。未通过商务文件和技术文件评审的,对其第二信封不予拆封,并当场退还给投标人;投标人未参加第二信封开标的,招标人应当在评标结束后及时将第二信封原封退还给投标人。

7．评标

招标人应当按照国家有关规定组建评标委员会负责评标工作。国家审批或者核准的高速公路、一级公路、独立桥梁和独立隧道项目,评标委员会专家应当由招标人从国家重点公路工程建设项目评标专家库相关专业中随机抽取;其他公路工程建设项目的评标委员会专家可以从省级公路工程建设项目评标专家库相关专业中随机抽取,也可以从国家重点公路工程建设项目评标专家库相关专业中随机抽取。

对于技术复杂、专业性强或者国家有特殊要求,采取随机抽取方式确定的评标专家难以保证胜任评标工作的特殊招标项目,可以由招标人直接确定。

交通运输部负责国家重点公路工程建设项目评标专家库的管理工作,省级人民政府交通运输主管部门负责本行政区域公路工程建设项目评标专家库的管理工作。

评标委员会应当民主推荐一名主任委员,负责组织评标委员会成员开展评标工作。评标委员会主任委员与评标委员会的其他成员享有同等权利与义务。

招标人应当向评标委员会提供评标所必需的信息,但不得明示或者暗示其倾向或者排斥特定投标人。

评标所必需的信息主要包括招标文件、招标文件的澄清或者修改、开标记录、投标文件、资格预审文件。招标人可以协助评标委员会开展下列工作并提供相关信息:

(1) 根据招标文件,编制评标使用的相应表格;

(2) 对投标报价进行算术性校核;

(3) 以评标标准和方法为依据,列出投标文件相对于招标文件的所有偏差,并进行归类汇总;

(4) 登录全国公路建设市场信用信息管理系统,对投标人的资质、业绩、主要人员资历和目前在岗情况、信用等级进行核实。

招标人不得对投标文件作出任何评价,不得故意遗漏或者片面摘录,不得在评标委员会对所有偏差定性之前透露存有偏差的投标人名称。

评标委员会应当根据招标文件规定,全面、独立评审所有投标文件,并对招标人提供的上述相关信息进行核查,发现错误或者遗漏的,应当进行修正。

评标委员会应当按照招标文件确定的评标标准和方法进行评标。招标文件没有规定的评标标准和方法不得作为评标的依据。

公路工程勘察设计和施工监理招标,应当采用综合评估法进行评标,对投标人的商务文件、技术文件和报价文件进行评分,按照综合得分由高到低排序,推荐中标候选人。评标价的评分权重不宜超过10％，评标价得分应当根据评标价与评标基准价的偏离程度进行计算。

公路工程施工招标中，评标采用综合评估法或者经评审的最低投标价法。综合评估法包括合理低价法、技术评分最低标价法和综合评分法。

合理低价法，是指对通过初步评审的投标人，不再对其施工组织设计、项目管理机构、技术能力等因素进行评分，仅依据评标基准价对评标价进行评分，按照得分由高到低排序，推荐中标候选人的评标方法。

技术评分最低标价法，是指对通过初步评审的投标人的施工组织设计、项目管理机构、技术能力等因素进行评分，按照得分由高到低排序，对排名在招标文件规定数量以内的投标人的报价文件进行评审，按照评标价由低到高的顺序推荐中标候选人的评标方法。招标人在招标文件中规定的参与报价文件评审的投标人数量不得少于3个。

综合评分法，是指对通过初步评审的投标人的评标价、施工组织设计、项目管理机构、技术能力等因素进行评分，按照综合得分由高到低排序，推荐中标候选人的评标方法。其中评标价的评分权重不得低于50％。

经评审的最低投标价法，是指对通过初步评审的投标人，按照评标价由低到高排序，推荐中标候选人的评标方法。

公路工程施工招标评标一般采用合理低价法或者技术评分最低标价法。技术特别复杂的特大桥梁和特长隧道项目主体工程，可以采用综合评分法。工程规模较小、技术含量较低的工程，可以采用经评审的最低投标价法。

实行设计施工总承包招标的，招标人应当根据工程地质条件、技术特点和施工难度确定评标办法。

设计施工总承包招标的评标采用综合评分法的，评分因素包括评标价、项目管理机构、技术能力、设计文件的优化建议、设计施工总承包管理方案、施工组织设计等因素，评标价的评分权重不得低于50％。

评标委员会成员应当客观、公正、审慎地履行职责，遵守职业道德。评标委员会成员应当依据评标办法规定的评审顺序和内容逐项完成评标工作，对本人提出的评审意见以及评分的公正性、客观性、准确性负责。

除评标价和履约信誉评分项外，评标委员会成员对投标人商务和技术各项因素的评分一般不得低于招标文件规定该因素满分值的60％；评分低于满分值60％的，评标委员会成员应当在评标报告中作出说明。

招标人应当对评标委员会成员在评标活动中的职责履行情况予以记录，并在招标投标情况的书面报告中载明。

招标人应当根据项目规模、技术复杂程度、投标文件数量和评标方法等因素合理确定评标时间。超过三分之一的评标委员会成员认为评标时间不够的，招标人应当适当延长。

评标过程中，评标委员会成员有回避事由、擅离职守或者因健康等原因不能继续评标的，应当及时更换。被更换的评标委员会成员做出的评审结论无效，由更换后的评标委员会成员重新进行评审。被更换的评标委员会成员如为评标专家库专家，招标人应当从原评标专家库中按照原方式抽取更换后的评标委员会成员，或者在符合法律规定的前提下相应减少评标委员会中招标人代表人数。

评标委员会应当查询交通运输主管部门的公路建设市场信用信息管理系统,对投标人的资质、业绩、主要人员资历和目前在岗情况、信用等级等信息进行核实。若投标文件载明的信息与公路建设市场信用信息管理系统发布的信息不符,使得投标人的资格条件不符合招标文件规定的,评标委员会应当否决其投标。

评标委员会发现投标人的投标报价明显低于其他投标人的报价或者在设有标底时明显低于标底的,应当要求该投标人对相应投标报价作出书面说明,并提供相关证明材料。投标人不能证明可以按照其报价以及招标文件规定的质量标准和履行期限完成招标项目的,评标委员会应当认定该投标人以低于成本价竞标,并否决其投标。

评标委员会应当对在评标过程中发现的投标人与投标人之间、投标人与招标人之间存在的串通投标的情形进行评审和认定。

评标委员会对投标文件进行评审后,因有效投标不足3个使得投标明显缺乏竞争的,可以否决全部投标。未否决全部投标的,评标委员会应当在评标报告中阐明理由并推荐中标候选人。

投标文件按照招标文件规定采用双信封形式密封的,通过第一信封商务文件和技术文件评审的投标人在3个以上的,招标人应当按照规定的程序进行第二信封报价文件开标;通过第一信封商务文件和技术文件评审的投标人少于3个的,评标委员会可以否决全部投标;未否决全部投标的,评标委员会应当在评标报告中阐明理由,招标人应当规定的程序进行第二信封报价文件开标,但评标委员会在进行报价文件评审时仍有权否决全部投标;评标委员会未在报价文件评审时否决全部投标的,应当在评标报告中阐明理由并推荐中标候选人。

8. 定标

评标完成后,评标委员会应当向招标人提交书面评标报告。评标报告中推荐的中标候选人应当不超过3个,并标明排序。

评标报告应当载明下列内容:
(1)招标项目基本情况;
(2)评标委员会成员名单;
(3)监督人员名单;
(4)开标记录;
(5)符合要求的投标人名单;
(6)否决的投标人名单以及否决理由;
(7)串通投标情形的评审情况说明;
(8)评分情况;
(9)经评审的投标人排序;
(10)中标候选人名单;
(11)澄清、说明事项纪要;
(12)需要说明的其他事项;
(13)评标附表。

对评标监督人员或者招标人代表干预正常评标活动,以及对招标投标活动的其他不正当言行,评标委员会应当在评标报告第(12)项内容中如实记录。

评标委员会所有成员应当在评标报告上逐页签字。对评标结果有不同意见的评标委员会成员应当以书面形式说明其不同意见和理由,评标报告应当注明该不同意见。评标委员会成员拒绝在评标报告上签字又不书面说明其不同意见和理由的,视为同意评标结果。

依法必须进行招标的公路工程建设项目,招标人应当自收到评标报告之日起 3 日内,在对该项目具有招标监督职责的交通运输主管部门政府网站或者其指定的其他网站上公示中标候选人,公示期不得少于 3 日,公示内容包括:

(1)中标候选人排序、名称、投标报价;
(2)中标候选人在投标文件中承诺的主要人员姓名、个人业绩、相关证书编号;
(3)中标候选人在投标文件中填报的项目业绩;
(4)被否决投标的投标人名称、否决依据和原因;
(5)招标文件规定公示的其他内容。

投标人或者其他利害关系人对依法必须进行招标的公路工程建设项目的评标结果有异议的,应当在中标候选人公示期间提出。招标人应当自收到异议之日起 3 日内作出答复。作出答复前,应当暂停招标投标活动。

除招标人授权评标委员会直接确定中标人外,招标人应当根据评标委员会提出的书面评标报告和推荐的中标候选人确定中标人。国有资金占控股或者主导地位的依法必须进行招标的公路工程建设项目,招标人应当确定排名第一的中标候选人为中标人。排名第一的中标候选人放弃中标、因不可抗力不能履行合同、不按照招标文件要求提交履约保证金,或者被查实存在影响中标结果的违法行为等情形,不符合中标条件的,招标人可以按照评标委员会提出的中标候选人名单排序依次确定其他中标候选人为中标人,也可以重新招标。

依法必须进行招标的公路工程建设项目,招标人应当自确定中标人之日起 15 日内,将招标投标情况的书面报告报对该项目具有招标监督职责的交通运输主管部门备案。书面报告至少应当包括下列内容:

(1)招标项目基本情况;
(2)招标过程简述;
(3)评标情况说明;
(4)中标候选人公示情况;
(5)中标结果;
(6)附件,包括评标报告、评标委员会成员履职情况说明等。

有资格预审情况说明、异议及投诉处理情况和资格审查报告的,也应当包括在书面报告中。

9. 发出中标通知书

招标人应当及时向中标人发出中标通知书,同时将中标结果通知所有未中标的投标人。

招标人最迟应当在中标通知书发出后 5 日内向中标候选人以外的其他投标人退还投标保证金,与中标人签订书面合同后 5 日内向中标人和其他中标候选人退还投标保证金。以现金或者支票形式提交的投标保证金,招标人应当同时退还投标保证金的银行同期活期存款利息,且退还至投标人的基本账户。

招标文件要求中标人提交履约保证金的,中标人应当按照招标文件的要求提交。履约保证金不得超过中标合同金额的 10%。招标人不得指定或者变相指定履约保证金的支付形式,由中标人自主选择银行保函或者现金、支票等支付形式。

10. 签订合同

招标人和中标人应当自中标通知书发出之日起 30 日内,按照招标文件和中标人的投标文件订立书面合同,合同的标的、价格、质量、安全、履行期限、主要人员等主要条款应当与上述文件的内容一致。招标人和中标人不得再订立背离合同实质性内容的其他协议。

招标人应当加强对合同履行的管理,建立对中标人主要人员的到位率考核制度。省级人民政府交通运输主管部门应当定期组织开展合同履约评价工作的监督检查,将检查情况向社会公示,同时将检查结果记入中标人单位以及主要人员个人的信用档案。

11. 重新招标的情形

依法必须进行招标的公路工程建设项目,有下列情形之一的,招标人在分析招标失败的原因并采取相应措施后,应当依照规定重新招标:

(1) 通过资格预审的申请人少于 3 个的;
(2) 投标人少于 3 个的;
(3) 所有投标均被否决的;
(4) 中标候选人均未与招标人订立书面合同的。

重新招标的,资格预审文件、招标文件和招标投标情况的书面报告应当按照规定重新报交通运输主管部门备案。

重新招标后投标人仍少于 3 个的,属于按照国家有关规定需要履行项目审批、核准手续的依法必须进行招标的公路工程建设项目,报经项目审批、核准部门批准后可以不再进行招标;其他项目可由招标人自行决定不再进行招标。

依照规定不再进行招标的,招标人可以邀请已提交资格预审申请文件的申请人或者已提交投标文件的投标人进行谈判,确定项目承担单位,并将谈判报告报对该项目具有招标监督职责的交通运输主管部门备案。

6.2.5 监督管理与法律责任

1. 监督管理

各级交通运输主管部门应当按照《中华人民共和国招标投标法》《中华人民共和国招标投标法实施条例》等法律法规、以及招标投标活动行政监督职责分工,加强对公路工程建设项目招标投标活动的监督管理。

各级交通运输主管部门应当建立、健全公路工程建设项目招标投标信用体系,加强信用评价工作的监督管理,维护公平、公正的市场竞争秩序。

招标人应当将交通运输主管部门的信用评价结果应用于公路工程建设项目招标上,鼓励和支持招标人优先选择信用等级高的从业企业。

招标人对信用等级高的资格预审申请人、投标人或者中标人,可以给予增加参与投标的标段数量,减免投标保证金、减少履约保证金、质量保证金等优惠措施。优惠措施以及信用评价结果的认定条件应当在资格预审文件和招标文件中载明。

资格预审申请人或者投标人的信用评价结果可以作为资格审查或者评标中履约信誉项的评分因素,各信用评价等级的对应得分应当符合省级人民政府交通运输主管部门的有关规定,并在资格预审文件或者招标文件中载明。

投标人或者其他利害关系人认为招标投标活动不符合法律、行政法规规定的,可以自知道或者应当知道之日起 10 日内向交通运输主管部门投诉。

2. 法律责任

招标人有下列情形之一的,由交通运输主管部门责令改正,可以处三万元以下的罚款:

(1) 不满足规定的条件而进行招标的;
(2) 不按照规定将资格预审文件、招标文件和招标投标情况的书面报告备案的;
(3) 邀请招标,不依法发出投标邀请书的;
(4) 不按照项目审批、核准部门确定的招标范围、招标方式、招标组织形式进行招标的;
(5) 不按照规定编制资格预审文件或者招标文件的;
(6) 由于招标人原因导致资格审查报告存在重大偏差且影响资格预审结果的;
(7) 挪用投标保证金,增设或者变相增设保证金的;
(8) 投标人数量不符合法定要求不重新招标的;
(9) 向评标委员会提供的评标信息不符合规定的;
(10) 不按照规定公示中标候选人的;
(11) 招标文件中规定的履约保证金的金额、支付形式不符合规定的。

投标人在投标过程中存在弄虚作假、与招标人或者其他投标人串通投标、以行贿谋取中标、无正当理由放弃中标以及进行恶意投诉等不良投标行为的,除依照有关法律、法规进行处罚外,省级交通运输主管部门还可以扣减其年度信用评价分数或者降低年度信用评价等级。

评标委员会成员未对招标人根据规定提供的相关信息进行认真核查,导致评标出现疏漏或者错误的,由交通运输主管部门责令改正。

交通运输主管部门应当依法公示对公路工程建设项目招标投标活动中招标人、招标代理机构、投标人以及评标委员会成员等的违法违规或者恶意投诉等行为的行政处理决定,并将其作为招标投标的不良行为信息记入相应当事人的信用档案。

6.3 投标与报价

6.3.1 投标的程序

道路建设项目投标与招标是道路工程建设承发包的两个方面工作,投标程序与招标程序是相对应的,只是在程序中各自有各自的工作内容。投标的程序如下。

1. 投标组织

道路建设项目招标与投标是激烈的市场竞争活动,招标人希望通过招标以比较合理的价格在较短的工期内获得技术先进、品质优良的道路工程产品;投标人希望以自己在技术、经验、实力和信誉等方面的优势在竞争中获胜,占据市场,求得发展。因此,当一个公司进行工程投标时,组织一个强有力的、内行的投标机构是十分重要的。

一个好的投标机构的成员应由经济管理类人才、专业类人才、商务金融类人才以及合同管理类人才组成。在投标过程中,投标机构的各个成员应各司其责,分工协作,默契配合,凭自身积累的投标经验,积极而稳妥地开展投标工作。

组织成立优良的投标机构有利于投标经验的积累,投标业务知识的学习和投标工作效率的提高,节省投标成本,并最终提高投标单位的中标率。

2. 参加资格预审

投标人是响应招标、参加投标竞争的法人或者其他组织。投标人应当具备招标文件规定的资格条件,具有承担所投标项目的相应能力。

投标人能否通过资格预审是投标工作的第一关。投标人应按资格预审文件的要求和内容认真填写各种表格,在规定有效期限内递交到规定的地点。在申报资格预审文件时,应注意以下几方面事项。

(1) 平时注意收集信息,对于适合自己公司的项目,应提前做好资格预审的申请准备。

(2) 注意将平时与资格预审有关的资料准备齐全,在针对某施工项目填写预审资格调查表时,可以及时补充完善并调用。

(3) 在填写资格预审调查表时,应针对施工项目的特点,下功夫填好重点部分,特别是要反映出本公司的施工经验、施工水平、施工组织能力和技术设备力量以及业绩等,这些往往是业主考虑的重点。

(4) 做好递交资格预审调查后的跟踪工作,如果是国外工程,可通过当地分公司或代理人了解情况,以便及时发现问题,补充招标人需要调查的资料。

3. 研究招标文件

招标文件是投标人投标报价的主要依据,仔细研究招标文件可以全面了解承包商在合同中的权利和义务,以及在施工中承包商所面临的和需要承担的风险。研究的重点通常应放在以下几个方面。

(1) 研究工程综合说明,了解工程轮廓全貌。

(2) 通读招标文件。其目的是从总体上了解招标文件,搞清楚报价范围和承包者的责任,弄清各项技术要求,了解工程中使用哪些特殊的材料和设备等。

(3) 研究合同条件。投标人在通读招标文件的基础上,一定要明确以下几方面内容:

①合同条件采用的是什么合同文本,按支付方式不同,此合同是总价合同还是单价合同;

②工期及工期奖惩,维修期限和维修期间的担保,各种保函的要求,税收与保险,付款条件;

③是否有预付款,何时回扣,中期付款方法,保留金的比例及扣回的方法与时间,延期付款利息的支付等;

④有无对于材料、设备和工资的价格调整规定,其限制条件和调整公式如何;

⑤关于工程保险和现场人员事故保险等的规定,如保险种类、最低保险金额、保期和免赔等;

⑥人力不可抗拒因素造成损害的补偿办法与规定,中途停工的处理办法与补救措施等。

(4) 熟悉投标人须知,明确投标手续和进程,避免造成废标。

(5) 理出招标文件中含糊不清的问题,并及时提请招标人予以澄清。

4. 勘察施工现场

施工现场勘察是投标者必须经过的投标程序,按照国际惯例,投标者提出的报价单一般被认为是在现场的基础上编制报价的,因此,任何投标人不能以勘察现场不周、情况了解不细或因素考虑不全面为由,提出修改投标、调整报价或提出补偿(索赔)等要求。

现场勘察的内容主要包括以下几个方面。

1) 政治方面

政治方面主要指国外承包工程。

(1) 项目所在国的政局是否稳定,有无发生暴动、战争或政变的可能;

(2) 项目所在国与邻国的政治关系如何,有无发生边界冲突的可能;

(3) 项目所在国和人民对我国的政治态度如何,有无发生排斥、歧视,甚至出现打击、抢劫、绑架、凶杀的可能。

2) 地理环境方面

(1) 现场的地形、地貌特征;

(2) 水文和气候条件;

(3) 当地的大风、雨、雪、冰雹等自然灾害情况;

(4) 有无地震灾害可能;

(5) 自然地理条件对于物资运输及施工的影响。

3) 经济方面

(1) 工程所需各种物资,包括生活所用物资和施工生产所用物资的供应情况以及市场价格水平;

(2) 当地土、砂石等地方材料的货源状况,以及其运距、单价等情况;

(3) 当地的运输状况,汽油、柴油的供应情况及价格水平;

(4) 工地附近港口和铁路的装卸设施及能力和价格水平;

(5) 当地劳动力来源、技术水平及工资情况。

4) 法律法规方面

(1) 与承包合同有关的经济合同法、外汇管理法、税收法、劳动法、环境保护法、建筑市场管理法、涉外经济合同法等法律及相应的法规;

(2) 当为国外承包工程时,除上述有关的法律法规外,还应了解项目所在国对本项目施工有关的其他具体规定,如劳动力的雇佣、设备材料的进出口和运输及施工机具的使用等方面的有关法令、规定等。

5) 业主方面

(1) 业主的资信情况。主要是了解其资金来源和支付的可靠性;

(2) 履约态度。履行合同是否严肃认真,处理意外情况时是否通情达理,谅解承包商的具体困难;

(3) 能否秉公办事,是否惯于挑剔刁难。

6) 竞争对手方面

(1) 了解可能参加投标竞争的公司名称、国别及其与当地合作的公司的名称;

(2) 了解这些公司的能力和过去几年内的工程承包业绩;

(3) 了解这些公司的突出的优势和明显的弱点;

(4) 做到知己知彼,制定出合适的投标策略,发挥自己的优势而取胜。

7) 其他

除上述的几个方面外,投标人在进行现场勘察时,还应注意以下几个方面:

(1) 当地的乡规民约和风俗习惯;

(2) 医疗卫生状况;

(3) 环境保护要求;

(4) 社会的治安状况如何,是否需要采取特殊措施加强施工现场保卫工作。

5. 核实工程量

多数工程招标由业主提供工程量清单,但有的工程招标业主没有提供,仅提供图纸,这就要求投标人按照自己的习惯列出工程细目并计算其工程量。或者由于一些原因,工程量清单中的工程数量有时会和图纸中的数量存在不一致的现象,因此,也有必要对工程量清单进行复核。

在核实工程量时应注意以下几方面事项:

(1) 全面核实设计图纸中各分项工程的工程量;

(2) 计算受施工方案(施工方法)影响而需额外发生(设计图纸中未能计算进去的)和消耗的工程量;

(3) 根据技术规范中计量与支付的规定折算出新的工程量(在折算过程中有时需要对设计图纸中的工程量进行分解或合并)。

6. 编制施工规划

招标文件中要求投标人在报价的同时要附上施工规划,即初步的施工组织计划。投标人编制好施工规划很重要,一方面招标人根据投标人拟定的工程进度计划和施工方案,考察投标人是否采取了充分而又合理的措施,保证按期、按质量要求完成工程施工任务。另一方面,工程进度计划安排是否合理,施工方案选择是否妥当,对工程成本有着直接的影响,编制一个好的施工规划可以大大降低标价,提高竞争力。

施工规划的深度和范围要比中标后所编制的施工组织计划粗略些。施工规划的内容一般包括施工方案和施工方法的拟定,施工进度计划,施工机械、材料、设备和劳务计划,以及临时生产、生活设施的安排。

(1) 施工方案和施工方法的拟定。根据分类汇总的工程数量和工程进度计划中该类工程的施工周期,以及招标文件的技术要求,选择和确定各项工程的主要施工方法和适用的、经济的施工方案。对于大型复杂工程则要考虑几种施工方案、方法,进行综合比较。如地下工程要进行地质资料分析,确定开挖方法(掘井机还是钻孔爆破法等),确定支洞、斜井、竖井的数量和位置,以及出渣方法、通风方式等。

(2) 施工进度计划。编制施工进度计划应紧密结合施工方法和施工设备。施工进度计划是采用网络进度计划还是线条进度计划,需要根据招标文件要求而定。在编制过程中应考虑和满足以下要求。

①总工期符合招标文件的要求,如果合同要求分期、分批竣工交付使用,应标明分期交付的时间和分批交付的数量。

②表示各项主要工程的开始和结束时间。例如土方工程、基础工程、路面工程以及交通工程等开始和结束的时间。

③体现主要工序相互衔接的合理安排。

④有利于劳动力均衡,尽可能避免现场劳动力数量急剧起落,这样可以提高工效和节省临时设施。

⑤有利于充分有效地利用机械设备,减少机械设备占用周期。

⑥便于编制资金流动计划,有利于降低流动资金占用量,节省资金利息。

(3) 施工机械、设备、材料和劳务计划,一般与研究施工方法同时进行。在工程估价过程中要不断进行施工设备和施工设施的比较,利用旧设备还是采购新设备,在国内采购还是在国外采购,须对设备的型号、配套、数量(包括使用数量和备用数量)进行比较;还应研究哪些类型的机械可以采用租赁方法,对于特殊的、专用的设备折旧率须进行单独考虑,定货设备清单中还应考虑辅助和修配机械以及备用零件,尤其是订购外国机械时应特别注意这一点;用概略指标估算主要的和大宗的建筑材料的需用量,考虑其来源和分批进场的时间安排,从而可估算现场用于存储、加工的临时设施。考虑外部和内部材料供应的运输方式,估计运输和交通车辆的需要和来源;如果有些建筑材料,如砂、石等拟就地自行开采,则应估计采砂、石等所需的设备、人员,并计算自采砂、石的单位成本价格;如果有些构件拟在现场自制,应确定相应的设备、人员和场地面积,并计算自制构件的成本价格;用概略指标估算直接生产劳务数量,考虑其来源及进场时间安排。

(4) 临时生产、生活设施的安排。为了保证施工生产的顺利进行,必须做好临时生产、生活设施的安排,如进场道路、停车场地、临时住房、警卫设施、夜间照明、现场临时通讯设施等。

7. 编制投标文件

编制投标文件是投标过程中一项重要的工作,时间紧,工作量大,要求高,它是能否中标的关键,必须加强领导,组织精干力量,按照招标文件的各项要求编制。

投标人在投标文件中填报的资质、业绩、主要人员资历和目前在岗情况、信用等级等信息,应当与其在交通运输主管部门公路建设市场信用信息管理系统上填报并发布的相关信息一致。

参加文件编制的人员必须明确企业的投标宗旨,掌握工程的技术要求和报价原则,熟悉计费标准,了解本单位的竞争能力和对手的竞争水平,并做好保密工作。

根据投标人须知前附表规定的不同形式,投标文件的组成应满足相应条款的要求。

若采用双信封形式,投标文件应包括下列内容。

第一个信封(商务及技术文件):

(1) 投标函及投标函附录;

(2) 授权委托书或法定代表人身份证明;

(3) 联合体协议书;

(4) 投标保证金;

(5) 施工组织设计;

(6) 项目管理机构;

(7) 拟分包项目情况表;

(8) 资格审查资料;

(9) 投标人须知前附表规定的其他资料。

第二个信封(报价文件):

(1) 调价函及调价后的工程量清单(如有);

(2) 投标函;

(3) 已标价工程量清单;

(4) 合同用款估算表。

若采用单信封形式,投标文件应包括下列内容:

(1) 投标函及投标函附录；
(2) 授权委托书或法定代表人身份证明；
(3) 联合体协议书；
(4) 投标保证金；
(5) 已标价工程量清单；
(6) 施工组织设计；
(7) 项目管理机构；
(8) 拟分包项目情况表；
(9) 资格审查资料；
(10) 调价函及调价后的工程量清单(如有)；
(11) 投标人须知前附表规定的其他资料。

投标人在评标过程中作出的符合法律法规和招标文件规定的澄清确认，构成投标文件的组成部分。

8. 投标文件的递送

投标人应当按照招标文件的要求装订、密封投标文件，并按照招标文件规定的时间、地点和方式将投标文件送达招标人。

公路工程勘察设计和施工监理招标的投标文件应当以双信封形式密封，第一信封内为商务文件和技术文件，第二信封内为报价文件。

对公路工程施工招标，招标人采用资格预审方式进行招标且评标方法为技术评分最低标价法的，或者采用资格后审方式进行招标的，投标文件应当以双信封形式密封，第一信封内为商务文件和技术文件，第二信封内为报价文件。

投标文件按照要求送达后，在招标文件规定的投标截止时间前，投标人修改或者撤回投标文件的，应当以书面函件形式通知招标人。

修改投标文件的函件是投标文件的组成部分，其编制形式、密封方式、送达时间等，适用对投标文件的规定。

投标人在投标截止时间前撤回投标文件且招标人已收取投标保证金的，招标人应当自收到投标人书面撤回通知之日起 5 日内退还其投标保证金。

投标截止后投标人撤销投标文件的，招标人可以不退还投标保证金。

投标人根据招标文件有关分包的规定，拟在中标后将中标项目的部分工作进行分包的，应当在投标文件中载明。

投标人在投标文件中未列入分包计划的工程或者服务，中标后不得分包，法律法规或者招标文件另有规定的除外。

6.3.2 报价

报价是承包商采取投标方式承揽工程项目时，计算和确定承包该项工程的投标总价格。业主把承包商的报价作为主要标准来选择中标者，同时也是业主和承包商就工程标价进行承包合同谈判的基础，直接关系到承包商投标的成败。因此，投标报价是进行工程投标的核心。

1. 投标报价的依据

报价的依据大体上可以归纳成三方面:投标人经营管理方面的因素、招标项目本身的因素和客观环境因素,这三个因素形成一个报价的整体依据。报价工作就是要对这些依据进行恰当的、必要的整理,并且根据整理结果,提出一项有竞争力的报价,争取中标。

(1) 投标人经营管理方面的因素。包括两个方面,一是积累企业的定额标准,二是完善拟订投标项目的施工组织设计。企业定额,是从本企业历史上完成的工程中测算出来的,对各种工作的人工、材料、机械台班的平均先进消耗的统计,经不断整理、研究、更新后汇编成册的内部资料,供投标时计算投标报价使用。针对拟投标工程的施工组织设计,是最能反映投标技术管理水平的文件。投标人编制施工组织设计的目的,就是为了将本企业各方面的资源有机地动员起来,做到恰当配置、合理衔接、充分利用并优化结构,达到高效、低耗、保质、如期完成施工任务。施工组织设计的好坏,自然会影响到施工成本的高低。

(2) 招标项目本身的因素。投标时要做的工作就是认真、详细地研究招标文件,必要时还应当利用招标投标程序所规定的对招标文件的澄清规则,请招标人对提出的问题予以澄清。若投标人对照合同法、招标投标法、合同范本认为确实存在有明显免除业主应承担的义务或加重承包人的责任的情形,还可以引用格式条款的规定,采取措施保护自己。

(3) 客观环境因素。内容大致概括为如下。

① 形成价格内容的因素。譬如在单价分析时,将使用的人工工资额、材料单价、机械台班费等,它既取决于工程所在地(国内或国外)的环境,也取决于施工企业所在地的环境。前者要通过现场调查、投标前访问业主、"询价"或聘用代理人获得,包括勘测资料、当地国的法律法规、税收、生活供应、燃油价格、当地材料价格,海上或内陆运费、当地聘请技术工人或普通工人的价格等。

② 决定竞争的市场价格水平。投标报价的计算,更多的是根据投标的实际水平,计算的是反映成本加合理利润的价格,反映的是公司自身的实力。投标是竞争,是不同投标人之间的技术与管理水平的实力较量,要使自己的报价在市场上是具有竞争力的,才有可能通过竞争夺取中标。只有了解了市场价格水平,投标者才有投标报价的依据。

2. 投标报价的组成

国内工程投标报价的组成和国际工程的投标报价组成基本相同,但每项费用的内容则比国际工程报价简单。报价的组成主要有直接费、间接费、计划利润、税金和不可预见费等。

(1) 直接费是指工程施工中直接用于工程的人工、材料、设备和施工机械使用费用的总和(包括分包项目费用组成)。

① 人工费:人工工资、工资性补贴、辅助工资、职工福利费、劳动保护费等。

② 材料费:材料的市场价、材料运杂费、材料运输费、采购和保管费、损耗费等。

③ 设备和施工机械使用费:基本折旧费、安装拆卸费及场外运输费、维修保养费、燃料动力费、需缴纳的养路费等。

(2) 间接费是指组织和管理工程施工所需的各项费用,主要由施工管理费和其他间接费组成。

① 施工管理费:管理人员费、办公费、差旅交通费、文体宣教费、生活设施费、劳动保护费、检验试验费、工具使用费、固定资产使用费、广告宣传及会议招待费。

② 其他间接费:临时设施工程费、投标期间开支的费用、保函手续费、保险费、经营业务费等。

(3) 利润和税金。利润是指投标时的计划利润,税金是按规定应向国家缴纳的营业税、城市建设维护税及教育经费附加等税金。投标单位确定合理的利润是十分重要的。合理的利润目标应根据投标目标来确定,若投标目标是为了保证企业能生存下去,或为了开拓新业务、新局面,则应按低利润去投标;若投标目标是因为本企业在该领域有一定的技术管理优势,工程任务饱满,可按高利润去投标。

(4) 不可预见费是对风险分析后确定的用于防范风险的费用。从投标到竣工直至维修期满的整个过程中,政治、经济、社会、市场的变化及工程实施中的不可预见事件,会直接或间接地影响工程项目的正常实施,给承包商带来利润的减少甚至亏损的风险。报价风险分析就是要对影响报价的风险因素进行评价,对风险的危害程度和发生的概率作出合理的估计。通常情况下,由投标人经过具体工程项目的风险因素分析之后,确定一个比较合理的工程总价的百分数作为风险费。

3. 报价的计算

投标报价计算有工料单价计算方法和综合单价计算方法。

1) 工料单价计算方法

根据已审定的工程量,按照定额或市场的单价逐项计算每个项目的价格,分别填入招标人提供的工程量清单内,计算出全部工程量直接费,最后按企业自定的各项费率及法定税率依次计算出间接费、计划利润及税金。另外,还要考虑不可预见费,其总和即为基础报价,一般国内工程报价多采用此种方法计算。

2) 综合单价计算方法

综合单价计算报价所填入工程量清单的单价,应包括人工费、材料费、机械使用费、其他直接费、间接费、计划利润和税金,以及材料差价和风险金等全部费用,并构成基础单价,即综合单价。此种方法用于单价合同的报价,报价金额等于工程量清单的汇总金额加上暂定金额。

3) 投标报价的计算与编制标底的区别

编制标底是按照国家规定的基础定额、取费标准、技术标准和规范等,采用概(预)算的方法编制并报请有关部门审核批准后的工程计划价格,在评定时可能作为报价评分得分衡量的标准或作为一个参考值。

投标报价可根据企业实际水平进行计算,也可以根据本企业的实际情况进行上下浮动,无需报送建设主管部门审核批准,如果按这样情况计算的报价中标的话,则它是一个确定的合同价格。

6.4 投标策略与技巧

6.4.1 投标决策

正确的投标决策,对企业减少投标的盲目性、提高中标几率、增加盈利和降低风险都有很重大的影响。投标决策应包括以下四方面内容。

1. 信息资料收集

加强标前的决策分析,科学选择投标项目是投标制胜的关键,而分析与选择的基础是信息资料的收集工作。

对信息资料的收集的要求有以下 3 点。

(1) 快:迅速及时。

(2) 全:信息资料多多益善,系统积累,如哪里有招标项目,工程概况如何,地理地质、气候条件如何,什么时期开始招标,什么时间开标以及当地材料价格、汇率、工期等。在招标的全过程中,即从准备投标到开标前的几分钟,都要掌握信息。在发标以后至开标之前,均应采取有利于中标的相应措施。

(3) 准:要求信息真实可靠,善于辨别信息的真伪,如有的竞争者故意放出报高价或打算放弃投标等假信息,如不辨识清楚,则容易上当。

2. 是否决定投标

一般情况下,只要接到业主的投标邀请,投标人都应积极响应参加投标。这主要因为参加投标项目多,自然中标机会也多;经常参加投标,在公众面前出现的机会也多,起到了广告宣传的作用;通过参加投标积累经验,掌握市场行情,收集信息,是了解竞争对手的惯用策略;投标人拒绝业主的投标邀请,有可能破坏声誉,从而失去收到投标邀请的机会。

但是,对于没有希望中标的工程项目,投标企业应放弃投标。如企业有下列情形的,应放弃投标。

(1) 项目为本企业主管和兼营能力之外。

(2) 工程规模、技术要求超过本企业技术等级。

(3) 竞争该项目的对手实力明显强于本企业。

(4) 本企业生产任务饱满,而所投标的项目工程的盈利水平较低或者风险较大。

(5) 招标单位资金、材料不落实,而本企业又无资金和材料垫付能力。

3. 明确投标的目的

投标单位在投标时,要结合企业自身的特点及需要去明确投标的目的,主要有以下几种。

(1) 生存的目的。这种目的往往是因为企业自身不景气,为了克服生存危机而确定的目的,这时争取中标可以不考虑各种利益。社会、政治、经济环境的变化和投标人自身经营管理不善,都可能造成投标人的生存危机。

(2) 竞争的目的。这种投标目的是以竞争为手段,以开拓市场为目标,在精确计算成本基础上,充分估计各竞争对手的报价目标,以有竞争力的报价达到中标的目的。投标人的这种投标往往是为了扩大经营范围、扩大影响、试图打入新的地区等原因而确定的。

(3) 盈利的目的。这种目的是企业充分发挥自身优势,以实现最佳盈利为目标而取得较大的利润。这种目的往往是当投标人在投标所在地区已经打开局面、施工能力饱和、美誉度高、竞争对手少,具有技术优势并对业主有较强的名牌效应的情况下而确定的。

4. 分析企业的中标概率

投标企业在决定参加投标时,要正确分析自己中标的概率。分析的内容主要有影响投标命中的主观、客观因素。投标企业应该把主客观的有利、不利条件结合起来去判断本企业的中标机会有多少。

(1) 影响投标命中的主观因素(投标单位自身的情况):企业技术实力、经济实力、管理水平、良好的信誉。

(2) 影响投标命中的客观因素:业主和监理工程师的情况、竞争对手的情况、当地政治和法律法规、自然条件、风险问题、投标项目的情况等。

6.4.2 报价技巧

投标的重中之重是投标报价,它直接关系到中标成功与否,同时也关系着中标企业的利润如何。这是个非常值得研究的课题。投标报价是以投标方式获得工程或项目时,确定承包该工程或项目的总造价。报价是业主选择中标者的主要标准,也是业主和投标者签订合同的依据。报价是工程投标的核心,报价过高,会失去中标机会;过低,即使中标,也会给工程带来亏本的风险。因此,标价过高或过低都不可取,要从宏观角度对工程(或项目)报价进行控制,力求报价适当,以提高中标率和经济效益。投标报价的技巧,实质就是在保证工程(或项目)质量和工期的条件下,寻求一个好的报价。常见的几种投标报价的技巧有以下几种。

1. 不平衡报价法

不平衡报价是相对常规报价而言,并在常规报价的基础上进行调整得到的,是对常规报价的优化。即在总报价不变的前提下,将某些分项工程的单价定得高于常规价,将另一些分项工程的单价定得低于常规价,以保证总报价有竞争力并能获得较好的经济效益。这种技巧的根本之处在于:投标书中计算投标总价时是没有考虑资金的时间价值的,但业主支付给施工企业的工程款却有先有后,于是"更早地收更多的钱",就成为企业增加实际盈利的一种手段。由于使用不平衡报价法,投标总价不变,不影响投标人的中标几率,但投标人在中标后的施工过程中,却可以于早期收到较多的钱,赚取了这部分资金的时间价值。其通常的做法如下。

(1)提高早期施工项目的单价,如临时工程、土方、构造物基础建设等;降低后期施工项目的单价,如路面、交通工程等。通过这种报价方式,可以提前收回垫款,少付贷款利息,增加经济效益。但是这种不平衡报价不能偏离正常价格太远,如果在评标时被判定某些价格高得出奇,而另一些又低得出奇时,可判定其为严重不平衡标,轻者业主将会在中标通知书中要求承包商提高履约保证金的比例,以保证自身的利益,严重时可以对低于成本竞争予以拒绝。

(2)在以后的施工中工程量可能增加的项目,其单价可以提高一些;反之,施工中工程量可能减少的项目,其单价可以降低一些。要对上一条及本条综合考虑,即对于工程量可能减少的早期工程,则不能盲目提高价格;而对可能增加工程量的后期工程,也不宜降低单价,应作全面分析后再定。

(3)图纸或工程内容不明确或有错误,估计修改后工程量会增加的项目,其单价可以提高一些;相反,估计修改后工程量会减少的项目,其单价可以降低一些。

(4)没有工程量,只填单价的项目(如土方工程中的挖淤泥、岩石等),其单价宜高,这样做既不影响投标报价,以后发生时又可多获利。

(5)对于暂定数额(或工程),分析它发生的可能性大,其价格可定高一些;估计不一定发生的,价格可定低一些。

2. 多方案报价法

进行多方案投标报价的原因可能有多种,但无论出于什么原因进行多方案报价,都是为了争取中标。当原设计方案确实存在着某种问题或是设计中有缺陷,施工单位凭借自己多年的经验提出优于原设计的方案,并与原设计进行分析比较,从某些方面来吸引业主,争取中标。

还有另外一种情况,就是在招标文件中写明,允许招标人另行提出自己的建议。这时投标人应组织一批有经验的技术专家,对原招标文件的设计和施工方案仔细研究、分析、论证,如果发现该工程中某些设计不合理并可以改进,或利用某项新技术、新工艺能显著降低造价时,投标人除了按正规报价之外,应该另附上一个修改原设计的"建议方案"或"比较方案",提出更有效的措施,以降低造价和缩短工期。这种做法往往能引起业主的极大兴趣,如果"建议方案"合理,加上报价也合理,中标的可能性会大大提高。

应该注意的是,运用多方案报价时,提出的"建议方案"不宜过于详细、具体,保留方案的技术关键,否则,在自己不中标的情况下,业主可能将"建议方案"提交给其他承包商;同时,建议方案一定要比较成熟,或过去有这方面的实践经验,如果仅为中标而匆忙提出一些没有把握的建议方案,可能会使自己在中标后的工程实施过程中处于被动地位,引发很多后患。

3. 突然降价法

这是一种迷惑对手的投标手段。在报价过程中,仍按正常情况报价,甚至有意无意地泄露自己的报价,同时放出一些虚假信息,如不打算参加这次投标竞争、或是准备投高标和对这次招标项目兴趣不大等,等到投标截止期来临时来一个突然降价。

这种方法的好处是:可以根据最后的信息,在递交投标文件的最后时刻,提出自己的竞争价格,使竞争对手以措手不及而败北;还可以利用虚假报价的信息来迷惑对手,避免了自己真实的报价向外泄露,导致竞标失利。

4. 低价索赔法

在认真研究招标文件之后,发现招标文件中有许多漏洞甚至许多错误后业主不能提供必要的施工条件,开工后必然出现业主违约的情况时,可有意降低报价,先争取中标,中标后通过索赔来挽回低报价的损失。

5. 补充优惠条件

投标报价附带优惠条件是行之有效的一种争取中标的竞争手段。投标单位在投标时,除按招标文件的要求和规定进行报价外,还可以根据自己企业的情况补充投标的优惠条件,如缩短工期、采用新型机械设备、不要求招标人提供预付款等,以增强投标竞争力,争取中标。有时虽然报价略高,如果采用了吸引业主的优惠条件,这样仍然可能中标。但此时也要注意仔细分析这些附带优惠条件可能会影响到企业将来的利润。在条件未成熟时,如果采用补充优惠条件争取中标,产生的后果也是很严重的,它会使企业亏损、影响企业的信誉等,所以采用该种策略技巧时要小心谨慎。

6. 开口升级报价法

即将报价看成是协商的开始,报价时利用招标文件中规定的不明确的有利条件,将造价很高的一些单项工程的报价抛开作为活口,将标价降低至无法与之竞争的数额。利用这种"最低标价"来吸引业主,从而取得与业主商谈的机会,利用活口进行升级加价,以达到最后赢利的目的。

施工企业投标竞争中,各种报价技巧往往不是单独使用的,各种技巧之间无明确界限,它们是互相渗透、互相补充的,而且是随着制约条件的变化而变动的。针对具体工程的投标,采取什么样的投标报价技巧,没有固定模式和严格的因果关系,只有正确认识各种技巧的本质与内涵并加以实践,才能达到提高中标率的目的。

6.5 案例分析

1. 工程背景

某公路路基工程具备招标条件，决定进行公开招标。招标人委托某招标代理机构 K 进行招标代理。招标方案由 K 招标代理机构编制，经招标人同意后实施。招标文件规定本项目采取公开招标、资格后审方式选择承包人，同时规定投标有效期为 90 日。2018 年 10 月 12 日下午 4:00 为投标截止时间，2018 年 10 月 14 日下午 2:00 在某会议室召开开标会议。

2018 年 9 月 15 日，K 招标代理机构在国家指定媒介上发布招标公告。招标公告内容如下：

(1) 招标人的名称和地址；
(2) 招标代理机构的名称和地址；
(3) 招标项目的内容、规模及标段的划分情况；
(4) 招标项目的实施地点和工期；
(5) 对招标文件收取的费用。

2018 年 9 月 18 日，招标人开始出售招标文件。2018 年 9 月 22 日，有两家外省市的施工单位前来购买招标文件，被告知招标文件已停止出售。

截至 2018 年 10 月 12 日下午 4:00 即投标文件递交截止时间，共有 48 家投标单位提交了投标文件。在招标文件规定的时间进行开标，经招标人代表检查投标文件的密封情况后，由招标代理机构当众拆封，宣读投标人名称、投标价格、工期等内容，并由投标人代表对开标结果进行了签字确认。

随后，招标人依法组建的评标委员会对投标人的投标文件进行了评审，最后确定了 A、B、C 三家投标人分别为某合同段第一、第二、第三中标候选人。招标人于 2018 年 10 月 28 日向 A 投标人发出了中标通知书，A 中标人于当日确认收到此中标通知书。此后，自 10 月 30 日至 11 月 30 日招标人又与 A 投标人就合同价格进行了多次谈判，于是 A 投标人将价格在正式报价的基础上下浮了 0.5%，最终双方于 12 月 3 日签订了书面合同。

2. 问题

(1) 针对本工程，写出一个完整的招标程序。
(2) 本案招投标程序有哪些不妥之处？为什么？

3. 参考答案

(1) 本工程采取公开招标、资格后审方式选择承包人，根据《公路工程建设项目招标投标管理办法》，采取资格后审方式公开招标的项目，招标程序为：

编制招标文件→发布招标公告→发售招标文件→(需要时)组织潜在投标人踏勘项目现场，召开投标预备会→接收投标文件，公开开标→组建评标委员会评标，评标委员会编写评标报告、推荐中标候选人→公示中标候选人相关信息→确定中标人→编制招标投标情况的书面报告→向中标人发出中标通知书，同时将中标结果通知所有未中标的投标人→与中标人订立合同。

(2) 本案招标程序中，存在以下不妥之处。

① 开标时间 2018 年 10 月 14 日下午 2:00 与提交投标文件的截止时间 2018 年 10 月 12 日下午 4:00 不一致不妥。《招标投标法》第三十四条规定，开标应当在招标文件确定的提交投标文件截

止时间的同一时间公开进行。

②招标公告的内容不全。《工程建设项目施工招标投标办法》第十四条规定,招标公告或者投标邀请书应当至少载明下列内容:招标人的名称和地址;招标项目的内容、规模、资金来源;招标项目的实施地点和工期;获取招标文件或者资格预审文件的地点和时间;对招标文件或者资格预审文件收取的费用;对招标人的资质等级的要求。

③招标文件停止出售的时间不妥。《工程建设项目施工招标投标办法》第十五条规定,自招标文件开始出售之日起至停止出售之日止,最短不得少于5个工作日。

④由招标人代表检查投标文件的密封情况不妥。《招标投标法》第三十六条规定,开标时,由投标人或者其推选的代表检查投标文件的密封情况,也可以由招标人委托的公证机构检查并公证。

⑤中标通知书发出后,招标人与中标人A就合同价格进行谈判不妥。《招标投标法》第四十六条规定,招标人和中标人应当自中标通知书发出之日起三十日内,按照招标文件和中标人的投标文件订立书面合同。招标人和中标人不得再行订立背离合同实质性内容的其他协议。这里的合同价格属于《招标投标法》第四十三条界定的实质性内容。

⑥招标人和中标人签订书面合同的期限和合同价格不妥。《招标投标法》第四十六条规定,招标人和中标人应当自中标通知书发出之日起三十日内,按照招标文件和中标人的投标文件订立书面合同。本案例中通知书于10月28日发出,直至12月3日才签订了书面合同,已超过了法律规定的30日期限。中标人的中标价格属于合同实质性内容,其中标价就是签约合同价。本案中将其下浮0.5%后作为签约合同价,违反了《招标投标法》。

【本章要点】

1. 招标与投标的概念。
2. 招标方式。
3. 招标的程序。
4. 投标的程序。
5. 报价策略与技巧。

【思考与练习】

1. 公开招标与邀请招标有何区别?
2. 可以不进行招标的工程范围有哪些?
3. 招标与投标的程序有哪些?
4. 评标方法有哪些?有何区别?
5. 工程建设项目在哪些情形下必须重新招标?
6. 投标过程中现场勘察的内容有哪些?
7. 采用双信封形式的投标文件都包括哪些内容?
8. 投标过程中应注意哪些问题?
9. 简要说明投标报价的技巧,分析这些技巧在投标报价中的作用。

7 道路建设项目合同管理

7.1 合同的概念及合同法律制度

7.1.1 合同的概念

合同是平等主体的自然人、法人、其他组织之间设立、变更、终止民事权利、义务关系的协议。各国的合同法规范的都是债权合同,它是市场经济条件下规范财产流转关系的基本依据,因此,合同是市场经济中广泛进行的法律行为。合同有狭义和广义之分。狭义的合同是指债权合同,即两个以上的民事主体之间设立、变更、终止债权关系的协议。广义的合同是指两个以上的民事主体之间设立、变更、终止民事权利义务关系的协议,广义的合同除了民法中债权合同之外,还包括物权合同、身份合同,以及行政法中的行政合同和劳动法中的劳动合同等。

合同作为一种协议,其本质是一种一致意愿,必须是两个以上意思表示一致的民事法律行为。因此,合同的缔结必须由当事人协商一致才能成立。合同当事人做出的意思表示必须合法,这样才能具有法律约束力。建设工程合同也是如此。即使在建设工程合同的订立中承包人一方存在着激烈的竞争(如施工合同的订立中,施工单位的激烈竞争是建设单位进行招标的基础),仍需当事人协商一致,发包人不能将自己的意志强加给承包人。订立的合同即使是协商一致的,也不能违反法律、行政法规,否则合同就是无效的,如施工单位超越资质等级许可的业务范围订立施工合同,该合同就没有法律约束力。

在市场经济中,合同能够保证财产的顺利交易。特别是工程项目标的大、履行时间长、协调关系多,合同是必不可少的。因此,合同可以很好地给建筑市场中的建设单位、勘察设计单位、施工单位、咨询单位、监理单位、材料设备供应单位等确立相互之间的关系。如建设单位与勘察设计单位订立勘察设计合同,建设单位与施工单位订立施工合同,建设单位与监理单位订立监理合同等。在市场经济条件下,这些单位相互之间都没有隶属关系,相互之间的关系主要依靠合同来规范和约束,这些合同都是属于我国合同法中规范的合同,当事人都要依据合同法的规定订立和履行。

7.1.2 合同的订立

建设工程合同的订立过程一般包括要约邀请、要约、承诺。

1. 要约邀请

要约邀请也称"要约引诱",是指行为人作出的邀请他方向自己发出要约的意思表示。要约邀请虽然也是为订立合同做准备,但是是为了引发要约,其本身不是要约,例如招标公告、拍卖公告、一般商业广告、寄送价目表、招投说明书等。但商业广告的内容符合要约规定的,视为要约。

2. 要约

要约是希望和他人订立合同的意思表示,其内容应当具体确定,且表明经受要约人承诺,要约人即受该意思表示约束。因此,要约具有以下特征。

(1) 要约是由特定人作出的意思表示。要约人如果不特别指定,则受要约人无法对之作出承诺,也就无法与之签订合同。这样的意思表示就不能称得上是要约。因此,无法确定要约人的要约不能称为要约。

(2) 要约必须具有订立合同的意思表示。由于要约一经受要约人承诺,要约人即受该意思表示约束,没有订立合同意图的意思表示不能称为要约。

(3) 要约必须向要约人希望与之订立合同的受要约人发出。要约只有发出,才能唤起受要约人的承诺。如果要约人没有发出要约,受要约人就不知道要约的内容,承诺无从作出。受要约人必须是要约人希望与之订立合同的人,可以是特定的人,也可以不是特定的人。

(4) 要约的内容必须具体明确。如果要约的内容不具体明确,受要约人就无法对之作出承诺。如果受要约人对之进行了补充修改而作出了承诺,可以认为受要约人对要约的内容进行了实质性变更,其承诺也就不能是承诺了。因此,要约内容不明确的要约不能称得上是要约,只能视为要约邀请。

(5) 要约生效时刻,即为要约到达受要约人时生效。自要约生效起,其一旦被有效承诺,合同即宣告成立。要约生效的具体表现如下:以口头要约自受要约人了解要约内容时生效;以书面要约自到达受要约人时生效;利用数据电子文件形式发出的要约,收件人指定特定系统接收电文的,自该数据电文进入指定系统的时间视为到达时间,该要约生效;若收件人未指定特定系统接收电文的,自该数据电文进入收件人任何系统的首次时间视为到达时间,该要约生效。

对于超过承诺期限或已被撤销的要约,要约人不承担任何责任。

3. 承诺

承诺是受要约人赞同并接受要约的意思表示。承诺应当以通知的方式作出,但根据交易习惯或者要约表明可以通过行为作出承诺的除外。因此,承诺具有以下特征。

(1) 承诺必须由受要约人作出。作出承诺的可以是受要约人本人,也可以是其授权代理人。受要约人以外的任何第三人即使知道要约的内容并就此作出同意的意思表示,也不能认为是承诺。

(2) 承诺须向要约人作出。承诺是对要约内容的同意,须由要约人作为合同一方当事人。因此,承诺只能向要约人本人或其授权代理人作出,具有绝对的特定性,否则不视为承诺。

(3) 承诺的内容必须与要约的内容一致。若受要约人对要约的内容作实质性变更,则不认为是承诺,而把其视为新要约。实质性变更是指合同标的、质量、数量、价款或酬金、履行期限、履行地点和方式、违约责任和争议解决办法等的变更。若承诺对要约的内容进行非实质性变更,除要约人及时表示反对或者要约表明承诺不得对要约的内容进行任何变更的以外,该承诺有效,合同的内容以承诺的内容为准。

(4) 承诺应在有效期内作出。若要约指定了有效期,则应在该有效期内作出承诺;若要约未指定有效期,则应在合理期限内作出承诺。

(5) 承诺生效时刻,即指承诺应当在要约确定的期限内到达要约人。承诺通知到达要约人时生效。承诺不需要通知的,根据交易习惯或者要约的要求做出承诺的行为时生效。采用数据电文的方式订立合同的,收件人指定特定系统接收数据电文的,该数据电文进入该特定系统的时间,视为到达时间;未指定特定系统的,该数据电文进入收件人的任何系统的首次时间,视为到达时间。

道路建设项目中经常通过招投标来签订合同,但一般不能将招标视为要约。招标人有接受或拒绝他人投标的权利,即招标不具有使招标人必须与投标人订立合同的效力。招标只是邀请投标人做交易的一种表示,即订立合同的邀请。但投标则属于要约,投标书一旦发出,投标人就要受其投标条件的约束。如招标方接受了投标方的投标,即为投标方中标。投标方若无正当理由拒签合同,就属于违约,通常投标方即丧失其投标保证金。

7.1.3 合同的效力

1. 合同成立

合同成立是指当事人履行签订合同过程,并就合同内容达成一致。合同成立与合同生效不同。合同生效是法律认可合同效力,主要强调合同内容合法性。因此,合同成立体现了当事人的意志,而合同生效体现国家意志。有的合同成立就生效了,而有的合同成立后还需要具备一定条件才能生效。合同成立的一般条件如下。

(1) 存在订约当事人。合同成立首先应具备双方或者多方订约当事人,只有一方当事人不可能成立合同。例如,某人以某公司的名义与某团体订立合同,若该公司根本不存在,则可认为只有一方当事人,合同不能成立。

(2) 订约当事人对主要条款达成一致。合同成立的根本标志是订约双方或者多方经协商,就合同主要条款达成一致意见。

(3) 经历要约与承诺两个阶段。当事人订立合同,采取要约、承诺方式。缔约当事人就订立合同达成一致,一般应经过要约、承诺阶段。若只停留在要约阶段,合同根本未成立。

2. 合同生效

合同生效是指合同具备生效条件而产生法律效力。产生法律效力是指合同对当事人各方产生法律约束力,即当事人的合同权利受法律保护,当事人的合同义务具有法律上的强制性。合同生效需要具备以下条件。

(1) 订立合同的当事人必须具有相应的民事权利能力和民事行为能力。主体不合格,所订立的合同不能发生法律效力。至于法人权利能力和行为能力,当事人超越经营范围订立合同,人民法院不因此认定合同无效。但违反国家限制经营、特许经营以及法律、行政法规禁止经营规定的除外。

(2) 意思表示真实。表意人的表示行为真实反映其内心的效果意思,即表示行为应当与效果意思相一致。

(3) 不违反法律、行政法规的强制性规定,不损害社会公共利益。包括全国人民代表大会及其常务委员会依法通过的规范性文件、国务院依法制定的规范性文件、当事人必须遵守的不得通过协议加以改变的规定。

(4) 具备法律所要求的形式。民事法律行为可以采取书面形式、口头形式或者其他形式。法律规定是特定形式的,应当依照法律规定。依法成立的合同,自成立时生效。法律、行政法规规定应当办理批准、登记等手续生效的,依照其规定。

3. 无效合同

无效合同是指虽然已经成立,但因其严重欠缺生效条件而不产生合同法律效力的合同,其主要类型包括:

(1) 一方以欺诈、胁迫的手段订立合同,损害国家利益。欺诈是一方当事人故意告知对方虚假情况，或者故意隐瞒真实情况，诱使对方当事人做出错误意思表示的行为；胁迫是以给公民及其亲友的生命健康、荣誉、名誉、财产等造成损害或者以给法人的荣誉、名誉、财产等造成损害为要挟，迫使对方做出违背真实的意思表示的行为。并非所有通过欺诈、胁迫手段订立的合同都是无效合同，只有损害了国家利益才能导致合同无效，没有损害国家利益的合同是可撤销合同。

(2) 恶意串通，损害国家、集体或第三人利益的合同。当事人合谋，共同订立，造成国家、集体或者第三人利益损害的合同。即行为人明知或者应知某种行为将对国家、集体或者第三者的利益造成损害而故意为之，且当事人都具有主观恶意，而不只是一人或者一方具有恶意；共同进行意思联络、沟通，既可以表现为当事人事先达成的合谋，也可表现为一方明确表示意思，另一方与其达成默契接受，除了主观恶意外，当事人在客观上相互配合或者共同实施了该串通行为。行为人恶意串通的结果是损害了国家、集体或第三人利益，在串通行为与损害结果之间具有因果关系。

(3) 以合法形式掩盖非法目的。当事人实施的行为在形式上是合法的，但在内容上或者目的上是非法的。

(4) 损害社会公共利益。社会公共利益的内涵丰富、外延宽泛。相当一部分社会公共利益的保护已经纳入法律、行政法规明文规定。但是，仍有部分并未被纳入法律、行政法规的规定范围，特别是涉及社会公共道德的部分。

(5) 违反法律、行政法规的强制性规定。违反了以全国人大及其常委会制定的法律和国务院制定的行政法规等强制性规定。

7.1.4 合同的变更和解除

1. 合同的变更

合同的变更有广义与狭义的区分。狭义的变更是指合同内容的某些变化，是在主体不变的前提下，在合同没有履行或没有完全履行前，由于一定的原因，由当事人对合同约定的权利义务进行局部调整。这种调整，通常表现为对合同某些条款的修改或补充。广义的合同变更包括合同内容的变更与合同主体的变更，即由新的主体取代原合同的某一主体。因此，广义的合同变更实质上是合同的转让。

(1) 合同变更通常可分为以下两种。

①约定变更。当事人经过协商对合同进行的变更称为约定变更，即当事人协商一致，可以变更合同。法律、行政法规规定变更合同应当办理批准、登记等手续的，依照其规定。

②法定变更。由法律规定的在特定的条件下对合同的变更称为法定变更。具备法定变更的条件，不需要征得对方同意就可以变更合同内容。

(2) 合同变更需具备以下成立条件。

①合同关系已经存在。合同变更是针对已经存在的合同，无合同关系就无从变更。合同无效、合同被撤销视为无合同关系，也不存在合同变更的可能。

②合同内容发生变化。合同内容变更涉及合同标的、数量、质量、价款或者酬金、期限、地点、计价方式等的变更，建设工程施工承包领域的设计变更即为涉及合同内容的变更。双方对合同如何变更必须明确并使之成为合同的一部分，若当事人对合同变更的内容约定不明确的，推定为未变更。

③经合同当事人协商一致，或者法院、仲裁庭裁决，或者援引法律直接规定。

④符合法律、行政法规要求的方式。如果法律、行政法规对合同变更方式有要求,则应遵守这种要求。

2. 合同的解除

合同解除是指在合同有效成立之后而没有履行完毕之前,当事人双方通过协议或者一方行使约定或法定解除权的方式,使当事人设定的权利义务关系终止的行为。合同解除具有以下特征。

(1) 合同解除是以有效成立的合同为对象。对于无效合同,因其自始不发生履行效力,不能也无须适用解除的规则。

(2) 合同解除须具备必要的解除条件。约定的解除条件和法定的解除条件,不具备解除条件的合同不能被解除。

(3) 合同解除应当通过解除行为完成。如果具备合同解除条件,但是合同当事人未进行合同解除行为,合同不存在自动解除的效果。

(4) 合同解除的效果是合同关系消灭——合同解除的效果是使合同关系归于消灭,当事人不再受合同约束。

通常,合同解除的方式可分为以下两种。

约定解除。当事人协商一致,可以解除合同。当事人可以约定一方解除合同的条件。解除合同的条件成立时,解除权人可以解除合同。

法定解除。法定解除是指在符合法定条件时,当事人一方有权通知另一方解除合同。有下列情形之一的,当事人可以解除合同:因不可抗力致使合同目的不能实现;在履行期限届满之前,当事人一方明确表示或者以自己的行为表明不履行主要债务;当事人一方延迟履行主要债务,经催告后在合理期限内仍未履行;当事人一方延迟履行债务或者有其他违约行为致使合同目的不能实现;法律规定的其他情形。

合同解除后,尚未履行的,终止履行;已经履行的,根据履行情况和合同性质,当事人可以要求恢复原状、采取其他补救措施,并有权要求赔偿损失。

7.1.5 违约责任

1. 违约责任的性质

违约责任是指合同当事人不履行合同或者履行合同不符合约定而应承担的民事责任。违约责任是财产责任。这种财产责任表现为支付违约金或定金、赔偿损失、继续履行、采取补救措施等。尽管违约责任含有制裁性,但是,违约责任的本质不在于对违约方的制裁,而在于对被违约方的补偿,更主要表现为补偿性。

2. 违约责任的一般承担方式

当事人一方不履行合同义务或者履行合同义务不符合约定的,应当承担继续履行、采取补救措施或者赔偿损失等违约责任。

(1) 继续履行。继续履行是指在合同一方当事人违约后,非违约方有权要求其依照合同约定继续履行合同,也称强制实际履行。当事人一方未支付价款或者报酬的,对方可以要求其支付价款或者报酬,但继续履行必须建立在能够并应该实际履行的基础上。

(2) 采取补救措施。违约方采取补救措施可以减少非违约方所受的损失。质量不符合约定的,应当按照当事人的约定承担违约责任。对违约责任没有约定或者约定不明确,或不能确定的,受损害方根据标的的性质以及损失的大小,可以合理选择要求对方承担修理、更换、重做、退货、减少价款或者报酬等违约责任。

(3) 赔偿损失。当事人一方不履行合同义务或者履行合同义务不符合约定的,在履行义务或者采取补救措施后,对方还有其他损失的,应当赔偿损失。当事人一方不履行合同义务或者履行合同义务不符合约定,给对方造成损失的,损失赔偿额应当相当于因违约所造成的损失,包括合同履行后可以获得的利益,但不得超过违反合同一方订立合同时预见到的或者应当预见到的因违反合同可能造成的损失。

3. 违约金

违约金是指当事人在合同中或合同订立后约定因一方违约而应向另一方支付一定数额的金钱,违约金可分为约定违约金和法定违约金。

违约金的根本属性是制裁性,此外还具有补偿性。当事人可以约定一方违约时应当根据违约情况向对方支付一定数额的违约金,也可以约定因违约产生的损失赔偿额的计算方法。约定的违约金低于造成的损失时,当事人可以请求人民法院或者仲裁机构予以增加;约定的违约金过分高于造成的损失时,当事人可以请求人民法院或者仲裁机构予以适当减少。当事人就延迟履行约定违约金的,违约方支付违约金后,还应当履行债务。

4. 违约责任的免责

违约责任的免责是指在履行合同的过程中,因出现法定的免责条件或者合同约定的免责事由导致合同不履行的,合同债务人将被免除合同履行义务。通常,违约责任的免责可分为以下两种。

(1) 约定的免责。合同中可以约定在一方违约的情况下免除其责任的条件,这个条款称为免责条款。免责条款并非全部有效,侵犯对方人身权或财产权的免责条款是无效的。

(2) 法定的免责。法定的免责是指出现了法律规定的特定情形,即使当事人违约也可以免除违约责任。如因不可抗力不能履行合同的,根据不可抗力的影响,部分或者全部免除责任,但法律另有规定的除外。当事人延迟履行后发生不可抗力的,不能免除责任。

7.2 道路项目合同管理

道路建设项目合同管理应遵循依法履约、诚实信用、协调合作、动态管理的原则。合同管理包括合同评价、合同签订、合同实施、合同变更、合同备案、合同履行、合同纠纷处理、合同终止、合同后评价等内容。合同管理应设立专门的组织机构或委派专职人员进行合同管理工作,并建立合同档案、台账、报表等管理制度,采用信息化管理手段,提高合同信息共享水平。合同管理应按照相关规定,接受工商行政管理部门和其他有关行政主管部门对合同登记审查等的监督管理工作。工商行政管理部门和其他有关行政主管部门应依照相关规定,承担公路工程合同的登记、审查等监管工作,加强对道路建设项目合同管理的监督管理。

7.2.1 道路建设项目合同分类

1. 按合同协议内容划分

按合同协议内容划分的道路建设项目合同主要包括特许经营合同、勘察设计合同、监理合同、施工合同、设备仪器材料采购合同、设计施工总承包合同、EPC合同、代建合同、劳务合同、分包合同以及工程安全生产合同、廉政合同等。

2. 按合同计价方式划分

按合同计价方式划分的道路建设项目合同主要包括单价合同、总价合同和成本加酬金合同。单价合同又细分为工程量清单合同和单价一览表合同。总价合同按照合同是否允许调价又可划分为可调价总价合同和不可调价总价合同。成本加酬金合同也可细分为成本加固定酬金合同、成本加浮动酬金合同等。

7.2.2 道路建设项目合同管理内容

道路建设项目合同管理应依据合同文件内容、工程结果、变更请求、承包人单据等进行合同管理工作。其中,道路建设项目合同文件解释的优先顺序为合同协议书、中标通知书、投标函及投标函附录、专用合同条款、通用合同条款、技术标准和要求、图纸、已标价工程量清单、其他合同条件。道路建设项目合同管理部门单位应全面收集并分析合同实施的情况,定期诊断合同履行情况,并采取措施及时纠正偏差。道路建设项目合同管理的内容包括以下方面。

1. 合同谈判

合同谈判应遵循依法客观、求同存异、公平竞争、妥协互补的原则,合同双方共同商谈合作细节和重点,明确所有合同参与方的权利与义务,以及各方违约的处理方式。

2. 合同交底

合同实施前,应组织专业人员进行合同交底。合同交底应包括合同的主要内容、合同实施的主要风险、合同签订过程中的特殊问题、合同实施计划和合同实施责任分配等内容。

3. 合同履行

合同各方应遵循全面适当、诚实守信、公平合理的原则,根据公路工程项目特点、周边环境、工期要求、自身条件等建立合理的实施计划,并与安全管理、质量管理、进度管理、现场管理、环境保护等协调一致。

合同履行过程中,合同各方应及时对工程变更事项或者合同约定允许调整的内容如实记录并履行书面确认手续,并作为合同的组成部分。涉及工程价款调整的,建设单位、其他参建单位应及时确认相应的工程变更价款。

4. 合同控制

合同管理人员应依据合同范围内的各种文件和合同分析资料,监督合同执行,防止违约,确保完成合同规定的各项责任。

5. 合同终止和评价

合同履行结束即合同终止。合同管理机构应及时进行合同评价,总结合同签订和执行过程中的经验教训,提出总结报告。

合同管理应针对勘察、设计、监理、施工等专业,就工程安全、质量、进度、现场管理等方面建立一套符合实际情况的动态履约考核和奖惩机制。合同管理应注意建立合同档案、台账、报表等管理制度,采用信息化管理手段,使合同信息更加便于共享。

7.2.3 道路建设项目工作范围

道路建设项目工作范围应以确保公路项目建设目标实现为根本目的,通过明确项目参建各方的职责、权利风险界限,以保证项目建设管理工作充分、科学、高效、透明。道路建设项目范围管理的对象包括完成项目建设所必须实施的建设项目各项工作内容。项目实施前,公路项目建设单位应明确界定道路建设项目的范围,提出项目范围说明文件,作为项目建设管理的依据。道路建设项目范围的确定主要依据下列资料。

(1) 项目目标的定义或范围说明文件。
(2) 环境条件调查资料。
(3) 项目的限制条件和制约因素。
(4) 同类项目的相关资料。

道路建设管理单位应根据公路项目范围说明文件,组织开展项目范围划分工作。公路建设管理内容可划分为前期工作管理、资金管理、工程建设管理、交竣工及缺陷责任期等。

前期工作包括项目规划、项目建议书、项目前置手续审批。资金管理包括项目投资估算、建设资金筹集、建设投资控制、工程费用决算。工程建设管理主要包括招投标、工程设计、土地征迁、工程施工、环境保障等。交竣工及缺陷责任期管理包括交工验收、缺陷责任与保修、竣工验收、项目后评价。对于工程项目的招投标、验收管理工作,项目应按照临时工程、路基工程、路面工程、桥梁涵洞工程、交叉工程、隧道工程、公路设施及预埋管线工程、绿化及环境保护工程及服务区划分。

对于工程设计、质量、费用、进度管理工作,项目宜按照单项工程、单位工程、分部工程、分项工程层次实施项目分解。公路工程项目分解应符合下列原则。

(1) 内容完整,不重复,不遗漏。
(2) 一个工作单元只能从属一个上层单元。
(3) 每个工作单元应有明确的工作内容和责任者,工作单元之间的界面应清晰。
(4) 项目分解应有利于项目的实施和管理,便于考核评价。

工作界面分解应使工作单元之间的接口合理,应对工作界面进行书面说明。在项目的实施中应考虑变更对界面的影响。公路项目建设单位应严格按照项目的范围划分和项目结构分解文件进行项目的范围控制。在项目范围控制中,跟踪检查,记录检查结果,建立文档,判断工作范围有无变化,对范围的变更和影响进行分析与处理。

7.3 FIDIC 土木工程施工合同条件

7.3.1 FIDIC 的产生与发展

"FIDIC"是国际咨询工程师联合会的法文简称,建于1913年,成员刚开始很少,仅有欧洲几个国家的咨询工程师协会,经过长期发展,目前已成为世界上最具有权威的咨询工程师组织。现在,该协会拥有50多个会员国,代表了世界上大多数咨询工程师,其总部设在瑞士洛桑。

国际咨询工程师联合会自成立以来,颁发了许多国际通用文件,具体如下。
(1) 土木工程施工合同文件(简称 FIDIC 条款)——红皮书。
(2) 电气与机械工作(含现场安装)合同条件——黄皮书。
(3) 设计-建造与交钥匙合同条件——桔皮书。
(4) 土木工程施工分包合同条件。

(5) 招标程序——蓝皮书。
(6) 业主/咨询工程师标准服务协议——白皮书。
(7) 联合企业协议。
(8) 分包咨询协议。

国际咨询工程师联合会颁发的 FIDIC 条款是业主为兴建土木工程而与承包商签订的承包合同的标准格式，也是世界银行贷款项目规定应采用的合同格式。它分通用条款和专用条款两个部分，通用条款共 72 条，有固定的格式，业主在组织招标时可直接采用，而 FIDIC 专用条款实际上是一种示范格式，业主在制定招标文件时应根据工程具体情况，通过专用条款对所采用的通用条款进行修改和补充。

FIDIC 条款的首版是以英国土木工程师学会(ICE)的合同条款为蓝本，于 1957 年出版发行，因此，许多地方带有英国传统法律的特色。在几十年的实践应用中，FIDIC 条款得到了进一步的完善，1963 年和 1977 年，国际咨询工程师联合会颁发了 FIDIC 条款的第二版和第三版，以后该联合会又对第三版 FIDIC 条款进行了较大的修订和补充，并于 1987 年出版了 FIDIC 条款的第四版。第四版 FIDIC 于 1988 年修订后重印，它是目前使用的最新版本，获得了美国承包商协会的同意和国际承包商协会的参与认可。它总结了世界各国的土木工程建设数十年的经验，科学地把土建工程中的工程技术、经济和法律规定有机地加以结合，并用合同形式加以固定，条款中详细规定了承包商、业主的义务和权利以及监理工程师的职责和权限。

7.3.2 采用 FIDIC 合同条件的优点

FIDIC 合同条件自 1957 年首次出版发行，经过 30 余年的实践检验与多次修订日臻完善，它是国际上工程项目管理科学和工程法律学经验的总结。采用该合同条件作为工程实施的标准合同文本具有以下优点。

(1) FIDIC 合同条件脉络清晰、逻辑性强，承包人、业主之间的风险分担公正合理。

(2) FIDIC 合同条件对业主、承包人的义务权利和监理工程师的职责权限作了明确的规定，使合同双方的义务权利界限分明，监理工程师的职责权限清楚，避免合同执行中过多的纠纷和索赔事件的发生，并起到相互制约的作用。

(3) FIDIC 合同条件被大多数国家采用并为世界大多数承包人所熟悉，又受世界银行及其他国际金融机构推荐，有利于实行国际竞争性招标。

(4) 采用 FIDIC 合同条件便于合同管理，对保证工程质量、合理地控制工程费用和工期将产生良好的效果。

7.3.3 施工合同文件的构成

FIDIC 施工合同条件在通用条件 1.5 条中规定，构成本合同文件要认为是互作说明的，为了解释的目的，文件的优先次序如下：

(1) 合同协议书；
(2) 中标函；
(3) 投标函；
(4) 专用条件；

(5) 通用条件；
(6) 规范；
(7) 图纸；
(8) 资料表和构成合同组成部分的任何其他文件。

1. 合同协议书

合同协议书简称协议书，是指在招标完成后业主同接受中标函的一方，按照专用条件所附的格式双方签字的文件，该文件一经签署，施工合同就成立。因此，可以说协议书是确定双方合同关系的书面文件，它具有很高的法律效力。通用条件1.6条规定：双方应在承包商收到中标函后28天内签定合同协议书。合同协议书应以专用条件所附格式为基础。

2. 中标函

中标函是业主在认真评审并比较各投标商的综合条件后，发给中标者的书面文件。根据第1.5条，中标函在合同文件优先顺序中居第二位，仅次于合同协议书。因为中标函具有承诺的法律意义，因此确保中标函的内容与投标书或当此后有协议时，与修改后的投标书的一致性是十分重要的。

3. 投标函

投标函是指由承包商填写的名为投标函的文件，包括其签署的向雇主的工程报价。投标函及一起提交的其他文件构成投标书。

4. 专用条件

它是根据有关法律规定、工程实际情况及业主的特殊要求而对合同一般条件所做的修改与补充，考虑到建设工程的内容各不相同，通用条件不能完全适用于各个具体工程，因此配套出现专用条件，起到对通用条件进行必要的修改、补充和完善的作用，使通用条件和专用条件一起实现业主和承包商双方一致的意愿。

5. 通用条件

通用条件具有很强的通用性，基本适用于各类建设工程和安装工程。它规定了这类工程施工时，业主和承包商双方应该具有的权利和义务。在签定合同过程中，通用条件是一份完整的文件，它不需要双方在其中填写任何内容。如果业主与承包商双方协商一致，需要对通用条件中的内容进行修改或补充，修改或补充的内容是通过专用条件来实现的。

6. 规范

规范是关于工程技术要求的书面规定，它说明工程应按什么标准进行施工及要达到什么样的性能目标。书面的规范还用来作为图纸的补充从而限定工作的范围和质量要求，因此，规范和图纸起到相辅相成的作用。规范不仅仅是描述工作的质量和构成工作的各个部分的质量，同时也相当细致地描述承包商工作的方法。当缺少足够细致的表述条款时，材料和工艺的良好质量的默示条款可作为规范的补充。

7. 图纸

图纸是标有尺寸、方位及技术参数等施工所需细节和业主希望修建的工程实物的图示表达。它包含两层意思：作为包括在合同内的工作的图纸；由业主(或其代表)根据合同签发的增加和修改的图纸。1999版合同范本中的图纸定义不包括承包商提供的图纸。

8. 资料表

资料表指合同中名为各种表的文件，由承包商填写并随投标函一起提交。此类文件可包括工程量表、数据、表册、费率和(或)价格表。

7.3.4 雇主(业主)

雇主指在投标书附录中称为雇主的当事人，及其财产所有权的合法继承人。

1. 现场进入权

雇主应在投标书附录中规定的时间内，给予承包商进入和占用现场各部分的权利。此项进入和占用权可不为承包商独享。如果根据合同，要求雇主(向承包商)提供任何基础、结构、生产设备或进入手段的占用权，雇主应按规范要求规定的时间和方式提供。但是，雇主在收到履约担保前，可保留上述任何进入或占用权，暂不给予。

如果雇主未能及时给予承包商上述进入和占用的权利，使承包商遭受延误和(或)导致费用增加，承包商应向工程师发出通知。在收到此通知后，工程师应按照有关规定，就这些事项进行商定或确定。但是，如果出现雇主的违约是由于承包商的任何错误或延误，包括在任何承包商文件中的错误或提交延误造成的情况，承包商无权得到此类延长期、费用或利润。

2. 许可、执照或批准

雇主应(按其所能)根据承包商的请求，对其提供以下合理的协助：
(1)取得与合同有关，但不易得到的工程所在国的法律文本；
(2)协助承包商申办工程所在国法律要求的许可、执照或批函。

3. 雇主人员

雇主应负责保证在现场的雇主人员和其他承包商做到：与承包商协同合作，以及采取规定要求承包商采取的类似行动。

4. 雇主的资金安排

雇主应在收到承包商的任何要求后 28 天内，提出其已做并将维持的资金安排的合理证据，说明雇主能够按照规定，支付合同价格(按当时估算)。如果雇主拟对其资金安排做任何重要变更，应将其变更的详细情况通知承包商。

5. 雇主的索赔

如果雇主认为，根据本条件任何条款或合同有关的另外事项，他有权得到任何付款，和(或)延长缺陷通知期限，雇主或工程师应向承包商发出通知，说明细节。通知的细节应说明提出索赔根据的条款或其他依据，还应包括雇主认为根据合同他有权得到的索赔金额和(或)延长期的事实根据。

7.3.5 工程师

工程师指由雇主任命并在投标附录中指名，为实施合同担任工程师的人员，或有时根据规定，由雇主任命并通知承包商的其他人员。

1. 工程师的权利和任务

雇主任命工程师，工程师应履行合同中指派给他的任务。

工程师无权修改合同。

工程师可行使合同中规定或隐含的必然属于工程师的权利。如果要求工程师在行使规定权利前须取得雇主批准,这些要求应在专用条件中写明。除得到承包商同意外,雇主承诺不对工程师的权利作进一步的限制。但是,每当工程师行使需由雇主批准的规定权利时,则(为了合同的目的)应视为雇主已予以批准。

2. 工程师付托

工程师有时可向其助手指派任务和付托权利,也可撤销这种指派或付托。这些助手可包括驻地工程师,和(或)被任命为检验和(或)试验各项工程设备和(或)材料的独立检查员。助手应为具有适当资质的人员,能履行这些任务,行使此项权利,并能流利地使用规定的交流语言。

3. 工程师的指示

工程师可(在任何时候)按照合同规定向承包商发出指示以及为实施工程和修补缺陷所必需的附加的或修正的图纸。承包商仅应接受工程师或根据规定受托适当权利的助手的指示。

4. 工程师的替换

如果雇主拟替换工程师,雇主应在拟替换日期42天前通知承包商,告知拟替换工程师的姓名、地址和工程相关情况。如果承包商通知雇主,对某人提出合理的反对意见,并附有详细依据,雇主就不应用此人替换工程师。

5. 确定

工程师对任何事项进行商定或确定时,应与每一方协商,尽量达成协议。如果达不成协议,工程师应对所有有关情况给予应有的考虑,按照合同做出公正的决定。工程师应将每项商定意见或决定向每一方发出通知,并附详细依据。

7.3.6 承包商

承包商指由雇主接受的投标函中称为承包商的当事人,及其财产所有权的合法继承人。

1. 承包商的一般义务

(1) 承包商应按照合同及工程师的指示,设计(在合同规定的范围内)、实施和完成工程,并修补工程中的任何缺陷。

(2) 承包商应提供合同规定的生产设备和承包商文件,以及此项设计、施工、竣工和修补缺陷所需的所有临时性或永久性的承包商人员、货物、消耗品及其他物品和服务。

(3) 承包商应对所有现场作业、所有施工方法和全部工程的完备性、稳定性和安全性承担责任。

(4) 当工程师提出要求时,承包商应提交其建议采用的工程施工安排和方法的细节。事先未通知工程师,承包商对这些安排和方法不得做重要改变。

2. 履约担保

(1) 承包商应对严格履约(自费)取得履约担保,保证金额和币种应符合投标书附录中的规定。承包商应在收到中标函后28天内向雇主提交履约担保,并向工程师送一份副本。履约担保应由雇主批准的国家(或其他司法管辖区)内的实体提供。

(2) 承包商应确保履约担保直到其完成工程的施工、竣工及修补缺陷前持续有效和可执行。

3. 承包商代表

承包商应任命承包商代表,并授予他代表承包商根据合同采取行动所需的全部权利。

4. 分包商

承包商不得将整个工程分包出去。承包商应对任何分包商、其代理人或雇员的行为(或违约)负责。

此外,承包商还在合作、放线、质量保证、进场通路、环境保护等方面负有责任。

7.4 合同索赔管理

7.4.1 概述

索赔是指在经济合同实施过程中,合同一方因对方不履行或未能正确履行合同所规定的义务而受到损失,向对方提出赔偿要求。从理论上讲,索赔是双向的,不仅承包商可以向业主索赔,业主同样也可以向承包商索赔,但通常所讲的"索赔"都是指承包商向业主索赔,是承包商在合同实施过程中根据法律及合同规定对并非由于自己的疏忽或过错,并且属于应由业主承担责任的情况所造成的实际损失或额外费用(与合同标准相比较而言),通过工程师向业主提出请求给予补偿的要求,包括要求经济补偿和工期延长这两种情况。应该特别强调:索赔仅仅是承包商对其实际损失或额外费用请求给予补偿的一种要求,对业主不具任何惩罚性质。

公路工程由于投资规模大、建设工期长、技术含量高、地下条件的不确定性、气候条件复杂多变及市场波动等,任何一项设计都可能有考虑不周之处,都会有与实际情况不符的可能,任何合同文件中都会存在不同程度的差错或漏洞。即使合同文件十分完善,各方之间也仍然会对某些问题存在分歧。比如,对有关合同条款的解释,什么是额外工作、变更工程付款、延期、工程师指令加速或放慢施工引起的损失、因业主原因延期所增加的成本、客观条件的变化等,承包商与工程师之间都有可能存在不同的理解。所有这些问题都可能导致承包商实际成本超支。因此,在由业主和承包商分担不确定性风险的合同条件下,索赔在合同实施过程中是必然存在的。公路工程合同多数属于固定单价合同(很少有不允许调价的固定总价合同),需要由双方来承担风险,在这种情况下,只能尽量减少索赔并有使之便于索赔发生后的处理工作,而绝不可能根绝索赔。

7.4.2 工程施工索赔的分类

从不同的角度,按不同的方法和不同的标准,索赔有许多种分类方法,如表 7-1 所示。

表 7-1 索赔分类表

序号	类别	分类	内容
1	索赔要求	工期索赔	要求延长合同工期
		费用索赔	要求补偿费用,提高合同价格
2	合同类型	总承包合同索赔	总承包人与业主之间的索赔
		分包合同索赔	总承包人与分包商之间的索赔
		合伙合同索赔	合伙人之间的索赔
		供应合同索赔	业主(或承包商)与供应商之间的索赔
		劳务合同索赔	劳务供应商与雇佣者之间的索赔
		其他	向银行、保险公司的索赔等

续表

序号	类别	分类	内容
3	索赔起因	当事人违约	如业主未按合同规定提供施工条件(场地、道路、水电、图纸等),下达错误命令,拖延下达命令,未按合同支付工程款等
		合同变更	业主指令修改设计、施工进度、施工方案;合同条款缺陷、错误、矛盾和不一致等;双方协商达成新的附加协议、修正案、备忘录等
		工程环境变化	如地质条件与合同规定不一致
		不可抗力因素	物价上涨、法律变化、汇率变化;反常气候条件、洪水、地震、政局变化、战争、经济封锁等
4	干扰事件的性质	工期的延长或中断索赔	由于干扰事件的影响造成工程拖期或工程中断一段时间
		工程变更索赔	干扰事件引起工程量增加、减少和增加新的工程变更施工次序
		工程终止索赔	干扰事件造成工程被迫停止,并不再进行
		其他	货币贬值、汇率变化、物价上涨、政策、法律变化等
5	处理方式	单项索赔	在工程施工中,针对某一干扰事件的索赔
		总索赔(又叫一揽子索赔,或综合索赔)	将许多已提出但未解决的单项索赔集中起来,提出一份总索赔报告;通常在工程竣工前提出,双方进行最终谈判,以一个一揽子方案解决
6	索赔依据	合同之内的索赔	索赔内容所涉及的均可在合同中找到依据
		合同之外的索赔	索赔的内容和权利虽然难于在合同条件中找到依据,但权利可以来自普通法律
		道义索赔(优惠索赔)	承包人在合同中找不到依据,而业主也没有触犯法律事件,承包人对其损失提出某些具有优惠性质的补偿要求

7.4.3 索赔的程序

1. 索赔通知书

不论合同中如何规定,如果承包人按照合同规定或者由于其他原因要求索赔任何额外支付,承包人应在要求索赔事件发生后的28天内,向工程师提交意向通知书,并给业主送一份复印件,这个意向通知书可采用函件的形式,一般包括下述资料:

(1)索赔编号和索赔名称;

(2)索赔依据的合同条款;

(3)简要说明索赔的基本依据;

(4)索赔事件是否有长期连续性影响;

(5) 索赔的大致款额;
(6) 索赔依据的有关活动或条件的开始日期。

2. 保持记录

索赔事件发生后,承包人应保存当时有关记录,以便作为以后可能提出的索赔的证实材料。工程师在收到承包人的意向通知书后,应先检查当时的记录并指令承包商保存与索赔通知书有关的更详细的记录和事实依据。承包人应允许监理工程师检查由他保存的所有记录,并当监理工程师有指令时,还应向他提供所有记录的复印件。

3. 提交详细的索赔材料

在承包商察觉引起索赔的事件或情况后 42 天内,或在承包商可能建议并经工程师认可的其他期限内,承包商应向工程师递交一份充分详细的索赔报告,包括索赔的依据、要求延长的时间和(或)追加付款的全部详细资料。如果该索赔事件有连续性的影响,则上述充分详细的报告应被视为是中间的;承包商应按月递交进一步的中间索赔报告,说明累计索赔的延误时间和(或)款额;承包商应在导致索赔事件或情况产生的影响结束后 28 天之内,或在承包商可能建议并经工程师认可的其他期限内,递交一份最终索赔报告。

4. 索赔的批复

工程师在收到索赔报告或对过去索赔的任何进一步证明资料后 42 天内,或在工程师可能建议并经承包商认可的此类其他期限内做出回应,表示批准、或不批准并附具体意见。工程师还可以要求任何必要的进一步资料,但仍要在上述期限内对索赔的原则做出回应。

5. 索赔的支付

当承包商提供了能使工程师确定应付索赔款额的足够的详细资料后,监理工程师在对此类款额作了证实,并与业主和承包人协商之后,可在任何期中支付证书中向承包人支付索赔款额。如果提供的详细资料不足以证实全部索赔,则工程师应按照足以证实而使工程师满意的那部分索赔的详细资料,给予承包商部分索赔的付款。

7.4.4 索赔计算

1. 工期索赔计算

在进行工期索赔计算之前,首先对其进行分析,确定干扰事件对工程活动的影响,及由于工程活动持续时间的变化对总工期的影响。总工期所受到的影响即为干扰事件的工期索赔值。工期索赔计算的方法主要如下。

1) 网络分析法

网络分析法通过分析干扰事件发生前后的网络计划,对比两种工期计算结果来计算索赔值。它是一种科学的、合理的分析方法,适用于各种干扰事件的索赔。但它以采用计算机网络技术进行工期计划和控制作为前提条件。

网络分析法即为关键线路分析法。关键线路上关键活动(工作)持续时间的延长,必然造成总工期的延长,则可以提出工期索赔;而非关键线路上工程活动的持续时间只要在总时差范围内延长,则不能提出工期索赔。

2) 比例计算法

网络分析法应有计算机的网络分析程序,否则分析极为困难。因为稍微复杂的工程,网络事件可能有几百个,甚至几千个,人工分析和计算将十分烦琐。在实际工程中,干扰事件常常仅影响某些单项工程、单位工程、或分部分项工程的工期,要分析它们对总工期的影响,可以采用更为简单的比例计算法,即以某个技术经济指标作为比较基础,计算工期索赔值。

(1) 对于已知部分工程的延期时间:以合同价所占比例计算,计算方法如下。

$$总工期索赔 = \frac{受干扰部分的工程合同价}{整个工程合同总价} \times 该部分受到干扰工期拖延量 \qquad (7.4.1)$$

(2) 对于已知额外增加工程量的价格:以合同价所占比例计算,计算方法如下。

$$总工期索赔 = \frac{附加工程或新增价格}{原合同总价} \times 原合同总工期 \qquad (7.4.2)$$

3) 对上述方法的评价

(1) 比例计算法在实际工程中用得较多,因计算简单、方便,不需作复杂的网络分析,在概念上人们也容易接受,一般不适用于变更工程施工顺序、加速施工、删减工程量等事件的索赔。

(2) 从网络分析法可以看到,关键线路事件的任何延长,即为总工期的延长,而非关键线路事件延长(不超过其总时差)常常对工期没有影响。因此,严格地说,比例计算法是近似计算的方法,对有些情况不适用。例如业主变更工程施工次序、指令采取加速措施、指令删减工程量或部分工程等。如果仍用这种方法,会得到错误的结果,在实际工作中应予以注意。

2. 费用索赔计算

1) 计算索赔费用的原则

(1) 索赔费用应该是承包商履行合同所必需的,即如果没有该项费用支出,就无法合理履行合同,无法使工程达到合同要求。

(2) 索赔费用的计算都应有详细的、具体的证明,这些证明通常包括各种费用支出的账单,工资表,现场用工、用料、用机的证明,账务报表、工程成本核算资料等。

(3) 承包商获得索赔费用补偿后,应处于与假定未发生索赔情况下的同等有利或不利地位(承包商在投标中所确定的地位),即承包商不因索赔事项的发生而额外受益或额外受损。承包商的费用索赔可以分为两大类:损失索赔和额外索赔。前者主要是由业主违约或异常恶劣的气候条件引起的;后者主要是由合同变更引起的。对于损失索赔,业主应给予赔偿损失,包括实际损失和可得利益,这种可得利益一般指银行的利息,原则上不包括利润,其计算基础是成本;对于额外工作索赔,业主应以原合同中的适用价格为基础,或者以工程师确定的合理价格予以付款,这里的价格包括直接成本、管理费和利润。计算额外工作索赔允许包括额外工作的相应利润,甚至在该工作可以顺利列入承包商的工作计划,不会引起总工期延长时也如此。

2) 允许索赔的费用及不允许索赔的费用

(1) 根据索赔费用的计算原则,允许索赔的费用包括人工费、材料费、设备费、低值易耗品损耗、现场管理费、总部管理费、融资成本、额外担保费用以及利润损失。

(2) 不允许索赔的费用包括如下方面。

①承包商的索赔准备费用,包括聘请索赔专家或其他咨询支出。

②工程保险费用。由于工程保险费用是按照工程的最终价值计算和收取的,如果合同变更和索赔的金额较大,就会造成承包商保险费用的增加。与索赔准备费用一样,这种保险费用也是作为现场管理费的一个组成部分得到补偿的,不允许单独索赔。当然,有的合同会把工程保险费用作为

一个单独的费用项目在工程量清单中列出。在这种情况下,它就不包括在现场管理费中,可以单独索赔。

③因承包商的不适当行为而扩大的损失。如果发生了索赔,承包商应该及时采取适当措施防止损失的扩大。如果没有及时采取适当措施而导致损失扩大的,承包商无权就扩大的损失要求补偿。

④索赔金额在索赔处理期间的利息。

3) 计算各项索赔费用的要点

(1) 人工费。

计算人工费一般可选用合同文件中的计日工单价。在人工费索赔中,承包商不应该忘记与其相关的费用的索赔,比如税收、各种保险和福利支出等,这些费用一般以人工费的某一百分比来计算。

(2) 材料费。

材料费索赔包括材料耗用量增加及材料单位成本增加两个方面。

追加额外工作、变更工作性质、改变施工方法等都可能造成额外材料耗用。施工中的某种延误可能会造成材料库存时间的延长,或材料采购滞后,从而引起材料费用增加。承包商应该建立、健全材料管理制度,对每一工作项目的每种材料保持完整的耗用记录,以便索赔时能准确地分离出索赔事项所引起的额外材料耗用。如证明材料涨价,承包商除要出示原来的采购计划和实际采购时间表,以便进行比较、证明采购确实滞后外,还要出具有关订货单或价格指数,证明材料价格确实已上涨。

(3) 施工机械费。

施工机械费包括使用自有机械发生的机械使用费,使用外部单位施工机械的租赁费,以及按照规定支付的施工机械进出场等费用。由于施工机械费的实际发生数很难确定,因此在实际工作中,计算索赔的机械费用时,都是按照有关标准手册中关于设备工作效率、折旧、大修、保养及保险等的定额标准进行计算。公路工程施工机械费用可根据交通部颁发的机械台班费用定额计算,不同的项目可按照所在地的有关情况(如物价、工作环境)在标准定额的基础上修改。至于租用的施工机械,只要租赁价格是合理的,索赔计算时应尽可能采用这种实际价格。

工程中断或任务不饱满、工作面不够等原因造成的设备闲置,其损失费用的计算不应包括燃料费用的支出。一般可以以标准定额费用的某一百分比进行计算,如50%、70%,这一百分比的确定常常会发生分歧,承包商应尽可能与业主协商一致。

(4) 管理费。

管理费包括总部管理费和现场管理费。FIDIC条件第1.1款将成本定义为"现场内外已经发生的或将要发生的所有合理开支,包括管理费及其合理分摊的费用,但不包括利润"。由此可知,现场和非现场管理费都是工程成本的合理组成部分。因此,无论哪种索赔,管理费都可以包括在索赔金额的计算中。

(5) 利润。

一般在下列三种情况下可以进行利润索赔。

①合同延期,这是基于承包商对其他工程盈利机会的损失。也就是由于延期,承包商不得不继续在本工程保留原已安排用于其他工程的人员、设备和流动资金。

②合同解除。
③合同变更。

7.5 案例分析

1. 案例 7-1

A 公司邀请 B 公司投标,承担在西山一公路工程的设计和施工,标书于 1998 年 5 月最后确认。在 1998 年 6 月 2 日的会议上,A 公司通知 B 公司,希望他们同意于 2001 年竣工,并着手实施工程。B 公司要求"尽快发出一份意向书,使他们将承担的工程受到保护"。1998 年 6 月 17 日,A 公司向 B 公司发出以下信件:

"正如我们在 1998 年 6 月 2 日的会议上商定的,我们的意向是把合同授予你们,承担建造一条二级公路,并分四个阶段连续施工。

一期工程按照双方商定的固定价格,二、三、四期工程按照一期工程的标准定价。工程应在 2001 年前竣工,开工日期为 1998 年 8 月 1 日。经过商定,付款方式根据我方估算师提供的数量为标准按月支付。

以上各项协议有待于征地协议、与西山开发公司的租约、建筑和法律许可以及现场调查报告完成后正式确认。

全部事宜有待于对合同条件达成协议。"

一收到规划批准,B 公司便开始进行细部设计工作。不久,出于各种原因,该工程被取消。1999 年 2 月 12 日,A 公司致函拒绝承担责任,理由是"我们之间不存在任何合同,在 1998 年 6 月 17 日致函给你们时,事实上已经说全部事宜有待于对合同条件达成协议之后方成立"。B 公司提出诉讼,索赔自 1998 年 6 月 2 日会议之后工程的费用。

裁决:A 公司应对已进行的工程负责。在 1998 年 6 月 2 日的会议上,B 公司已提出进行报价的准备工作,条件是 A 公司承担责任,并指出将 A 公司发出意向书看成接受报价的行为。1998 年 6 月 11 日发出的意向书并未否认这项责任。实际上,这其中存在一个包括中期费用的附属合同。

2. 案例 7-2

某业主甲决定通过竞争性招标选择承包商,甲向两个他最感兴趣的承包商乙和丙发出了招标邀请书,要求乙和丙均提供一个密封报价,他将接受符合招标要求条件的最低报价。乙提供了一个固定投标价 21000000 元,丙提供了一个参照性投标价 21750000 元,或比其他低于该投标价的价格再低 1010000 元。甲评标后,以 19990000 元接受了丙的投标价。于是,乙承包商上诉甲业主和丙承包商。

裁决:甲业主必须接受乙的投标,丙的投标价被裁决无效,因为甲业主的招标邀请目的在于探出每一承包商打算出的真正最低投标价,而这一目的因参照性投标价未能达到。

参照性报价之所以不能回应的原因有:第一,参照性报价具有构成不公平竞争的可能性。就以上案例而言,无论乙承包商如何报价,丙承包商总是可以低于乙而中标,这对乙是不公平的;第二,参照性报价有可能造成报价死循环。例如在以上案例,如果乙的报价也是参照性报价时,则构成了报价死循环,即永远不可能找出最低价。

3. 案例 7-3

（1）某承包商与一业主签约承接其排水工程，由于业主的不当阻碍造成了承包商损失。承包商起诉至法院请求赔偿，业主辩称承包商的损失是由于其低效率的进度，承包商则说低效率的进度是由于业主未能按照合同明示条款提供相应的施工场地。

裁决：业主为承包商提供充分进入是承包商履行合同的先决条件。

（2）某承包商在投标一工程时，招标文件写明将来业主在该地盘还会另有一项目。承包商中了标，在建造过程中业主将另一项目公开招标，而此项目正在承包商的施工现场，这无疑影响承包商的充分进入现场，妨碍承包商的工作空间。

裁决：虽然业主没有义务公开对其所拥有的土地的将来打算，但是承包商有权占有现场，包括合理地占有业主拟用作其他项目的土地，因此认为业主违约且索赔损失。

4. 案例 7-4

某业主起诉某承包商及其担保公司，因为该承包商拒绝进入现场实施合同。承包商的标书报价为 1500000 元，业主接受了该标书并发出中标函，另一个标书的价格为 1531860 元。当承包商的副总裁获悉两个标书之间的差异时立即怀疑有错误，他检查了预算表并发现某职员在准备标书时，误将关于钢结构的金额"35400"输入为"3540"，从而导致了 31860 元的错误。承包商迅速通知业主，但业主仍然坚持遵照原标书。从开标到对标书错误的通知仅间隔四天。

裁决：承包商有权撤消标书，尽管承包商的标书已被接受且中标函已发出，但合同尚未签署并且履行尚未开始。

【本章要点】

1. 合同的概念及合同的订立、效力和担保。
2. FIDIC 土木施工合同条件的构成和优点。
3. 工程施工索赔的分类及索赔的计算。

【思考与练习】

1. 什么是要约与承诺？要约有何特点？承诺应具备什么条件？
2. 合同生效的条件是什么？无效合同有哪些常见类型？
3. 什么是合同解除？可分为哪两类？
4. FIDIC 合同条件有何优点？其施工合同文件的构成有哪些？
5. 什么是索赔？工程施工索赔是怎样分类的？
6. 简述索赔的程序。
7. 工期索赔的计算方法有哪些？
8. 费用索赔的计算原则是什么？允许和不允许的费用索赔各自有哪些？
9. 某工程的总包合同规定由指定的分包商提供某电视天线接收塔的设计、供货和安装，由于设计不准确，在持续的狂风和冰雪交加的天气下，电视塔在建成后倒塌了。业主起诉承包商，而承包商却认为自己对电视塔的设计没有责任。请问应做何裁决？

8 施工组织设计

8.1 概述

8.1.1 道路工程施工的特点

道路工程是通过决策、设计、施工、管理等一系列活动,消耗大量资源而完成的建筑产品。道路工程产品多为线性构造物,形体庞大,一旦建成便固定于某一地点不能移动,而且其技术等级、自然条件及使用目的各不相同,造成了道路工程的多样性和个体性。道路工程的以上特点决定了生产过程的特殊性。

1. 施工流动性大

道路工程施工作业面狭长、固定,施工队伍要在不同时间、不同作业面上开展生产活动,而且道路工程有严格的施工顺序,必须随着工程进度组织相应的人力和机械投入生产。道路工程施工的流动性对生产的组织和管理造成很大的影响,例如原材料的供应与运输、人员的调配、驻地选址等问题。

2. 施工协作性要求高

由于道路工程产品的多样性和个体性,因此在保证工程总体的进度和质量满足要求的前提下,应根据各项工程的具体要求和条件进行施工的组织和管理。这就需要建设、设计、施工、监理等单位相互协调、配合。为确保工程顺利完工,科学合理的计划与管理必不可少。

3. 施工周期长

由于道路工程体形庞大,施工环节多,其生产过程需占用较长的时间和大量的资源。而有计划地进行组织和管理,尽可能保证施工在时间和空间上连续进行,可从最大限度上缩短工期、降低成本。如果施工的连续性被中断,将会导致工程延期,造成人力、物力和财力的大量浪费。

4. 施工过程影响因素多

道路施工多处于露天作业,受到自然因素影响大。例如恶劣天气(暴风雪、泥石流、沙尘暴)和特殊地质条件(软土地基、流沙层、漂石)等均会对工程的进度和成本造成不良影响。此外,人为因素(拆迁不到位、设计变更、沿线居民不配合)和环境因素(交通干扰、不明管线或地下构造物)也会对道路施工产生较大影响。

道路工程建设要取得良好的经济效益和社会效益,必须遵循上述技术经济特点。因此,统筹安排、合理计划,科学地进行施工组织和管理显得尤为重要。

8.1.2 施工组织设计的基本概念

施工组织设计是《公路工程基本建设管理办法》规定的主要管理制度之一,对于工程投标、签订承包合同、施工准备、施工组织及实施起着重要的指导作用。它是各种施工组织设计文件的总称，也是全面、科学地组织施工的技术经济文件。

施工组织设计就是从工程的全局出发，根据工程的特点，按照客观的施工规律和当时、当地的具体条件，统筹考虑施工活动的人力、材料、机械、资金和施工方法这五个主要因素，对整个工程的施工进度和资源消耗等做出科学而合理的安排。

施工组织的目的是通过科学合理的计划和安排，使施工过程能够连续、均衡、协调地进行，满足工程项目对工期、质量及投资等方面的各项要求。

8.1.3 施工组织设计的分类与内容

1. 施工组织设计的种类

在道路工程的设计、投标和施工的各个阶段，都必须编制相应的施工组织设计文件。按其在生产过程中所处的阶段不同，施工组织设计可分为以下几类。

1）设计阶段

施工组织设计按设计阶段的三部分可划分为：初步设计阶段→施工方案；技术设计阶段→修正施工方案；施工图设计阶段→施工组织计划。

2）投标阶段

投标阶段的施工组织设计主要是竞标性施工组织设计。

3）施工阶段

施工阶段的施工组织设计分为指导性施工组织设计和实施性施工组织设计。

2. 施工组织设计的主要内容

因为生产阶段和施工组织活动层次的不同，施工组织设计的深度、广度也不同。但不论何种施工组织设计，一般应包括以下内容：

(1) 工程项目概况；

(2) 项目管理机构的组织安排和任务分工；

(3) 确定开工前的准备工作；

(4) 拟定有效的施工方案，选择适当的施工机具和施工方法；

(5) 安排施工进度计划；

(6) 确定各种资源（劳动力、材料、机械）的需用量及其供应量；

(7) 施工现场的平面布置；

(8) 评价施工方案的技术经济指标。

道路工程由于其自身的特点决定每个工程项目都需要分别编制施工组织设计，应结合工程实际情况和施工企业生产水平确定具体内容。

8.1.4 施工组织设计的编制

1. 施工组织设计编制依据

编制施工组织设计，应充分结合工程现场条件及结构特点，并结合自身的施工力量和管理水平,以合同目标为基础进行编制。其编制依据如下。

(1) 招投标文件及工程合同。

(2) 设计文件及图纸。

(3) 工程地质勘察资料,当地水文、气象等自然条件的调查资料。

(4) 国家颁布的相关规范、规程及标准等法规性文件。

(5) 当地的社会经济信息,包括技术经济条件、地方资源情况、交通条件、社会劳动力和生活设施、生产动力设施等。

(6) 自有人员、机械设备条件,技术管理水平和施工经验,施工队伍素质及装备水平。

2. 施工组织设计编制原则

(1) 认真贯彻党和国家各项方针和政策,严格执行基本建设程序。

(2) 按道路工程施工的客观规律科学安排施工程序,在保证质量的基础上,尽可能缩短工期,加快施工进度。

(3) 采用先进的施工方法,积极推广新工艺、新技术、新材料、新设备,提高施工机械化水平。扩大预制装配化程度,减轻劳动强度,提高劳动生产率。

(4) 科学合理地进行施工组织,尽可能采用流水作业方法,应用网络计划技术安排施工进度计划,合理组织季节性项目施工,保证施工的连续性和均衡性。

(5) 确保工程质量,做到安全、文明施工,满足环保要求。

(6) 合理布置施工平面图,尽量减少临时工程和施工用地。充分利用当地资源,根据工程进度合理制定物资供应计划,避免材料二次搬运,尽量减少消耗,降低生产成本,提高经济效益。

3. 编制施工组织设计的程序

编制施工组织设计时,首先要全面熟悉设计文件,理解设计意图,对整个项目的技术特点有全面的、初步的认识,计算出各部位的工程数量,得出各部位的材料数量;对现场进行全面踏勘、调查,了解现场气候、人文、材料、物价水平、运输条件等各方面的情况;结合企业自身情况,制定合理的施工方案,包括选择机械类型,组织具有相应技术水平的施工队伍,确定各分部分项工程采用的施工方法、工艺流程以及工序、部位衔接方法,结合工期的要求,制定人、机、材的供应计划;据此编制出工程总体施工进度计划和各分部分项工程的施工进度计划;按照工程总体进度计划,结合工程特点及当地情况,进行工程总体平面图的绘制,确定驻地的位置和规模、数量,材料厂、加工场地的位置、规模,现场运输线路的选择和临时道路的修建,以及临时用水、用电线路架设等;根据以上各步骤的确定情况、施工管理的特点,有针对性地制定工程保证措施,如质量、进度、安全、文明施工、环境保护、资金供应等。

一般的施工组织设计编制程序如图8-1所示。

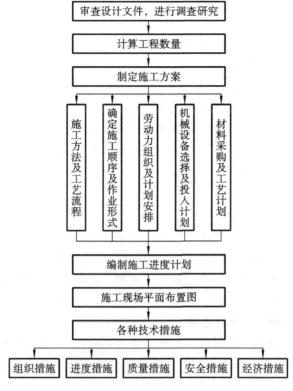

图 8-1 施工组织设计编制程序

8.2 施工方案设计

施工方案是指对工程施工所做的总体设想和安排,确定一个科学合理的工、料、机等生产要素的结合方式。选择施工方案是编制施工组织设计的核心问题,是决定整个工程全局的关键,施工组织的各个方面均受到施工方案的影响。因此,施工方案的优劣,在很大程度上决定了施工进度的快慢、工程质量的好坏以及成本的高低。

选择和确定施工方案,要遵循的基本原则是在方案可行的基础上,做到技术先进、经济合理,保证工程质量和施工安全。首先必须从实际出发,符合现场的实际情况(如现场自然条件、施工单位的经验和设备等),在切实可行的范围内尽量保证先进和快速。其次,应尽可能地采用先进的施工技术、施工工艺和新材料,实行现代化管理,以满足业主对工期的要求,并争取提前竣工。此外,确保工程质量和施工安全是工程建设的第一要求,也是发展和谐社会的必然要求,因此施工方案必须完全符合技术规范、操作规范和安全规程的要求,同时提出保障施工质量和安全的管理措施。最后,效益是企业追求的根本目标,制定施工方案必须在不突破承包额的前提下,尽可能提高资源利用率和工作效率,减少浪费,降低工程成本。

施工方案包括的内容很多,主要有施工方法的确定、施工机械的选择、施工顺序的安排和施工组织等。

8.2.1 施工方法的确定

施工方法是施工方案的核心内容,它对工程的实施具有决定性的作用。在公路工程建设中,相同的施工过程可能有多种施工方法来进行施工。因此,确定施工方法应结合工程特点、工期要求、施工条件等选择最先进、最合理、最经济的施工方法。例如,某桥梁工程的水中围堰施工,就有土袋围堰、铅丝笼围堰以及钢板桩围堰三种可能的施工方法,这就需要结合现场的水文地质条件及工程造价来进行选择。如果水流较缓、河床开阔且地质条件良好,那么就可选择造价最低的土袋围堰;如水文地质条件一般,则可选择铅丝笼围堰;如水流湍急、河床狭窄、地质条件恶劣,为保证工程质量和安全,则只能选择造价最高的钢板桩围堰。

8.2.2 施工机械的选择

在确定施工方案的同时,必然要考虑进行施工机械的选择,二者是相互联系、相互制约的关系。一方面,施工方法一经确定,施工机械的选择就必须满足它的要求;另一方面,在现代化的施工条件下,许多时候是以选择施工机械为主来确定施工方法的。选择施工机械同样应本着可行、合理、经济、先进的原则进行。

1. 应首先在企业自有机械中进行选择

对于一般的工程,如企业自有机械能满足施工需要,则应为首选。否则,可选择在市场上容易租赁且租金较低的主流机械进行施工。对于技术难度大或有特殊条件限制的工程,可考虑租赁或购置其他满足施工要求的机械。

2. 根据工程规模大小考虑选择的机械类型

一般情况下,为了保证施工进度和提高经济效益,工程量大应采用大型机械,工程量小应采用中、小型机械。如某项高速公路工程,土方工程数量很大,则可以选用大型推土机和自卸运输车来完成土方运输。而对于某土方量不大的二级路工程,选用小型推土机、一般运输车或拖拉机即可满足要求。

3. 考虑施工机械的合理组合,使施工机械发挥最大效能

合理组合是指主要机械与辅助机械在数量和生产能力上的相互适应以及作业线上各种机械的配套组合。组合时,一方面应以主要作业机械为基准,其他从属机械应以确保主要作业机械充分发挥效率为选择标准;另一方面应尽量减少组合数,组合数越多,则机械的工作效率越低。

4. 从全局出发,统筹考虑选择施工机械

选择施工机械时不仅要考虑本工程,而且要考虑所承担的同一现场上的其他工程。也就是说,从局部考虑所选择的机械可能不合理,但从全局考虑则是合理的。如几个工程需要的混凝土量大而又相距不太远,采用集中混凝土搅拌站比各工程分别采用多台搅拌机要经济得多。

8.2.3 施工顺序的安排

1. 必须符合工艺要求

公路工程项目各施工过程之间存在一定的工艺顺序关系,例如钻孔后必须尽快灌注水下混凝土,否则就会塌孔,所以两道工序必须紧密衔接。

2. 重点考虑影响全局的关键工程的合理施工顺序,以确保全线工程的总工期

如路线工程中的某大桥、某隧道、某深路堑,若不在前期完工,将导致其他工程不能施工(如无法运输材料、机械或工期太长等)而拖延工期,此时应集中力量首先完成关键工程。

3. 必须充分考虑自然条件的影响

安排工程项目施工顺序时,必须考虑水文、地质、气象等的影响,尽量减少自然条件对施工产生不利影响。如某路基工程既有石方工程又有土方工程,那么土方工程应尽量安排在雨季到来之前完成,而石方工程则可不受此限制。

4. 必须考虑施工质量要求

在安排施工顺序时,要以能确保工程质量作为前提条件之一。例如桥梁工程的钻孔灌注桩基础,采用钻孔机钻孔,通常每个墩台基础都有两个或两个以上的桩基,一个基础中的不同桩基不能以相邻顺序施工,否则会发生塌孔,一般要间隔施工。

5. 必须考虑安全生产的要求

在安排施工顺序时,必须力求各施工过程的衔接不至于产生不安全因素,以防安全事故的发生。

8.2.4 施工组织

施工组织是指对公路工程生产过程的诸多要素进行科学合理的安排。公路工程的生产,不仅要求在空间上合理地设置生产单位并进行合理的布局,而且要在时间方面进行合理、科学的组织。常用的施工作业组织方式有顺序作业法、平行作业法和流水作业法等。不同地区、不同等级公路的建设规模、技术复杂程度、施工要求等差别较大,因此施工组织方法也应有所区别。

8.3 施工进度计划编制

8.3.1 施工进度计划概述

施工进度计划是施工组织设计的关键内容,是控制工程施工进度和工程竣工期限等各项施工活动的依据。施工进度计划是否合理,直接影响施工速度、成本和质量。因此,施工组织设计的一切工作都要以施工进度为中心来安排。

1. 施工进度计划的作用

(1)施工进度计划规定了各主要单位工程、分部分项工程的开工、竣工时间及施工需要延续的时间。

(2)施工进度计划明确了各主要单位工程、分部分项工程的先后顺序及衔接关系,专业施工队之间的相互配合、调动安排。

(3)施工进度计划指导施工过程的部署和安排,是控制施工进程、指挥施工活动的依据。

(4)施工进度计划是编制年、季、月度作业计划,劳动力平衡计划,物资供应计划,施工机具调度计划以及资金使用计划的基础。

2. 编制施工进度计划的依据

编制施工进度计划的依据应当包括下列内容:

(1) 工程承包合同或建设单位规定的开工、竣工日期；
(2) 工程的设计文件及有关水文、地质、气象和其他技术经济资料；
(3) 主要工程的施工方案；
(4) 各类定额；
(5) 劳动力、机械设备、材料供应情况。

3. 施工进度计划的表示形式

工程进度计划一般用图表形式表达，主要有横道图、垂直图和网络图三种形式。

1) 横道图

横道图也叫甘特图（见图 8-2），它是工程实践中最常用的一种工程进度表示方法，由两大部分组成。左边是以分部分项工程为主要内容的表格，包括相应的工程量、定额和劳动量等计算依据；右边是指示图表，它是由左边表格中的有关数据经计算得到的。指示图表用横向线条形象地表现出分部分项工程的施工进度，线的长短表示各分部分项工程或施工工序的起讫时间和持续时间，线的位置表示施工过程。横道图的优点是简单、直观、容易编制；缺点是分项工程（或工序）的相互关系不明确，工程量的实际分布情况不清楚，施工日期和施工地点的关系不明确。因此，它适用于简单的小型项目工程或者作为辅助性质的图表附在说明书内。

2) 垂直图

垂直图是以纵坐标表示施工时间，横坐标表示里程或工程位置，用不同形式的斜线表示各分部分项工程（或工序）的施工进度（见图 8-3）。垂直图可以十分清楚地反映各专业施工队之间的相互关系、施工节奏和施工速度，从图中可以直接找到任何一天各施工队的施工地点和应完成的工程数量。但是，垂直图仍然存在一些缺点，如不能反映主要的和关键的工作，不能计算时差并挖掘计划的潜力，不方便进行电算等。垂直图适用于道路、隧道或管线等线性工程。

将横道图与垂直图相结合，可绘制出工程进度斜线图（见图 8-4）。

3) 网络图

网络图是由表示工序的箭线和节点组成的施工进度网状流程图（见图 8-5）。与横道图和垂直图相比较，网络图不但能反映施工进度，而且能清楚地表达各施工项目、各专业施工队之间错综复杂的关系。特别是它能够利用计算机应用软件完成计算和绘图工作，并且可以很方便地根据实际条件及时调整进度计划，进行各种要求的优化，因此是一种比较先进的工程进度图的表示形式。

8.3.2 施工进度计划的编制

1. 划分施工项目

按照定额的子目将工程划分为若干个相互关联的施工项目或工序，并确定主要工序。主要工序常常控制整个工程进度，因此应首先安排主要工序施工进度，其他工序的施工进度围绕主要工序安排。

2. 确定施工方法和施工组织方法

确定施工方法时，首先应考虑工程的特点和机具的性能。例如，采用预制装配施工的板桥工程，若梁体较小，可采用汽车吊进行场内倒运；若梁体较大，且数量较多，可结合场地布置采用龙门吊。其次要考虑施工单位现有的机具条件和技术状况。最后还要考虑施工技术操作上的合理性。

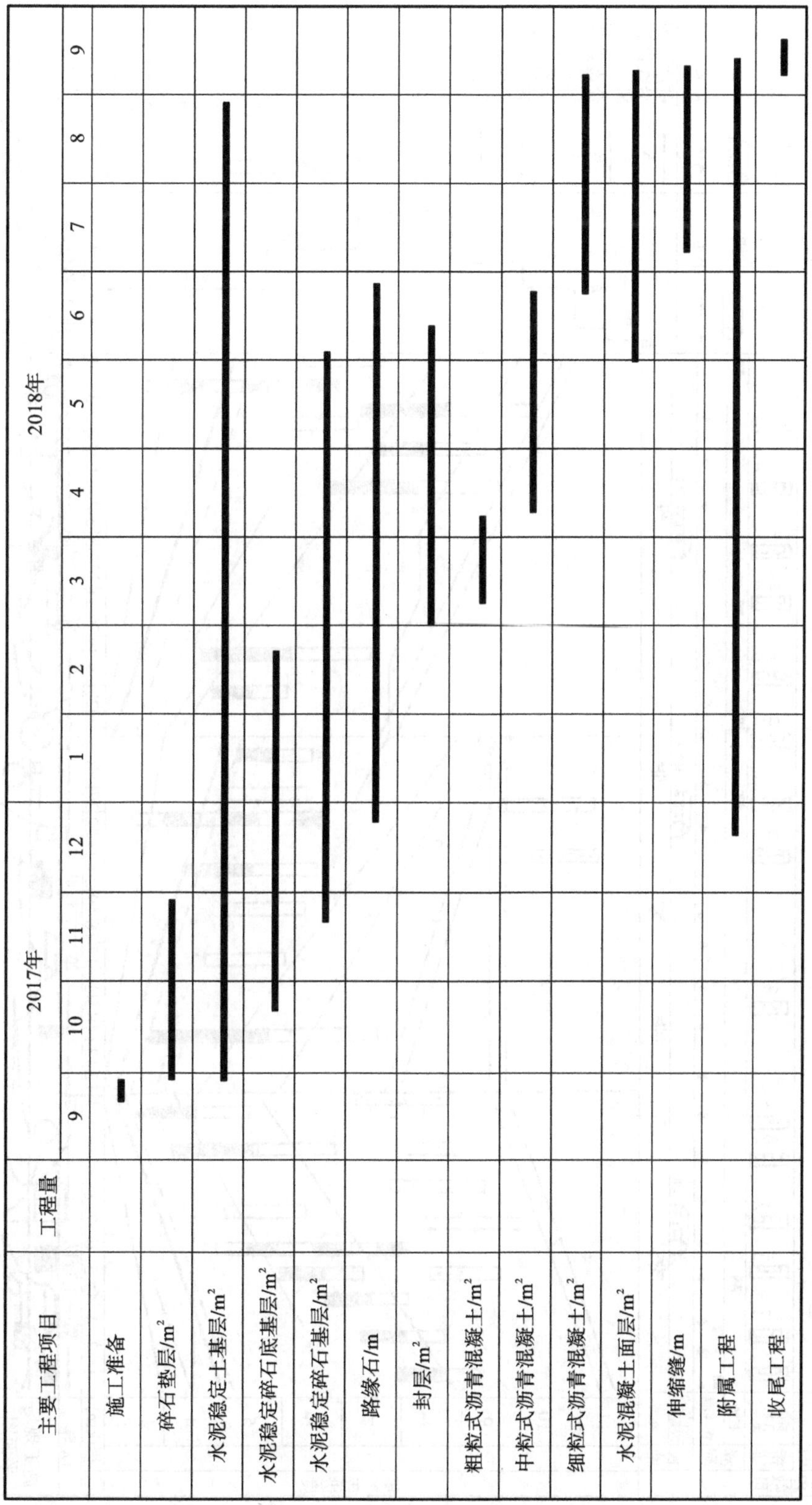
主要工程项目
工程量
2017年
2018年
9
10
11
12
1
2
3
4
5
6
7
8
9
施工准备
碎石垫层/m²
水泥稳定土基层/m²
水泥稳定碎石底基层/m²
水泥稳定碎石基层/m²
路缘石/m
封层/m²
粗粒式沥青混凝土/m²
中粒式沥青混凝土/m²
细粒式沥青混凝土/m²
水泥混凝土面层/m²
伸缩缝/m
附属工程
收尾工程

图 8-2　横道图示例

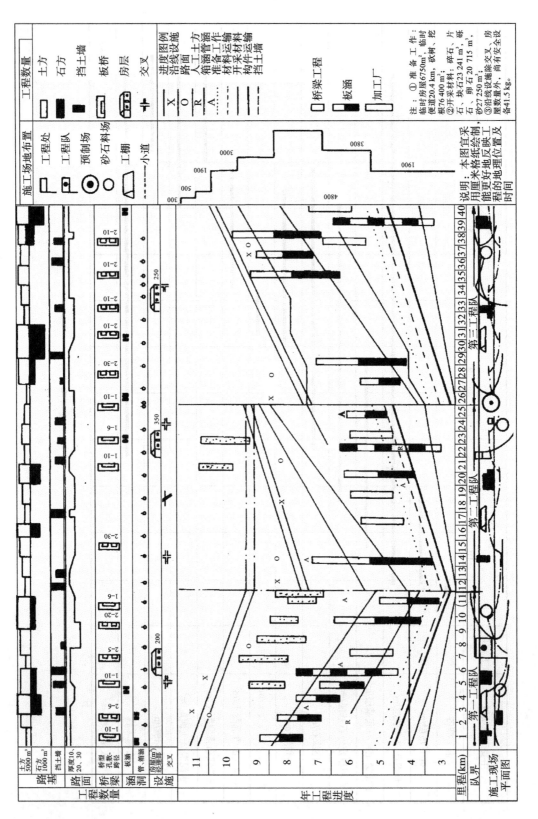

图 8-3 垂直图示例

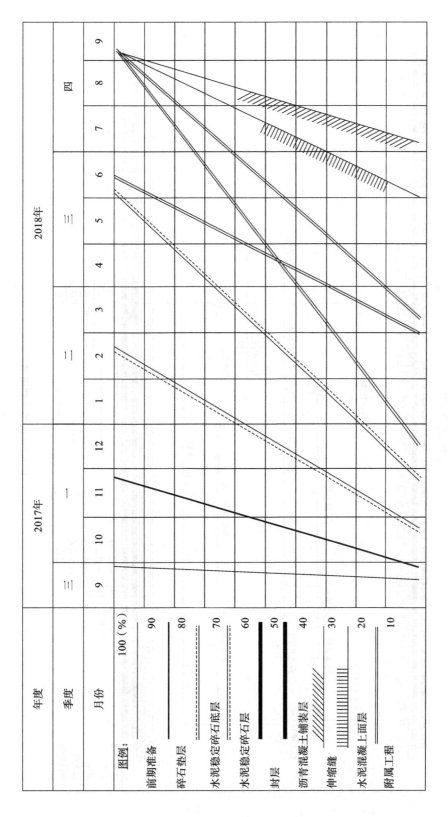

图 8-4 工程进度斜线图示例

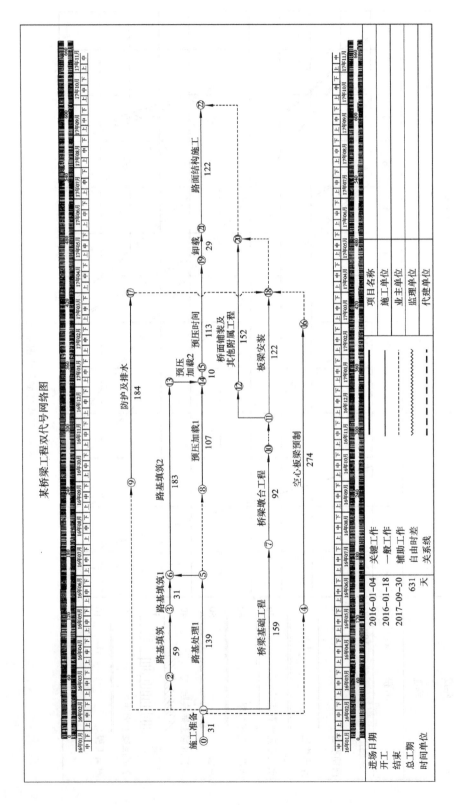

图 8-5 网络计划图示例

确定施工方法后,要根据具体的施工条件选择最先进合理的施工组织方法。施工组织应尽量采用流水作业法。当作业面特别狭窄时,可考虑顺序作业法;若工期特别紧张,则可以集中投入大量劳动力及各种资源,采用平行作业法组织施工。

3. 计算工程量与劳动量

1) 计算工程量

列好施工项目并确定施工方法后,可根据设计图纸及有关工程数量的计算工作,来计算各个施工过程的工程数量。

2) 计算劳动量

所谓劳动量,就是工程细目的工程量与相应时间定额的乘积,或等于施工时实际使用的机械台数与作业时间的乘积。人工操作时叫劳动量,机械作业时叫作业量,也可统称为劳动量。劳动量可按下式计算。

$$P = Q \cdot S \tag{8.3.1}$$

或
$$P = Q/C$$

式中:P——劳动量或作业量(工日或台班);

Q——工程量;

S、C——时间定额、产量定额。

4. 作业工期和所需人工、机械数量计算

(1) 根据人工、机械数量确定工期。计算公式如下。

$$T = \frac{P}{R \cdot n} \tag{8.3.2}$$

式中:T——生产过程中某作业的工期(日);

P——该作业的劳动量(工日、台班);

R——实际投入的人工或机械数量;

n——作业班制。

(2) 根据工期确定作业人数和机械台班数。计算公式如下。

$$R = \frac{P}{T \cdot n} \tag{8.3.3}$$

式中符号含义同前。

5. 初步拟定工程进度

按照客观的施工规律和合理的施工顺序,采用前面确定的施工组织方法就可以拟定工程进度。在拟定时应考虑施工项目之间的相互配合,劳动力、材料、施工机具等主要资源的均衡供应,以及合同工期的要求等。初拟方案若不能满足规定的工期要求,或超过物资资源供应量,应对工程进度进行调整。

6. 检查和调整工程进度

检查初拟方案的工期是否满足合同要求,劳动力、材料、机具的供应与需求是否均衡,施工过程是否连续、协调等。如计划有不合理之处,应调整施工进度计划,力争达到最优的施工进度安排。

8.4 施工平面图设计

施工平面图是施工过程空间组织的图解形式,用以表达现有地形与地物、拟建构筑物、为施工服务的各类临时设施、运输道路、机械设备等的平面位置。道路工程施工现场为露天作业,占地面积大,功能分区复杂,容纳的人员众多,因此必须对施工现场平面用地进行科学的组织和规划,否则会造成施工过程的混乱,影响工程进度并增加造价,甚至发生重大安全事故。

8.4.1 施工平面图的种类

1. 施工总平面图

施工总平面图反映的是整个工程项目或一个合同段的平面布置,主要表示工程沿线的地形地貌、料场位置、运输路线、生活设施等位置和相互之间的关系。图 8-6 为某项目施工总平面图。

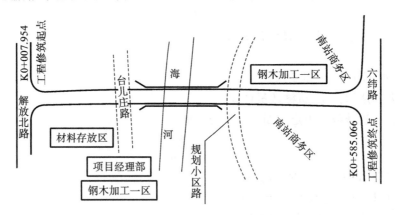

图 8-6 某项目施工总平面图

2. 单位工程或分部、分项工程的施工平面图

单位工程或分部、分项工程的施工平面图是以单位工程或分部、分项工程为对象而设计的平面组织形式。如某合同段的独立隧道施工平面图、附属加工厂施工平面图、基础工程施工平面图以及主梁预制、存放和吊装的施工平面图等。对于分部、分项工程的施工平面图,应当结合不同施工阶段现场情况的变化,分别绘制不同施工阶段的施工平面图。

8.4.2 施工平面图的内容

不论是施工总平面图还是单位工程或分部分项工程施工平面图,其具体内容均应包括以下几个方面。

(1) 工程项目自身建筑平面位置、尺寸及施工用地范围。
(2) 施工现场及周边地形、地物。
(3) 生产、生活临时用房(如项目办公室、生活区、实验室、民工宿舍、食堂、辅助办公用房等)。
(4) 各种施工设施的尺寸和位置(包括预制场、料场、加工厂、机械库、周转材料库)。
(5) 确定进出场线路位置,合理规划运输线路。
(6) 确定各临时设施的布置和尺寸。

（7）布置临时用水、用电、供暖等线路。
（8）其他设施位置、零星设施位置。

8.5 流水作业

8.5.1 道路工程施工作业方式

在道路工程施工中，施工队对施工段的施工作业顺序一般可分为顺序作业法、平行作业法和流水作业法。

1. 顺序作业法

将拟建工程项目划分成若干段，每段又分解成若干施工工序，由一个施工队伍按施工段和施工工序依次进行施工，这就是顺序作业的组织方法。

由于同一时间只有一个施工队进行施工，所以单位时间内投入生产的劳动力数量少，资源需求量不大，施工组织易于管理。但是顺序作业法不能充分利用工作面去争取时间，造成工期延长；施工不连续且施工队无法实现专业化施工，不利于提高工程质量和劳动生产率。由其特点可知，顺序作业法只适用于工期要求不严、技术简单的小型工程或作业面狭窄、无法同时容纳多个施工队的工程项目。

2. 平行作业法

将拟建工程项目分段或分工序，分别组织几个劳动力和机械设备相同的施工队，在不同作业面上同时开工，平行生产，这样的施工组织方法叫平行作业法。

平行作业法充分利用了工作面，工期短；单位时间内需要的劳动力及资源成倍变化，不能保证施工的均衡性；无法实现专业化；施工现场的施工组织与管理工作复杂。当工期要求紧迫、工作面开阔且能够保证资源供应的情况下可采用平行作业法组织施工。

3. 流水作业法

将拟建工程项目划分成若干施工段和工序，根据工艺要求组织多个专业队伍，相隔一定的时间，按施工顺序依次投入各个施工段进行施工，完成各自的施工任务。

流水作业法工作面利用充分，工期合理；各施工队均为专业化施工，有利于提高工程质量和劳动生产率；实现了整个施工过程的连续性和均衡性。可以看出，流水作业法综合了顺序作业法和平行作业法两者的优点而克服了其缺点，是大规模的现代化施工条件下首选的施工组织方式。

8.5.2 流水作业主要参数确定

为了说明流水施工在时间和空间上的开展情况，我们必须引入一些定量的描述，这些量称为流水参数。按参数性质不同，流水作业参数可以分为工艺参数、时间参数和空间参数。

1. 工艺参数

1）施工过程数 n

根据具体情况，把一个综合的施工过程划分为若干具有独自工艺特点的个别施工过程，划分的数量 n 称为施工过程数（工序数）。由于每一个施工过程一般由一个专业班组承担，因此施工班组个（或队）数等于 n。

在施工过程分解中,工序具有相对性,即可粗可细。它可以是分部、分项工程,也可以是单位、单项工程,应视使用条件处理。施工过程分解要粗细得当,没有必要分解得太细太多,给安排施工和编制执行计划增添麻烦;不能分解得太少,以免计划过于笼统,专业队分担的工作过于庞杂,这样就不利于安排施工,也不利于提高工效和保证质量。

2) 流水强度 V

流水强度又称流水能力、生产能力,每一施工过程在单位时间内所完成的工程量叫流水强度。根据流水强度,我们可以确定各施工段上相应工程量的流水节拍及所需施工机械设备台数及工作队工人的人数。

(1) 机械施工过程的流水强度按下式计算:

$$V = \sum_{i=1}^{x} R_i \cdot C_i \tag{8.5.1}$$

式中:R_i——某种施工机械台数;

C_i——该种施工机械台班生产率(即台班产量定额);

x——用于同一施工过程的主导施工机械种数。

(2) 人工操作过程的流水强度按下式计算:

$$V = R \cdot C \tag{8.5.2}$$

式中:R——每一工作队工人人数(R 应小于工作面上允许容纳的最多人数);

C——每一工人每班产量(即劳动产量定额)。

2. 时间参数

1) 流水节拍 t_i

流水节拍是某个施工过程在某个施工段上的持续时间,它的大小关系着投入的劳动力、机械和材料量的多少,决定着施工的速度和施工的节奏。通常有两种确定方法:一种是根据工期要求来确定;另一种是根据现有能投入的资源(劳动力、机械台班数和材料量)来确定。流水节拍按下式计算:

$$t_i = \frac{Q_i}{C \cdot R} = \frac{P_i}{R} \tag{8.5.3}$$

式中:Q_i——某施工段的工作量($i = 1,2,\cdots,m$);

C——每一工日(或台班)的计划产量(即产量定额);

R——施工人数(或机械台数);

P_i——某施工段所需要的劳动量(或机械台班量)。

当施工段数确定后,流水节拍大,则工期相应就长,因此理论上总是希望流水节拍越小越好。流水节拍的长短取决于完成工序可能投入的工人数、机械设备、资源供应的多少。投入的资源越多,施工速度就越快,流水节拍就越短,施工工期也就越短。然而,由于工作面的限制,不可任意增加工人和机械数量,必须依据工作队或机械操作所需要的最小工作面来确定流水节拍。

2) 流水步距 $K_{j,j+1}$

两个相邻的施工队(组)先后进入第一个施工段进行流水施工的时间间隔叫流水步距。确定流水步距的目的是为了保证工作队在不同施工段上连续作业,不出现窝工现象。流水步距数目取决于参加流水的施工过程数,如施工过程数为 n,则流水步距的总数为 $(n-1)$ 个。从第一个工作队开始作业起,至最后一个工作队开始作业止的时间间隔称作流水开展期,以 t_0 表示。

确定流水步距的基本原则如下。

(1) 流水步距要保证施工工艺的先后顺序,满足相邻两个专业工作队在施工顺序上的相互制约关系。

(2) 流水步距要保证各施工过程的连续性。

(3) 流水步距要保证前后两个施工过程的施工时间最大限度的、合理的搭接。

(4) 流水步距与流水节拍保持一定关系,应满足一定的施工工艺、组织条件和质量要求。例如,钻孔灌注桩工程必须保证钻孔与灌注混凝土两道工序紧密衔接(防止塌孔)。

当施工段确定后,流水步距的大小直接影响着工期的长短。如果施工段不变,流水步距越大,则工期越长,反之则工期越短。并且流水步距随流水节拍的增大而增大,随流水节拍的缩小而缩小。如果人数不变,增加施工段数,使每段人数达到饱和,而该段施工持续时间总和不变,则流水节拍和流水步距都会相应地缩小。

3. 空间参数

1) 工作面大小 A

工作面的大小可表明施工对象上能安置多少工人操作,又表明可布置机械地段的大小,也就是反映施工过程在空间上布置的条件。在确定一个施工过程必要的工作面时,不仅要考虑前一施工过程为这个施工过程可能提供的工作面大小,还要为下一施工过程开创施工条件,也要遵守安全技术和施工技术规范的规定。

2) 施工段数 m

组织流水作业时,通常把施工对象划分为劳动量大致相同的若干段,称作施工段。施工段的数目通常用 m 表示。

(1) 划分施工段的目的和原则。划分施工段是适应多个工作面同时展开施工的要求,将单一而庞大的工程实体划分成多个部分,其目的是保证不同工种能在不同作业面上同时工作,为流水作业创造条件。只有划分了施工段,才能开展流水作业,所以说划分施工段是组织流水施工的基础。

在某一时间内,每个施工段只供一个施工队完成其承担的施工过程。在一个施工段上,只有前一个施工过程的施工队提供了足够的工作面,后一个施工过程的施工队才可以进入该段从事下一个施工过程的施工。

划分施工段要注意数目的合理性,施工段数过多,势必要减少工人数而延长工期;施工段数过少,又会造成资源供应过分集中,不利于组织流水施工。为了使施工段划分得更科学、更合理,应遵循以下原则。

①施工段的分界同施工对象的结构界限取得一致,尽可能利用伸缩缝、沉降缝等自然分界线,防止形成单个结构物,如桥梁、涵洞、通道等被划分到不同的施工段,这样有利于施工材料的运输和施工机械的通行。

②各施工段上所消耗的劳动量大致相同,其相差幅度的百分比不宜超过15%,以便于组织全等节拍或成倍节拍流水施工,从而使施工均衡、连续、有节奏。

③施工段应与劳动组织相适应,保证足够的作业面,如果工作面过小,则工人施工操作不便,甚至由于工作空间拥挤而使工人不得不频繁地转移工作场地。这样既影响劳动生产率,又易发生安全事故。

④划分数目的多少应考虑机械使用效能、工人的劳动组合、材料供应情况、施工规模等因素。

(2) 施工段数 m 与工序数 n 的关系。

对于人为划分施工段的工程而言,施工段是任意划分的,但为了时间组织合理,施工段数 m 与工序数应具备如下关系:

$$m \geqslant n \tag{8.5.4}$$

即施工段数最好与工序数或专业队伍数相等,或者比专业队伍数稍多。当 $m<n$ 时,会拖延工期,因为施工段数越少,意味着流水展开期时间越长。比如,一条公路的路面有垫层、基层、面层和路肩四道工序,分两个施工段来施工,垫层做完全线的一半,下道工序才能施工,时间间隔太长,当垫层完工后,路肩还没有加入流水作业,或者说流水未到底。当施工段数 m 超出工序数 n 很多时,又会引起劳动力或施工机械用量过分集中,这样是不经济的。因此,确定施工段数应考虑工序数。

8.5.3 流水作业的分类及工期计算

由于施工对象的构造和施工条件的不同,不同施工过程和施工段上的流水节拍会有不同的关系。根据流水节拍的这一特点,可将流水作业分为有节拍流水和无节拍流水。其中有节拍流水又分为全等流水、成倍节拍流水和分别流水。

1. 全等节拍流水(稳定性流水)

全等节拍流水是指组成流水作业的各个施工工序在各施工段上的流水节拍彼此相等,而且相邻两个专业施工队伍之间的流水步距也相等,即 $t_i = t = K_{j,j+1} = k$。全等节拍流水作业的施工总工期计算公式为

$$T = \sum_{j=1}^{n-1} K_{j,j+1} + T_n = (n-1)k + mt = (m+n-1)k = (m+n-1)t \tag{8.5.5}$$

图 8-7 是一个全等节拍流水的例子。在该流水作业中,共有 A、B、C 三个施工过程($n=3$),划分为 5 个施工段($m=5$),$t_i = K_{j,j+1} = 3$,总工期为 21 天。

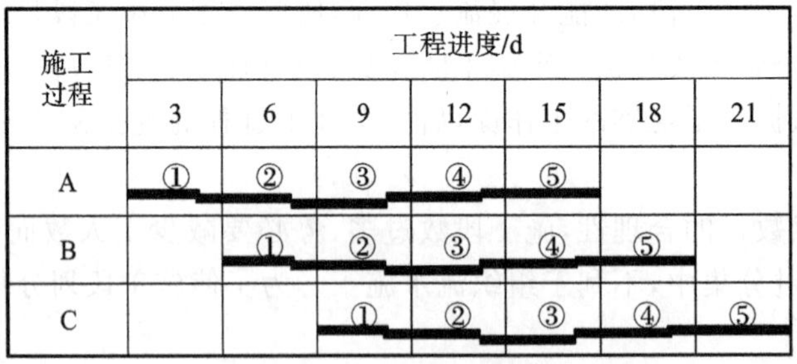

施工过程	工程进度/d						
	3	6	9	12	15	18	21
A	①	②	③	④	⑤		
B		①	②	③	④	⑤	
C			①	②	③	④	⑤

图 8-7 全等节拍流水进度图

2. 成倍节拍流水

成倍节拍流水是指同一施工过程在各个施工段上的流水节拍相等,不同施工过程的流水节拍不完全相等,但是互成倍数关系。对于这种情况,可以通过增加专业施工队伍的方法实现施工的连续性、均衡性和节奏性。具体有以下几点做法。

(1) 求各流水节拍的最大公约数 K。

(2) 求各施工过程所需的专业施工队组数 b_i,计算公式为

$$b_i = t_i/K \tag{8.5.6}$$

(3) 将各专业施工队组数之和 $\sum b_i$ 作为施工过程数 n，以 K 作为各施工过程的公共流水步距，按照全等节拍流水方式组织作业。

(4) 计算总工期。其公式如下。

$$T = (n-1)K + mK = (\sum b_i + m - 1)K \tag{8.5.7}$$

图 8-8 是一个成倍节拍流水的例子。某道路工程划分为 6 个施工段，有路基、路面基层、面层 3 个施工过程，其流水节拍分别为 24 天、16 天、8 天，可按成倍节拍流水作业来组织施工。各施工过程流水节拍的最大公约数 $K=8$，各专业施工队组数分别为 $b_1=3, b_2=2, b_3=1$。因此，$m=6$，$n = \sum b_i = 6$，由公式(8.5.7)计算可得总工期为 88 天。

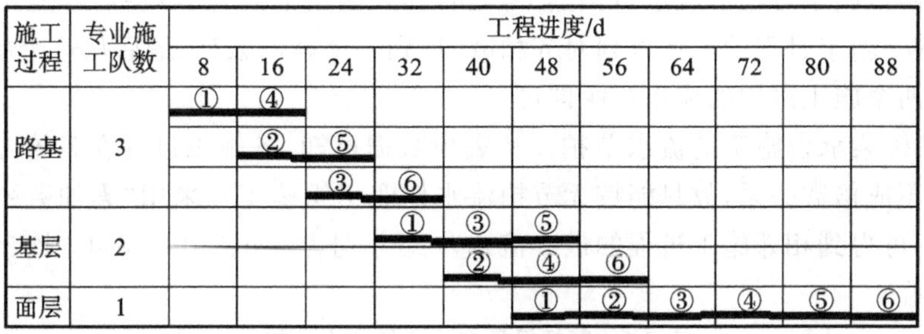

施工过程	专业施工队数	工程进度/d									
		8	16	24	32	40	48	56	64	72	80	88
路基	3	①	④									
			②	⑤								
				③	⑥							
基层	2				①	③	⑤					
						②	④	⑥				
面层	1						①	②	③	④	⑤	⑥

图 8-8 成倍节拍流水进度图

3. 分别流水

分别流水是指同一施工过程的流水节拍在各施工段上相同，而各施工过程之间的流水节拍不完全相等，并且不存在除 1 之外的最大公约数，流水步距也是变数的流水作业。

组织分别流水作业，应在保证施工连续进行的前提下，将各工序在最大限度上搭接起来。因此，组织施工的关键在于确定合理的流水步距。相邻两工序的流水步距因两道工序的流水节拍之间的关系不同，其计算方法也不同。

(1) 当后一施工过程的流水节拍 t_{i+1} 较小时，即 $t_{i+1} < t_i$ 时，流水步距 $K_{j,j+1}$ 用下式计算。

$$K_{j,j+1} = m(t_i - t_{i+1}) + t_{i+1} \tag{8.5.8}$$

(2) 当 $t_{i+1} \geq t_i$ 时，用下式计算。

$$K_{j,j+1} = t_i \tag{8.5.9}$$

(3) 分别流水作业的总工期的计算公式如下。

$$T = \sum_{j=1}^{n-1} K_{j,j+1} + mt_n \tag{8.5.10}$$

式中：t_n——最后一个施工过程的流水节拍，其余符号意义同前。

图 8-9 为分别流水的施工进度示意图。

4. 无节拍流水

无节拍流水是指同一施工过程在不同施工段上的流水节拍不完全相等，而且不同施工过程在同一施工段上的流水节拍也不完全相同。道路工程的施工由于实际条件的限制，各施工过程在各施工段上的工程量常常是不相等的，因此流水节拍很难做到完全相同或成倍变化。在这种情况下，

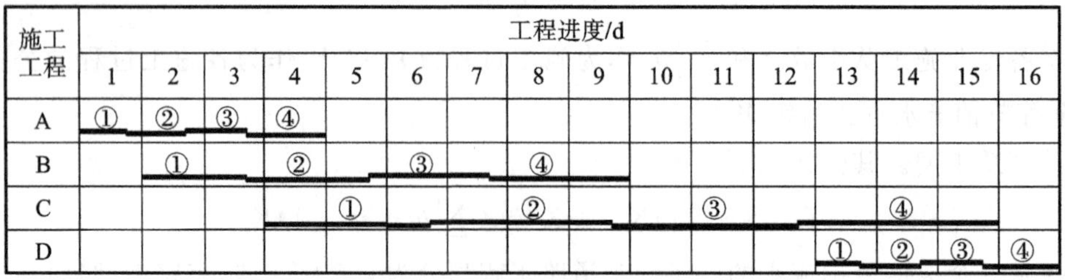

施工过程	工程进度/d															
	1	2	3	4	5	6	7	8	9	10	11	12	13	14	15	16
A	①	②	③	④												
B			①		②			③			④						
C					①			②		③			④			
D													①	②	③	④

图 8-9 分别流水施工进度图

就需要按照无节拍流水作业来组织施工。

确定无节拍流水的最小流水步距,可采用"累加数列错位相减取大差"法进行计算,具体步骤为:先将相邻的两个施工过程的流水节拍逐个累加,得到两个数列;然后将后一施工过程的累加数列错后一位与前一施工过程的累加数列对齐相减,得到一个新的数列;最后从这个新的数列中取最大正值,作为这两个施工过程的流水步距即可。

表 8-1 为某桥梁承台施工的流水节拍。从表中数据可知,各施工过程在各施工段上的流水节拍既不相等,也不成倍数关系,故只能按无节拍流水作业组织施工。采用"累加数列错位相减取大差"法进行计算,可得到相邻施工过程的最小流水步距分别为 5 d、7 d 和 3 d。该流水作业施工进度如图 8-10 所示。

表 8-1 某桥梁承台施工的流水节拍 t_i

施工过程	施工段			
	①	②	③	④
	t_i(d)			
基坑开挖	3	2	5	4
绑扎钢筋	2	3	4	3
支设模板	1	2	2	1
浇筑混凝土	1	1	1	1

施工过程	工程进度/d																		
	1	2	3	4	5	6	7	8	9	10	11	12	13	14	15	16	17	18	19
基坑开挖	①		②				③					④							
绑扎钢筋						①		②			③			④					
支设模板													①	②		③		④	
浇筑混凝土																①	②	③	④

图 8-10 无节拍流水施工进度图

8.6 网络计划技术

8.6.1 网络计划技术概述

1. 网络计划技术的产生与发展

网络计划技术,也叫网络计划法,是 20 世纪 50 年代为适应复杂的大型项目需要而发展起来的一种计划管理方法。1956 年,美国杜邦公司在新工厂建设项目中首先开发应用了网络计划技术,并取得了显著的效益。该计划采用网络图表示各项活动(工序)的相互关系及起讫时间,通过计算找出影响计划实施的关键路线。所以这种方法也称为关键路线法(Critical Path Method,简称 CPM)。1958 年,美国军方在制定北极星导弹研制计划时开发和采用了另一种网络技术,称为计划评审法(Project Evaluation and Review Techniques,简称 PERT)。在此后的几十年中,随着计算机技术的迅猛发展,网络计划技术在更多的领域得到应用,又产生搭接网络计划法、图示评审技术、风险评审技术、流水作业网络计划等模型。

1965 年,著名数学家华罗庚教授将网络计划技术介绍到我国,并首先在国防科研项目中应用。目前在道路工程建设项目管理中,网络计划技术正得到日益深入的应用。

2. 网络计划技术的原理

(1) 将整个计划中各项工作或工序的先后顺序以及相互之间的逻辑关系用网络图的形式表达出来。

(2) 通过计算有关时间参数,找出计划中决定工期的关键工序和关键线路。

(3) 确定计划目标,按照最优化原理,利用时差不断调整和改善初始计划,选择最佳方案。

(4) 在计划执行过程中进行有效的控制和监督,以最小的消耗获取最大的经济效益。

3. 网络计划技术的特点

(1) 网络图可以清楚地反映出各工序或工作之间相互依赖、相互制约的逻辑关系。

(2) 网络计划能够通过时间参数的计算找到影响计划工期的关键工序,可以使管理人员统筹安排,科学地组织施工。

(3) 可利用最优化原理对初始计划不断调整,选择最佳方案,达到缩短工期、降低成本、实现资源有效利用的目的。

(4) 当计划在实施过程中发生变动时,利用计算机技术可以很方便地对网络计划进行调整,有效地对项目进行监督和控制。

(5) 相对于横道图,网络计划方法略显复杂,需要一定的时间才能熟悉和掌握。

8.6.2 双代号网络图

网络图是网络计划技术的表达形式,也是网络方法进行项目管理的基本工具。它将箭线与节点组合形成有向线路,并与时间相结合,来表达各个施工过程(工序)之间的全部逻辑关系。根据箭线和节点的含义不同,网络图可以分为单代号和双代号两种。在道路工程项目管理中,最常用的是双代号网络图。

1. 双代号网络图的组成

双代号网络图的基本组成要素为工序、节点和线路,如图 8-11 所示。

图 8-11 双代号网络图基本组成

1) 工序

工序,也称活动或工作,在双代号网络图中用箭线表示。箭杆表示一个施工过程或工序,箭尾节点表示工序的开始,箭头节点表示工序的结束,箭头的指向表示工序的前进方向。

工序一般可分为实工序和虚工序。实工序是指需要消耗资源或占用一定时间的工序,如基坑开挖、摊铺混凝土路面、填筑路基等。有一些个别工序只占用一定时间而不消耗任何资源,如混凝土养护、油漆晾干等,这是由于施工工艺的要求而产生的技术间歇时间,也应被视为一道实工序。

虚工序在实际施工过程中并不存在,只是为了正确表达前后相邻工序之间的逻辑关系才引入的虚拟工序。因此,虚工序是一种特殊的工序,它既不消耗任何资源,也不占用时间,仅在网络图中存在,规定用虚箭线表示。

2) 节点

在双代号网络图中,某工序的开始或结束用带字符的圆圈表示,称为节点。节点是一个"瞬间",因此不消耗任何时间和资源。对于网络图中的某一工序,与箭尾相连的节点为该工序的开始节点,与箭头相连的节点为结束节点。网络图的第一个节点叫做起点节点,最后一个节点叫做终点节点,其余均为中间节点。对于同一中间节点而言,它既是前一工序的结束节点,又是后一工序的开始节点。对于某工序而言,紧靠它前面的工序称为该工序的紧前工序,紧靠其后面的工序称为该工序的紧后工序。

如图 8-11 所示,h、i 节点间的工序为工序 A 的紧前工序,节点 j、k 之间的工序为工序 A 的紧后工序。

在对双代号网络图中的节点进行编号时,应遵循由小到大、由左到右的规则,箭尾节点的编号应小于箭头节点的编号。在整个网络图中,所有节点的编号不能重复,但可以不连续以备改动之用。

3) 线路

从网络图的起点节点出发,沿箭头方向顺序通过一系列箭线与节点,最后达到终点节点的通路称为线路。同一网络图上会有多条线路,其中各工序持续时间之和最长的线路称为关键线路,位于关键线路上的各个工序称为关键工序。为明显起见,在网络图中常用粗箭线或双箭线表示关键线路。

由定义可知,关键线路的工期控制着施工的总进度。在施工中为了缩短工期,应采取一定的技术和组织措施,缩短关键工序的作业时间。在这种情况下,需要注意关键线路并非一成不变,它与非关键线路是相对的,在一定条件下二者可以转化。

2. 网络图的绘制规则

绘制双代号网络图时,为了正确地表示各工序之间的逻辑关系,应遵循以下基本规则。

(1) 在一个完整的网络图中,只能有一个起点节点和一个终点节点,如图 8-12 所示。其中,

(a)是错误的表示方法,(b)是正确的表示方法。

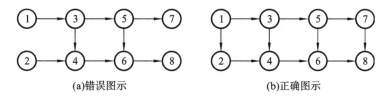

图 8-12 （起点和终点节点）网络图布置示意图

（2）两个节点之间只能有一条箭线,如图 8-13 所示。

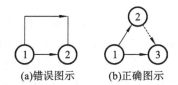

图 8-13 （一条箭线）网络图布置示意图

（3）网络图中不允许出现闭合回路,如图 8-14 所示,(a)图中 2—3—4 即为一闭合回路。

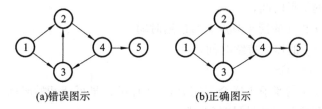

图 8-14 （闭合回路）网络图布置示意图

（4）合理布局,尽量不出现两条箭线交叉的情况,如果确实无法避免,应采用"过桥"的方法表示,如图 8-15 所示。

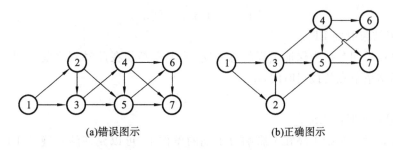

图 8-15 （箭线交叉）网络图布置示意图

3. 网络图时间参数的计算

按以上规则绘制网络图,只是将各工序的逻辑关系正确表达出来,若要利用网络图找出关键线路并进行网络调整及优化,则必须计算网络图的时间参数。

1）节点最早时间

节点最早时间是指该节点之前的先行工序全部结束和该节点之后的后续工序可以开始的最早时刻,在此时刻之前,有的先行工序尚未完成,后续工序不具备开工条件。

计算网络图的节点最早时间,应从网络图起点节点开始,顺着箭线的前进方向逐个计算,直至网络图终点。若某一节点位于多条线路上时,应分别计算该节点在各条线路上的最早时间,然后根据节点最早时间的定义,取其最大值作为该节点的最早时间。对于网络图的起点节点,一般规定其最早开始时间为零。节点最早时间的计算公式为

$$\mathrm{ET}_j = \max\{\mathrm{ET}_i + D_{i-j}\} \tag{8.6.1}$$

式中:ET_j——节点 j 的最早时间;

ET_i——与节点 j 相连的箭尾节点 i 的最早时间;

D_{i-j}——工序 i—j 的作业持续时间。

2) 节点最迟时间

节点最迟时间是指以该节点为结束节点的各工序最迟必须完工的时刻,如果在该时刻之前不能完工,将会影响后续工序的按时开始。节点最迟时间应从网络图的终点节点开始,逆着箭头前进方向逐个计算,直到网络图起点节点。若某一节点位于多条线路上时,应分别计算该节点在各条线路上的最迟时间。根据节点最迟时间的定义,取其最小值作为该节点的最迟时间。对于网络图的终点节点,因为有总工期的限制,故规定其最迟时间等于最早时间。节点最迟时间的计算公式为

$$\mathrm{LT}_i = \min\{\mathrm{LT}_j - D_{i-j}\} \tag{8.6.2}$$

式中:LT_i——节点 i 的最迟时间;

LT_j——与节点 i 相连的箭头节点 j 的最迟时间;

D_{i-j}——工序 i—j 的作业持续时间。

3) 工序最早开始时间 ES_{i-j}

工序最早开始时间是指紧前工序全部完成后,该工序的最早可能开始时间。显然,工序的最早开始时间就等于该工序开始节点的最早时间,即

$$\mathrm{ES}_{i-j} = \mathrm{ET}_i \tag{8.6.3}$$

4) 工序最早结束时间 EF_{i-j}

工序最早结束时间等于该工序最早开始时间加上该工序作业持续时间,计算公式为

$$\mathrm{EF}_{i-j} = \mathrm{ES}_{i-j} + D_{i-j} \tag{8.6.4}$$

5) 工序最迟结束时间 LF_{i-j}

工序最迟结束时间是指为保证工程的总工期,该工序必须在此时刻之前完成。工序最迟结束时间等于该工序结束节点的最迟时间,即

$$\mathrm{LF}_{i-j} = \mathrm{LT}_j \tag{8.6.5}$$

6) 工序最迟开始时间 LS_{i-j}

工序最迟开始时间是指工序在不影响总工期的条件下,可以允许的最晚开工时间。工序最迟开始时间等于工序最迟结束时间减去该工序的作业持续时间。其计算公式为

$$\mathrm{LS}_{i-j} = \mathrm{LF}_{i-j} - D_{i-j} \tag{8.6.6}$$

7) 工序总时差 TF_{i-j}

由以上时间参数的计算可以看出,当某一工序在其最早开始时间和最迟结束时间这段时间范围内安排作业时,不会影响工程的总工期。工序总时差就是指在不影响工程总工期的前提下,该工序所拥有的最大机动时间。在实际工程中,可以利用这个机动时间调整人力和资源组织,不断完善施工计划。工序总时差的计算公式为

$$TF_{i-j} = LS_{i-j} - ES_{i-j} = LF_{i-j} - EF_{i-j} \qquad (8.6.7)$$

8) 工序自由时差 FF_{i-j}

自由时差是指在不影响下一道工序最早开工时间的情况下，某一工序允许延误的最大机动时间。由定义可知工序自由时差等于紧后工序的最早开始时间减去本工序的最早结束时间。可见，工序的自由时差是工序总时差的一部分，其计算公式为

$$FF_{i-j} = ES_{j-k} - EF_{i-j} = ES_{j-k} - ES_{i-j} - D_{i-j} \qquad (8.6.8)$$

式中：ES_{j-k} —— 工序 $i-j$ 的紧后工序 $j-k$ 的最早开始时间。

9) 关键线路

在工序总时差的计算中，有些工序的总时差等于零，即这些工序的开始时间和结束时间是确定的，没有机动时间，延长其作业持续时间或推迟其开始时间都会影响工程的总工期。因此，这些工序就是关键工序，由关键工序组成的线路就是关键线路。

计算网络图的时间参数的方法，有图上计算法、表上计算法和电算法。对于节点和工序较少的网络图，可以利用图上计算法或表上计算法进行手工计算；对于一些大型的复杂网络图则必须采用电算法计算。无论采用何种方法，计算的基本原理与公式是相同的，图 8-16 为某网络图的时间参数计算的图上计算法。

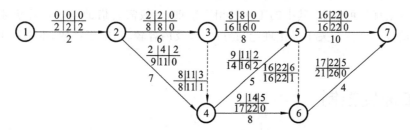

图 8-16 图上计算法示例

采用表上计算法，只需将表 8-2 中所列各栏根据上述参数计算公式计算后填入表中即可。

表 8-2 时间参数计算表格

序号	工序编号	持续时间 D_{i-j}	最早开始时间 ES_{i-j}	最早完成时间 EF_{i-j}	最迟开始时间 LS_{i-j}	最迟完成时间 LF_{i-j}	总时差 TF_{i-j}	自由时差 FF_{i-j}	关键工序 ($TF_{i-j}=0$)
1	1—2	2	0	2	0	2	0	0	√
2	2—3	6	2	8	2	8	0	0	√
3	2—4	7	2	9	4	11	2	0	
4	3—4	0	8	8	11	11	3	1	
5	3—5	8	8	16	8	16	0	0	√
6	4—5	5	9	14	11	16	2	2	
7	4—6	8	9	17	14	22	5	0	
8	5—6	0	16	16	22	22	6	1	

续表

序号	工序编号	持续时间 D_{i-j}	最早开始时间 ES_{i-j}	最早完成时间 EF_{i-j}	最迟开始时间 LS_{i-j}	最迟完成时间 LF_{i-j}	总时差 TF_{i-j}	自由时差 FF_{i-j}	关键工序（$TF_{i-j}=0$）
9	5—7	10	16	26	16	26	0	0	√
10	6—7	4	17	21	22	26	5	0	

4. 网络计划的优化

通过绘制网络图并计算时间参数，可得到网络计划的初始方案，但该方案只是一个可行方案，若想得到工期合理、资源消耗均衡、成本最低的方案，还需要对网络图进行优化。所谓优化，是指通过利用时差，不断改善和调整网络计划的初始方案，在满足既定条件的情况下，按某一衡量指标或目标（如工期、成本、资源）寻求最优方案。例如，对于工期要求非常紧迫的工程项目，可在资源供应充分的条件下，寻求工期最短；在满足合同工期的条件下，寻求资源消耗最均衡；在资源供应有限时，寻求成本最低等。

根据不同的目标，可以采用不同的优化理论和方法。但无论何种方法，都是一个反复调整、不断逼近才能得到最优解的过程，其中的工作量相当繁重，一般需要借助电子计算机才能完成，目前国内已有相应的计算软件。关于优化理论与方法，涉及内容较多，限于篇幅，本书不再介绍，请参阅有关书籍。

8.7 施工进度控制

8.7.1 施工进度控制的概述

1. 进度控制的基本概念

进度控制是指在工程建设过程中，为实现工程项目的总目标，对项目各阶段的工作内容、工作程序、持续时间和衔接关系运用系统科学的方法和手段编制计划，并将该计划付诸实践，在执行该计划的施工中，对工程施工实际进度进行动态的检查、分析、调整和控制，再按新的进度计划实施，直至工程竣工交付使用。进度控制的最终目标是建设工期的优化。

工程项目的施工阶段是建设项目的实施阶段，对其进度进行控制是工程建设过程中的重点控制内容之一。施工进度控制对于建设项目工期目标的实现具有十分重要的作用。在道路工程施工中，实行进度控制的作用主要表现在以下几个方面。

（1）合理控制工程的费用、工期和质量，使工程项目管理达到综合优化。

（2）通过审查施工进度计划、控制实际进度与计划进度的差异程度，对差异进行调整，从而完善施工进度的计划管理。

（3）在施工进度控制中，除充分考虑时间因素外，还需考虑人、料、机等必需的施工资源因素，使其达到最有效、合理、经济的配置与利用。

（4）通过计划、组织、协调、检查与调整等手段，调动工程施工活动中的一切积极因素，全面实现工程施工过程中各个阶段的进度目标，从而确保工程施工全过程总工期目标的实现。

在工程实施过程中,项目的进度受许多因素的影响,随时会产生新的情况使项目进度偏离原定计划。因此,工程管理人员必须对工程进度实行动态的循环控制,在计划执行过程中不断进行检查、分析和比较,一旦出现偏差,及时对原进度计划进行调整或修正,再按新的计划实施。如此不断循环,直到工程竣工交付使用为止。

2. 影响工程进度的主要因素

道路工程项目具有体积庞大、技术复杂、建设周期长、涉及的相关单位众多等特点,因而影响工程进度的因素很多。要对工程项目的施工进度进行有效控制,就必须全面细致地对影响进度的因素进行分析、预测,以便及时发现实际进度与计划进度的偏差,采取有效的措施予以补救,实现对工程进度的主动控制和动态管理。

影响道路工程项目进度的因素很多,主要有人为因素,技术因素,设备、材料及构配件因素,机具因素,资金因素,水文、地质与气象因素,以及其他自然与社会环境等因素。在道路工程建设过程中,常见的影响因素主要有以下几个方面。

（1）相关单位因素。如建设单位因拆迁不到位而导致不能按时提供开展正常施工所需要的场地；与有关部门或单位在沟通协调时产生困难等。

（2）资金因素。最常见情况是由于建设单位未能及时支付足够的工程预付款或拖欠工程进度款,从而影响到承包商的流动资金周转,造成承包商暂停施工或缓慢施工。

（3）勘察设计因素。如因使用要求改变而进行设计变更；设计单位拖延设计进度；施工设计图纸有缺陷或重大差错。

（4）承包商施工技术与管理因素。如施工方案或施工组织设计不合理,无法实现原定计划；因管理不严格造成工程质量不合格而被迫返工；未采取妥善的施工安全措施而发生安全事故等。

（5）物资供应因素。如主要的材料、构配件、施工机具及设备没有按时供应,或在品种、规格、数量、质量等方面不能满足施工需要。

（6）自然条件和社会环境因素。如在施工过程中遇到恶劣天气、自然灾害、不良地质条件等不利因素；施工现场附近居民的干扰；临时停水停电等。

通过以上分析可以看出,除了自然因素无法避免之外,其他因素对于工程进度的影响多数情况下可以采取有效措施加以控制。因此,项目管理者在施工计划的实施过程中,应对可能的影响因素进行分析,有针对性地采取预防措施,并且随时检查实际工程进度,一旦出现偏差,及时调整工程计划,保证道路工程项目进度目标的最终实现。

3. 建设工程进度控制的措施

进度控制的主要措施一般包括组织措施、技术措施、合同措施、经济措施和信息管理措施。

（1）组织措施。指从进度控制的组织管理方面采取的措施,如落实各级进度控制目标的人员、任务和工作职责,确定进度控制的工作流程等。具体的组织措施包括以下几个方面：

①建立包括建设、监理、设计、施工、供应单位等的进度控制组织体系,明确建设工程现场组织机构中各级进度控制人员配备及职责分工；

②建立进度控制目标体系,确定施工项目进度总目标,并根据不同的施工阶段对总目标进行分解作为实施进度控制的依据；

③建立进度报告制度和进度信息沟通网络；

④建立进度计划审核制度和进度控制的检查制度、调整制度；

⑤确定进度协调和控制的工作制度和会议制度,分析进度实施的干扰因素和风险;

⑥建立图纸审查、工程变更和设计变更管理制度。

(2) 技术措施。指加快施工进度、实现项目目标的方法,主要如下:

①采取加速施工进度的管理技术方法,如流水作业法、网络计划法等;

②缩短作业持续时间,减少技术间歇,达到均衡连续不间断;

③利用计算机技术进行进度控制。

(3) 合同措施。指从合同订立、执行、管理、分析等方面采取的措施,主要包括:

①推行承发包模式,对工程实行分段设计、分段发包和分段施工;

②加强合同管理,加强组织、指挥,协调合同工期与工程计划的管理,以保证合同进度目标的实现;

③严格控制合同变更,对各方提出的工程变更和设计变更,应经过严格审查后补入合同文件中;

④加强风险管理,在合同中充分考虑风险因素及其对进度的影响、处理办法等。

(4) 经济措施。指实现进度计划的资金保证措施及相应的奖惩制度。具体的经济措施包括:

①进度奖励:对工期提前给予一定奖励;

②对应急赶工给予优厚的赶工费;

③对工程延误给予罚款、收取误期损失赔偿金;

④及时办理工程预付款及工程进度款支付手续;

⑤加强索赔管理,公正地处理索赔;

⑥提供资金、设备、材料、加工订货等供应时间方面的保证措施。

(5) 信息管理措施。指对承包商的施工进度进行跟踪,收集有关工程进度信息,进行整理统计并定期发布。

8.7.2 施工进度计划的实施与检查

1. 施工进度计划的实施

施工项目进度计划的实施是指按施工进度计划开展施工活动并逐步完成计划的过程,为保证计划目标的实现,应做好以下几个方面的工作。

1) 层层分解计划目标,编制月、旬作业计划

道路工程建设施工阶段进度控制总目标是确保项目按既定工期竣工交付使用。为了有效地控制施工进度,需要对总目标从不同角度进行分解,形成施工进度控制目标体系。各层计划应紧密配合,相互衔接,形成一个计划实施的保证体系。

由于施工进度计划是施工前编制的,只能考虑到影响工期的主要施工过程,其内容经常与不断变化的现场情况不符合,因此在施工计划实施中,项目经理部应将规定任务和现场条件及实际进度相结合,编制具体的、短期的执行计划——月(旬)作业计划。月(旬)作业计划中应将施工项目分解为工序来确定本月(旬)应完成的施工任务及进度日程,编制计划时可考虑在同时施工的不同项目间进行平衡协调。

2) 签订承包合同,下达施工任务书

对于分解后的各层计划,总承包商与各分包商、各部门与项目经理、施工队与作业班组之间应

签订承包合同,以明确规定合同工期,相互承担的经济责任、权限和利益。承包商内部可通过签发施工任务书的方式,将作业任务和时间下达到班组。明确各班组具体的施工任务和劳动量、技术措施、质量要求、完成时间等内容,促使各班组采取措施保证完成作业计划规定的任务。

3) 做好计划交底工作,保证全员参与计划实施

在计划实施前,必须根据计划的范围和内容进行层层交底落实,保证施工有计划、有步骤、连续、均衡地进行。进度计划的实施是全体工作人员的共同工作,有关人员都要明确各项计划的目标、任务、实施方案和措施,管理层和作业层需密切配合,为实现进度总目标协调一致,共同行动。

4) 做好施工进度记录

在计划实施过程中,各级施工进度计划的执行者都要跟踪计划,如实记录每个施工过程的开始日期、每日完成数量和完成日期,记载施工现场发生的情况,为进度计划的检查、分析、调整、总结提供翔实的原始资料。

5) 做好施工中的调度工作

施工中的调度工作主要是掌握计划的实施情况,对施工中出现的不平衡进行协调,消除施工中出现的各种矛盾,克服薄弱环节,以作业计划和现场实际情况为依据,不断组织新的平衡,保证作业计划和进度控制目标的实现。

2. 施工进度计划的检查

在道路工程项目的施工过程中,应始终对项目进度计划的执行情况进行检查。通过定期检查,可以掌握工程的实际进展,及时发现问题,为进度计划的控制提供必要的信息和依据。

1) 跟踪检查施工实际进度

跟踪检查施工实际进度是获取实际施工进度有关数据的有效手段,为分析施工进度、调整施工进度提供依据。跟踪检查实际施工进度,应根据工程项目的类型、规模、施工条件和对进度执行的要求程度,运用各种方式进行检查,了解工程进度的实际完成情况。

检查的时间一般分为两类:一类是日常检查,由常驻现场的管理人员每日进行检查,用施工记录和施工日志的方法记录下来;另一类是定期检查,通常可以每月、半月、旬或周进行检查,其间隔与计划周期和召开现场会议的周期相一致。

检查一般通过经常地、定期地收集进度报表资料,定期召开进度工作汇报会,派人常驻现场等方式来准确地掌握施工项目的实际进度。

2) 整理统计检查数据

对于收集到的施工实际进度数据,可按计划控制的工作项目进行统计,以相同的量纲(实物工程量、工作量、劳动量及其累计百分比)和进度表达方式(横道图、S曲线图、网络计划图等)形成与计划进度具有可比性的数据。

3) 对比实际进度与计划进度

将收集到的实际进度资料整理统计成与计划进度具有可比性的数据后,将实际进度与计划进度相比较。通过对比分析,确定实际进度与计划进度相比是提前、一致还是拖后,为制定调整决策提供依据。

4) 施工进度检查结果的处理

将检查比较的结果形成进度控制报告,把有关施工进度现状和发展趋势以书面形式提供给项目经理及各级业务职能负责人。

进度控制报告一般由计划负责人或进度管理人员编写,其主要内容包括项目实施概况、管理概况、进度概要;项目施工进度、形象进度及简要说明;施工图纸提供进度;材料、物资、构配件供应进度;劳务记录及预测;业主、设计单位、监理单位对施工的变更指令;日历计划等。

8.7.3 施工进度计划的调整

通过对实际进度和计划进度的比较,可以发现是否出现进度偏差以及偏差的大小。如果出现了较大的进度偏差以至于计划工期将会受到影响时,应采取各种控制与调整手段压缩工期,使计算工期符合合同工期。主要有以下几种调整方法。

1. 改变关键工作之间的逻辑关系

当关键工作的逻辑关系允许被改变时,可将顺序作业变为流水作业或平行作业,这样可缩短工期,但工程在单位时间内的资源需要量将会增加,此时要对资源投入进行合理的调整。

2. 压缩关键工作的持续时间

这种方法不改变工作间的逻辑关系,只是缩短网络计划中关键路线上某些工作的持续时间,以此来缩短工期。通常选择原持续时间较长、技术上容易加快进度,且由于加快进度而造成工程费用增加较少的关键作业进行压缩,具体可采用增加劳动力和施工机械的数量,采用多班制或加班施工等措施。

3. 改变施工方案

当改变关键工作的逻辑关系或压缩其持续时间均无法达到进度目标时,可重新选择能够加快进度的施工方案来达到缩短工期的目的,如改进施工工艺和施工技术,缩短工艺技术间歇时间;选择更先进的施工方法和性能更强的施工机械等。

8.8 案例分析

8.8.1 工程概况和工程特点

1. 工程概况

某道路工程位于某省境内,是某省道公路的扩建工程,原省道宽 15 m,由于当地经济的发展,交通流量增加,现有交通道路已经不能满足车辆流量的要求。经上级批准,对该道路进行扩建,在原道路一侧 5 m 处修建一条道路,使该省道形成上下分离形式。

该道路采用平原微丘二级公路标准修建,道路路面宽度 15 m,断面形式为 2 m 非机动车道+11 m 机动车道+2 m 非机动车道。

此次施工组织设计所编制的对象为该道路第四合同段,起止桩号为 K21+800 和 K26+800,全长 5 km。

2. 工程特点

(1) 沿线主要经过农田,局部有大片渔塘,跨越河流 2 条,标段内有 2×13 m 桥梁一座,1×8 m 小桥一座,1×2 m 盖板涵一座,1×1 m 倒虹吸一道,生产涵 18 道。

(2) 道路自上至下的结构形式如下:4 cm 中粒式沥青混凝土,4 cm 粗粒式沥青混凝土,2 层水泥稳定碎石基层(厚 16 cm),1 层二灰碎石基层(厚 16 cm),1 层水泥稳定石灰土底基层(厚 16 cm)。

(3) 工程中沥青混凝土面层施工由甲方单独招标,不包括在本工程内容中,工期为3月至9月。

(4) 本工程土方全部外调,土源由甲方指定,距离工程所在地的最短距离为5 km,当地砂、石等建筑材料较丰富,工程所需可由30 km外调入,线路穿越不同村落,居民点较多,行政、生活用房可供利用,新建道路基本不影响原道路通行,运输可利用原道路,交通方便。

(5) 其他工程如路基防护工程、附属工程、临时工程,本例不考虑。

8.8.2 本工程的基本资料

熟悉图纸、现场踏勘和全面掌握工程特点后,经计算复核,各分项工程的工程数量见表8-3,相关技术文件和有关标准、规范齐全。

表8-3 主要工程数量表

编号	项目名称	工程数量
1	路基土方/km³	224
2	挖除非适用性材料/m³	17000
3	抛石挤淤/m³	9000
4	浆砌片石/m³	1000
5	小桥(延米/座)	13/1
6	小桥(延米/座)	8/1
7	涵洞(延米/座)	2/1
8	水泥稳定石灰土底基层/km²	66.5
9	二灰碎石基层/km²	65.7
10	水泥稳定碎石基层/km²	61.4

8.8.3 施工组织设计编制示例

1. 工程概况

(略)。

2. 编制依据

工程招投标文件及答疑书、补遗书,施工图纸,各类标准、规范,当地行业主管部门各类有关工程性文件,现场调查资料等。

3. 施工前的准备工作

1) 施工现场准备

(1) 复查和了解现场的地形、地质、文化、气象、水源、电源、料源或料场、交通运输、农田水利设施、环境保护等有关情况。将地下设施复查清楚,在施工中采取保护措施,防止损坏。

(2) 清除现场障碍:施工现场范围内的障碍如建筑物、坟墓、暗穴、水井、各种管线、道路、灌溉渠道、民房等必须拆除或改建,以利于施工的全面展开。

(3) 办妥有关手续:占地和障碍物的拆迁等事先与有关部门协商,办妥一切手续后方可进行。

(4) 做好现场规划:按照施工总平面图搭设工棚、仓库、预制厂;设置料场、车场、搅拌站;修筑临时道路和临时排水设施等。

(5) 道路安全畅通:道路施工需要许多大型的车辆机械和设备,原有道路及桥涵能否承受此种重载,应进行调查、验算,不合要求的做加宽或加固处理,保证道路安全畅通。

2) 劳力、机具设备和材料准备

(1) 劳力。施工需要大量劳动力,且时间相对集中。因此,开工前落实劳力来源,按计划适时组织进(退)场,是顺利开展施工、按期完成任务、避免停工或窝工浪费的重要条件之一。组织民工队伍时做好素质教育,签订好施工合同。

(2) 机具设备。施工需要大量的机械设备和运输车辆,其中大、中型机械设备和运输车辆更是施工的主力。根据现有装备的数量、质量情况和周密的计划,分期分批地组织进场。其中需要维修、租赁和购置的,按计划落实,并适当留有备份,以保证施工的需要。

(3) 材料。公路工程施工需要大量材料,材料准备工作的要点是品质合格、数量充足、价格低廉、运输方便、不误使用。在保证材料品质的前提下,本着就地取材的原则,广泛调查料源、价格、运输道路、工具和费用等,做好技术经济比较,择优选用,同时根据使用计划组织进场,力争节省投资。

3) 技术准备

(1) 设计图纸是施工的依据,由项目技术负责人组织各有关人员学习图纸,熟悉图纸内容及质量要求,对图纸中不清楚或欠缺有矛盾的地方及时向有关单位提出并予以澄清。

(2) 建立工地实验室,配置相应的试验、检测设备,开工前做好原材料的检验试验工作,并按规范要求进行施工配合比的计算和试验,报监理工程师认可。

(3) 对设计单位交付的测量资料认真进行复核,并对所提供的导线点和水准点进行复测,将复核资料报呈监理工程师认可,对桩位进行加固,做好拴桩工作。

(4) 复测原地面纵横断面图,按设计横断面及边坡坡度计算工程量,计算结果报监理工程师签字认可。

(5) 按图纸放出道路中心线及路基下坡脚线、曲线要素点,并给出路基的设计高程。

(6) 做好开工前的资料收集整理工作,开工所需要的各种文件资料完整,手续齐全,保证不误开工。

(7) 做好技术交底工作。

4. 确定施工组织方案

(1) 整个工程建立 3 个专业施工队,分别如下。

①路基队:用顺序作业法施工,负责路基成形、压实、边坡修理及生产涵的施工。以 2 座桥梁为界,分为 3 个施工段。

②构筑物队:负责 2×13 m 桥、1×8 m 小桥、1×2 m 盖板涵、1×1 m 倒虹吸的施工。

③路面基层队:负责水泥稳定碎石基层、二灰碎石基层、水泥稳定石灰土底基层的施工,采用线性法组织施工。

(2) 根据工程特点,构筑物施工以人工为主,利用机械进行梁板吊装,道路工程以机械为主,以人工为辅。

(3) 根据以上方案,主要施工机械包括运输车、钢轮压路机、振动压路机、推土机、挖掘机、装载机、平地机、摊铺机、胶轮压路机、混凝土及集料拌和站、吊车等。

（4）主要工序施工流程。

①路基填筑：施工准备→测量放样→清理表面→原地面压实→土方运输、摊铺整形→碾压→检测→下一工序施工。

②二灰土：施工准备→测量放样→二灰土厂拌→运输至现场→混合料摊铺整形→排压→整形→碾压→检测→养护→下一工序施工。

③二灰碎石、水稳碎石：施工准备→测量放样→混合料拌和与运输→摊铺→碾压→检测→养护→下一工序施工。

5．施工现场平面布置

新、旧路之间连接道路很多，基本为机耕路，两侧村落较多，考虑道路工程为线性工程，为施工方便，项目驻地和主要场站尽量选在中间位置，同时离开村落进出的通道位置，在中桥设现场临时办公点。

6．施工进度计划

根据合同工期要求，整个工程工期为7个月，跨越雨季，因此整个工程的控制节点工序为路基土方施工以及两座桥梁施工。两座桥梁的施工速度关系到桥梁两侧台背填土能否顺利完成，路基能否实现贯通；土方路基施工的速度关系到整个工程能否顺利实现。路面基层根据现有机械能力，每天的进度可以较准确地计算。施工进度计划横道图见图8-17。

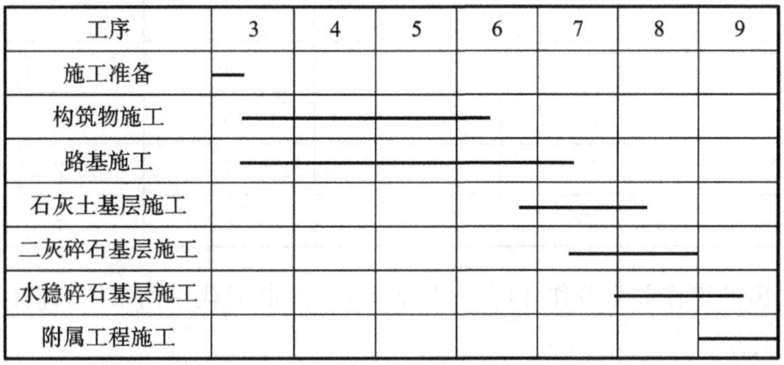

工序	3	4	5	6	7	8	9
施工准备	—						
构筑物施工		—	—	—	—		
路基施工		—	—	—	—		
石灰土基层施工				—	—		
二灰碎石基层施工					—	—	
水稳碎石基层施工						—	
附属工程施工							—

图 8-17 施工进度计划横道图

【本章要点】

1. 施工作业的三种基本方式。
2. 流水参数。
3. 施工组织设计的基本概念、分类及内容。
4. 施工组织设计的编制程序。
5. 施工进度图的表示形式。
6. 双代号网络图的组成。
7. 网络图时间参数计算。
8. 施工进度控制。

【思考与练习】

1. 施工组织设计的编制程序是什么？应遵循怎样的原则？施工组织设计的具体内容应包括哪些？
2. 施工进度计划的作用是什么？编制施工进度计划的依据有哪些？
3. 常用的施工进度计划图有哪几种？它们各自的特点是什么？各自的使用范围又是什么？
4. 在设计施工总平面图时，应遵循怎样的原则？
5. 什么是双代号网络图？它的绘制原则是什么？
6. 在双代号网络图中如何确定关键线路？
7. 影响施工项目进度控制的因素有哪些？
8. 施工项目进度控制可从几方面采取措施？
9. 有结构尺寸相同的涵洞 5 座，每个涵洞四道工序，各涵洞每道工序的工作时间为 $t_1=3$ d，$t_2=2$ d，$t_3=5$ d，$t_4=3$ d，请按分别流水计算总工期。
10. 某工程有 4 个施工过程，四个施工段，流水节拍见表 8-4，试计算总工期。

表 8-4 流水节拍(d)

工序 \ 工段	1#	2#	3#	4#	5#
Ⅰ	3	5	4	3	6
Ⅱ	3	2	5	6	5
Ⅲ	5	3	7	2	5
Ⅳ	2	5	6	3	8

11. 根据所给出的工作关系及作业时间（见表 8-5），绘制双代号网络图，计算时间参数，找出关键线路。

表 8-5 某工程工序关系及作业时间

工序名称	作业时间/d	紧前工作	紧后工作
A	10	—	B,G
B	15	A	C,E
C	20	B	D
D	30	C	—
E	25	B	F
F	45	E	—
G	40	A	H
H	35	G	—

9 道路工程施工质量管理

9.1 概述

工程项目从建设完成投入使用到整个寿命期结束,能否满足人们的需要一般用质量来衡量。确保道路工程质量是道路工程项目管理的核心,是决定建设成功的关键。

9.1.1 质量管理概念

1. 广义的质量含义

根据 2016 版 GB/T19000 标准中质量的定义,质量是指客体的一组固有特性满足要求的程度。定义中"客体"指的是可感知或可想象到的任何事物,可能是物质的(如一台发动机、一张纸)、非物质的(如一个项目计划、转换率)或想象的(如组织未来的状态)。"特性"是指可区分的特征,既可以是固有的或赋予的,也可以是定性的或定量的。"要求"是指明示的、通常隐含的或必须履行的需求或期望,其中"通常隐含"是指组织和相关方的惯例或一般做法,所考虑的需求或期望是不言而喻的。

2. 工程项目质量

工程项目质量是指通过项目施工全过程所形成的、能满足用户或社会需要的并由工程合同、有关技术标准、设计文件、施工规范等具体详细设定其安全、适用、耐久、经济、美观等特性要求的工程质量以及工程建设各阶段、各环节工作质量的总和。

工程项目质量的内涵通常表述为在项目前期阶段所设定的建设项目的规格、质量标准;在设计和施工阶段确保工程结构和安全性、可靠性措施;提出满足建设项目耐久性要求的保障措施,以及与耐久性有重大关系的建筑材料、设备、工艺、结构具体要求;满足美观性、经济性、环境协调性、可维护性等其他要求;建设工程投入使用时能达到预定质量标准,满足合同要求及隐含要求。

3. 质量管理

质量管理就是在一定的技术经济条件下,为保证和提高产品质量所进行的一系列经营管理活动的总称。该管理活动包括质量管理体系的制定、计划的确定、质量的控制、质量验收与评定等相关内容。

9.1.2 质量管理的发展过程

质量管理作为企业管理的有机组成部分,其发展随着企业管理的发展而发展,其产生、形成、发展和日益完善经历了三个阶段。

1. 质量检验阶段(20 世纪 20 年代至 40 年代)

泰勒"科学管理"理论的创立,促使检验从生产中分离出来。这一阶段实际上是设置专门检验人员,对生产完毕拟出厂或进入下一道工序的产品进行检验,剔除废品,所以又称事后检查阶段。

由于对产品质量问题的产生原因不能进行分析,也不能有效提前排除产生质量问题的事故,往往造成浪费和成本增加,因而是不完善的质量管管理。

2. 统计质量管理阶段(20世纪40年代至50年代)

为有效地降低产品质量事故和废品率,将数理统计引入到生产过程中,分析可能影响产品质量的因素和环节,并采取有效的预防措施,从而使产品质量得到提高。该质量管理方法建立在统计基础上,称为统计质量管理阶段。由于该方法由把关管理变为事中管理、先行控制预防,使得产品质量检验进入到工序质量管理阶段。但由于过分强调数理统计方法,忽略生产和管理人员的作用,影响了管理功能的发挥,使得统计质量管理成为可保证产品质量却不能提高产品质量的方法。

3. 全面质量管理阶段(20世纪60年代)

随着科学技术的发展,产品质量、工序质量得到有效控制。20世纪60年代,美国提出并不断完善新的质量管理体系——全面质量管理(Total Quality Control,简称TQC)。该管理思想方法逐步为世界各国所采纳,我国在20世纪80年代初从日本引进TQC理论,并在管理中得到广泛应用,取得了良好的效果。

TQC是指参与产品生产的所有组织、人员以产品质量为核心,把专业技术、管理技术和数理统计结合起来,建立起一套完整、科学、严密、高效的质量保证体系,通过建立层层分解、落实到人的质量管理责任制,实现对产生质量问题的各个因素的控制、协调,以优质的工作、最经济的手段生产出满足需要产品的一系列活动。概括地说,TQC是指有关部门全体人员参与,对产品全过程的各种因素进行包括控制、协调在内的管理活动的总称。

TQC将质量管理从事后检验、分析变为事前分析、预防、控制,使质量管理的内容覆盖了前馈控制、反馈控制。质量管理体系的层层分解落实,使得全体人员参加,全体生产过程处于被控制状态,通过制度、体系的建立与落实,实现管理上的激励约束,充分发挥了参与人员的积极性。

9.1.3 全面质量管理的内容

(1) 完善的质量管理体系。按照道路工程建设项目的具体要求、TQC的具体要求、企业组织的具体特点,建立质量保证的规划、计划;确定保证目标实现的各个技术标准、具体措施。该方面的内容要融入企业的业务流程中。

(2) 全面的质量管理基础工作。包括员工培训,企业管理的现代化、标准化、检测、计量与质量控制设备仪器的现代化,质量信息和情报工作等。

(3) 质量管理体系责任制的具体实施。对建立的质量管理指标层层落实,分解到人;建立与部门、人员利益相关的质量考核激励约束机制,形成严密的质量管理组织系统。

(4) 对质量管理的反馈与控制。通过对质量管理过程中不断反馈,实现质量管理过程中的优化控制。

(5) 质量管理的协调机制。建立多方利益的协调机制,使质量管理不仅涉及业主单位,还与设计单位、监理公司、施工单位有关,协调各种关于质量方面的利益分配;协调好工程过程中的质量、工期、费用的关系。

9.1.4 全面质量管理的特点

(1) 全面性的质量管理。这里的全面性包括三个方面的内容:一是管理对象的全面性,即全面质量管理的对象是广义的质量,不仅包括工程质量,还包括工作质量;二是管理方法的全面性,即在质量管理过程中要针对不同的情况,灵活运用各种现代化的管理方法和手段,将众多的影响因素系统地控制起来,具体包括梳理统计、质量设计、反馈控制、信息化技术等;三是经济效益的全面性,即企业除保证自身能获得最大的经济效益外,还应从社会和产品寿命循环全过程的角度考虑经济效益的问题。

(2) 全员参加的质量管理。全体成员根据各自岗位的特点,为提高工程质量、加强质量管理尽各自的职责。加强质量管理,不是某几个部门或少数几个人的工作,而是许多部门,特别是包括技术部门在内的有关部门和现场施工有关部门的共同任务。

(3) 全过程的质量管理。不仅要对工程建造环节进行管理,而且要对工程的前期调研、设计过程、投入使用直至保养维护等环节进行总体的质量管理。

9.1.5 全面质量管理的 PDCA 方法

全面质量管理坚持采用计划(Plan)、执行(Do)、检查(Check)、处理(Action)的四阶段循环(称为 PDCA 循环)方法,该循环是由美国统计局戴明(W. E. Deming)提出的,所以又称为戴明循环。

1. 计划阶段(P 阶段)

根据历史和现状,找出可能或已经存在的各种质量问题;分析产生质量问题的各种原因、影响因素;针对主要影响因素,制定可行的改善措施,提出工作计划并预计其效果;将计划落实到部门、人员,并确定计划完成的时间、目的、具体执行措施等。

2. 执行阶段(D 阶段)

认真执行制定的计划。

3. 检查阶段(C 阶段)

对执行的结果进行检查和测试,并对检查的结果与计划进行比较和分析,对在允许偏差范围内的,找出成功的经验;对超出允许偏差范围的,找出存在的问题,为纠偏做准备。

4. 处理阶段(A 阶段)

对于成功的质量管理措施,进行归纳、总结并纳入到以后的工作流程、管理制度中;对于无效、失败的措施,在 C 阶段的基础上,进行深入分析,重新纳入下一阶段的 PDCA 循环中,以便继续解决。

PDCA 循环是一个不断循环的过程,在每一循环过程中,不断提出新问题,实现新目标,使工程质量水平不断得到提高,具体过程见图 9-1。

9.1.6 PDCA 方法的特点

1. 完整性

计划、执行、检查、处理四个阶段缺一不可,缺少任一阶段的内容,都不是 PDCA 循环。

2. 程序性

各阶段的各项工作必须按次序进行,不可颠倒、跳跃。

3. 连续性与渐近性

计划、执行、检查、处理四个阶段需不间断地循环进行,且

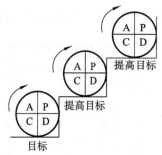

图 9-1 PDCA 循环提高示意图

每经过一个PDCA循环,质量都会有所提高,循环圈也随之不断上升。

9.2 道路工程项目质量管理体系

道路工程项目全面质量管理的前提和基础是质量管理体系的建立。1987年3月,国际标准化组织(ISO)正式发布ISO9000质量管理和质量保证系列标准,该系列标准得到了国际社会和组织的认可和采用,已成为世界各国共同遵守的工作规范。此后又不断对其进行补充完善,在2015年发布了2015版ISO9000标准。我国于2016年发布等同采用国际标准的GB/T19000—ISO9000质量管理和质量保证系列标准,该系列标准由五个标准组成:GB/T19000—ISO9000《质量管理和质量保证标准——选择和使用指南》;GB/T19000—ISO9001《质量体系——设计、开发、生产、安装和服务的质量保证模式》;GB/T19000—ISO9002《质量体系——生产、安装和服务的质量保证模式》;GB/T19000—ISO9003《质量体系——最终检验和试验的质量保证模式》;GB/T19000—ISO9004《质量管理和质量要素——选择和使用指南》。

下面就道路工程企业全面质量管理体系的建立与完善予以介绍。

9.2.1 强化全员全面质量意识,提高企业管理水平

建立全面质量体系是一个涉及企业流程、企业发展的基础工作,需要企业领导亲自参加、决策、安排、协调,从企业发展的根本性角度来决策建立质量体系的核心。同时,制定有关质量体系分析、职能分配、文件编制、职工培训、流程重组、审核与更新等在内的有关计划。

9.2.2 分析、确定质量环,编制质量管理体系文件

质量环是产品从立项到使用全过程各个阶段中影响产品质量的相互作用活动的概念模式。这些阶段中包括直接质量职能和间接质量职能活动,满足产品的质量是质量环各个阶段质量职能活动的综合效果。根据GB/T19004质量环的基本要求,道路工程企业质量环一般由八个阶段组成:工程调研与任务承接;施工准备;材料采购;施工生产;试验与检验;构筑物功能检验;竣工交验;回访与保修。

道路施工企业按照GB/T19004质量环的基本要求,结合企业的具体特点,编制质量体系文件。质量体系文件是质量体系存在和实施的方针性文件,它是施工企业质量管理体系中采用的全部要素、要求和规定,系统地编写成方针性或程序性文件,一般包括质量手册、程序文件、质量计划、质量记录等。具体质量体系文件分四个层次,见表9-1。

表 9-1 质量体系文件层次

文件层次	文件名称	文件性质
第一层次	质量手册	法规性文件(含文件方针)
第二层次	程序文件	支持性文件
第三层次	质量计划	操作性文件
第四层次	质量记录	见证性文件

质量体系文件中最重要的是法规性文件和见证性文件两大类。质量体系法规性文件是用来规

定质量管理工作的原则,阐述质量体系的构成,明确有关部门和人员的质量职能,规定各项活动目的、要求、内容和程序的文件。在合同环境下,这些文件是施工企业向业主单位、政府管理部门、监理单位证实质量体系适用性的证据;质量体系的见证性文件是用来表明质量体系的运行情况和证实其有效性的文件,这些文件记载各质量体系要素的实施情况、工程实体质量的状态和质量体系运行的证据。

有关需要控制的质量文件和质量记录见表 9-2。

表 9-2 需控制的质量文件和质量记录

需控制的质量文件(例)	需控制的质量记录(例)	需控制的质量文件(例)	需控制的质量记录(例)
图纸	检验报告	质量手册	物资材料复审报告
技术规范	实验数据	质量方针	校准报告
检验规程	鉴定报告	质量计划	工序控制记录
试验程序	验证报告	操作规程	质量成本报告
作业指导书	质量体系审核报告	各项质量保证的具体规定	质量考核记录
操作卡	质量体系复审报告		

在编制质量体系文件过程中,需遵循以下几个方面的原则。

(1) 分析企业特点。结合施工企业、本企业的特点,分析采用哪些要素和采用程度,其中要素必须对控制工程实体质量起主要作用,能保证工程的适用性、符合性。

(2) 质量体系的结构化、有效化。企业决策层和各个管理部门、人员均参与到质量体系的建立、实施过程中,其中决策层和管理层负责质量体系的建立、完善、实施和保持各项工作的开展,使质量体系按照相应的组织机构网络,层层分解落实。实现一个企业有一个质量体系,其所有下属单位的质量结构、质量管理活动、质量保证活动等均是企业质量体系的组成部分和特定范围内的体现。如道路工程公司的搅拌站应根据具体特点,补充或调整搅拌站内部的质量体系要素,使其在该范围内更能适应产品质量保证的最佳效果。

(3) 质量体系的文件化。质量体系文件主要分为质量手册、程序文件、质量计划与质量记录等,必须严格按照 GB/T19004 标准的规定执行。同时,对质量体系中的各项要素、要求和规定等必须有系统、有条理地制定为质量体系文件,保证这些文件在质量体系内使各类人员、部门的理解一致。

(4) 质量体系的落实化。道路工程企业在制定质量体系过程中,要先确定企业的质量体系要素,然后进行分解,使其变为二级、三级要素,并制定实施二级、三级要素所需要的质量活动计划、具体负责的部门和责任人。一般情况下,各职能部门和责任人所负责的质量活动要素与其工作活动相一致,且分配各级要素和活动的重要原则是责任部门只能有一个,允许其他部门与之配合。

9.2.3 质量管理体系的评审与评价

一般由企业决策层组织,聘请有关专家参加,对制定的质量体系、质量方针、质量目标等工作开展有效的审核和综合评价。评审主要是检查该质量体系是否全面可行,是否符合企业具体情况,结构是否合理,具体执行能否保证切实可行等,对发现的不足提出改进建议,使得质量体系在具体实施过程前尽可能完善。

9.2.4 质量体系的分层次教育培训

在质量体系制定前期和制定过程中,组织学习有关 ISO9000 和 GB/T19000 系列标准,了解质量体系的目的与作用,结合企业情况,提出与本职工作相联系的要素,并对控制要素的方法提出建议,该过程须反复进行。在质量体系制定后,认真学习相关内容,使质量体系的内容、方法融入企业管理业务流程中。

9.2.5 质量体系的运行

质量体系运行是执行质量体系文件、实现质量目标、保持质量体系持续有效和不断优化的过程,是实现质量管理目标的具体过程。它是通过组织协调、质量监督、开展信息反馈和进行质量体系的定期审核、评审与评价来实现的。

(1) 组织协调。道路施工企业质量体系的运行涉及企业内部计划、施工、技术、测量、质量、监察、材料等各个部门的活动,需要这些部门在目标、分工、时间等方面相互协调一致,责任范围内不能空档,以保持体系的有序性。实现各个部门关于质量体系的组织协调必须通过企业负责人,由质量管理部门负责,通过定期会议、工作交接等多种方式实现。

(2) 质量监督。质量监督实际上是通过对质量体系执行情况具体信息的采集、加工整理、反馈,对出现的各种偏差进行纠偏处理,实现质量管理的动态化控制,它是实现质量管理的核心。质量监督有企业内部质量监督、外部质量监督两种。

需方或第三方进行的质量监督是外部质量监督,需方的监督权是在合同环境下进行的。就施工企业来讲,它实行的就是甲方(监理单位)的质量监督,该监督按照合同规定,从路基开始,甲方就对隐蔽工程质量进行检查、监督。第三方监督是对单位工程和重要分部工程进行质量核定,并在工程开工前检查企业的质量体系,在施工过程中检查、监督企业质量体系的运行是否正常。该工作由政府部门的质量监督站(处)负责。

质量监督是符合性监督,需要不断地对工程实体进行连续性的监视和验证,不断地反馈来进行纠偏活动。对于出现的偏离质量标准的活动和技术情况,要求相关责任人和部门进行纠正,严重者责令停工整顿,从而使工程质量和相关活动符合相关标准的要求。

(3) 质量信息管理。质量管理的运行过程,实际上是不断的信息交流、反馈过程,是实现组织协调、质量监督的重要基础工作。只有建立切实可行的信息反馈系统,才能对信息进行及时处理,完成质量体系的实施过程。

9.2.6 质量体系的定期审核、评审与评价

为查明质量体系的实施效果能否实现预定目标的要求,并对其进行改进与完善,必须进行内部审核、外部评审与评价活动。

质量体系的内部审核由企业管理人员对体系各项活动进行定期、不定期的客观评价,这些人员独立于被审核的部门和人员的活动范围。审核范围主要有:①组织机构;②管理与工作程序;③人员、装备和器材;④工作区域、作业和过程;⑤制品符合规范和标准的程度;⑥文件、报告和记录。

质量体系的评审与评价一般是由企业决策者和外部专家针对企业在质量体系中的问题进行的,主要是检查该质量体系的执行情况与制定的体系、目标的偏差,从而使质量体系在具体实施过程前尽可能改进与完善。

9.3 质量管理中的统计方法

道路工程质量管理是以数理统计方法作为基本手段,即运用统计学规律,收集、整理、分析、利用数据,并以这些数据作为判断、决策和解决质量问题的依据。目前常用的方法有频数分布直方图法、分层图分析法、排列图法、因果分析图法、相关分析图法、控制图法、检查表法七种。

9.3.1 频数分布直方图法

频数分布直方图即质量分布图,简称直方图。它是将收集到的质量数据按要求进行频数统计,并画成柱状(直方)图形,用以分析、研究质量数据的集中程度和分布状态,判断生产过程稳定程度的一种统计分析方法。由于这种图中的每一个长方形代表一定范围内实测数据出现的频数,所以该图称为频数分布直方图。

1. 直方图的绘制

下面以某沥青混凝土拌和过程中油石比质量抽查为例,说明直方图的做法、步骤。

(1) 收集样本数据。一般要求质量数据在 50 个以上,本例为 100 个,具体数据见表 9-3。

表 9-3 油石比质量抽查数据

顺序	数 据										最大	最小	极差
1	6.12	6.35	5.84	5.90	5.95	6.14	6.05	6.03	5.81	5.86	6.35	5.81	0.54
2	5.78	6.25	5.94	5.80	5.90	5.86	5.99	6.16	6.18	5.79	6.25	5.78	0.47
3	5.67	5.64	5.88	5.71	5.82	5.94	5.91	5.84	5.68	5.91	5.94	5.64	0.30
4	6.03	6.00	5.95	5.96	5.88	5.74	6.06	5.81	5.76	5.82	6.06	5.74	0.32
5	5.89	5.88	5.64	6.00	6.12	6.07	6.25	5.74	6.16	5.66	6.25	5.64	0.61
6	5.58	5.73	5.81	5.57	5.93	5.96	6.04	6.09	6.01	6.04	6.09	5.57	0.52
7	6.11	5.82	6.26	5.54	6.26	6.01	5.98	5.85	6.06	6.01	6.26	5.54	0.72
8	5.86	5.88	5.97	5.99	5.84	6.03	5.91	5.95	5.82	5.88	6.03	5.82	0.21
9	5.85	6.43	5.92	5.89	5.90	5.94	6.00	6.20	6.14	6.07	6.43	5.85	0.58
10	6.08	5.86	5.96	5.53	6.24	6.19	6.21	6.32	6.05	5.97	6.32	5.53	0.79

(2) 数据分析与整理。找出数据中的极大值和极小值(X_{max}、X_{min}),计算极差值 R。本例中 $X_{max}=6.43$,$X_{min}=5.53$,极差值 $R=X_{max}-X_{min}=0.9$。

(3) 确定分组数和组距。组数用 B 表示,依据样本数确定。当样本数为 50 以下时,$B=5\sim7$ 组;当样本数为 $50\sim100$ 时,$B=6\sim10$ 组;当样本数为 $100\sim250$ 时,$B=7\sim12$ 组;当样本数为 250 以上时,$B=10\sim20$ 组。

组距用 h 表示,由极差和组数确定。其公式为

$$h = \frac{R}{B} \tag{9.3.1}$$

本例中 B 取 10，组距 $h=0.09$。

（4）确定分组界限值。为避免数据刚好落在组界上，无法确定组别，组界限值要比原来数据精度高一级。第一组的下界值$=X_{min}-h/2$，第一组的上界值$=X_{min}+h/2=$第二组的下界值，以此类推。本例中第一组的界值为 5.485~5.575。

（5）编制频数统计表，绘制直方图。见表 9-4、图 9-2。

表 9-4 频数分布统计表

序号	分组区间	频数	相对频数	序号	分组区间	频数	相对频数
1	5.485~5.575	3	0.03	7	6.025~6.115	14	0.14
2	5.575~5.665	4	0.04	8	6.115~6.205	9	0.09
3	5.665~5.755	6	0.06	9	6.205~6.295	6	0.06
4	5.755~5.845	14	0.14	10	6.295~6.385	2	0.02
5	5.845~5.935	21	0.21	11	6.385~6.475	1	0.01
6	5.935~6.025	20	0.20			100	

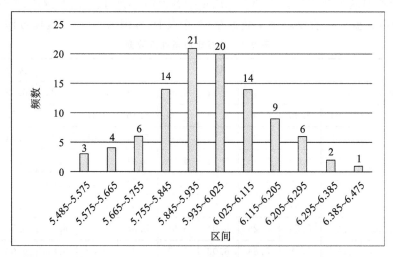

图 9-2 直方图

2. 直方图在质量管理中的应用

（1）估算可能出现的不合格率。大量实践表明，由于偶然原因，产品质量数据出现的频数符合正态分布。质量评定标准又有两个标准界限值，上限为 T_U，下限为 T_L，故不合格产品率有超上限不合格率 P_U 和超下限不合格率 P_L，总的不合格率为 $P=P_U+P_L$。

为计算 P_U 和 P_L 的值，引入正态分布概率系数相应数值 K_U 和 K_L，计算公式如下。

$$K_U = \frac{T_U - \overline{X}}{S} \tag{9.3.2}$$

$$K_{\mathrm{L}} = \frac{\overline{X} - T_{\mathrm{L}}}{S} \qquad (9.3.3)$$

式中：$\overline{X}$、S——样本数据的平均值和标准偏差。在本例中，$\overline{X}=5.946$，$S=0.181$，若已知油石比质量标准 $T_{\mathrm{U}}=6.50, T_{\mathrm{L}}=5.50$，则

$$K_{\mathrm{U}} = \frac{T_{\mathrm{U}} - \overline{X}}{S} = \frac{6.50 - 5.946}{0.181} = 3.06; \quad K_{\mathrm{L}} = \frac{\overline{X} - T_{\mathrm{L}}}{S} = \frac{5.946 - 5.50}{0.181} = 2.46$$

查正态分布表得 $P_{\mathrm{U}}=1-0.9989=0.0011$，$P_{\mathrm{L}}=1-0.9931=0.0069$，故可能出现的不合格率为 $P=P_{\mathrm{U}}+P_{\mathrm{L}}=0.80\%$。

(2) 判断质量分布状态。根据完成的频数直方图来判断工程质量是否正常。工程质量在一般情况下，表现出来的频数直方图应基本呈正态分布。对于不符合正态分布的，应进行深入分析和判断，找出产生的原因。

(3) 考察工序能力。工序能力是指工序在稳定状态下的实际生产合格产品的能力，工序的质量形成一定的分布。一般来讲，如果工序能力高，质量分布的集中倾向就强，分散趋势就小；工序能力低，则集中倾向就弱，分散趋势就大。

9.3.2 分层图分析法

分层图分析法也被称为分组法或分类法，是将收集到的样本数据按统计分析的目的和要求进行分类，通过对样本数据的整理把质量问题系统化、条理化，从中寻找出影响质量问题的主要因素，及时采取措施并加以预防。该方法的核心是进行分层。分层的方法有很多，可以按照不同施工工艺和操作方法分类；按操作人员或班组分类；按分部分项工程分类；按不同时间分类；按设备类型分类；按材料成分、规格、供料时间等分类。下面通过实例来说明该方法。

某钢筋焊接质量检查数据中，共检查 50 个点，其中不合格的有 19 个，不合格率为 38%，试分析造成质量问题的原因。

为调查不合格原因，采用分层图分析法进行研究。该批钢筋焊接由三人操作，焊条由两个厂家提供，表 9-5 和表 9-6 分别为按照操作者和焊条供应厂家进行的分类，表 9-7 为综合分层进行的分类。

表 9-5　按操作者分类

操作者	不合格/点	合格/点	不合格率/(%)
A	6	13	32
B	3	9	25
C	10	9	53
合计	19	31	38

表 9-6　按焊条供应厂家分类

操作者	不合格/点	合格/点	不合格率/(%)
甲	9	14	39
乙	10	17	37
合计	19	31	38

表 9-7　综合分析焊条质量

操作者		甲厂	乙厂	合计
A	不合格	6	0	6
	合格	2	11	13
B	不合格	0	3	3
	合格	5	4	9
C	不合格	3	7	10
	合格	7	2	9
合计	不合格	9	10	19
	合格	14	17	31

从表中可以看出，两个厂商供应焊条质量相差不大，均存在不合格率较高的情况，需要提高焊条本身质量。但操作者的不合格率相差较大，C 操作者焊接质量严重不合格，需要重新培训学习；B 的操作方法较好，可以使焊接质量得到提高。

9.3.3　排列图法

在质量管理过程中，通过抽样检查或检验试验所得出的有关质量问题、偏差、缺陷、不合格等方面的统计数据，以及造成质量问题的原因分析统计数据，均可采用排列图法进行分析。

排列图法就是将影响工程质量的各种因素，按照出现的频数从大到小的顺序排列在横坐标上，在纵坐标上标出因素出现的累积频数，并画出对应的变化曲线的分析方法。由于这种图是由意大利经济学家帕雷多(Pareto)提出的，因此又称为帕雷多图法或主次因素分析法。

排列图法需要按照系统分析法分析可能产生质量问题的各种因素；在确定调查对象的基础上，进行抽样检查；用调查的数据计算各个因素产生的频度，然后画成图，在图的基础上进行分析。下面通过实例来说明该方法。

某段公路竣工后进行一次质量抽查，其中抽查项目共六项，即弯沉值、平整度、横坡、纵坡、路基宽度、路面宽度，各项出现不合格的次数抽查结果见表 9-8。

表 9-8　道路质量检查项目统计表

检查项目	不合格次数	频率/(%)	累计频率/(%)
路面宽度	134	48.2	48.2
弯沉值	76	27.3	75.5
平整度	27	9.7	85.2
横坡	21	7.6	92.8
纵坡	16	5.8	98.6
路基宽度	4	1.4	100
合计	278	100	

画出排列图,在其横坐标上将各影响质量的因素按不合格次数从大到小依次排列,画出各因素的矩形图,并在纵坐标上画出累计频率和频数,见图 9-3。

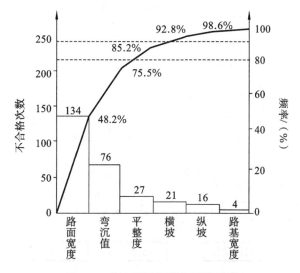

图 9-3　道路质量问题分析排列图

从图中可以明显看出,一般累计曲线可以分为 A、B、C 三个区间,其中累计频率在 0～80% 之间的区间为 A 区间,相关因素为影响产品质量的主要因素,应重点管理;80%～90% 为 B 区间,相关因素为影响产品质量的次要因素,应次重点管理;90%～100% 为 C 区间,相关因素为影响产品质量的一般因素,可按常规适当加强管理。该实例中,路面宽度、弯沉值为影响产品质量的主要因素,如果解决好这些方面的问题,就可将工程质量不合格率降低 75.5%;平整度、横坡为影响产品质量的次要因素;纵坡、路基宽度为影响产品质量的一般因素。

9.3.4　因果分析图法

因果分析图简称因果图,又称鱼刺图、树枝图,是一种逐步深入研究寻找影响产品质量原因的方法。由于在实际工程管理过程中,产生质量问题的原因是多方面的,而每一种原因的作用又不同,往往需要在考虑综合因素时,按照从大到小、从粗到细的方法,逐步找到产生问题的根源。

因果关系分析法的最终目的是查找并确定主要原因,以便制定对策,解决工程质量问题,从而提高工程质量。下面以混凝土浇筑后质量不合格的主要影响因素"混凝土强度不够、蜂窝麻面"的分析为例来说明该方法。

(1) 明确要分析的对象及其质量特征,画主干线,即画一条从左到右带箭头的直线,并在箭头处标明要分析的质量问题。本例中要解决的质量特征为"混凝土强度不够、蜂窝麻面"。

(2) 确定产生问题的大原因,将其画在主干线的上下两侧。本例中影响工程质量的原因主要是施工人员、材料、机械设备、施工方法、施工环境。将这些原因用带分叉的线画在主干线两侧,箭头方向代表因果关系。

(3) 分别确定产生工程质量主要大原因背后的中原因,中原因背后的小原因,按照同样的方法画在图中。

(4) 反复检查并进行讨论,寻找可能产生问题的遗漏因素。具体见图 9-4。

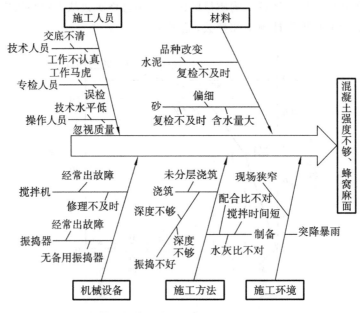

图 9-4 混凝土强度不够、蜂窝麻面因果关系分析图

(5) 对图中显示的各种原因进行反复比较、分析和讨论,找出原因,并将其作为改进质量的重点解决对象。

(6) 对产生质量问题的各种原因,按照主次分别改进,重点限期改进主要原因。

因果关系分析法是一种逻辑推理方法。在分析推理的过程中,要充分讨论,集思广益,并利用现有的各种数据进行判断,从而为提高工程质量提供具体、切实可行的对策。

9.3.5 相关分析图法

相关分析图法又称散布图法,是通过绘制两个变量之间的散布图计算相关系数等,分析确定质量特性和影响质量的因素之间、质量特性和质量特性之间、质量影响因素和质量影响因素之间是否有相关关系及相关关系密切程度如何,从而通过一个变量的改变实现另外一个变量的控制。下面通过实例来说明该方法。

不同灰水比(C/W)的混凝土 28 天强度(R_{28})试验结果见表 9-9。试确定它们之间的线性关系。

表 9-9 C/W-R_{28} 试验结果

序号	$x(C/W)$	$y(R_{28})$
1	1.25	14.3
2	1.50	18.0
3	1.75	22.8
4	2.00	26.7
5	2.25	30.3
6	2.50	34.1
Σ	11.25	146.2

根据数理统计的有关知识,如果自变量 x 和因变量 y 之间的关系为线性关系 $y=a+bx$,通过历史资料只要取得 a、b 值即可。显然利用最小二乘法可得到

$$\hat{a} = \bar{y} - \hat{b}\bar{x}$$
$$\hat{b} = \frac{L_{xy}}{L_{xx}} \tag{9.3.4}$$

其中

$$\bar{x} = \frac{1}{n}\sum_{i=1}^{n} x_i, \quad \bar{y} = \frac{1}{n}\sum_{i=1}^{n} y_i \tag{9.3.5}$$

$$L_{xx} = \sum_{i=1}^{n} x_i^2 - \frac{1}{n}\left(\sum_{i=1}^{n} x_i\right)^2, \quad L_{xy} = \sum_{i=1}^{n} x_i y_i - \frac{1}{n}\left(\sum_{i=1}^{n} x_i\right)\left(\sum_{i=1}^{n} y_i\right),$$
$$L_{yy} = \sum_{i=1}^{n} y_i^2 - \frac{1}{n}\left(\sum_{i=1}^{n} y_i\right)^2 \tag{9.3.6}$$

在本例中,可由式(9.3.4)求得 $\hat{b}=15.98, \hat{a}=-5.6$,可得到回归方程为 $y=-5.6+15.98x$,即为

$$R_{28} = -5.6 + 15.98(C/W) \tag{9.3.7}$$

相关系数为

$$r = \frac{L_{xy}}{\sqrt{L_{xx}L_{yy}}} = 0.999$$

显著性水平 $\alpha=0.05$,由试验次数 $n=6$ 查表得相关系数临界值 $r_{0.05}=0.811$,因 $r>r_{0.05}$,说明混凝土 28 天的抗压强度 R_{28} 与灰水比 C/W 是线性相关的,且灰水比每增减一个单位,28 天抗压强度增减 15.98 个单位。

9.3.6 控制图法

前面所述的方法基本上是使用静态数据分析管理问题的,但在实际质量管理中必须采用动态分析法,实行质量动态控制,即随时了解生产过程中的质量变化情况,及时采取措施,使生产质量处于稳定状态。该方法是 1924 年美国贝尔研究所的休哈特博士首先提出的,又称动态分析法或管理图法。它是在直角坐标系内画出控制界限,描述生产过程中产品质量波动状态的图形。利用控制图区分质量波动原因,判明生产过程是否处于稳定状态的方法称为控制图法,该方法现已成为质量控制中常用的手段。

1. 影响质量的原因

人(Man)、机具设备(Machine)、材料(Material)、工艺方法(Method)和环境(Environment)因素(简称 4M1E)的一些变化都会对工程产品质量产生影响,使质量数据具有差异性。从产生质量问题的具体频数来看,原因可归纳为两大类:偶然性原因和系统性原因。

偶然性原因是对产品质量起作用,但是对带有偶然性且影响程度较小的因素,如原材料成分、周围环境、工人操作的微小变化等。这些微小的变化在具体工程中大量存在且不可避免,但单个因素对工程质量影响较小,对其进行判别和消除在经济上不合算。这一类影响因素所造成的产品质量一般符合均值为 0 的正态分布,因此在一般情况下不加以控制,也不影响工程质量。

系统性原因是对产品质量产生较大影响的异常性因素,如原材料成分的较大变化、工人违反操

作规程要求、周围环境产生较大变化等。这类原因一般容易识别和消除,且一旦消除,其工程质量就恢复正常,所以是控制的重点。

2. 控制图的基本形式

控制图法就是利用影响道路工程产品质量的偶然性原因和系统性原因的不同特点,尽可能地消除系统性原因,保证工程产品的正常波动。一般来说,仅仅由于偶然性原因产生的产品质量特性服从正态分布。从动态角度分析,控制图的基本形式见图 9-5。

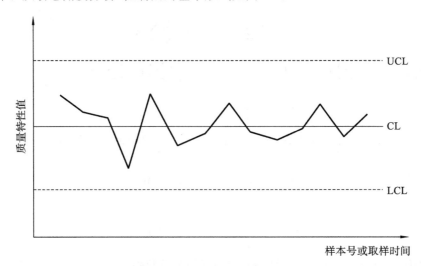

图 9-5 控制图的基本形式

从图中可以看出,控制图由三条线组成:中间线为中心线,用符号 CL 表示;上面的线为控制上限,用符号 UCL 表示;下面的线为控制下限,用符号 LCL 表示。在具体绘制过程中,按照时间、取样组的先后顺序,将其统计量作为一个点画在控制图上,用连接各点的折线表示质量的波动情况。

3. 控制图的用途

控制图用于道路工程施工项目质量控制的基本思路是:为了使项目实施过程处于正常状态,项目实施应实现标准化。只要操作者按标准作业,控制图上的点越出控制界限或排列有缺陷的可能性就非常小。一旦点超出控制界限或排列有缺陷,即认为维持正常作业的良好状态和标准作业条件被破坏的可能性极大。因此,应对工序进行仔细观察、调查研究,查清产生异常的原因,采取措施消除异常因素,使工序恢复和保持良好的状态,避免大量产生不合格品,真正起到预防和控制的作用。

4. 控制图的分类

1) 按用途分类

(1) 分析用控制图。分析用控制图主要是用来调查分析生产过程是否处于控制状态。绘制分析用控制图时,一般需连续抽取 20～25 组样本数据,计算控制界限。

(2) 管理用控制图。管理用控制图主要用来控制生产过程,使其经常保持稳定状态。

当根据分析用控制图判明生产处于稳定状态时,一般都是把分析用控制图的控制界限延长作为管理用控制图的控制界限,并按一定的时间间隔取样、计算、打点,根据点的分布情况,判断生产过程是否有异常因素影响。

2) 按质量数据特点分类

(1) 计量值控制图。计量值控制图主要适用于质量特性值属于计量值时的控制，如时间、长度、重量、强度、成分等连续型变量。常用的计量值控制图如下。

① $\bar{x}$-R 控制图。这是平均数 $\bar{x}$ 控制图和极差 R 控制图相配合使用的一种基本控制图。

② $\tilde{x}$-R 控制图。这是中位数 $\tilde{x}$ 控制图与极差 R 控制图结合使用的一种控制图。

③ x-R_s 控制图。这是单值 x 控制图和移动极差 R_s 控制图结合使用的一种控制图。

(2) 计数值控制图。计数值控制图通常用于控制质量数据中的计数值，如不合格品数、疵点数、不合格品率、单位面积上的疵点数等离散型变量。根据计数值的不同，计数值控制图又可分为计件值控制图和计点值控制图。

① 计件值控制图：包括不合格品数 P_n 控制图和不合格率 P 控制图。

② 计点值控制图：包括缺陷数 c 控制图和单位缺陷数 u 控制图。

由于表示质量的统计数据种类很多，控制图也有多种形式，下面通过比较常用且数据充分的平均值与极差（$\bar{x}$-R）控制图为例来说明其过程。

某道路路面基层厚度检测结果见表 9-10。其控制图绘制过程如下。

表 9-10 基层厚度检测结果与计算表

日期	组号	实测偏差/cm					$\sum x_i$	平均值	极差
		x_1	x_2	x_3	x_4	x_5			
5/3	1	2	−0.5	−1	−0.5	0.8	0.8	0.16	3.0
6/3	2	0	1.7	−1	1	−1	0.7	0.14	2.7
7/3	3	−1	1	1	−0.5	1	1.5	0.30	2.0
8/3	4	1	−1	0	0	0	0	0	2.0
9/3	5	1	1	0.5	1.5	−1	3.0	0.60	2.5
10/3	6	1	2	−1	0.5	2	4.5	0.90	3.0
11/3	7	2	0.5	2	1	0	5.5	1.10	2.0
12/3	8	2	2.5	0.5	1	1	7	1.40	2.0
13/3	9	2	−1	1.5	1	1.5	5	1.00	3.0
14/3	10	0	−0.5	0	0	1.5	1	0.20	2.0
合计							29	5.8	24.2

① 收集整理资料。要求有 50 个样本及以上，本例为 50 个。其中，按照检测时间分为 10 次，即 $K=10$，每次 5 个样本，$n=5$。

② 计算各组的平均值 $\overline{x_i}$、极差 R_i，并列入表 9-10。

③ 计算各组平均值的平均值和极差的平均值。其公式为

$$\bar{x} = \frac{1}{K}\sum_{i=1}^{K}\overline{x_i} = 0.58$$

$$R = \frac{1}{K}\sum_{i=1}^{K}R_i = 2.42$$

④计算控制界限。对 $\bar{x}$ 控制图,中心线均用平均值表示,$CL=\bar{x}=0.58$;控制上下限为

$$UCL = \bar{x} + A_2 R = 0.58 + 0.58 \times 2.42 = 1.98$$
$$LCL = \bar{x} - A_2 R = 0.58 - 0.58 \times 2.42 = -0.82$$

式中:A_2——控制图系数,由 $n=5$ 决定,见表 9-11。

表 9-11 控制图系数

样本数 n		2	3	4	5	6	7	8	9	10
$\bar{x}$ 控制图	A_2	1.88	1.02	0.73	0.58	0.48	0.42	0.37	0.34	0.31
R 控制图	D_4	3.27	2.57	2.28	2.11	2.00	1.92	1.86	1.82	1.78
	D_3	—	—	—	—	—	0.08	0.14	0.18	0.22

注:表中"—"表示不考虑下控制界限。

对 R 控制图,中心线均用极差的平均值表示,$CL=R=2.42$;控制上下限为

$$UCL = D_4 R = 2.11 \times 2.42 = 5.11$$
$$LCL = D_3 R (n \leqslant 6 \text{ 时不考虑})$$

式中:D——控制图系数,由 $n=5$ 决定,见表 9-11。

⑤画出控制图。其中,中心线用实线表示,控制界限用虚线表示,见图 9-6。

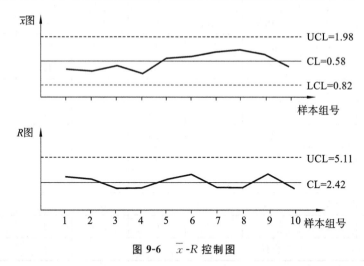

图 9-6 $\bar{x}$-R 控制图

⑥控制图分析。根据画出的控制图,判断生产过程是否处于稳定状态,是否超出控制界限,随机排列是否有缺陷。从本例中看,生产过程处于控制界限以内,且基本按照随机排列,可以认为生产过程处于稳定状态。

9.3.7 检查表法

检查表法又称调查表法或统计分析表法。它是用来调查、收集、整理数据,为其他数据统计方法提供基础数据和进行粗略质量分析原因的一种方法。道路工程质量管理中常用的有检查评定工程用的检查表、不良项目的检查表、不良原因检查表、工序质量分布检查表、缺陷工程检查表等。具

体用法根据需要并参照实际工作自行设计。

9.4 道路工程设计质量管理

道路工程质量管理根据基本建设程序的不同阶段有不同的特点和管理方式,其中设计阶段、施工阶段质量管理为最重要的两个环节。

道路工程设计质量管理就是在严格遵守技术标准、法规的基础上,正确处理和协调资金、资源、技术、环境条件的制约,使建设项目设计能更好地满足实际需要的功能和使用价值,充分发挥项目效益的一系列质量管理活动。

根据我国现阶段管理程序,道路工程设计质量管理采用设计单位自检、业主单位和政府主管部门监督的程序,对于特别重大的采用设计监理的工程项目,加入监理监督这一环节。但设计单位的质量管理由于管理体制、管理方式等方面的限制,目前处于设计单位自检为主,业主单位、政府主管部门审查的状态。

9.4.1 设计单位质量管理

设计单位质量管理的内容可概括为以下几项。

(1) 设计单位建立并推行全面质量管理体系,加强设计标准化工作,健全原始资料。

(2) 编制好设计纲要等指导性文件,建立设计质量目标、控制纠偏措施等质量管理计划工作。计划中涉及的内容与深度应符合国家技术规范和全面质量管理的要求。

(3) 设计接口控制。明确规定并切实做好设计部门内部各个专业之间、设计部门与其他部门之间的协调与统一,制定统一的管理程序,待设计单位技术管理部门审核后实施。设计过程中按照规定的程序进行设计接口工作,以保证设计质量。

(4) 严把设计方案的成品校审、方案选择与审核关。设计文件必须进行成品校审,在校审的基础上进行会审;在选择和审核过程中,根据设计文件质量特性的功能性、可信性、安全性、可实施性、适用性、经济性、时间性等方面是否满足,对设计质量进行综合考评;对各个设计单位根据单位具体情况制定的评价标准予以确定;对校审、审核过程中产生的一切问题、偏差进行纠偏处理。

(5) 设计验证。重要的道路建设项目除正常的成品校审、方案选择与审核把关外,还需进行设计验证。如采用其他方法进行验证,将新设计与已证实的类似设计进行比较,进行试验或证实,采用计算机模拟仿真等。

(6) 建立、健全设计文件会签制度。通过会签保证各专业设计人员对设计条件或相互联系中的误解和错误有新的认识,并提出改善和改进措施,这也是保证设计质量的重要一环。

(7) 鼓励设计创新。

(8) 加强设计变更控制管理。

9.4.2 业主设计质量管理

涉及工程产品方面的设计质量有两个方面:一是工程的质量标准,如采用的技术标准、设计使用年限、工程规模等,该方面标准应符合项目目标的要求;二是设计质量工作,即设计成果的正确性、各专业设计的协调性、文件的完备性等。作为业主对设计质量管理主要从以下几方面进行控制。

(1) 设计单位的选择。除按照国家有关规定外，最好选择具有同类工程经验，在过去的项目中与业主合作良好、信誉好的单位。

(2) 提出工程质量要求。业主应提出具体的总功能目标、总工程具体标准，并尽可能地提出重点部位质量要求。

(3) 对于一些大的、技术复杂的工程项目，可委托设计监理或聘请专家咨询，对设计进度和质量、设计成果进行分阶段审查。

(4) 由于目前设计单位对项目经济性不承担责任，从自身效益角度往往希望尽快出方案、图纸，不愿意做多方案比较分析，即使做了也不认真，达不到设计质量的要求，因此业主单位需从以下几方面考虑。

①尽可能采用设计招标，在中标前审查方案，而且可以对比多个方案，这样选择一个设计单位就等于选择一个设计方案。

②采取奖励措施，鼓励设计单位优化设计方案，将优化方案降低的一部分费用奖励给设计单位。

③另请科研单位对方案进行试验、研究、分析与评价，包括项目技术经济等多方面，从中选择最优方案。

(5) 加强对设计质量的控制。对设计工作进行检查、评价，及时提出设计产品与计划目标产生的偏差，督促设计单位采取具体措施进行纠偏处理，包括设计工作以及设计工作的完备性，微观、宏观上的设计构思，设计工作、设计文件的正确性、全面性、安全性等以及设计内容满足规范要求的程度等。

9.4.3 设计质量评定

设计质量评定分为设计单位内部质量评定和政府主管部门质量评定两个阶段。其中，设计单位内部质量评定是设计单位按照全面质量管理要求进行的内部评价，由各个单位按照其具体情况制定。政府主管部门进行的设计质量评定是从政府角度对设计方案是否合理、设计文件质量是否符合标准、设计服务是否周到、设计变更次数是否正常等进行综合评价，其中交通部关于公路工程设计质量评定的标准见表 9-12。

表 9-12 公路工程设计质量评定标准

序号	项目	评定内容	应得分	实得分
一	设计方案	总体方案是否经济合理，是否符合有关标准、规范	20	
二	设计文件	是否符合设计文件编制方法的规定，是否采用先进技术，设计文件差、错、碰、漏和印刷装订情况	20	
三	设计服务	是否按时提交图纸、按规定派设计代表，施工现场服务情况	20	
四	设计变更	因设计深度不够或差错等引起变更次数及造成工期拖延和造价增加情况	20	

续表

序号	项　目	评定内容	应得分	实得分
五	有关单位评价	按各单位汇报和掌握的情况综合打分	20	
	合计		100	

9.5　道路工程施工质量管理

为提高道路工程的质量和投资效益,加强对道路工程质量的监督管理,根据有关规定,道路工程采用"政府监督、施工监理、企业自检"的质量保证体系和管理措施。

9.5.1　道路施工企业的质量管理

道路工程施工企业质量管理通过企业建立质量管理体系、工程项目施工质量计划、承包人实验室(现场)、工程项目施工准备阶段质量控制、工程项目施工过程质量控制、工程项目竣工验收质量控制等工作来实现。

1. 制定工程项目施工质量计划

工程项目施工质量计划是指为确定项目应达到的质量标准和为达到这些质量标准而做的工作计划与安排。项目施工质量管理是通过实施施工计划所开展的质量保证活动达到的,而不是仅仅通过事后检查得到的,计划的实施与质量的检测、检验、纠偏等一系列活动构成了质量管理的重要环节。

(1) 工程项目施工质量计划编制的具体要求。该计划应由项目经理主持编制,并报送施工企业相关部门、领导审批。其内容包括从工序、分项工程、分部工程到单位工程的管理计划,体现出资源投入,完成工程质量最终检验、试验方式的计划目标,纠偏措施等。工程项目施工质量计划应落实到人,建立质量计划、实施效果一体化的激励约束机制,成为对外质量保证和对内质量管理的依据。

(2) 工程项目施工质量计划的内容。该计划通常以施工组织设计或施工管理实施规划的文件形式编制。其主要内容包括编制依据,项目概况,质量目标,组织机构,质量控制及管理组织协调的具体形式,必要的质量控制手段,施工过程,服务、检验和试验程序等,确定关键工序和特殊过程即作业指导书,与施工阶段相适应的检验、测量、验证要求,更改和完善质量计划的程序等。

2. 建立承包人实验室(现场)

根据交通部有关规定,必须建立承包人实验室(现场)作为质量管理的重要手段。承包人实验室建筑面积、实验设备及人员配备应能满足本工程各项试验的需要:满足工程开工前的各种试验;满足对各种材料的鉴定试验等;配合施工,提供和采集为控制施工质量所需要的各种参数;对各种试验结果进行数理统计和分析整理等,建立全部工程的试验档案,为工程竣工验收提供详细的试验资料等。

3. 工程项目施工准备阶段质量控制

工程项目施工准备阶段质量控制是指项目正式施工活动开始前,对各项准备工作及影响质量的各因素和有关方面进行的质量控制。其程序与内容可以概括为以下几个方面。

(1) 施工合同签订后,项目经理部索取设计图纸和技术资料,指定专人管理有效文件清单;根据设计文件和技术交底的工程控制点进行复测,发现问题时与设计人员协商,并形成记录;项目技术负责人对图样进行审核,形成会议记录。

(2) 项目经理部按照质量计划中工程分包和物资采购的规定,选择并评价分包人和供应人,保存评价记录。

(3) 对全体施工人员进行质量知识培训,并保存培训记录。

(4) 进行项目建设地点调查分析、编制施工图预算和施工预算、编制项目施工组织设计等基本准备工作。

(5) 按照材料、机械设备供应计划进行采购和进场;对各种材料逐项核实,确保质量符合要求;检查机械设备是否进入正常生产状态,确保按时开工;订立分包合同等。

(6) 建立项目组织机构、施工队伍,建立、健全质量管理制度。

(7) 做好控制网、水准点等施工现场工作。

4. 工程项目施工过程质量控制

(1) 施工过程中的工序控制。工序质量管理与控制是工程项目施工过程质量控制的核心。

①工序质量控制的基本规定:施工作业人员应按规定经考核后持证上岗;施工管理人员及作业人员应按施工工艺、操作规程、作业指导书和技术交底文件进行施工;工序的检验和试验应符合过程检验和试验的规定,对查出的质量缺陷应按不合格控制程序及时处理;施工管理人员应记录工序施工情况。

②工序质量控制和检查的程序:确定工序质量控制计划;进行工序影响因素分析,分清主次,重点控制;选择和确定工序质量控制点;确定每一个工序质量控制点的质量目标;按规定检测方法对工序质量控制点现状进行跟踪检测;将工序质量控制点的质量现状和质量目标进行比较,找出两者的质量差距和产生差距的原因;采取相应的技术、组织和管理措施,消除其质量差距,防止发生质量问题;整个质量检验过程中,要把检验数据完整无误地记录下来,以便进行数据处理和备检用。其中,质量控制点一般是指为了保证工序质量而需要进行控制的重点(或关键部位,或薄弱环节)。

(2) 施工过程中的现场质量检查:包括开工前检查、施工过程中的跟踪监督与检查、工序交接检查、隐蔽工程检查、停工后检查、复工后检查、分部分项工程检查等。该项工作通过关键手续、巡视检查等多种方式,确保质量不合格产品不进入下一道工序。

(3) 成品保护:对施工过程中出现的一些中间产品,如一些分部分项工程已经完工,但其他部位正在施工的成品,采取护、包、盖、封等有效的保护措施。

(4) 特殊过程质量控制:有关质量特性要在后续工序中才能反映出来的工序,或无法检测只能通过破坏性检测的工序,或很难检验出结果的工序,或产品有缺陷但只能在使用后才能暴露出来的工序,一般称为特殊过程。

特殊过程质量控制应对人员进行特殊培训和资格认证,设置控制点进行控制;除执行一般控制外,还执行由专业技术人员编制的专门的作业指导书的质量控制程序。

5. 工程项目竣工验收质量控制

工程项目竣工验收是指施工承包单位将竣工工程以及有关资料移交业主单位或监理单位,并接受业主单位对产品质量和技术资料的一系列审查验收工作的总称。它是工程项目质量控制的关键。经竣工验收后,如果工程项目达到竣工验收质量标准,就可以解除合同双方各自承担的合同义务及经济和法律责任。

工程项目竣工验收是工程项目施工全过程中最后一道程序,也是工程项目管理的最后环节。它是建设投资转入生产或使用的标志,也是全面考核投资效益、检验设计和施工质量的重要环节。竣工验收阶段质量控制的基本要求有以下几个方面。

(1) 单位工程竣工后,必须进行最终检验和试验。项目技术负责人应按编制竣工资料的要求收集、整理质量记录。

(2) 项目技术负责人应组织有关专业技术人员按最终检验和试验规定,根据合同要求进行全面验证。

(3) 对查出的施工质量缺陷,应按不合格控制程序进行处理。

(4) 项目经理应组织有关专业技术人员按合同要求编制工程竣工文件,并做好工程移交的准备。

(5) 在最终检验和试验合格后,应对建筑物产品采取保护措施。在工程交工后,项目经理部应编制符合文明施工和环境保护要求的撤场计划。

9.5.2 监理单位进行的质量监理

在道路工程施工前,业主单位在工程招标之前,通过资格审查、招标、聘请、委托等方式确定监理单位并签订建立服务合同,监理单位和监理人员按照"严格监理、热情服务、秉公办事、一丝不苟"的原则对工程质量进行监理。

1. 质量监理的依据与任务

工程质量监理是监理工程师对一项工程进行全过程、全方位和全天候的全面质量管理,与施工企业内部质量管理、政府进行的行政质量监督不同,监理工程师对工程质量的监理权在服务委托合同、承包商与业主签订的承包合同中有明确规定,受法律保护。

(1) 依据。质量监理的依据包括各项工程质量的保障责任、处理程序、费用支付等在内的合同条件、合同图纸和国家有关法律法规的相关内容;所有用于工程的材料、设施、设备及施工工艺的合同条件、合同图纸和国家有关法律法规的相关内容;所有工程质量标准的合同条件、合同图纸和国家有关法律法规的相关内容或监理工程同意使用的其他标准。

(2) 任务。监理单位根据工程规模、难易程度、合同工期、现场条件等设置现场监理机构,可分别设置一级、二级或三级监理机构。一级为总监理工程师办公室,二级为高级驻地监理工程师办公室,三级为专业监理工程师办公室。监理人员包括总监理工程师、总监代表、高级驻地监理工程师、专业监理工程师,测量、试验人员和现场旁站人员以及必要的文秘、行政事务人员等。

由总监或其代表授权高级驻地监理工程师相应的职责和权限,负责全面工程质量的管理。其主要工作内容如下:明确质量标准,评定工程质量;提出保证工程质量的措施和手段,组织进行质量抽查和抽检;批准各项工程的开工报告,发出开工通知;巡视现场,及时处理影响工程质量的各种问题;向承包人发出质量控制指示;建立部门或专业监理人员的日常汇报制度,每月以表格、图及简报的形式提出质量控制分析报告。

专业监理工程师负责现场具体监理工作,主要职责是监督承包人实施各项质量控制目标并满足规范、标准和图纸的要求,对各种变更或特殊要求予以落实和实施;提出各项工作流程及质量控制程序,监督、检查和检验工程质量;系统记录并分析整理各项质量成果;向驻地工程师汇报现场质量状况,每月提出本专业的质量报告。

2. 建立监理实验室

监理合同签订后,为有效地对施工全过程进行质量监控,必须在工程开工前建立一套科学的、行之有效的质量检测系统,使之具备必要的实验、测量设备,即建立监理实验室。

监理实验室应当对整个工程项目进行数据控制与检测,其规模、实验设备的种类及数量、人员安排应满足具体工程实际需要,并建立健全规章制度,实行明确的责任分工。

监理实验室具备试验、监督、检查功能,即对各个工程的材料、配合比和强度进行有效的控制,以确保各项工程的物理、化学性能达到规定的要求。同时还应当进行验证试验,进行预先鉴定,以决定是否应用于工程。此外,监理实验室还应对承包人实验室的设备功能、人员资质、操作方法等进行有效的监督,定期或不定期对承包人实验室的试验仪器进行检验,并监督承包人定期交由政府监督部门对仪器进行标定。当监理实验室试验结果与承包人实验室试验结果出现允许偏差以外的差异时,一般以监理实验室试验结果为准。

3. 施工准备阶段质量监理内容

监理合同签订后,随后就进入施工准备阶段。在此阶段,监理工程师的主要质量监理内容包括以下几个方面。

(1) 发布开工令。根据施工合同规定的具体日期,向承包商发布开工令并报业主备案。

(2) 召开第一次工地会议。会议由监理工程师主持,业主、承包商等各方参加,介绍人员和组织机构,介绍施工计划,承包人陈述施工准备,业主说明开工条件和明确施工监理例行程序。

(3) 审批承包人的工程进度计划。

(4) 审批承包人的质量保证体系。监理工程师按合同要求承包人建立一个完整的以自检为主的质量保证组织体系。

(5) 检验承包人的进场材料。在材料或商品构件订货之前,应要求承包人提供生产厂家的产品合格证书及试验报告。必要时监理人员还应对生产厂家生产设备、工艺及产品的合格率进行现场调查了解,或由承包人提供样品进行试验,以决定同意采购与否。材料或商品构件运入现场后,按规定的批量和频率进行抽样试验,不合格的材料或商品构件不准用于工程,并应由承包人运出场外。

(6) 审批承包人的标准试验。标准试验是对各项工程的内在品质进行施工前的数据采集,它是控制和指导施工的科学依据,包括各种标准击实试验、集料的级配试验、混合料的配合比试验、结构的强度试验等。

(7) 检查承包人的保险及担保,支付动员预付款。

(8) 审查承包人的施工机械设备。监理工程师应按其批准的承包人工程进度计划,分期审查承包人在实施工程时所使用的施工机械设备。

(9) 验收承包人的施工定线。监理工程师在合同规定的时间内或在承包人的施工定线进行之前的合理时间内向承包人书面提供原始基准点、基准线、基准高程的方位和数据,并对承包人的施工定线进行检查验收。

(10) 验收承包人测定的地面线。监理工程师应要求承包人对全部工程或开工段落的原始地面线进行实际测定,并对测定工作进行检查验收,以作为路基横断面施工图和土石方工程计量的依据。

(11) 审批承包人提交的施工图。
(12) 检查承包人占用工程场地。
(13) 监理其他与保证按期开工有关的施工准备工作。

通过上述内容的协调统一,实现施工前质量监理准备工作的有效落实。如果没有达到有关规定的要求,则通知承包人进行补充和修正,直到符合合同要求或使得监理工程师满意为止。否则不允许进入正式施工阶段。

4. 施工阶段质量监理内容

(1) 检查承包人的施工工艺是否符合技术规范的规定,是否按开工前监理工程师批准的施工方案进行施工。

(2) 检查施工中所使用的原材料、混合料是否符合经批准的原材料的质量标准和混合料配合比要求。

(3) 对每道工序完工后进行严格的质量验收,合格后才能允许承包人进行下一道施工工序。

(4) 对施工中产生的工程缺陷或质量事故进行调查、处理,达到设计要求后才准许承包人继续施工。

在施工阶段,监理人员主要通过检查这个环节,尽可能增加检查频率,加密检查点,通过检查发现问题,做到防患于未然,对已出现的各种质量问题及时处理。

5. 交工及缺陷责任期阶段

工程完工后,承包人递交交工申请,监理工程师收到书面申请后,在确认工程确实完成、工程检验合格、现场清理完毕、交工资料齐备的条件满足后,指派专人全面负责交工检查工作,并成立有监理工程师、业主参加的交工检查小组,建议业主邀请设计部门和质量监督部门参加。

监理工程师还应提示承包人列席参加,并负责提供分组检查工程时所需要的情况、资料、人力和设备,为交工检查活动提供服务。

交工检查小组的工作内容包括:进一步审查交工申请报告;现场检查申请交工的工程;审查承包人的缺陷责任期的剩余工程计划;根据以上情况写出交工检查报告;决定是否签发交工证书。工程交工日期以检查小组决定的签发交工证书的日期为准。

监理工程师应根据合同,规定交工工程的缺陷责任期(一般为一年),起算日期必须以签发的工程交接证书日期为准。

缺陷责任期监理的工作内容包括四个方面:
①检查承包人剩余工程计划;
②检查已完工程;
③确定缺陷责任及修复费用;
④督促承包人按合同规定完成交工资料。

监理工程师收到缺陷责任期工作检查小组的报告,并确认缺陷责任期工作已达到合同规定标准后,向承包人签发缺陷责任终止证书。签发日期应以工程通过最终检验的日期为准。

9.5.3 政府进行的质量监督

政府质量监督部门的质量管理是代表政府的一种强制性质量监督行为,对工程施工阶段进行监督检查、组织竣工验收、工程质量等级评定、处理质量事故等工作。公路工程质量监督管理工作由交通部质量监督总站、各省直辖市与自治区的质量监督站、地州市的质量监督分站等负责。

政府对一项公路工程进行项目质量监督,日期从工程项目开工前办理监督手续始到获得交工工程质量等级鉴定止。质量监督程序分为以下几个方面。

1. 申请办理质量监督手续

建设单位在提出申请开工报告的同时,填写公路工程质量监督申请书,到当地公路工程质量监督站(简称"质监站")办理监督申请手续。具体须提交以下资料。

(1)初步设计的批复文件、施工合同副本及有关资料。

(2)监理合同副本、监理工作计划、监理试验室的装备和试验室人员清单、监理单位和监理人员的资质说明。

(3)工地试验室装备和人员清单,参加施工的主要技术负责人、质量自检体系和人员名单及其资质情况。

2. 质监站办理质量监督手续

质监站在收到公路工程质量监督申请书的两周内,对有关文件、资料以及现场进行核实,确定该工程的质量监督人员,制定工程质量监督计划,填发公路工程质量监督通知书,送建设、设计、施工、监理等相关单位备案,并抄报上级交通主管部门和监督总站。

3. 质监站开展质量监督工作

质监站按公路工程质量监督通知书的内容开展质量监督工作。

(1)对实行施工监理的项目,质监站要对监理单位的工作程序、试验室、检测试验方法、数据处理以及工作质量进行监督检查;对工程质量进行随机抽查或核验,填发公路工程质量抽查意见通知书;对于重大工程质量问题,要求建设单位和监理单位按照合同或有关规定及时处理,经质监站复查合格后方可进行下道工序。

(2)对未实行施工监理的工程项目,质监站应对工程的重点部位和主要工序进行定期检查,填发公路工程质量抽查意见通知书,并按交通部《公路工程质量检验评定标准》进行抽验评分。

(3)无论工程项目是否实行施工监理,质监站应定期对施工单位的质量自检体系和规章制度执行情况进行检查。

4. 质监站对质量监督中违规情况的处理

对不按批准设计文件组织施工、不执行规范、管理工作混乱等造成施工质量低劣和工期达不到要求的施工单位,质监站有权在公路工程质量抽查意见通知书中要求建设单位和监理单位停工整顿或责令退场,或建议其主管部门给以吊销资质证书的处罚。

5. 竣工验收

工程交工后,由质监站对工程质量进行鉴定,并签发公路工程质量鉴定证书。未经质监站质量鉴定或鉴定不合格的工程不能组织竣工验收。

9.5.4 施工质量检验评定

工程质量评定是工程管理的重要内容与控制手段,它采用先进的系统评价方法,对道路工程完成的具体质量进行检测,并将结果与现行的国家质量评定与验收标准比较,评定出工程项目的具体质量等级。工程质量评定采用单位工程、分部工程、分项工程逐级评定的办法,在分项工程评分的基础上,进行分部工程评定。在分部工程评定的基础上再进行单位工程评定。本节以交通部《公路工程质量检验评定标准》为例,说明施工质量检验评定,其中表9-13为部分单位工程的分部工程、分项工程划分。

1. 分项工程评分方法

分项工程质量检验包括基本要求、实测项目和外观鉴定三项内容。基本要求是指分项工程所使用的材料、半成品、成品及施工工艺应符合有关规范的主要点。对基本要求的检查为质量检验和评定的约束,该项不进行评分,但经检查不符合基本要求规定的分项工程,不得进行工程质量的检验和评定。实测项目是指分项工程质量检验应进行的检查项目内容。评定标准除规定了各分项工程的检查项目外,还规定了检查项目的检查方法、检查频率、质量规定值或允许偏差,以及检查项目的规定分值等。

(1)检查项目评分。检查项目的质量检验,按照规定的检查方法和频率采用现场抽样的方法进行,并根据检查合格的点(组)数和该检查项目的全部检查点(组)数计算合格率。所得评分数按下式计算。

$$检查项目评定分数=检查项目规定分数×检查项目合格率 \quad (9.5.1)$$

式中,检查项目规定分值累计为100分。

表9-13 公路工程部分项目单位的分部、分项工程划分

单位工程	分部工程	分项工程
路基工程	路基土石方工程*(1~3 km路段)	土方路基*,石方路基*,软土地及处理*等
	排水工程(1~3 km路段)	管道基础和管节安装*,检查井(雨水)砌筑*,土沟,浆砌排水沟,盲沟,跌水,急流槽*,水簸箕,排水泵站等
	小桥*(每座为单元)	基础及下部构造*,上部构造预制、安装及浇筑*,桥面*,栏杆,人行道等
	涵洞*(1~3 km路段)	管涵,盖板涵,箱涵*,拱涵,倒虹吸管,通道,顶入法吸入的桥涵*等
	砌筑工程(1~3 km路段)	挡土墙*,护坡,丁坝*等
	大型挡土墙*(每处为单元)	基础*,墙身*,面板预制,面板安装,加筋土挡土墙总体*等
路面工程	路面工程(1~3 km路段)	底基层,基层*,面层*,垫层,连接层,路缘石,人行道,路肩等
交通安全设施	标志标线*(1~3 km路段)	标志安装,标线喷涂,视线诱导标等
	防护栏*(1~3 km路段)、栅	护栏和柱预制,波形梁护栏*,混凝土护栏*,缆索护栏*,防眩设施,隔离栅等
	紧急电话(1~3 km路段)	紧急电话安装
	照明设施(1~3 km路段)	照明设施安装

注:表中"*"代表主要工程,评分时的权重值为2。

(2) 外观缺陷扣分。对工程外表状况进行检查评定时,发现外观缺陷,按照档次进行扣分。对于较严重的外观缺陷,施工单位须采取合适的措施进行整修处理。

(3) 质量保证资料不全扣分。施工质量保证资料是指施工过程中的原始记录、试验数据、分项工程自查数据等资料,具体包括所有材料、半成品和成品质量检验结果,材料配比、拌和加工控制检验和试验数据,地基处理和隐蔽工程施工记录,各项质量控制指标的试验记录和质量检验汇总图表,施工过程中遇到的非正常情况记录及其对工程质量的影响分析以及施工中发生质量事故,经处理补救后,达到设计要求的认可证明文件六个方面的内容。该方面残缺不实或缺乏基本数据者,不予检验和评定。资料不全的予以扣分,扣分幅度按上述六项内容逐项检查,视资料不全情况,每项扣 1~3 分。

分项工程评定分值计算公式为

$$分项工程评定分值 = 检查项目的规定分值之和 - 外观缺陷扣分 - 施工质量保证资料不全扣分 \quad (9.5.2)$$

2. 分部工程和单位工程评分方法

以分项工程所得分数为基础,采用加权平均的方法计算确定。其中,属于一般工程的权重值为 1,属于主要工程的权重值为 2。公式为

$$分部(单位)工程评分 = \frac{\sum [分项(分部)工程评分 \times 权重]}{\sum 分项(分部)工程权重}$$

3. 交工工程项目评分方法

按单位工程平均得分确定标段工程质量评分值,再按标段工程质量评分值计算建设项目工程质量评分值。公式为

$$工程质量评分值 = \frac{\sum (标段工程质量评分值 \times 该标段投资总额)}{建设项目总投资额(合同工程价款总额)} \quad (9.5.3)$$

4. 竣工工程质量总评分值

竣工工程质量的总评分值为 100 分,其中交工验收组确认的工程质量评分占 70%,竣工验收综合评分为 30%。

5. 建设项目的总评分值

建设项目的总评分值为 100 分,其中工程质量总评分占 70%,建设管理、设计质量、监理工作、施工管理等综合评分的平均值占 30%。

6. 工程质量等级评定

工程质量分为优良、合格和不合格三个等级,按分项、分部、单位工程和建设项目逐级评定。评分在 85 分及以上者为优良;70 分及以上、85 分以下者为合格;70 分以下者为不合格。

(1) 分项工程质量等级评定。分项工程评分在 85 分及以上者为优良;70 分及以上、85 分以下者为合格;70 分以下者为不合格。经检查评为不合格的分项工程,允许进行加固、补强、返工或进行整修,当满足设计要求和检验评定标准后,可以重新评定其质量等级(即可复评为合格或优良)。但加固、补强改变了结构外形、造成历史缺陷者,不得评为优良。

(2) 分部工程质量等级评定。所属各分项工程全部合格,其加权平均分达 85 分及以上,且所含主要分项工程全部评为优良时,则该分部工程评为优良;如分项工程全部合格,但加权平均分为

85 分以下,或加权平均分虽在 85 分及以上,但主要分项工程未全部达到优良标准时,则该分部工程评为合格;如分项工程未全部达到合格标准时,则该分部工程为不合格。

(3) 单位工程质量等级评定。所属各分部工程全部合格,其加权平均分达 85 分及以上,且所含主要分部工程全部评为优良时,则该单位工程评为优良;如分部工程全部合格,但加权平均分为 85 分以下,或加权平均分虽在 85 分及以上,但主要分部工程未全部达到优良标准时,则该单位工程评为合格;如分部工程未全部达到合格标准时,则该单位工程为不合格。公式为

$$单位工程优良率 = \frac{被评为优良的单位工程数量}{建设项目中单位工程总数} \times 100\% \tag{9.5.4}$$

(4) 建设项目质量等级评定。所属单位工程全部合格且优良率在 80% 及以上时,则该建设项目评为优良;如单位工程全部合格,但优良率在 80% 以下时,则该建设项目评为合格;如单位工程未全部合格,则该建设项目为不合格。建设项目质量等级根据其得分,按前述优良、合格、不合格分数标准确定。

(5) 建设项目等级。建设项目等级按其总评分数大于或等于 85 分为优良、大于或等于 70 分小于 85 分为合格、70 分以下者为不合格的标准确定。

【本章要点】

1. 质量管理。
2. 全面质量管理。
3. 法规性文件。
4. 见证性文件。

【思考与练习】

1. 全面质量管理内容和特点,全面质量管理的四个阶段和特点。
2. 道路工程企业建立全面质量管理体系的各个阶段。
3. 简述质量管理中常用的几种统计方法的原理、特点。
4. 某段长度为 6 km 的沥青混凝土路面,经质量检查后发现,其所得评分不合格,各检查项目所扣除的评定分数为厚度扣 6 分,平整度扣 24 分,中线高程扣 4 分,沥青用量扣 9 分,压实度扣 48.5 分,其他项目扣 3.5 分,试用排列图分析主要不合格项目。
5. 某公路工程施工项目长 9 km,每 3 km 分为一段,每段分别采用稳定土厂拌设备、自动式稳定土拌和机和平地机对搅拌石灰粉煤灰碎石混合料基层施工。经检测,各混合料层的含水层、配合比和密实度见表 9-14,试用分层分析法分析由于施工机械产生的质量特性差异及其原因。

表 9-14 按施工机械检测各段施工质量表

施工机械	检查项目及结果		
	配合比	含水量	密实度
	不合格率/(%)		
稳定土厂拌设备	10	5	20
自动式稳定土拌和机	15	35	15

施工机械	检查项目及结果		
	配合比	含水量	密实度
	不合格率/(%)		
平地机	35	30	30

6. 试用控制图法分析表 9-3 中的质量分析例子。
7. 试用质量分布图法分析表 9-10 中的质量分析例子。
8. 简述设计质量管理活动中设计单位、业主单位的主要工作内容。
9. 简述施工阶段质量管理活动中承包商、监理单位、政府所进行的质量管理活动程序与内容。
10. 简述施工阶段质量管理活动中质量检验评分方法。

10　道路工程施工安全管理

10.1　概述

10.1.1　安全生产的含义

安全指人身安全、健康和财产安全。

公路工程施工安全管理是指为预防道路工程施工中发生人身伤害、设备损毁等事故,保护劳动者在生产中的安全和健康而采取的各种措施和活动。

安全生产体系由人、物、环境共同组成,安全控制须从这三个方面入手。安全法规、安全技术和工业卫生是保障安全生产的三项主要措施。

安全法规是指采用立法手段制定保护劳动者安全、健康的政策、规程、条例、制度,侧重于控制人的不安全行为;安全技术是在生产过程中,为消除危险因素,防止伤亡事故、保护劳动者身体健康而采取的专门技术措施,侧重于控制物的不安全状态;工业卫生是指在施工过程中为防止生产环境中的不良因素(如各种粉尘、废气、废水、固体废弃物以及噪声、振动等)对劳动者的身体健康产生危害而采取的防护和医疗措施,侧重于环境的控制。安全法规、安全技术和工业卫生从人、物、环境三个方面对生产过程实施了安全控制,是安全生产体系的有力保证。

10.1.2　国家有关安全生产法律、法规、规程及标准

目前,我国涉及安全生产的法律、法规、规程及标准比较多,特别是随着法制化进程的不断推进,安全生产的立法工作受到国家的高度重视。据统计,我国自新中国成立以来颁布并实施的有关安全生产、劳动保护方面的主要法律法规约280项。企业的安全生产管理工作必须依法进行,而要做好施工安全管理工作,首先要认真学习相关法律法规。下面简要介绍与公路工程施工有关的法律、法规、规程及标准。

1. 《中华人民共和国建筑法》

《中华人民共和国建筑法》于1997年11月1日经全国人大八届常委会28次会议通过并正式颁布,1998年3月1日起正式施行,于2011年4月22日第十一届全国人大常委会第20次会议《关于修改〈中华人民共和国建筑法〉的决定》进行修正。《中华人民共和国建筑法》是我国第一部规范建筑活动的部门法律,它的颁布为规范我国建筑市场、加强我国建设工程安全生产起到了积极作用,也为推进和完善建筑活动的法制建设提供了重要的法律依据。《中华人民共和国建筑法》共计八章八十五条,主要规范了建筑许可、建筑工程发包承包、建筑工程监理、建筑安全生产管理、建筑工程质量管理及相应法律责任方面的规章,对建筑安全生产的方针、原则,安全技术措施,安全工作职责与分工,安全教育和事故报告等作出了明确的规定。

2. 《中华人民共和国安全生产法》

《中华人民共和国安全生产法》于 2002 年 6 月 29 日经第九届全国人大常委会第 28 次会议通过，自 2002 年 11 月 1 日起施行，后于 2014 年 8 月 31 日第十二届全国人民代表大会常务委员会第十次会议通过全国人民代表大会常务委员会关于修改《中华人民共和国安全生产法》的决定，自 2014 年 12 月 1 日起施行。《中华人民共和国安全生产法》是我国第一部全面规范安全生产的专门法律，它系统完整地对安全生产工作进行了法律规范，是安全生产领域的综合性基本法，是各类生产经营单位及其从业人员实现安全生产必须遵循的行为准则，是各级人民政府及其有关部门进行监督管理和行政执法的法律依据，它的颁布实施标志着我国安全生产监督与管理正式纳入法制化管理。

3. 《建筑工程安全生产管理条例》

《建筑工程安全生产管理条例》于 2003 年 11 月 12 日国务院第 28 次常务会议通过，自 2004 年 2 月 1 日起施行。《安全条例》是我国第一部规范建设工程安全生产的行政法规，它对工程建设各方主体（建设、勘查、设计、监理、施工等单位）的安全责任进行了较为详细的规定，对政府部门实施建设工程安全生产监督管理的责任、生产安全事故的应急救援和调查处理，以及相应的法律责任也作出了明确规定，从而确立了建设工程安全生产的基本管理制度。

4. 《公路工程施工安全技术规程》（JTJ076—1995）

《公路工程施工安全技术规程》（JTJ076—1995）于 1995 年 3 月 14 日由中华人民共和国交通部发布，是一部专门为公路工程施工安全制定的行业技术规程，适用于新建、改建和大中修的公路工程。该规程在总则中指出：安全生产是党和国家的一贯方针和基本国策，是保护劳动者的安全和健康，促进社会发展的基本保证；各单位在施工中应贯彻"安全第一，预防为主"和"管生产必须管安全"的原则；施工企业的各级领导干部、工程技术人员和生产管理人员必须熟悉和遵守本规程的各项规定。规程主要内容包括施工准备、路基工程、路面工程、桥涵工程、隧道工程、主要工序作业、特殊季节与夜间施工、边通车边施工地段的交通管理等。对施工前场地和驻地的选择、施工中的安全原则、工序作业中的安全规程、施工中的交通安全等方面都做了详尽规定，是施工企业编制企业安全技术规程、安全施工组织设计等的主要依据。该规程的颁布对指导各级施工企业进行安全施工和生产起到了积极作用。

10.1.3 安全生产的意义

安全生产是国家的一项长期基本国策，是保护劳动者的安全、健康和国家财产，促进社会生产力发展的基本保证，也是保证社会主义经济发展，进一步实行改革开放的基本条件。因此，做好安全生产工作具有重要的意义。

从国际环境来看，推进安全生产工作，提高劳动保护水平，符合现阶段国际通行的做法。特别是我国加入 WTO 组织后，公路工程单位欲更多地打入国际市场，安全生产工作必然成为企业是否具有国际竞争力的一个关键因素。随着生产活动的现代化进程，仅仅依靠经验和传统，根本无法满足当前安全生产工作的需要。因此，企业必须与国际惯例接轨，建立职业安全健康管理体系，从根本上改善管理机制，有效保护劳动者的安全与健康。

改革开放以来，公路工程行业持续快速发展。但施工生产的流动性、道路工程的单件性和多样性、施工生产过程的复杂性都决定了公路工程施工行业是高危险、事故多发行业。尤其是公路工程露天施工、作业环境复杂,施工作业人员密集且劳动者素质又相对较低,这些都增加了公路工程施工企业的不安全因素。对于公路工程施工企业来说,安全工作是一项尤为重要的工作,工程安全是质量和效益的前提,因此必须强调安全生产、严格管理。

10.2 道路安全管理的基本原则

安全管理是道路工程施工管理中重要的组成部分,它是一种动态管理,管理对象是生产中的一切人、物、环境。施工现场的安全管理是保证生产处于最佳安全状态的根本环节,是施工企业保证安全生产的落脚点。

公路工程施工现场是各施工要素的集中点。其特点是:作业工种多且经常交叉作业,如桥涵施工、道路施工、隧道施工;临时性生产设施多,如临时驻地、材料场、预制加工厂;作业环境复杂,既有高空作业,也有地面作业;现场流动性大。因此,施工现场存在着众多的危险因素。交通部颁布的《公路工程施工安全技术规程》中明确指出,安全生产是党和国家的一贯方针和基本国策,是保护劳动者的安全和健康,促进社会生产力发展的基本保证,也是保证社会主义经济发展、进一步实行改革开放的基本条件。为了更有效地从本质上预防事故,我们必须正确处理安全管理中的各种关系,搞清安全管理的基本原则。

1. 安全管理中需要正确处理的五种关系

1) 安全与危险并存

安全与危险在同一事物中是相互对立、相互依赖的。对于施工现场,因为环境、人员、生产机具材料等的复杂多变,安全与危险之间的变化特别频繁。为了保持施工生产的安全状态,就必须采取多种措施,以预防为主,进行动态管理。

2) 安全与生产统一

安全与生产是辩证统一的关系,而不是对立的、矛盾的管理。安全是生产的保证,生产有了安全作为保障才能持续、稳定发展。同时,安全又可以促进生产,提高劳动生产率,减少经济损失。现代化生产必须强化安全生产,当生产与安全发生矛盾时,生产就要服从安全。

3) 安全与质量的包含

"安全第一"与"质量第一"并不矛盾。质量包含安全工作质量,安全概念也内含着质量,二者交互作用,互为因果。安全为质量服务,质量需要安全保证,丢掉任何一头,都将使施工生产陷于失控状态。

4) 安全与速度互为保障

安全与速度成正比例关系。一味强调速度而置安全于不顾的做法是极其有害的。当速度与安全发生矛盾时,暂时减缓速度,保证安全才能真正保证速度,才是正确的做法。

5) 安全与效益的兼顾

安全技术措施的实施可改善劳动条件,提高劳动生产效率。所带来的经济效益,足以使原来的投入得以补偿。在安全管理中,投入要适度、适当,统筹安排,既要保证安全生产,又要经济合理。

2. 施工项目安全管理的基本原则

1) 安全管理的法制化原则

安全管理的法制化是指要依据国家及相关部门制定的安全生产的法制化文件,包括各项安生产法律、法规、规范和标准。加强法制是安全管理的重要环节,也是安全管理的关键。必须加强对企业的管理人员和广大职工的安全法律教育,增强其法制观念。

2) 安全生产管理的责任制原则

生产和安全是一个有机的整体,两者不能分隔,更不能对立。《中华人民共和国安全生产法》规定:"生产经营单位的主要负责人对本单位的安全生产工作全面负责。"《国务院关于加强企业生产中安全工作的几项规定》中明确指出:"各级领导人员在管理生产的同时,必须负责管理安全工作。""企业中备有相关专职机构,都应该在各自业务范围内,对实现安全生产的要求负责。"为实现"管生产必须管安全",必须建立健全各级人员安全生产责任制并有效实施。

3) 预防为主的原则

"防患于未然",安全生产必须强调预防为主。贯彻预防为主,首先要对生产中的不安全因素进行辨认识别,选准消除不安全因素的方法和时机,在安排与布置生产内容的时候,针对施工中可能出现的不安全因素,采取措施,明确责任,坚决消除。

4) 坚持动态管理的原则

安全管理涉及生产活动的方方面面,涉及全部生产过程,而且生产活动总是在不断地发展变化,因此生产活动中必须坚持"全员、全过程、全方位、全天候"的"四全"动态管理。动态安全管理的重点是对生产中人的不安全行为和物的不安全状态进行控制。

5) 全员参与安全管理的原则

安全生产,人人有责,安全管理不能仅仅依靠少数安全员和安全机构。缺乏广大职工的参与,安全管理难以取得好的效果。因此,企业中的每一位职工都有参与安全管理的责任,只有全体职工动员起来,才可能实现安全管理的目标。

6) 坚持在管理中发展提高的原则

安全管理是对变化的道路施工活动的动态管理。管理活动是不断发展变化的,以适应不断变化的施工活动,消除新的危险因素。这就需要我们不断地摸索新规律,总结新的安全管理办法与经验,指导新的变化后的管理,只有这样安全管理才能不断地上升到新的高度,提高安全管理的水平。

10.3 道路施工安全管理措施

10.3.1 强化法制意识

安全生产至关重要,实现安全生产的前提条件是制定一系列安全法规,使之有法可依。在法律框架下,企业对道路工程施工采取有效措施,加强道路工程的安全生产管理,可以有效提高安全生产水平,降低伤亡事故的发生率。

近年来,《中华人民共和国安全生产法》《建设工程安全生产管理条例》《工程建设标准强制性条文》等法律、法规及部门规章、施工安全技术标准相继出台,为保障我国道路工程的安全生产提供了有力的法律武器。

生产经营单位要做好施工安全生产工作,必须认真学习国家及行业所颁布的生产安全法律、法规和各项规范,深刻理解其精神实质,并结合工程实际,不折不扣地遵照执行。企业应在学习国家、行业、地区安全法规的基础上,制定企业内部的安全管理制度,并以此为依据,对施工项目进行经常的、制度化和规范化的安全管理。

10.3.2 建立安全生产管理体系

安全生产管理体系是为了有效保障安全生产所建立的用以规范、指导、协调各部门、岗位人员管理和工作行为的规章体系,是保障安全管理工作正常、有效运转的依据和方法,它必须符合国家相关法律、法规的规定,同时还要与本单位、本项目的生产状况紧密相连,达到有效控制生产状况的目的。

建立安全生产管理体系要符合国家法律、法规和政府的规定,符合企业、项目实际,保证有利于企业、项目的发展经营,便于在实践中贯彻执行。因此,建立安全生产管理体系要坚持做到以下四点:

①收集研究各类相关标准规范;
②深入调查研究,结合企业实际和经验进行制定;
③规范清晰明确,界线分明;
④持续更新,不断完善,与时俱进。

安全生产管理体系具体包括安全生产目标和计划、安全生产管理责任制、相关支持性文件以及各类记录、报表、台账等。

安全生产目标包括企业、项目的总体目标和在不同阶段、不同生产过程中的分解目标,是整个安全生产管理体系的执行方向和执行效果的预期反映。如某项目制定的安全生产管理目标为重大人身伤亡事故为0、工伤事故频率在0.2%以下、降低职业病发病率。其分解目标是重大危险源辨识覆盖率为100%,重大危险源管理方案落实率为100%,特殊工种作业人员培训率为100%,改善作业、卫生条件,加强职业病预防。

安全生产计划是根据安全生产目标制定的,要结合企业、项目的实际运作方式进行编制,由相关负责人主持审核,任何与安全生产计划不一致的事宜都应得到解决。

相关支持性文件包括国家、行业、地方的各类安全标准规范,安全计划,企业制定的各类安全管理标准、各类安全管理程序文件、安全协议等。

10.3.3 健全安全生产责任制

《中华人民共和国安全生产法》明确规定,生产经营单位必须遵照国家有关法律法规,加强安全生产管理,建立、健全安全生产责任制度,完善安全生产条件,确保安全生产。安全生产责任制是生产经营单位岗位责任制的一个重要组成部分,是安全生产管理体系中的核心和中心环节,是根据"管生产必须管安全"的原则,明确规定生产经营单位各级领导、各职能部门以及各类从业人员在生产活动中应负的安全职责、履行职责的程序以及监督考核机制。建立和实行安全生产责任制是"安全生产,人人有责"这一原则的贯彻落实,可实现纵向到底、横向到边、环环相扣、人人负责的安全生产管理。因此,我国法律要求生产经营单位必须实行安全生产责任制度。

1. 项目管理人员安全生产责任

1) 项目经理
①对合同工程项目的安全生产负首要责任;
②在项目施工生产全过程中,认真贯彻落实安全生产方针、法律法规和各项规章制度,结合项

目特点,提出有针对性的安全管理要求,严格履行安全考核指标和安全生产奖惩办法;

③认真落实施工组织设计中安全技术管理的各项措施,严格执行安全技术审批制度、施工项目安全交底制度和设施设备交接验收使用制度;

④组织安全生产检查,定期分析承包项目施工中存在的不安全生产问题,并及时解决;

⑤发生事故时,及时上报,保护好现场,做好抢救工作,积极配合调查,认真纠正存在的问题和加强预防措施。

2) 项目总工程师

①对工程项目中的安全生产负技术领导责任;

②严格执行安全生产技术规程、规范、标准,主持项目安全技术措施交底工作;

③组织编制施工组织设计的制定工作、安全技术措施,保证其可行性与针对性,并检查监督,落实工作;

④及时组织使用新材料、新技术、新工艺人员的安全技术培训,认真执行安全技术措施与安全操作规程,防止施工中因化学物品引起的火灾、中毒或因新工艺实施而可能造成的事故;

⑤主持安全防护设施和设备的验收;

⑥参加安全生产检查,从技术上分析施工中不安全因素产生的原因,提出改进措施。

3) 安全员

①认真执行安全生产规章制度,不违章指导;

②落实施工组织设计中的各项安全技术措施;

③经常进行安全检查,消除事故隐患,制止违章作业;

④对员工进行安全技术培训和安全纪律教育;

⑤发生工伤事故及时报告,并认真分析原因,提出和落实改进措施。

4) 工长、施工员

①组织实施安全技术措施,进行安全技术交底;

②组织对施工现场各种安全防护装置进行验收;

③不违章指挥;

④组织学习安全操作规程,教育工人不违章作业;

⑤认真消除事故隐患,发生工伤事故时要保护现场,并立即上报,协助事故调查。

5) 班组长

①安排生产任务时要认真进行安全技术交底,严格执行本单位的安全生产规章制度和安全操作规程,有权拒绝违章指挥;

②岗前要对所使用的机具、设备、防护用具及作业环境进行安全检查,发现问题立即采取改进措施,及时消除事故隐患;

③组织班组开展安全活动,开好岗前安全生产会,做好收工前的安全检查,坚持每周安全讲评工作;

④发生工伤事故时要立即组织抢救,保护好现场并向工长报告。

6) 分包单位负责人

①认真执行安全生产的各项法规、规定、规章及安全操作规程,合理安排班组人员工作,对全体员工在施工生产中的安全和健康负责;

②严格履行劳务用工审批登记程序,做好岗位安全培训,经常组织学习安全操作规程,监督员工遵守劳动、安全纪律,做到不违章指挥,制止违章作业;

③保持员工相对稳定,需要变更时须事先向有关部门申报,得到批准后做好新来人员手续办理,并经岗前安全教育后方能上岗;

④根据上级的交底向各工种进行详细的书面安全交底,针对当天任务、作业环境等情况,提出岗前安全要求,并监督执行;

⑤定期组织安全检查,熟知作业现场安全生产状况,发现问题,及时纠正解决;

⑥发生伤亡事故时,保护好现场,做好伤者抢救工作,并立即上报有关领导。

2. 项目职能部门安全生产责任

1) 生产计划部门

①编制生产计划时,注意分析工程特点,合理安排,均衡生产,并会同有关部门提出安全技术措施。安排月、旬作业计划时,应将支、拆安全网,拆、搭脚手架等列为正式工作,给予时间保证;

②在检查月、旬生产计划的同时,要检查安全措施的执行情况,实施工作(如支、拆脚手架、安全网等)要纳入计划,列为正式工序,给予时间保证;

③在排除生产障碍时,应贯彻"安全第一"的思想,同时消除不安全隐患,遇到生产与安全发生矛盾时,生产必须服从安全,不得冒险违章作业;

④对改善劳动条件的工程项目,必须纳入生产计划,视同生产任务并优先安排,在检查生产计划完成情况时,一并检查;

⑤加强对现场的场容场貌管理,做到安全生产,文明施工。

2) 安全管理部门

①对施工生产中的有关安全问题负责;

②负责制定改善劳动条件、减轻劳动强度、消除噪声、治理尘毒等技术措施;

③严格按照国家有关安全技术规程、标准,编制审批项目安全施工、组织设计等技术文件,使安全措施贯彻到施工组织设计、施工方案中去,解决施工中的疑难问题,从技术措施上保证安全生产;

④负责对新工艺、新技术、新设备、新方法制定相应的安全措施和安全操作规程;

⑤负责编制安全技术教育计划,对员工进行安全技术教育;

⑥组织安全检查,对查出的隐患提出技术改进措施,并监督执行;

⑦组织伤亡事故和重大未遂事故的调查,对事故隐患原因提出技术改进措施。

3) 机械动力部门

①负责制定保证机、电、起重设备、锅炉、压力容器安全运行措施,对所有安全防护装置及一切附件要经常检查其是否齐全、灵敏、有效,并督促操作人员进行正常维护;

②对严重危及员工安全的机械设备,会同施工技术部门提出技术改进措施,并付诸实施;

③新购进的机械、锅炉、压力容器等设备的安全防护装置必须齐全、有效,出厂合格证及技术资料必须完整,使用前应制定安全操作规程;

④负责对机、电、起重设备的操作人员,锅炉、压力容器的运行人员定期培训、考核并签发作业合格证,制止无证上岗;

⑤认真贯彻执行机、电、起重设备、锅炉、压力容器的安全规程和安全运行制度,对违章作业造成的机、电设备事故要认真调查分析。

4) 物资供应部门

①施工生产使用的一切机具和附件等,采购时必须附有出厂合格证明,发放时必须符合安全要求,回收后必须检修;

②采购的劳动保护用品,必须符合规格标准;

③负责采购、保管、发放和回收劳动保护用品并了解使用情况;

④对批准的安全设施所用的材料应纳入计划并及时供应。

5) 财务部门

①按国家有关规定要求和实际需要,提取安全技术措施经费和其他劳保用品费用,专款专用;

②负责员工安全教育培训经费的拨付工作。

6) 保卫消防部门

①会同有关部门对员工进行安全防火教育;

②主动配合有关部门开展安全检查,狠抓事故苗头,消除治安灾害事故隐患。重点抓好防火、防爆、防毒工作;

③对已发生的重大事故,会同有关部门组织抢救,查明性质;对性质不明的事故要参与调查;对破坏和破坏嫌疑事故负责追查处理。

10.3.4 落实施工安全技术措施

1. 施工安全技术措施的定义

安全技术是指为防止人身事故和职业病的危害,控制或消除生产过程中的危险因素而采取的专门的技术措施。在工程项目施工中,针对作业条件、作业环境、作业对象、作业方法以及作业工具等不安全因素制定的确保安全施工的预防措施,称为施工安全技术措施。

2. 施工安全技术措施编制的要求

(1) 施工安全技术措施是施工组织设计的重要组成部分,应在开工前编制,经过上级部门审批,并应有充分的时间做准备,保证各种安全措施的落实。在施工过程中,如发生工程变更,安全技术措施也应及时相应补充完整并通过审批。

(2) 由于道路工程产品的多样性和施工复杂性,必须针对不同工程的特点分别编写施工安全技术措施。编制人员应在熟悉安全生产法规、标准和本工程特点的基础上,根据施工工程的结构特点、施工方法、施工机具设备、作业环境及人员的素质等实际情况,编写有针对性的安全技术措施。

(3) 注重全面性。施工安全技术措施并不局限于通常的操作工艺、施工方法以及日常安全工作制度、安全纪律等,更多的在于对道路工程施工全过程中人的不安全行为和物的不安全状态进行控制和预防。只有把多种因素和各种不利条件综合在一起全盘考虑,才能真正做到预防事故。对于一般的制度性规定,施工安全技术措施中不需再抄录,但必须要严格执行。

(4) 把握操作性。对大中型项目工程、结构复杂的重点工程,必须在总体施工组织设计中编制施工安全技术措施,除作为整个项目安全施工技术的指导性文件外,还要编制单位工程和分部分项工程的施工安全技术措施,制定详细的防护要求和措施,确保单位工程和分部分项工程的安全施工。对爆破、吊装、水下作业、井巷操作、支模、拆除等特殊作业,要编制单项安全技术方案。此外,还应针对特殊季节和地域编制施工安全技术措施,如冬季、雨季安全施工技术方案,高原地区的高原作业安全技术方案等。

3. 施工安全技术措施编制的主要内容

施工安全技术措施可根据工程特点,结合以往的施工经验与教训,针对工程所涉及的不同方面进行编制。具体内容应包括以下方面。

1) 一般工程施工安全技术措施

(1) 土方工程,根据基坑、基槽等开挖深度、土质类别等选择开挖方法,确定合理的边坡坡度、支护结构及降水排水方法,防止塌方;

(2) 脚手架、吊篮等的种类选用及搭设方案、搭设及拆除的安全措施;

(3) 施工洞口的防护方法和主体交叉施工作业区的隔离措施;

(4) 对工程施工过程中危险源进行预测、评价的相应安全技术措施;

(5) 施工现场平面布置,包括道路、临时设施、加工厂机械设备位置、防火设施等;

(6) 现场料具存放措施,如大型模板、水泥、砂石料、化学危险品和各种气瓶的存放等;

(7) 编制临时用电的施工组织设计和绘制临时用电图纸;

(8) 确保安全施工、防止扬尘污染、避免噪声扰民、保护环境质量的措施;

(9) 防火、防毒、防爆、防雷等安全措施;

(10) 对因建设工程施工可能造成损害的毗邻建筑物、构筑物和地下管线等采取的防护措施。

2) 特殊工程施工安全技术措施

对于结构复杂、达到一定规模的危险性大的特殊工程,应编制单项的施工安全技术措施。如深基坑支护与降水工程、土方开挖工程、模板工程、脚手架工程、拆除爆破工程、围堰施工和沉井工程、盾构施工工程、拆接旧管(井)施工等分部分项工程,必须编制专项施工方案,并附安全验算结果。

3) 季节性施工安全技术措施

季节性施工安全技术措施就是考虑不同季节的气候,对施工生产带来的不安全因素,可能造成的各种突发性事故,从防护上、技术上、管理上采取的措施。一般建筑工程在施工组织设计或施工方案的安全技术措施中,编制季节性施工安全技术措施。危险性大、高温期长的建筑工程,应单独编制季节性的施工安全技术措施。季节性主要指夏季、雨季和冬季。各季节性施工安全技术措施包括以下主要内容:

(1) 夏季气候炎热,高温时间持续较长,主要是做好防暑降温工作;

(2) 雨季进行作业,主要应做好防雨、防触电、防雷击、防坑槽坍塌、防台风和防洪的工作;

(3) 冬季进行作业,主要应做好防风、防火、防冻、防滑、防煤气中毒、防亚硝酸钠中毒的工作。

10.3.5 安全生产教育和培训

安全是施工生产赖以正常进行的前提。安全生产教育和培训是安全管理控制的重要手段。其目的是提高全员的安全素质、管理水平,提高应对能力,获得应对方法,以防止事故,从而达到实现施工生产的安全目标。安全生产教育和培训要适时、适地,内容合理方式多样,形成制度,做到严肃、严格、严密、严谨,讲求实效。

安全生产教育和培训能够提高各级领导和广大从业人员对安全生产方针的认识,增强安全意识,掌握安全知识,提高安全操作技能,自觉执行安全生产的方针政策、法律法规和规范标准,提高全员安全生产素质,实现安全施工。

安全生产教育和培训主要从安全生产思想、安全知识、安全技能和安全法制等方面进行教育和培训,可按等级、层次和工作性质分别进行,具体内容有以下五个方面。

1. 项目经理和安全管理人员的安全生产培训

(1) 定期轮流培训,提高政策水平,熟悉安全技术、劳动卫生知识。内容包括以下几点:

①安全生产的重大意义;

②国家有关安全生产的方针、政策、规定;

③安全生产法规、条例、标准,包括施工现场安全生产保证体系规范;

④安全生产责任制;

⑤施工生产的工艺流程、主要危险源和不利环境影响,以及预防重大伤亡事故和重大环境污染事故的主要措施;

⑥地区、行业事故概况、特点及应吸取的教训;

⑦编制、审查安全生产保证计划、安全技术措施计划及施工组织设计的安全技术措施的基本知识;

⑧企业有关安全生产和环境保护规章制度、安全纪律及保证措施;

⑨发生重大伤亡事故和急性中毒事故等,如何保护现场、逐级上报、调查情况、分析原因、制定防范措施及对事故责任者的处理等。

(2) 专职安全员还应接受安全生产监督管理部门和行业行政主管部门的培训,取得相应证书,持证上岗,并按规定定期复审。

2. 新工人三级安全教育

新工人或调换工种的工人,必须按规定进行安全和环保教育和技术培训,经考核合格,方准上岗。

1) 公司级

(1) 劳动保护和环境保护的意义及任务的一般教育;

(2) 安全生产方针、政策、法规、标准、规范、规程和安全知识;

(3) 企业安全和环保规章制度等。

2) 项目经理部级

(1) 建筑工人安全生产技术操作一般规定;

(2) 施工现场安全和环保管理规章制度;

(3) 安全生产纪律和文明生产要求;

(4) 施工工程的基本情况,包括现场环境、施工特点,可能存在安全风险和不利环境影响的作业部位及必须遵守的事项。

3) 班组级

(1) 本人从事施工生产工作的性质,必要的安全和环保知识,机具设备及安全防护设施的性能和作用;

(2) 本工种安全文明操作规程;

(3) 班组安全生产、文明施工基本要求和劳动纪律;

(4) 本工种事故案例剖析、易发事故部位及劳防用品的使用要求。

3. 特定情况下的适时安全教育

(1) 季节性,如冬季、夏季、雨雪天、汛期施工。

(2) 节假日前后。
(3) 节假日加班或突击赶任务。
(4) 工作对象改变。
(5) 工种变换。
(6) 新工艺、新材料、新技术、新设备施工。
(7) 发现事故隐患或发生事故后。
(8) 新进入现场等。

4. 特种作业人员培训

特种作业人员除要进行一般安全教育外,还要进行特种专业的培训与考核。如国家有关部门规定登高架设、电工、焊工、司炉工、爆破工、机械操作工、移动式机械设备的驾驶人员、起重工、吊车司机、信号工等要依照现行《特种作业人员安全技术培训考核管理规定》的有关规定,按国家、行业、地方和企业规定进行本工种专业培训和资格考核,取得特种作业人员操作证后方可上岗。

5. 安全生产的经常性教育

企业在做好上述培训和教育工作的同时,还必须把经常性的安全教育贯穿于施工全过程,可根据接受教育对象和各施工项目的不同特点,因地制宜,采取多层次、多渠道和多种方法进行,如安全培训、安全教育演讲、安全知识竞赛、安全事故展览等。

10.3.6 安全检查

为了切实保证在安全的条件下进行施工作业,必须通过安全检查对施工中存在的不安全因素进行预测、预防和预报。安全检查的要点是查思想、查管理、查制度、查隐患、查事故处理。在安全检查的组织上,要有计划、有目的、有准备、有整改、有总结、有处理。安全检查的关键是消除危险因素,防控危险部位。安全检查的重点是对安全设施的检查。

1. 安全检查的内容

(1) 安全目标的实现程度;
(2) 安全生产职责的落实情况;
(3) 各项安全管理制度的执行情况;
(4) 施工现场安全隐患排查和安全防护情况;
(5) 生产安全事故、未遂事故和其他违规违法事件的调查、处理情况;
(6) 安全生产法律法规、标准规范和其他要求的执行情况。

2. 安全检查的方式

安全检查的方式多种多样,主要有定期检查、专业性检查、经常性检查、季节性和节假日检查、班组自检、互检和交接检查。

1) 定期检查

企业内部必须建立定期安全检查制度。这种定期检查属于全面型和考核性的检查,可根据检查的级别分别确定检查的时间间隔。定期检查应由企业主管安全的领导带队,施工、技术、动力设备、安全保卫等部门及工会组织代表参加。

2) 专业性检查

专业性检查是由企业有关部门组织相关人员对某一专业设施(如电气、机械设备,脚手架,登高设施等)存在的普遍性安全问题所进行的单项检查。这类检查针对性强,可有效提高某项专业的安全技术水平。参加这类检查的人员应包括安全管理小组成员、智能部门人员、安全员和专业技术人员。

3) 经常性检查

经常性检查是指在施工生产过程中进行经常性的预防检查,能提高员工的安全意识,及时发现安全隐患、消除隐患,保证施工的正常进行。经常性检查有班前安全检查、班后安全检查、岗位安全检查和各级安全管理人员日常巡回检查,检查生产的同时实施安全检查。

4) 季节性和节假日检查

季节性检查是针对气候(如夏季、冬季、雨季、风季等)可能对施工生产带来的安全危害而组织的安全检查。节假日检查是指在重大节日或重要政治活动(如"五一"、"十一"黄金周、元旦、春节、党和国家重大会议)期间,为防止施工生产人员思想放松,纪律松懈,预防安全事故隐患而进行的安全检查。

5) 班组自检、互检和交接检查

班组自检是由施工人员在工作前后对自身工作环境及作业程序进行的安全检查,以消除隐患,消灭事故。互检是指班组之间针对对方的施工生产活动而进行的安全检查,其目的是通过互相检查发现彼此存在的安全隐患,共同预防事故。交接检查是指上道工序施工完毕,交给下道工序之前,在有工长、安全员、班组长及其他有关人员参加的情况下,由上道工序的施工人员进行安全交底并进行安全检查合格后,才能交付下道工序施工。

3. 安全检查的方法

随着安全管理不断科学化、标准化、规范化,安全检查基本上采用安全检查表和实测实量的检验手段,进行定性定量的安全评价。表 10-1、表 10-2、表 10-3 为部分道路工程安全检查用表,由于道路工程施工对象、施工方法比较复杂,因而各工程项目应根据国家有关安全生产的法律、法规、规范、标准及实际项目特点制定。对于具体的施工安全检查评分标准,由于篇幅所限,本书不再详细列举。

表 10-1 安全管理检查评分标准

项目经理部:　　　　　　　　　　　工程名称:

序号	检查项目	扣分标准	应得分数	扣减分数	实得分数
1	分部(分项)工程安全责任制	未建立安全责任制,扣 10 分 各级各部门未执行责任制,扣 4～6 分 经济承包中无安全生产指标,扣 10 分 未制定各工种安全技术操作规程,扣 10 分 未按规定配备专(兼)职安全员,扣 10 分 管理人员责任制考核不合格,扣 5 分	10		

续表

序号	检查项目	扣分标准	应得分数	扣减分数	实得分数
2	目标管理	未制定安全管理目标(伤亡控制指标和安全达标,文明施工目标),扣10分 未进行安全责任目标分解,扣10分 无责任目标考核规定,扣8分 考核办法未落实或落实不好,扣5分	10		
3	施工组织设计	施工组织设计中无安全措施,扣10分 施工组织设计未经审批,扣10分 专业性较强的项目,未单独编制专项安全施工组织设计,扣8分 安全措施不全面,扣2～4分 安全措施无针对性,扣6～8分 安全措施未落实,扣8分	10		
4	分部(分项)工程安全技术交底	无书面安全技术交底,扣10分 交底针对性不强,扣4～6分 交底不全面,扣4分 交底未履行签字手续,扣2～4分	10		
5	安全检查	无定期安全检查制度,扣5分 安全检查无记录,扣5分 事故隐患整改做不到定人、定时间、定措施,扣2～6分	10		
6	安全教育和培训	无安全教育制度,扣10分 新入厂工人未进行三级安全教育,扣10分 无具体安全教育内容,扣6～8分 变换工种时未进行安全教育,扣10分 每有一人不懂本工种安全技术操作规程,扣2分 施工管理人员未按规定进行年度培训,扣5分 安全员未按规定进行年度培训考核或考核不合格,扣5分	10		
7	班前安全活动	无安全教育制度,扣10分 新入厂工人未进行三级安全教育,扣10分	10		

续表

序号	检查项目	扣分标准	应得分数	扣减分数	实得分数
8	特种作业持证上岗	一人未经培训从事特种作业,扣4分 一人未持操作证上岗,扣2分	10		
9	工伤事故处理	工伤事故未按规定报告,扣3~5分 工伤事故未按事故调查分析规定处理,扣10分 未建立工伤事故档案,扣4分	10		
10	安全标志	无现场安全标志布置总平面图,扣5分 现场未按安全标志总平面图设置安全标志,扣5分	10		
检查项目合计			100		

应得分：　　　　实得分：　　　　总评分：

检查人：　　　　　　　　年　月　日

表 10-2　文明施工检查评分标准

项目经理部：　　　　　　　　工程名称：

序号	检查项目	扣分标准	应得分数	扣减分数	实得分数
1	现场围挡	在市区主要路段的工地周围未设置高于2.5 m的围挡,扣10分 一般路段的工地周围未设置高于1.8 m的围挡,扣10分 围挡材料不坚固、不稳定、不整洁、不美观,扣5~7分 围挡没有沿工地四周连续设置,扣3~5分	10		
2	封闭管理	施工现场进出口无大门,扣3分 无门卫和无门卫制度,扣3分 进入施工现场不佩戴工作卡,扣3分 门头未设置企业标志,扣3分	10		
3	施工场地	工地地面未做硬化处理,扣5分 道路不畅通,扣5分 无排水设施,排水不通畅,扣4分 无防止泥浆、污水、废水外流或堵塞下水道和排水河道措施,扣3分 工地有积水,扣2分 工地未设置吸烟处,随意吸烟,扣2分 温暖季节无绿化布置,扣4分	10		

续表

序号	检查项目	扣 分 标 准	应得分数	扣减分数	实得分数
4	材料堆放	建筑材料、构件、料具不按总平面布局堆放,扣4分 料堆未挂名称、品种、规格等标牌,扣2分 堆放不整齐,扣3分 未做到工完场地清,扣3分 建筑垃圾堆放不整齐,未标出名称、品种,扣3分 易燃易爆物品未分类存放,扣4分	10		
5	现场住宿	在建工程兼作住宿,扣8分 施工作业区与办公、生活区不能明显划分,扣6分 宿舍无保暖和防煤气中毒措施,扣5分 宿舍无消暑和防蚊虫叮咬措施,扣3分 无床铺,生活用品放置不整齐,扣2分 宿舍周围环境不卫生、不安全,扣3分	10		
6	现场防火	无消防措施、制度或无灭火器材,扣10分 灭火器材配置不合理,扣5分 无动火审批手续和动火监护,扣5分	10		
7	治安综合治理	生活区未给工人设置学习和娱乐场所,扣4分 未建立治安保卫制度的,责任未分解到人,扣3~5分 治安防范措施不利,常发生失盗事件,扣3~5分	8		
8	施工现场标牌	大门口处挂的五牌一图,内容不全,缺一项扣2分 标牌不规范、不整齐的,扣3分 无安全标语,扣5分 无宣传栏、读报栏、黑板报等,扣5分	8		
9	生活设施	厕所不符合卫生要求,扣4分 无厕所,随地大小便,扣8分 食堂不符合卫生要求,扣8分 无卫生责任制,扣5分 不能保证供应卫生饮水的,扣8分 无淋浴室或淋浴室不符合要求,扣5分 生活垃圾未及时清理,未装容器,无专人管理,扣3~5分	8		

续表

序号	检查项目	扣 分 标 准	应得分数	扣减分数	实得分数
10	保健急救	无保健医药箱,扣5分 无急救措施和急救器材,扣8分 无经培训的急救人员,扣4分 未开展卫生防病宣传教育,扣4分	8		
11	社区服务	无防粉尘、防噪音措施,扣5分 夜间未经许可施工,扣8分 现场焚烧有毒、有害物质,扣5分 未建立施工不扰民措施,扣5分	8		
检查项目合计			100		

应得分:　　　　　　实得分:　　　　　　总评分:

检查人:　　　　　　　　　　　　　年　月　日

应得分:　　　　　　实得分:　　　　　　总评分:

表10-3　公路工程施工安全检查评分汇总表

项目经理部:　　　　　　　　　　　　工程名称:

序　号	检查项目	应得分数	扣减分数	实得分数
1	安全管理	15		
2	文明施工	20		
3	土石方工程	10		
4	桥涵工程	15		
5	隧道工程	15		
6	主要工序	10		
7	施工用电	10		
8	个人防护	5		
检查项目合计		100		

应得分:　　　　　　实得分:　　　　　　总评分:

检查人:　　　　　　　　　　　　　年　月　日

4. 对事故隐患的处理

(1) 安全检查中发现的事故隐患应进行登记,不仅作为整改的备查依据,而且可以为安全动态分析提供重要的信息渠道。对于多数单位出现的同类隐患或某单位经常出现的相同隐患,应有针对性地做出指导安全管理的对策。

(2) 安全检查中发现的安全隐患,除进行登记外,还应发出隐患整改通知单,整改单位必须予以足够的重视。对于即发性事故危险的隐患,检查人员应责令其停工,被查单位必须立即进行整改。对于违章指挥、违章作业行为,检查人员应当场指出,立即纠正。

(3) 对于查出的隐患,被检查单位的领导必须立即研究制定整改方案,定人、定期限、定措施地进行整改。

(4) 整改完成后,被查单位应及时通知安全等部门进行复查,经复查整改合格后,可进行销案。

10.4 道路施工伤亡事故的预防与处理

10.4.1 伤亡事故概述

1. 伤亡事故的定义

伤亡事故是指职工在生产区域中所发生的和生产有关的负伤或者死亡的事故,包括急性中毒事故。

2. 伤亡事故的分类

伤亡事故可按不同标准进行分类。

按照伤亡事故结果的严重程度可分为轻伤事故、重伤事故、死亡事故、重大死亡事故、特别重大死亡事故。

按照造成事故的原因分类,道路工程施工中的伤亡事故主要有以下几种:

①物体打击(指落物、滚石、锤击、碎裂崩块、碰伤等伤害,包括因爆炸引起的物体打击);

②高空坠落(包括从架子上坠落或者从平地坠入深坑、深井等);

③机械设备引起的伤害(包括绞、碾、碰、割、戳等);

④车辆伤害(包括挤、压、撞、倾覆等);

⑤坍塌(包括临时设施、脚手架垮塌、堆置物倒塌和土石方坍塌等);

⑥爆破及爆炸事故引起的伤害(如炸药、雷管、锅炉和其他高压容器爆炸引起的伤害等);

⑦起重伤害(指起重设备或操作过程中引起的伤害);

⑧触电(包括雷击);

⑨中毒和窒息(包括煤气、沥青及其他化学气体引起的中毒和窒息);

⑩烫伤、灼伤;

⑪火灾、冻伤、中暑;

⑫淹溺。

3. 伤亡事故管理的意义

(1) 通过建立伤亡事故的报告、统计、分析制度,可以比较准确地掌握道路工程施工生产中伤亡事故发生的原因和规律,从而制定科学的事故预防措施,有效降低事故发生率和人身财产损失。

(2) 针对可能发生的事故制定相应的应急救援预案,准备应急救援的物资,并在事故发生时组织实施,可以防止事故扩大,以减少与之有关的伤害和不利环境的影响。

(3) 国家和企业制定安全生产法律、法规、标准、规范及各种规章制度、操作规程都要以有关事故分析资料为依据,翔实准确的安全事故数据和资料是开展安全生产管理与评价的基础之一。

(4) 通过对伤亡事故的调查处理,对事故责任者进行严肃处理,可使其受到深刻教育,提高安全生产意识,增强防御安全事故的能力。

10.4.2 伤亡事故的预防措施

伤亡事故主要是由于人的不安全行为和物的不安全状态所引起的。施工现场及其安全管理中的隐患和违章一般是导致伤亡事故的直接原因之一。除了不可抵抗的自然原因外,各种伤亡事故都是可以预防的。严格控制违章行为和隐患是预防伤亡事故的关键。为了实现预防事故和减少事故损失的目的,在道路工程施工中应采取以下安全技术措施。

1. 改进生产工艺,实现施工生产机械化、自动化

企业不断改进生产工艺,实现施工生产的机械化、自动化,不但可以促进生产的发展,提高生产技术水平,而且还大大减轻了工人的作业强度,保证了职工的安全和健康。例如,采用机械拌和灰土,在提高了工效的同时还降低了工人的劳动强度,保证了工人的身体健康。因此,企业在考虑工程施工时,应尽可能采用先进工艺,努力提高施工的机械化、自动化水平,为安全生产创造条件。

2. 设置安全装置

安全装置包括防护装置、保险装置、信号装置和危险警示标志等。

防护装置就是针对易发生事故的部位采取可靠的防护或补充措施,同时按不同作业条件佩戴和使用个人防护用品,使人体与生产活动中的危险部位隔离开来的设施设备。施工危险部位主要包括预留洞口、通道口等,此时应合理使用"三宝"(安全帽、安全带、安全网)。

保险装置是指在机械设备发生非正常操作和运行时能够自动提供保护、消除危险的装置,如各种提升设备的断绳保护器、漏电保护器等。

信号装置和危险警示标志是设置在进入施工区域的部位、施工生产危险部位等起警告、指示作用的装置,其效果取决于人的注意力和识别信号的能力。信号装置包括各种仪表上的正常指示范围、施工道路上的红、黄、蓝灯信号等。危险警示装置如防止坠落、严禁烟火、有电危险等标示。

3. 预防性的试验和检验

施工过程中使用的机械设备及各种材料,必须定期或不定期地进行试验,例如机械强度试验、承载试验等,在满足设计和使用功能的情况下才能投入使用。这种试验是保证施工安全的有效措施。

道路工程施工环境复杂,现场用电设备数量较多,因此各种机电设施、设备在使用前必须进行检验,以保证电气设备的绝缘可靠。

4. 机械设备的维修保养和有计划的检修

随着道路施工技术的不断发展,进入工地的各种施工机械越来越多,机械设备成为施工中不可缺少的重要部分。

各种机械设备在使用过程中会产生自然和人为的老化和损坏,如果不及时发现并处理,将会成为安全事故的隐患。因此,必须进行经常性的维修和保养,以保证设备的良好运行状态,提高其工作效率,延长使用寿命。为了解每台机械设备的基本情况,企业应建立机械设备档案,并定期进行大、中、小检修,确保机械设备的正常运转。

5. 规范场容管理,做到文明施工

随着施工管理水平的不断提高,文明施工已成为各施工企业的一项重要工作,建设行政主管部门也将文明施工纳入对企业的考评内容之一。《建筑施工安全检查标准》中对文明施工检查的标准、规范提出了要求,施工现场必须做好现场围挡、封闭管理、施工场地、材料堆放、现场宿舍、现场防火、治安综合治理、现场标牌、生活设施、保健急救、社区服务十一项内容。实践证明,文明施工是预防安全事故、提高企业素质、增强企业效益的综合手段。

6. 合理使用职业安全健康防护用品

职业安全健康防护用品是保护从业人员在生产工作过程中的安全和健康所必需的一种预防性装备。与道路工程施工有关的安全健康防护用品主要有安全帽、安全带、防护鞋、防护服、防护手套、眼(面)护具、呼吸护具、水上救生用品、劳动护肤用品等。使用职业安全健康防护用品,是防止突发事故或有害因素对人身安全和健康产生危害的一种预防性的辅助措施。但在其他安全防护措施无法起到防护作用的情况下,使用职业安全健康防护用品确实能起到不可估量的作用。因此,施工企业必须加强对职业安全健康防护用品的管理,做到统一采购、妥善保管、正确使用。

除了以上基本措施,每个施工项目还应结合工程实际制定严格有效的预防措施,减少或杜绝大量伤亡事故的发生,促进社会的和谐发展。

10.4.3 施工伤亡事故的处理

在道路工程施工现场一旦发生伤亡事故,负伤人员或最先发现事故的人应当立即直接或逐级报告企业负责人。项目保安人员根据事故的严重程度及现场情况立即上报上级有关部门,及时填写伤亡事故表并上报企业。

如果企业发生重大伤亡事故,企业负责人应当立刻将事故概况(含伤亡人数,事故发生的时间、地点、原因等)报告企业主管部门、当地劳动部门、公安部门、人民检察院、工会。各有关部门接到报告后应立即转告各自的上级管理部门。

对于事故的调查处理,必须坚持"事故原因分析不清不放过,事故责任者和从业人员受不到教育不放过,没有制定整改和加强安全工作的措施不放过,责任者得不到责任追究不放过"的"四不放过"原则,其处理程序一般如下。

1. 迅速组织抢险、疏散和救援工作,保护事故现场

事故发生后,应首先迅速抢救伤员和排除险情,尽量采取措施制止事故蔓延扩大,稳定现场人员情绪。同时,为了事故调查分析的需要,要严格保护事故现场,如因抢救伤员、排除险情而必须移动现场物品时,要准确做出标记,绘制现场简图,拍照并做文字记录,为事故调查提供可靠的原始事故依据。

2. 组织调查组

事故发生后,应迅速成立调查组并及时开展调查。未造成人员伤亡的一般事故,县级人民政府可委托有关部门组织事故调查组进行调查。发生轻伤或重伤事故,事故调查组由企业负责人和生产、技术、安全及工会等部门的有关人员组成。死亡事故由企业主管部门会同现场所在地区的市劳动部门、公安部门、人民检察院、工会组成事故调查组进行调查。重大死亡事故应按企业的隶属关系,由省、自治区、直辖市企业主管部门或国务院有关主管部门会同同级别安全管理部门、公安部门、检察部门、工会组成事故调查组进行调查,并邀请有关专家和技术人员参加。需要特别指出的是,与事故有直接利害关系的人员不得参与调查组的调查。

事故调查组有权向有关单位和个人了解与事故有关的情况,并要求其提供相关文件、资料,有关单位和个人不得拒绝。事故发生单位的负责人和有关人员在事故调查期间不得擅离职守,并应当随时接受事故调查组的询问,如实提供有关情况。事故调查中发现涉嫌犯罪的,事故调查组应当及时将有关材料或者复印件移交司法机关处理。

3. 现场勘察

现场勘察是事故调查工作的重要组成部分。事故发生后,调查组应尽早到现场进行勘察。对事故的现场勘察必须及时、全面、准确、客观。其勘察的主要内容有以下几方面。

1) 现场笔录

①发生事故的时间、地点、气象等情况;

②现场勘察人员的姓名、单位、职务;

③现场勘察起止时间、勘察过程;

④能量逸散所造成的破坏情况、状态、程度;

⑤设施设备损坏或异常情况及事故发生前后的位置;

⑥事故发生前的劳动组合,现场人员的具体位置和行动;

⑦重要物证的特征、位置及检验情况等。

2) 现场拍摄

①方位拍摄:反映事故现场周围环境中的位置;

②全面拍摄:反映事故现场各部位之间的联系;

③中心拍摄:反映事故现场的中心情况;

④细目拍摄:揭示事故直接原因的痕迹物、致害物等;

⑤人体拍摄:反映伤亡者主要受伤和造成伤害的部位。

3) 现场绘图

根据事故的类别和规模以及调查工作的需要应绘制出下列示意图:

①建筑物平面图、剖面图;

②事故发生时人员位置及疏散(活动)图;

③破坏物立体图或展开图;

④涉及范围图;

⑤设备或工、器具构造图等。

4) 事故事实材料和证人材料搜集

①受害人和肇事者姓名、性别、年龄、文化程度、职业、本工种工龄等;

②事故当天受害者和肇事者的工作情况,过去的事故记录;

③事故发生前设备、设施等的性能和运行状况;

④事故当天工作环境状况;

⑤事故前受害者和肇事者的健康状况和个人防护措施状况;

⑥其他可能和事故有关的细节或因素。

4. 分析原因,明确责任,确定事故性质

通过观察和调查,查明事故发生的经过。调查组应以安全法律法规和标准为依据,对事故进行认真、客观、全面、细致、准确的分析,找出造成事故的原因,确定事故性质和有关人员的责任。由于重大伤亡事故比较复杂,事故分析可借助有关专业技术知识和系统安全分析方法。

进行事故分析时,应注意以下几个问题。

(1) 事故分析时，首先应该整理和仔细阅读各种材料，按 GB6441—1986 标准附录 A，对受伤部位、受伤性质、起因物、致害物、伤害方法、不安全行为和不安全状态七项内容进行分析。

(2) 在分析事故原因时，应根据调查所确认的事实，从直接原因入手，逐步深入到间接原因。

(3) 在已查清伤亡事故原因的基础上，分析原因以确定责任人。按常规可分为直接责任人、主要责任人、重要责任人、领导责任人。

5. 提出处理意见，制定预防措施

在调查结论的基础上，依据有关法律、法规和规章，对事故单位和责任者，根据事故后果和事故责任者应负的责任提出处理意见。根据对事故原因的分析，制定防止类似事故再次发生的预防措施，并要定人、定时间、定标准，迅速执行措施规定的各项条款。

6. 填写伤亡事故调查报告书

上述工作完成后，事故调查组应如实填写事故调查报告书。报告书的核心内容为事故状况、事故原因、预防措施及对责任者的处理，伤亡事故调查报告书必须客观、公正、明确。

7. 事故的审理和结案

(1) 事故调查处理结论报出后，须经当地相关有审批权限的机关审批后方能结案。并要求伤亡事故处理工作在 90 天内结案，特殊情况不得超过 180 天。

(2) 对于事故的审理和结案，要同企业的隶属关系及干部管理权限一致。

(3) 对事故责任者的处理，应根据事故情节轻重、各种损失大小、责任轻重加以区分，予以严肃处理。

8. 事故资料归档

事故审理结案后，应将事故资料专案存档。存档的主要资料包括：

①职工伤亡事故登记表；
②职工重伤、死亡事故调查报告及批复；
③现场勘察资料记录、图纸、照片等；
④技术鉴定和试验报告；
⑤物证、人证调查材料；
⑥医疗部门对伤亡者的诊断及影印件；
⑦直接和间接经济损失材料；
⑧企业或主管部门对其事故所做的结案申请报告；
⑨受处理人员的检查材料；
⑩调查组成员的姓名、职务、单位及各成员签字。

【本章要点】

1. 安全生产。
2. 安全生产责任制。
3. 安全教育。
4. 安全事故。

【思考与练习】

1. 我国的安全生产方针是什么?
2. 在道路安全生产管理中应处理好哪几方面的关系?
3. 进行道路安全生产管理有哪些有效措施?
4. 如何进行道路施工伤亡事故的处理?

11 道路工程项目成本管理

11.1 概述

从施工企业角度讲,道路工程项目在完成合同各项技术经济指标前提下,以取得最佳经济效益即最大利润为其根本目标。按照我国现行道路建设项目费用管理的有关程序和内容,项目成本管理是施工期施工企业的核心工作。工程项目成本是指工程项目从设计到完成期间所需全部费用的总和。

11.1.1 成本管理的含义

道路工程项目成本管理是施工企业的一项重要基础管理,是道路施工企业结合道路项目的具体特点,以施工过程中直接消耗为基础,以货币为主要计量单位,对从项目开工到竣工所发生的各项收、支进行全面系统的管理,以实现项目整个工程成本最优化目标的过程。

从工程成本管理的定义中可以看出,工程成本是施工企业在施工过程中消耗的活劳动和物化劳动,包括劳动力、生产资料和劳动对象,这些消耗以货币的形式表现,如工资、材料费、固定资产折旧费等,从财务的角度讲,就是施工企业关于该工程项目的全部支出。

1. 工程成本的分类

从不同角度分析,工程成本有不同的分类。

(1) 由于费用性质和定量计算方法的不同,工程成本分为直接成本和间接成本。直接成本是指以工程项目为对象,直接消耗在工程上的费用,包括人工费、材料费、施工机械费及其他直接费用等;间接成本是指在施工过程中,施工企业为组织和管理施工以及为生产服务而消耗的人力、物力等费用。

(2) 根据不同时期的不同依据,工程成本可分为预算成本、计划成本和实际成本。预算成本是以施工图为依据,按预算价格计算的成本,是确定工程造价的基础、编制计划成本的依据和评价实际成本的依据,也是检查施工成本节约或超支的标尺,是安排施工计划、供应工料的主要参考依据;计划成本是在施工中采用技术组织措施和实现降低成本计划要求所确定的工程成本,以工程量、所投入的资源和施工方法为依据,按施工定额计算的成本,它与预算成本的差额就是计划降低成本额;实际成本就是在施工过程中实际支出的生产费用总和,它与预算成本比较可以反映工程盈亏情况,与计划成本比较,可以揭示成本的节约和超支。

2. 工程成本管理的含义

成本是反映施工企业工作质量的综合性指标,是衡量企业管理水平的尺度。工程成本管理实际上是施工企业对工程的具体科学组织,资源的合理安排,达到工期、质量、效益三者的统一,实现项目最大经济效益的过程。从管理的手段上讲,工程成本管理实际上是广义的成本控制,其含义可以理解为在成本的形成过程中,按照合同规定的条件和事先制订的成本计划,对工程项目所发生的各项费用和支出,按照一定的原则进行指导、监督、调节和限制。对即将和已经发生的偏差进行分析研究,并及时采取有效措施进行纠正,以实现规定的目标。

3. 工程成本管理的目标

从本质上讲,工程成本管理目标是实现企业、项目成本效益最大化,但从具体实施过程上讲,工程成本管理目标就是实现项目管理成本目标责任书中的责任目标,即制定科学合理的计划,通过具体施工方案和管理措施的优化,确保在成本计划范围内、在计划工期内完成质量符合标准的产品任务,以确保预期利润的实现。

11.1.2 道路工程项目成本管理体系的建立

道路工程项目成本管理体系是指企业为使工程项目成本管理达到成本目标所需要的组织机构、程序、过程和资源。同质量管理体系一样,它是实现目标而进行的一系列组织活动的总称。

1. 组织机构

组织机构是指企业职工为实现成本管理目标,在相应的管理工作中进行分工协作,在职务范围、责任、权利方面所形成的组织体系。这个组织体系包括机构设置、业务分工及相互关系的职能结构;公司层次、项目层次、岗位层次等表明企业组织结构纵向复杂程度的层次结构;与成本管理有关的生产、计划、技术、劳动、人事、财务等的部门结构和项目经理部的具体结构;各个层次、各个部门、各个人员在权利和责任方面的分工和相互关系等。图 11-1 为某项目经理部机构设置。

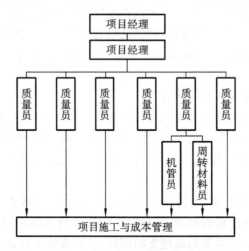

图 11-1 某项目经理部机构设置

2. 程序

程序在 ISO8402—1994 标准中的定义是为进行某项活动所规定的途径。同质量管理一样,其管理活动主要体现在过程控制中,即程序应该形成文件,在项目成本管理中,主要程序文件应包括以下几个方面。

(1) 项目施工责任成本的确定程序和方法。项目施工责任成本是实施项目成本管理的前提和基础,在推行项目施工成本核算、实施经营效益和管理效益分开的前提下,确定公平、公正、合理的项目施工责任成本的测算程序和方法。

(2) 项目责任合同及内部岗位成本责任合同。为落实成本管理责任和成本管理目标,公司与项目经理部、项目经理部与各岗位人员之间都要签订相应的责任合同。公司与项目经理部的责任合同以项目施工责任成本为成本控制目标。在此基础上,项目经理部要将指标层层分解落实到人,并签订内部岗位责任合同。

(3) 成本计划和成本核算。根据项目责任合同和工程实际情况,在进行成本管理活动前要编制成本计划,根据成本计划开展成本管理活动。成本计划包括工程总计划和分时计划(年、季、月、旬、日计划)。为了对成本管理活动能够进行有效的控制,同时为了总结经验、教训,改善和提高管理水平,要按成本计划的时段进行成本核算。成本核算所提供的各种成本信息是成本预测、成本计划、成本控制和成本考核等各个环节的依据。

(4) 人工、材料、机械等的管理程序和措施。在程序文件中,要对人工费核算及材料采购、验收、发放,机械租用及核算等一系列工作做程序上的规定,以保证各项工作的规范性。

(5) 成本管理业绩的考核及激励机制。项目成本管理业绩是以项目施工责任成本(也称为项目施工成本责任总额)为基数的考核行为,根据项目施工成本的收支核算和业绩的表露,综合其他管理内容和考核目标,确定项目成本管理业绩,并在此基础上确定和采取激励行为。现在,企业的激励一般以物质手段为主,借以实现鼓励先进、推进管理、提高效益的目的。

3. 过程和资源

成本管理是贯穿整个施工活动的一个动态过程,是施工管理人员通过对人员、资金、设施、设备、技术和方法等各项生产要素进行合理组合、调度、应用的过程。资源是进行成本管理所需要的人员、技术和方法以及成本管理的对象(进行施工生产的过程)所需要的资金、设备等,是成本管理的基础,如何合理使用和配置资源正是成本管理的研究内容。

4. 成本体系文件

成本体系需要用成本体系文件来表述。成本体系文件一般包括以下几种。

(1) 成本手册。它是阐明某项目成本方针、描述其成本体系的文件。内容包括目的、方针、目标;组织结构、机构设置、职责权限、控制与核算方法;各类过程的成本活动要求;各类文件编制要求、文件目录等。

(2) 程序文件。它是为落实成本手册要求而规定的实施细则。内容包括有关规章制度、管理标准、工作标准;各过程的控制程序、流程、实施办法等。文件内容可总结为 5W1H(What,Who,When,Where,Why,How),即何事、何人、何时、何地、何故、何控。

(3) 各类作业指导书、相关规程、规定。这些属于技术性程序文件,是直接指导操作人员完成成本活动的文件。

(4) 成本记录。它是对已完成的成本活动提供客观证据的文件,包括各类信息文件、单据(凭证)、传票、报表、数据文件。如进行日常管理所需要的各种计划、报表原始记录及重大决策的活动记录等。

(5) 成本管理手册。它是针对某一工程项目,规范、指导项目经理进行成本管理的主要文件,是成本体系文件中最具体的实施性文件。成本管理手册是在项目开工前,由项目经理组织有关人员为落实项目经理部人员分工、成本管理、明确工作程序、制定成本降低具体措施的强制性文件。该文件完成后,汇总成册,分发到人,作为该项目施工成本控制管理工作的指南和行为准则。其基本内容包括以下几点:

① 工程概况,主要阐述工程规模、结构、特点等;

②项目组织机构,包括人员配备、岗位设置及资质情况;

③公司规定的项目承包经营指标,包括项目施工责任成本及各项管理目标如质量目标、安全目标、工期指标等;

④项目施工目标成本及管理目标;

⑤成本管理运行程序及相应的规章制度;

⑥岗位职责及岗位指标;

⑦成本降低措施,包括总的成本降低措施及各岗位的成本降低措施;

⑧项目施工成本核算办法,包括数据的收集、整理、核实、传递;

⑨奖励制度及各类人员的业绩考核办法。

虽然每个企业或每个工程项目的实际情况不同,成本管理手册的编制方法或内容可能有所不同,但只要成本管理手册能真正起到规范成本管理的作用,达到完成预期成本目标的目的,那么,成本管理手册的编制就是成功的。

11.1.3 道路工程项目成本管理程序与内容

道路工程项目成本管理的内容一般包括以下六个方面,其实施程序见图11-2。

(1) 成本预测。成本预测是根据成本信息和施工项目的具体情况,运用一定的方法对未来的成本水平及其可能的发展趋势做出科学的评估,是在工程施工以前对成本进行的估算。成本预测是施工项目成本决策与计划的依据,是实现成本管理的基础和重要手段。

(2) 成本计划。本计划以货币化的形式编制施工项目在计划工期内的费用、成本水平、成本降低率以及为降低成本所采取的主要措施和规划的书面方案。它是建立施工项目成本管理责任制、开展成本控制和核算的基础,是该项目降低成本的指导性文件,是设立目标成本的依据。

(3) 成本控制。在施工过程中对影响施工成本的各种因素加强管理,并采取各种有效措施,将施工中实际发生的各种消耗和支出严格控制在成本计划范围内。它是加强成本管理和实现成本计划的重要手段,即通过纠偏处理,调整后面资源的投入,使得成本计划与成本实际的偏差降到最低。施工项目的成本控制应贯穿于整个过程。

(4) 成本核算。它是对施工项目所发生的费用支出和工程成本形成的核算。成本核算提供的各种成本信息是成本预测、成本分析、成本控制、成本考核和成本评价等各环节的重要依据。

(5) 成本分析。它是在成本核算的基础上,对成本的形成过程和影响成本升降的因素进行分析,以寻求进一步降低成本的途径,包括有利偏差的挖掘和不利偏差的纠正。对施工项目实际成本进行分析、评价,为以后的成本预测降低成本指明方向。成本分析要贯穿于项目施工的全过程。

(6) 成本考核。它是对成本计划执行情况的总结和评价。施工项目经理部根据现代化管理的要求,建立、健全成本考核制度,定期对各部门完成的成本计划指标进行考核、评比,并把成本管理经济责任制和经济利益结合起来,通过成本考核有效地调动职工的积极性,为降低施工项目成本、提高经济效益做出贡献。

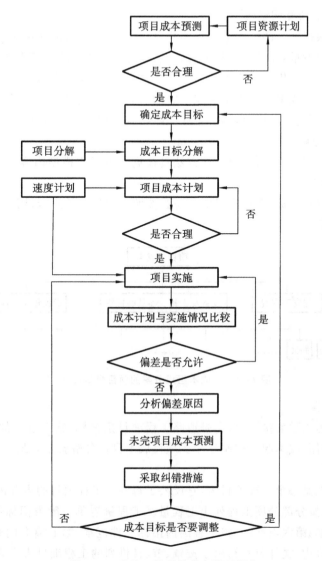

图 11-2 道路工程项目成本管理程序

11.2 施工项目成本计划

施工项目成本计划是成本管理的重要环节,它通过对工程成本的分解、编制和对工程工期、质量的统筹考虑,为项目实际成本控制、核算、分析提供依据,也为施工企业进行经营管理活动提供依据。施工项目成本计划有成本计划表、成本模型、资金支付计划、工程款收入计划、现金流量计划、融资计划等多种形式。

11.2.1 施工项目成本计划编制方法

施工项目成本计划编制主要有以下几种方法。

1. 使用施工定额的预算调整法

采用该方法就是根据施工图样中的工程实物量,套用施工工料消费定额,计算工程量清单数量及工程量清单中工料消费量,并进行工料汇总,最后以货币形式反映施工生产消耗水平。各个职能部门再以施工图中的工料分析作为成本计划的依据,根据实际水平和要求,分别计算出各项成本,并汇总为整个工程的计划成本。由于定额在一定的时间、范围反映了工程实际费用的统计分析结果,该方法又能在工料消耗的基础上,结合企业实际编制,因此被施工企业广泛采用。

1) 项目成本目标分解

项目成本目标可按照时间进行分解,该方法具体见本节成本模型内容。项目成本目标按照成本组成进行分解,见图11-3。

由于道路工程项目招投标、费用支付等单位是按照工程量清单进行,因此工程量清单为项目总成本分解后的基本单位。

图 11-3 按成本组成分解的项目成本目标

2) 工程量清单内容

工程量清单又称为工程数量清单,它是道路工程项目招投标、施工过程的计量支付、成本核算的重要依据,对工程费用、成本起到控制作用。项目成本目标分解就是要最终按照工程量进行分解计算。

工程量清单实际上是一个工程项目表,它反映了每一个工程项目的主要内容和预算数量,并且以每一个工程为对象,按分部分项工程列出工程量。工程量清单一般由招标单位提供,我国《公路工程国际招标文件范本》第六篇和《公路工程国内招标文件范本》第七篇专门介绍了公路工程工程量清单。在该部分内容中,文件范本给出了按章、节、目排列的工程细目表。表 11-1 为公路工程项目工程量清单汇总表。

表 11-1 工程量清单汇总表

序号	章 名	金额/元
1	第 100 章 一般条目	
2	第 200 章 路基土石方	
3	第 300 章 路面	
4	第 400 章 桥梁	
5	第 500 章 隧道	
6	第 600 章 排水	

续表

序号	章　名	金额/元
7	第700章　防护	
8	第800章　道路设施	
9	第900章　绿化	
10	第1000章　房屋	
11	第100章至1000章合计	
12	计日工总额	
13	第100章至1000章＋计日工	
14	按第100章至1000章合计额的百分比作为暂定金额	
15	写人投标书作为合同段投标金额的总价	

3）具体计算

工程量清单中各项工程量需要按照工程图纸进行更加仔细的调查、分析、研究与计算，核算具体工程量。作为施工企业，其计划成本中依然按照定额的要求，通过先计算直接费用的方式来确定。

（1）人工费的计划成本。

$$人工费的计划成本＝计划用工量×实际水平的工资率 \quad (11.2.1)$$

式中，计划用工量＝$\sum$（某项工程量×工日定额），工日定额可根据实际水平并考虑先进性，适当提高定额。

（2）材料费的计划成本。

$$\begin{aligned}材料费的计划成本 =& \sum[（主要材料计划用量×实际价格＋运杂费）\\ & ×（1＋场外运输损耗率）×（1＋采购及保管费率）\\ & -包装品回收价值]＋\sum[（辅助材料计划用量×实际价格）\\ & ×（1＋场外运输损耗率）×（1＋采购及保管费率）\\ & -包装品回收价值]＋\sum（周转材料的使用量\\ & ×日期×租赁单价）＋\sum（构件的计划用量×实际价格）\end{aligned}$$
$$(11.2.2)$$

（3）施工机械使用费的计划成本。

$$\begin{aligned}施工机械使用费的计划成本 =& \sum（施工机械的计划台班数×规定的台班单价\\ & ＋小型机具使用费）\end{aligned}$$

或

$$\begin{aligned}机械使用费的计划成本 =& \sum（施工机械计划使用台班数×机械租赁数）\\ & ＋机械施工用电的电费\end{aligned} \quad (11.2.3)$$

（4）其他直接费计划成本：包括冬（雨）季施工增加费、夜间增加费、行车干扰增加费、施工辅助费等直接费以外,是施工过程中直接用于工程的费用。该部分成本由项目经理部、相关部门共同编制。

(5) 现场经费计划成本:包括临时设施费、基本管理费、其他单项经费等。该部分成本由项目经理部、相关部门共同编制,也可根据项目、企业的具体情况,以各类工程的定额之和为基数,分别乘以各费用项目的相应费率。

(6) 间接费的计划成本:由企业财务部门根据企业具体情况计算,需要根据企业发展预测企业职工人数、包括工资等在内增长后的各种费用、降低企业管理成本措施等进行编制。

(7) 施工技术装备费的计划成本:根据企业具体情况,由企业财务部门编制。

2. 直接按部分工程进行的询价法

对于部分设备、专项工程或服务,采用询价的方式;对于分包的分项工程,也可以采用询价的方式,由一个或多个供应商、分包商、服务商提出报价予以估计。该方法适用于工程量较小的工程,或设备、材料采购等。

3. 合同价调整法

合同价调整法又称中标价调整法,是一种外推法。就是根据已有的中标合同价、施工图预算价款确定总的价差额,然后根据技术组织计划确定技术组织措施,确定各个工程量清单中哪些成本必须保证,哪些成本可降低。对可以降低的项目,依据平均降低程度,将实际情况、风险与可能性综合考虑,对预算成本予以调整,得出计划成本。可用下式表示:

$$目标成本降低额 = (目标成本降低 + 项目节约数 \pm \\ 实际成本与定额水平之差) \times (中标价 + 综合影响部分) \quad (11.2.4)$$

$$目标成本降低率 = (目标成本降低额 / 项目预算成本) \quad (11.2.5)$$

4. 采用其他已完同类工程的对比估算法

对已完工程项目进行总结,并分析已完工程具体成本构成、比例和合理性,编制企业已完工程数据库,在此基础上结合本项目具体情况予以调整。采用该方法主要在以下方面进行调整。

(1) 考虑到不同年代的物价指数,尤其是具体工程所采用的建筑材料、劳动力、机械设备等价格。

(2) 考虑到地区不同,所引起的物价、运输条件、发展水平、市场竞争等差异,造成工程成本的不同。

(3) 考虑到道路工程所经过区域的水文地质条件、气候条件、平原山区条件的差异。

(4) 考虑到已完工程代表企业过去的发展状况,针对其成本中的不合理成分、合理成分,在不断提高企业管理水平的前提下,客观地估算出工程项目的成本值。

11.2.2 成本计划表

成本计划表就是通过各种表格的形式将成本计划分解到各个分部分项工程中,并通过实际成本与计划成本的比较、降低成本的具体措施、计划等内容,使得成本降低任务落实到整个项目的施工过程,并借此在项目实施过程中实现对建筑施工项目成本的控制。常用成本计划表的形式有建筑安装施工项目成本计划总表、降低成本技术组织措施计划表和降低项目成本计划表等。

1. 建筑安装施工项目成本计划总表

该表全面反映项目在计划工期内工程施工的预算成本、计划成本、计划成本降低额和计划成本降低率等内容。由于施工过程所采取的技术组织措施决定了成本能否降低以及降低程度。因此，计划成本降低额是根据降低成本技术组织措施计划表、降低成本计划表和间接费用计划表等内容综合分析得出的。实际成本与目标成本计划比较表可参考表11-2的格式，项目成本计划表可参考表11-3的格式。

表11-2 实际成本与目标成本计划比较

工程类别	各类费用成本降低率					综合成本降低率
	人工费	材料费	机械使用费	其他直接费	管理费用	
（一）一般条目						
（二）路基土石方						
（三）路面						
（四）桥梁						
（五）隧道						
（六）排水						
（七）防护						
（八）道路设施						
（九）绿化						
（十）房屋						
综合						

表11-3 项目成本计划表

工程名称：
项目经理：　　　　　　　　　　　　年度：

项　　目	预算成本/元	计划成本/元	计划成本降低额/元	计划成本降低率/(%)
1. 直接费用				
(1) 人工费				
(2) 材料费				
其中：①技术措施				
② 管理措施				
③ 科研措施				
④ 其他节约措施				
(3) 施工机械使用费				
(4) 现场经费				
(5) 其他直接费				
2. 间接费用				

续表

项目	预算成本/元	计划成本/元	计划成本降低额/元	计划成本降低率/(%)
施工管理费				
3. 施工技术装备费				
工程总成本				

2. 降低成本技术组织措施计划表

降低成本技术组织措施计划表由项目经理部、施工企业相关部门有关人员参照企业具体情况、项目具体特点、预计的施工任务和降低成本任务,结合本单位技术组织措施的条件,在预测分析的基础上编制。降低成本技术组织措施,必须通过不断采用新工艺、新技术,提高项目施工技术水平和管理水平来完成。因此,该表是改进成本技术组织措施来降低成本的依据,是反映各项节约措施及经济效益的文件。降低成本技术组织措施计划表主要包括计划采取的技术组织措施和内容、该项措施涉及的对象、经济效益的计算及各项费用的成本降低额等方面的内容。该表可参考表11-4的格式。

表 11-4　降低成本技术组织措施计划表

工程名称:
项目经理:　　　　　年度:　　　　　单位:

措施项目	措施内容	涉及对象			降低成本来源			成本降低额				
		实物名称	单价	数量	预算收入	计划开支	合计	人工费	材料费	机械费	现场经费	其他直接费

3. 降低项目成本计划表

在参照企业内、外以往有关同类计划的实际执行情况和本项目具体特点的情况下,项目经理部有关人员根据企业下达的项目成本降低任务、该项目经理部自己确定的成本降低指标、项目总包和分包的分工、有关部门提供的降低成本资料及技术组织措施计划等内容,编制具体的降低项目成本计划表。该表可参考表11-5的格式。

表 11-5　降低项目成本计划表

工程名称:
项目经理:　　　　　年度:　　　　　单位:

分项工程名称	成本降低额							
	总计	直接费用					间接费	施工技术装备费
		人工费	材料费	机械费	现场经费	其他直接费		

11.2.3 资金计划

在道路工程中,无论是业主还是承包商,资金和项目的经济效益都是相关的。对承包商来说,由于项目的费用收入和支出存在着时间上的不平衡,对于付款条件苛刻的项目,承包商需要大量的资金来保证正常的施工,企业资金存在着机会成本。且企业资金不足必须通过融资来解决,给企业的经济效益、财务状况,工程的正常进度、质量控制等均带来风险和巨大影响,所以成本计划的重要内容之一就是确定资金计划。

资金计划就是按照项目进度要求、合同中的有关付款条件等,确定项目按照时间的资金收入状况、资金支出状况,并结合二者的缺口、企业的实际状况,制定可行的项目融资计划,并将现金流量作为最大约束,将企业动态成本最小化作为目标函数的优化过程。因此,资金计划主要包括资金支付计划、资金收入计划、现金流量计划、融资计划等。

1. 资金支付计划

施工项目工期计划时确定工程活动的时间安排,在此基础上制定的成本计划是反映真实的项目成本消耗情况。但工程的资金支付计划以施工生产活动过程中实际可能发生的支出时间及数额编制,因此承包商对工程资金的支取并不与工程进度、成本计划完全同步。主要存在两种情况:一是承包商可能超前支出,如培训人员、调遣队伍、调运设备和周转材料等,这些费用需要分摊在工程成本中,在以后的工程款中收回或者以开办费形式预先收取;二是在购买建筑材料、设备、租赁设备等时,先付一笔定金,到货后付清余款或滞后付清货款等。

承包商工程项目的资金支付计划包括人工费支付计划、材料费支付计划、设备费支付计划、分包工程款支付计划、现场管理费支付计划和其他费用(如保险费、利息)支付计划等。

2. 资金收入计划

承包商的工程款收入计划即为业主的工程款支付计划。它与两个因素有关:一是工程进度,即按照成本计划确定的工程完成的状况;二是合同确定的付款方式。目前公路工程的支付按照 FIDIC 条款规定通过开具支付证书的方式完成,具体分为合同支付和清单支付,见图 11-4。

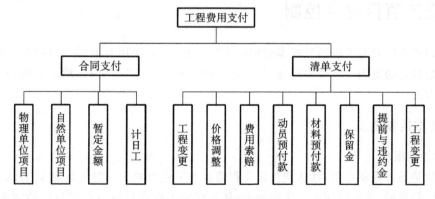

图 11-4 费用支付项目

在一般情况下,工程收入款小于工程支付款,二者在不同的阶段有不同的特点。图 11-5 反映了工程款收入成阶梯状,其中的差额部分为工程款中需要由施工企业支付的,即为公司收入、支出的现金流量。

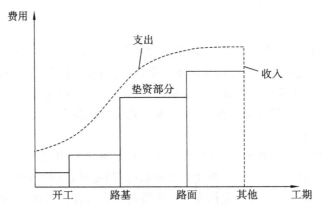

图 11-5 资金收入和支付曲线

3. 现金流量计划

在工程款支付计划和工程款收入计划的基础上可以得到工程的现金流量,它可以用表或图的形式表示出来。工程项目资金收入和支出的不平衡,需要承包商来垫付该方面的差额。通常按时间将工程支付、收入罗列在一张表中,按时间计算出当期收支相抵的余额,再按时间计算到期末的累积余额,在此基础上就可得到现金流量表。

4. 融资计划

对于现金流量表为正的情况,说明承包商占用他人资金进行生产,而且资金有富余;对于大多数情况的现金流量表为负的情况,需要承包商用自有资金进行支付,如果自有资金不足,则需要通过融资。

融资计划需要两部分内容:项目融资计划的确定,即项目在具体哪个时间段,需要融多少资金才能满足工程需要;用什么样的方式取得,融资成本、可靠性如何。通过这些内容的确定,制定出详细可靠的融资计划。

11.3 施工项目成本控制

施工项目成本控制是工程项目成本管理的主要内容,只有采用有效的成本控制才能确保工程项目成本管理目标的实现。本节先对施工项目成本控制的含义进行分析,然后讲述施工项目成本控制的具体方法。

11.3.1 成本控制含义

1. 成本控制概念

成本控制是通过控制手段,在达到预定工程质量和工期要求的同时优化成本开支,将总成本控制在预算(计划)范围,并随时纠正发生的偏差,从而保证工程项目成本管理目标的实现,并能合理使用人力、物力、财力,取得较佳投资效益和社会效益的过程。

2. 成本控制原理

从成本控制的概念中,我们可以看出,成本控制的原理就是采用动态管理思想,将施工项目分为若干阶段,并制定计划成本或目标;分析可能产生的偏差及其原因,在计划制定和执行过程中主动采取有关对策和措施;通过对实际发生成本的核算,找出超过允许偏差的有关工序或项目,分析原因并进行纠偏处理。实际上成本控制是前馈控制与反馈控制相结合的产物,其中施工前、中进行的预防措施和对策为前馈控制,进行的纠偏处理为反馈控制。

从图 11-6 中可以看出,施工项目作为一个系统,输入为投入的人、财、物等,输出为符合质量要求的具有实际成本数值的道路,作为施工企业,实际成本为其主要输出之一。通过计划的制定、实施等各种预防措施,尽可能减少成本偏差,将成本可能产生的偏差在发生前压缩到最小程度,该类控制为主动控制,即前馈控制;通过实际成本与计划成本的比较,对超出成本偏差允许范围的项目,在以后的施工中对资源投入进行调整,使累计偏差达到最小,该类控制为被动控制,即反馈控制。

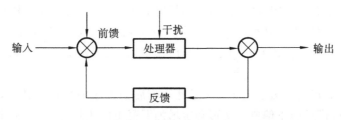

图 11-6 控制系统结构图

3. 施工项目成本控制目标

从表面上看,由于施工企业是追求经济效益最大化的独立核算单位,成本控制应以追求成本最小化为目标。但实际上,工程项目是由成本、质量和工期三大目标组成的复杂多目标系统,是一个相互制约、相互影响的统一体,存在着技术与经济的矛盾,任何一个目标的变化都会引起另外两个目标的变化,并受它们的影响和制约。在施工项目中,三个目标一般不可能同时取得最优,应根据工程的客观条件和要求进行综合分析,确定符合实际的衡量准则。只要成本控制的方案符合这一衡量准则,取得令人满意的结果,成本控制就能达到预期目标;成本并非越省越好,而是在成本、质量和工期三大目标中进行均衡,取得满意解的过程。

11.3.2 以目标成本控制成本支出

施工项目的具体实施过程应根据制定的成本计划控制成本支出,即实行"以计划定支出",这是成本控制最基础和最有效的方法之一。

1. 人工费的控制

在道路工程项目中,严格按照计划中确定的人工费标准、人员数量进行支付,控制开支;对于劳务分包等项目,一般通过招投标方式确定,并严格按合同核定的劳务分包费用控制开支;每月预结或按照实际拟结算一次,检查是否超支并分析具体原因;在施工过程中,除经监理工程师同意外,要严格控制合同外用工现象的发生。

2. 材料费的控制

材料价格主要由材料采购部门控制。由于材料价格是由买价、运杂费、运输中的合理损耗等所组成,因此控制材料价格主要通过掌握市场信息、应用招标和询价等方式控制材料、设备的采购价格。

(1) 材料消耗量的控制。主要通过制订计划的控制、材料领用的控制、材料计量的控制、工序施工质量的控制等实现。

①材料需用量计划的适时性、完整性、准确性控制。成本计划中应包含材料需用计划,该计划根据工程进度计划按月或周编制,同时均应包括材料进场计划、分时段需用数量等。各种材料的型号、规格、性能、质量要求等应明确且准确。

材料需用量计划的编制与实施可采用很多科学管理方法,其中以 ABC 分类法最为简单与普及。A 类材料价值量大,品种相对较少,如道路工程中的钢筋等,该类材料为控制的重点,一般采用提前预订方式,但提前进场时间较短,需控制在半个月以内;C 类材料价值量小,品种较多,如道路工程中的螺丝、铁丝等,该类材料为控制的一般对象,采用提前预订与进场的方法,可在项目开工后每年或半年订购一次;B 类材料价值量与品种位于二者之间,控制的方法也介于二者之间。

②定额控制。对于有消耗定额的材料,以消耗定额为依据,实行限额发料制度。在规定限额内分期分批领用,超过限额领用的材料,必须先查明原因,经过一定审批手续方可领料。

③材料计量的控制。计量仪器必须定期检查、校正,计量方法必须全面准确,计量过程必须按照操作程序。

④工序施工质量的控制。由于工序质量必然影响后面工序的材料消耗量,如土石方的超挖可能增加回填的工程量,模板的正偏差和变形必定增加混凝土的用量,因此对工序质量的控制实际上也是对工程成本的控制。

(2) 材料进场价格的控制。在招投标阶段和制定成本计划阶段,材料进场价格是在当时的具体价格基础上的预测价格,但实际材料价格采用的是市场价格,该价格为动态变化的,这两种价格可能会产生大的差别,给成本控制带来巨大的难度。因此,该部分控制应尽量限制在制定成本计划时的预测价格范围内。具体措施为企业的材料管理部门利用现代化信息手段,广泛收集材料价格信息,定期发布当期各种材料最高限价和材料价格趋势,提供材料采购信息;与项目经理部密切合作,将材料采购价格与可能发生的存储费用、缺货费用结合起来,运用运筹学等优化知识,制定并提高材料的采购水平,实现优化采购,控制材料进场价格。

3. 周转工具使用费的控制

周转工具使用费是根据施工组织总设计中的有关施工方案计算确定,或按照施工图预算的推销费用总额乘以适当的降低率确定。目标成本中该项费用是在具体施工组织设计中有关方案确定基础上进一步细化的,包括周转材料租赁和自购材料的领用。该费用控制主要采用如下方法:在计划阶段制定合理的施工进度并进行优化,采用先进的施工方案和周转工具,周转工具的使用费计划数应低于目标成本的要求;在施工阶段,控制租赁数量和进退场时间,减少租赁数量和进退场时间,选择质优价廉的租赁单位和工具,降低租赁费用。

4. 施工机械使用费的控制

类似周转工具使用费的控制,在确定目标成本时单独列出租赁的机械,在控制时按使用数量、时间、单价等逐项进行控制;小型机械及电动工具购置及修理费采取由劳务队包干使用的方法进行控制,包干费标准应低于目标成本的要求。

5. 现场经费的控制

道路工程现场经费包括项目经理部人员工资、奖金、业务费、交通费、临时设施费等,内容、人为因素多,不易控制,超支现象比较常见且较多。控制方法就是根据现场经费的支出,实行全面预算管理;对于不易控制的项目,如交通费等实行费用包干;对一些不宜包干的项目,如业务费等,通过严格的审批手续来进行控制。

11.3.3 以施工方案控制资源消耗

施工企业的成本费用在具体表现形式上是资源消耗,控制资源消耗就等于控制成本费用,该控制方法及步骤可以总结为制订具体施工方案、组织实施并对施工方案进行优化。针对施工方案资源消耗的特点工程项目控制可采取两种方法:一种是我们常见的网络技术的计划评审技术方法;另一种是目前国外广泛采用的控制论方法,该方法偏重于从宏观角度,在各个阶段对建设项目系统进行动态优化控制,对象是各个阶段目标的实现。

1. 系统模型

道路工程项目管理的核心是对项目进行动态控制,实现项目的工期、成本和质量目标的和谐统一,这里以已完成的工程量所对应的工程价值量(挣值),即因承包商完成一定的工程量获得的价值量作为系统的状态变量,以投入即为完成工程量而消耗的各种资源总和作为输入变量。该投入包括两类:一类是计划投入 U,另一类是调整投入 R。投入经过系统实施后,实现相应的挣值,二者的比例关系为(1+利润率)。模型如下。

目标函数为

$$\max J = \sum_{k=0}^{N-1} \{[X(k)-P(k)^T] \times Q_1(k) \times [X(k)-P(k)] + U^T(k) \times Q_2(k) \times U(k)\} + [X(N)-P(N)]^T \times Q_3 \times [X(N)-P(N)]$$

状态转移方程 $X(k+1) = X(k) + B \times [F(k) \times U(k) + R(k)]$

约束条件 $U(k) \in U, X(k) \in X$

式中: $X(k)$ 为 $m \times 1$ 状态变量;

$X_i(k)$ 为 k 阶段 i 子项的价值量;

$R(k)$ 为 $m \times 1$ 计划向量;

$P_i(k)$ 为 k 阶段 i 子项的计划成本;

$P(k) = \sum_{i=1}^{k-1} B \times R(i)$, $k \geq 1$, $P(0)$ 表示起始状态的计划价值,给定;

B 为 $m \times m$ 对角矩阵, $b_{ij} = \begin{cases} 0, i \neq 1 \\ 1+利率, i = j \end{cases}$;

b_{ij} 为单位成本投入而产出的价值量;

$F(k)$ 为 $m \times m$ 对角矩阵,表示由于赶工而导致的效率降低程度,给定。例如,$f=3/5$ 表示由于处于赶工状态,5 个单位成本投入只相当于成本正常情况下 3 个单位成本投入;

$U(k)$ 为 $m \times 1$ 的调整向量,表示 k 阶段 i 子项增加的投入量;

$Q_1(k), Q_2(k), Q_3(k)$ 为 $m \times m$ 给定对角矩阵,且 $Q_1(k) \geq 0, Q_2(k) \geq 0, Q_3(k) \geq 0$。

目标函数由三部分组成。第一项表示累计过程误差,为过程控制项,这一部分值越小,动态控制过程与项目计划的拟合度就越高。第二项表示动态控制过程中追加投资的累计平方和,是优化控制项,如果该项大,项目目标实现的代价就大。在资源约束情况下,它不但影响项目的最终目标,也影响动态控制过程。第三项表示终端误差,其目的是对动态控制过程进行引导,使终点时的系统状态逼近系统目标。目标函数中的系数矩阵 $Q_1(k)$、$Q_2(k)$、$Q_3(k)$ 分别表示各项的权重。

该动态控制模型可用动态规划等方法来求解。

2. 系统的控制方法

上述模型有三种控制方法。

(1) 计划向量 $P(k)$ 不变的控制方法,即计划向量在系统开始时就明确下来,是确定且不再更改的,在控制过程中只有调整向量 $U(k)$。

(2) 计划向量 $P(k)$ 是次变的控制方法,即在每一个控制节点,根据当前系统状态重新调整计划,将调整后的计划向量作为以后阶段的计划向量。在控制过程中 $P(k)$ 与 $U(k)$ 均是变动的。

(3) 以上两种方法的结合,第一种方法缺乏灵活性,容易形成系统的不可控;第二种方法计算出来的计划向量实际上只有在紧后阶段的计划向量才有用,系统每一次都处于调整状态,缺乏稳定性。可以设定一个界限值 δ,当 $|X(k)-P(k)| \leqslant \delta$ 时,认为系统偏离值可以接受,无须改变原计划,只需改变 $U(k)$ 即可;当 $|X(k)-P(k)| \geqslant \delta$ 时,认为系统已经偏离计划,可能导致不可控性。

11.3.4 以工期-成本同步控制成本

目前以网络图为主的施工进度计划是以工期为目标进行分析应用的,只有和成本控制结合起来才具有实际意义。现今国外常用的为网络图和进度费用曲线图(赢得值原理图)。

1. 网络图对进度与成本的同步控制

图 11-7 为一工程进度与成本同步跟踪网络图。该网络图为双代号网络图,其中箭杆表示工序施工过程,下方为工序计划施工时间,上方 C(Cost)后面的数字为供需计划成本。实际成本和时间在方框内填写,这样就可以从网络图中看到每道工序的计划进度和实际进度、计划成本和实际成本的比较情况,同时也清楚地看到今后控制进度、成本的方向。在该网络图基础上,还可以通过优化,确定整个工程项目的最低成本日程,即取得成本、日期的最佳组合。

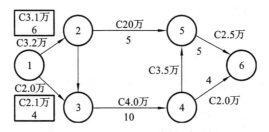

图 11-7 进度与成本同步跟踪网络图

2. 利用进度费用曲线图进行成本控制

进度费用曲线图又称赢得值原理图,是一种对工程项目费用、进度进行综合控制的图形表示和分析法。图 11-8 为某一工程的赢得值原理图。在该图中,X 轴、Y 轴分别表示时间和费用;BCWS 为计划预算工作量进度曲线,BCWP 为已完工程预算工作量曲线,ACWP 为已完工程实际费用消耗曲线。

BCWS 线根据施工组织设计的进度计划绘制,作为项目层次施工成本控制与分析使用,依据(进度计划工作量×目标预控成本/工程中标造价)计算得到。

BCWP 线根据施工过程每月完成的工作量绘制,具体按照(每月完成工作量×目标预控成本/工程中标造价)计算。

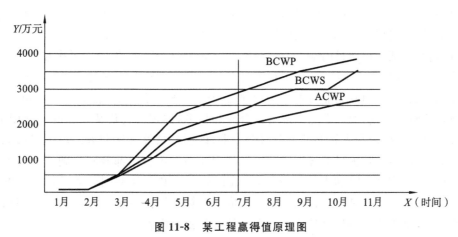

图 11-8 某工程赢得值原理图

ACWP 线根据施工过程每月实际成本支出绘制。

通过图 11-8 可以看出,该工程进度提前且已完工程实际成本低于预算成本。

11.3.5 采用现代化方法,实现成本控制同步

道路施工企业普遍技术含量低、管理手段落后,要实现成本的同步控制,就必须在管理手段上下功夫。具体来讲,主要为两个方面。

1. 建立企业管理信息系统和项目管理信息系统

信息系统一方面可以迅速地为施工企业管理提供实时信息,为工程管理的规范化提供基础,使得施工企业流程重组;另一方面为成本控制提供必要的手段。成本计划、成本控制与成本分析是一项复杂烦琐的工作,在具体应用时需要大量的数学公式、模型与计算。管理信息系统中的成本管理内容为施工企业进行成本控制提供必要的决策支持。

2. 建立企业成本管理相关的激励约束机制

成本管理中的定岗、定责等岗位责任制必须通过激励约束机制来实现,通过考核,对按照成本计划要求完成节约成本的相关人员予以奖励。对由于主观原因造成成本提高的相关人员,主要通过经济方式予以惩罚。

11.4 施工项目成本核算与分析

施工项目成本管理通过控制来实现,通过组织、技术、经济措施得到保证。但成本的控制手段与具体纠偏措施必须建立在已发生成本的核算与分析的基础上。

11.4.1 施工项目成本核算

1. 成本核算的层次

施工项目成本核算一般分两类三个层次。

第一类也是第一层次,即工程成本核算,属于从企业角度的法人层次核算,主要反映施工企业在各个工程项目以及企业总的收入、支出及盈亏情况。其特点是周期长,与工程施工经营周期和企

业经营期限相一致;国家要求严、规范细,如会计准则、会计制度等,企业自身变动余地较小。

第二类是工程项目的施工成本核算,属于施工企业内部管理需要的内部成本核算。具体到某一工程项目,则称为某工程项目的施工成本核算。它分为两个层次,即第二层次和第三层次。第二层次是具体工程项目施工成本核算,指工程项目在施工过程中发生的收支核算和考核,主要解决企业内部核算和控制问题,明确企业与项目经理部之间的经济责任。其特点是时间较短,一般等同于一个工程项目的施工周期;通过企业内部责任合同和核算,体现项目代替企业的部分职能、责任和风险;属于内部核算,国家和主管部门未做明细要求;该部分核算方法和方式较多。第三层次是项目岗位成本责任考核,是将项目的管理风险和经济责任通过项目内部合同所确立的各个岗位的成本责任和考核办法,实现风险和责任的分解,形成群体压力和群体共同分类承担责任的行为。显然,项目岗位成本责任考核是对工程项目的施工成本核算的细化和具体落实,两者不可分割。

一般来讲,项目施工成本核算是成本管理的核心与主要内容。

2. 项目施工成本核算的方法

项目施工成本核算的方法目前有表格核算法和会计核算法两种。

(1) 表格核算法。它是建立在内部各项成本核算基础上,各部门和核算单位定期采集信息,填写相应的表格,并通过一系列的表格形成项目施工成本核算体系,形成支撑项目施工成本核算平台的方法。

表格核算成本的过程为:根据确定的项目施工成本责任总额分析项目成本收入构成的表格;在做好优化施工方案的基础上,落实岗位成本考核指标,制定"项目目标成本"相关表格;在确认的工程收入基础上,按月确定本项目的成本收入并填入相关表格;确定当月的分包成本支出并填入相关表格;进行本单位职工工资的结算并填入相关表格;材料消耗的核算;周转材料租用支出的核算;水电费支出的核算;项目外租机械设备的核算;项目自有机械设备摊销、大小型工器具摊销、CI 费用分摊、临时设施摊销等费用支出的核算;现场实际发生的其他直接费用、各种现场经费等费用开支的核算;项目施工成本收支合算;项目施工成本总收支的核算等。表 11-6 为工资及奖金分配表,表 11-7 为项目施工成本总收支表。

表 11-6 工资及奖金分配表

项目名称:　　　　　　　年　　月　　　　　　　　　　　　　　　　　　　单位:元

工 资 种 类	金　　额	岗位耗用对象	金　　额	责任人签字
基本工资				
各种补贴				
加班工资				
其他工资				
奖　金				
合　计				

项目经理:　　　　　　　成本会计:

表 11-7 项目施工成本总收支表

项目名称：　　　　　　　　　年　　月　　　　　　　　　　　　　　　　单位：元

序号	收支内容	收入金额	支出金额	备注
一	人工费			
1	定额人工费			
2	辅助人工费			
二	材料费			
1	大宗材料			
2	小型材料			
3	三大工具			
4	水电费			
三	机械费			
1	大型机械费			
2	小型机械费			
四	现场经费			
1	项目管理人员工资			
2	办公费			
3	差旅费			
4	材料消耗			
5	低值易耗品消耗			
6	招待费用			
五	其他直接费			
1	临时设施费			
2	CI费用			

项目成本员：　　　　　　　　　公司财务科：
项目预算员：　　　　　　　　　公司合同科：

表格核算方法依靠各相关部门的支持，专业性要求不高。其一系列表格可由各相关部门提供，按单位内部有关规定填写，从而形成对数据的比较、分析、考核和简单的核算。优点是比较简捷明晰，直观易懂，易于操作，实时性较好；缺点是覆盖范围较窄，核算债权、债务等比较困难，较难实现科学严密的审核制度，有可能造成数据失实，精度较差。

（2）会计核算法是指建立在会计核算基础上，利用会计核算所独有的借贷记账法和收支全面核算的综合特点，按项目施工成本内容和收支范围组织项目施工成本核算的方法。

会计核算法核算项目施工成本主要通过项目施工成本的直接核算、间接核算和项目施工成本列账核算来完成。具体见施工企业财务会计相关内容。

会计核算法主要是依靠会计方法为主要手段进行的核算,具有核算严密、逻辑性强、人为调节的可能因素较小、核算范围较大的特点。核算建立在借贷记账法基础上,收和支、进和出都有另一方作备抵,如购进的材料进入成本少,该进而未进成本的部分会一直挂在项目库存的账上;不仅核算项目施工直接成本,而且还要核算项目在施工生产过程中出现的债权债务,项目为施工生产而自购的料具、机具摊销,向业主的报量和收款、分包完成和分包付款等。其不足的一面是对专业人员的专业水平要求较高,要求成本会计师的专业水平和职业经验较丰富。

在目前项目施工成本核算中,两种核算方法并存。

3. 项目施工实际成本核算过程

项目施工实际成本的具体核算过程见图 11-9。

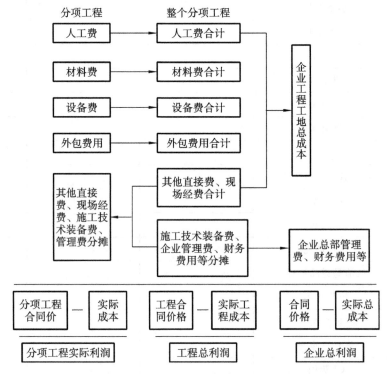

图 11-9 项目施工实际成本核算过程

(1) 从项目开工开始记录各分项工程中消耗的人工、材料、机械台班的数量及费用,其中一些消耗是必须经过分摊才能进入工作包的,如在一段时间内几个工作包共用的原材料、劳动力、设备,必须按照实际情况进行合理的分摊。

(2) 本期内工程完成状况的量度。对于已完工程,直接量度;对于跨期的分项工程即已开始但尚未结束的分项工程,由于实际工程进度是作为成本花费所获得的已完产品,它的量度的准确性直接关系到成本核算、成本分析和趋势预测(剩余成本估算)的准确性,故在实际工程中应将该工程分为若干个子项目,根据本期内完成的子项目程度进行量度。

(3) 其他直接费、现场经费、技术装备费及总部管理费开支的汇总、核算和分摊。该部分费用一般对其他直接费、现场经费进行汇总,与技术装备费、总部管理费等开支分摊汇总进入具体工程项目的总成本。

由于分摊是选择一定的经济指标按比例核算的,例如企业管理费按企业同期所有工程总成本(或人工费)分摊到各个工程;工地管理费按本工程各分项工程直接费总成本分摊到各个分项工程,有时周转材料和设备费用也必须采用分摊的方法核算。由于它是平均计算的,所以不能完全反映实际情况,它的核算和经济指标的选取受人为因素的影响较大,常常会影响成本核算的准确性和成本评价的公正性。所以对能直接核算到分项工程的费用应尽量采取直接核算的办法,尽可能减少分摊费用值及分摊范围。

(4)进行各分项工程以及总工程的各个费用项目核算及盈亏核算,提出工程成本核算报表。

11.4.2 施工项目岗位成本考核

施工项目岗位成本考核是落实项目施工成本核算的主要手段和关键措施,是将项目施工总成本的支出结合项目施工方案、手段、工艺,在考虑技术进步和成本控制的基础上,提出项目人员组成和岗位人员配备,并针对于不同岗位人员,将成本按照一定的方法分解到各个管理岗位和主要管理者,责任到人,实行风险抵押、按期考核。

1. 施工项目岗位成本考核内容

施工项目岗位成本考核内容根据项目的具体岗位确定,主要有以下几个方面。

(1)项目经理。对项目成本总支出的计划制定、岗位责任分解和落实,岗位成本责任控制指标、考核方法、奖惩方法等的合同制定与执行负责。有关内容需根据具体情况与相关部门协商。

(2)成本会计或成本员。对项目施工成本核算的准确性、现场经费的开支承担责任。开展项目成本核算,根据管理规定和程序收付款项,保证款项支付的合理、规范、真实和准确;在项目施工成本现场经费的总额内,对现场耗费进行控制;根据项目岗位成本考核对象,建立岗位成本台账,按期组织项目岗位成本考核,并将考核结果汇总上报,为奖罚兑现及时提供实际数据。

(3)预算人员。对项目施工成本核算承担责任,对项目的分包成本支出、分包工程的单价、工日数和分包结算数等承担责任。

(4)材料人员。在掌握项目总的材料消耗量、分阶段消耗量、由于设计变更等各种原因引起材料消耗量变化的基础上,对项目材料消耗总量、采购单价等支出负责。

(5)劳资、统计人员。在落实考核期各个岗位成本考核的收入、支出情况下,对整个项目岗位成本考核承担责任。

(6)机械管理人员。对租赁的机械设备和自有的机械设备、工具等消耗总额承担责任。包括从外租入机械设备和可开支总额,自有设备的可使用时间,施工用水电费的控制总额等。

(7)工长或施工员。主要对在其管理范围内岗位成本收支状况进行考核,对成本耗费承担责任。如钢筋混凝土工长,项目根据其分部分项的各种预算消耗量,经协商确定其整个管理范围内的耗费控制总量,包括人工日、钢筋、混凝土的消耗控制总量,工具的占有时间,工期控制指标及奖罚方法与额度等。该方面是项目最基本的岗位成本考核,其他专业成本考核主要是为防止总量超支和控制单价。

2. 项目岗位成本考核方法

项目岗位成本考核一般采用表格法,内容包括在开工前的总量落实、施工过程中的分阶段考核和完工后岗位成本的总考核与总兑现。其中开工前的总量落实就是通过定岗、定人、制定考核标准以及合同、表格予以落实的。表11-8为一工程项目钢筋混凝土岗位责任考核计量表,表11-9为施工过程中的岗位成本分阶段考核参考表。

完工后岗位成本的总考核与总兑现一般按照以下步骤进行:取得和确认原始的岗位考核指标;从统计员特别是预算人员处取得岗位成本考核的调整数;汇总该岗位的累积成本收支数和收支量;完成完工岗位成本总考核表的编制;根据岗位成本考核合同书中相关内容,计算该岗位的奖罚比例;劳资员计算,项目经理签认;工程竣工后,补差各岗位成本责任考核的奖罚留存数;通知公司财务退还各岗位责任者的风险抵押金。

表 11-8　钢筋混凝土岗位责任考核计量表

项目名称:　　　　　岗位责任范围:　　　　　　　　　　工期:　年　月　日至　年　月　日

序号	分项工程名称	单价	总价	时间安排

项目经理:　　　　　预算员:　　　　　岗位责任人员:　　　　　签订时间:　年　月　日

表 11-9　岗位成本分阶段考核参考表

岗位成本责任人:　　　　考核时间:　年　月　日　　　　　　　　　　　单位:元

原始签约额		本期岗位成本收入额	
调整额		本期岗位成本支出额	
完工确认额		本期岗位成本节约额	
		累计岗位成本收入额	
		累计岗位成本支出额	
		累计岗位成本	

项目经理:　　　　　预算员:　　　　　　　　　　　成本会计:

11.4.3　施工项目成本偏差分析

施工项目成本偏差分析方法较多,本节介绍常用的几种方法。

1. 因果分析法

同施工质量管理中的因果分析法(鱼刺图)一样,将影响成本偏差的各个主要因素找出,再找出影响主要因素的次要因素,不断寻找并画成鱼刺图。图 11-10 为原因分析总图,对具体施工项目应根据具体情况确定。

2. 因素替代法

对影响项目成本偏差的各个因素,需要从定量角度确定出影响程度。对于定性确定下来的影响成本偏差因素,先假定一个因素变动,而其他因素不变,计算出该因素的影响额;然后依次再替换其他因素,从而确定每一个因素的具体影响额。

【例 11-1】某高架桥工程现浇混凝土,计划使用商品混凝土 2400 m^3,计划价格 360 元/m^2;实际浇筑量 2500 m^3,实际价格 320 元/m^2;计划耗损率 2%,实际供应混凝土量 2600 m^2,实际成本为 884000 元。试分析成本偏差产生的原因。

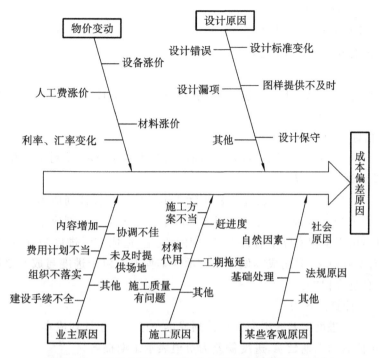

图 11-10 道路工程施工项目成本偏差因果关系分析总图

解:(1) 确定成本影响因素。

由公式现浇混凝土总体成本 $C=$ 工程量$(X_1)\times$每立方米工程混凝土用量$(X_2)\times$混凝土单价(X_3),可以看出,影响现浇混凝土总成本的因素有工程量(X_1)变更、每立方米工程混凝土用量(X_2)的变化、混凝土单价(X_3)波动 3 个。

(2) 确定原预算现浇混凝土材料成本。

预算成本 $C_P=(2400\times1.02\times360)$元$=881280$元

(3) 确定三个因素对成本的影响程度。

①用实际用量替换计划用量。

$X_1=2500 \text{ m}^3, X_2、X_3$不变,则

$$C_1=(2500\times1.02\times360)\text{元}=918000 \text{元}$$
$$C_1-C_P=(918000-881280)\text{元}=36720 \text{元}$$

显然,由于工程量变更造成成本超支 36720 元。

②用实际每立方米工程混凝土耗费量替换计划每立方米工程混凝土用量,实际耗损率为 $2600/2500=1.04$。

$$C_2=(2500\times1.04\times360)\text{元}=936000 \text{元}$$
$$C_2-C_P=(936000-881280)\text{元}=54720 \text{元}$$

现场混凝土耗损量增加使成本超支 54720 元。

③用混凝土实际单价替换计划单价。

$$C_3=(2500\times1.04\times320)\text{元}=832000 \text{元}$$
$$C_3-C_P=(832000-881280)\text{元}=-49280 \text{元}$$

价格降低使成本节约 49280 元。

从以上三步替换计算结果可以看出各因素对成本的影响程度。该项目成本偏差原因为工程量计算有误,混凝土没有充分利用,损耗太多。

3. 成本分析法

成本分析法是通过对成本、工期、进度等一系列参数偏差的计算,对相关指标分析得出结论的一种方法。

1) 成本分析指标

成本分析指标主要有成本偏差、进度偏差、局部偏差和累计偏差、绝对偏差和相对偏差等。

(1) 成本偏差。计算公式为

$$成本偏差1 = 已完工程实际成本 - 拟完工程计划成本$$
$$成本偏差2 = 已完工程实际成本 - 已完工程计划成本$$

在上述公式中,由于工程实际中有许多影响因素发生,造成实际进度与计划进度很难同步,所以成本偏差1没有实际意义,只用成本偏差2表示成本偏差。由于进度与成本之间有密不可分的关系,所以还要计算进度偏差。

(2) 进度偏差。计算公式为

$$进度偏差 = 拟完工程计划成本 - 已完工程计划成本$$

进度偏差为正值表示工期延误,进度偏差为负值表示工期提前。

(3) 局部偏差和累计偏差。局部偏差有两个含义,一个含义是指对于整个项目而言,各单项工程、单位工程及分部分项工程的成本偏差;另一含义是指对于项目实施的时间而言,某一控制周期内所发生的成本偏差。

累计偏差是指各局部偏差综合分析累计所得的偏差,其结果能显示出整个工程成本偏差的规律性。

(4) 绝对偏差和相对偏差。绝对偏差是指成本计划值与实际值比较所得到的差额,但绝对偏差有一定的局限性,须借助于相对偏差的概念。

$$相对偏差 = \frac{绝对偏差}{成本计划值} = \frac{|成本实际值 - 成本计划值|}{成本计划值}$$

(5) 成本偏差程度。计算公式为

$$成本偏差程度 = 成本实际值/成本计划值$$
$$进度偏差程度 = 拟完工程计划成本/已完工程计划成本$$

2) 成本分析例子

【例 11-2】 某工程计划直接总成本 2557000 元,工地管理费和企业管理费总额 567500 元。工程总成本为 3124500 元,则管理费分摊率 = 567500/2557000 = 22.19%。

该工程总工期为 150 d,现已进行了 60 d,已完工程总造价为 1157000 元,实际工时为 14670 h,已完工程中计划工时 14350 h,实际成本 1156664 元,已完工程计划成本 1099583 元,则至今成本分析为

$$工期进度 = (60\ d/150\ d) \times 100\% = 40\%$$
$$工程完成程度 = 1157000\ 元/3124500\ 元 = 37.03\%$$
$$劳动效率 = 14670\ h/14350\ h = 102.23\%$$

$$成本偏差 = 1156664 元 - 1099583 元 = 57081 元$$
$$相对偏差 = 57081 元 / 1099583 元 = 5.19\%$$

成本偏差为正值,表示成本超支。

4. 成本分析表格法

成本分析又可以通过在表格上计算的方式进行比较分析。表 11-10 为某工程项目成本偏差分析表。

表 11-10 成本偏差分析表

项目编码	(1)	
项目名称	(2)	安装模板
单位	(3)	m²
计划工时	(4)	0.75 h/m²
工时单价	(5)	25 元/h
拟完工程量	(6)	40 000 m²
拟完工程计划成本	(7)=(4)×(5)×(6)	750 000 元
已完工程量	(8)	42 000 m²
已完工程计划成本	(9)=(4)×(5)×(8)	787 500 元
实际工时	(10)	0.65 h/m²
实际工时单价	(11)	30 元/h
其他款项	(12)	4000 元
已完工程实际成本	(13)=(8)×(10)×(11)+(12)	823 000 元
成本偏差	(14)=(13)-(9)	35 500 元
成本偏差程度	(15)=(13)÷(9)	1.045
进度偏差	(16)=(7)-(9)	-37 500 元
进度偏差程度	(17)=(7)÷(9)	0.95

【本章要点】

1. 成本管理。
2. 道路工程成本管理体系。
3. 施工项目成本计划。
4. 成本控制。

【思考与练习】

1. 道路工程项目成本分类。
2. 道路工程成本管理含义与目标。
3. 道路工程成本管理体系内容。
4. 道路工程成本管理程序与相关内容。

5. 道路工程施工项目成本计划编制的主要方法、成本计划的主要形式。
6. 道路工程施工项目成本的原理、目标、方法。
7. 施工项目成本核算的分类、层次、方法与过程。
8. 施工项目岗位成本考核的主要内容与方法。
9. 施工项目成本偏差分析的主要方法。
10. 某施工单位承担的某一道路工程中,材料消耗价值由工程量、单位工程量耗用材料的数量、单价所决定,该工程中计划工程量为 2000 m³,单位工程量耗用材料的数量为 530 个、单价为 0.12元/个;工程中实际工程量为 2300 m³,单位工程量耗用材料的数量为 515 个、单价为 0.11元/个。要求采用因素替代法对成本增加的原因进行分析。

12 道路工程信息管理

12.1 信息及信息管理

12.1.1 信息的概念

"信息"一词至今没有被各方都认可的权威性定义,但"信息"的概念却已经被人们广泛使用。结合各界对"信息"一词的定义,本文中我们将"信息"在本领域中的使用定义为:信息是经过加工之后,被赋予意义、对决策具有一定价值的数据。信息可以借助某种载体加以传递,是对客观事物特征和变化的反映。

12.1.2 信息的性质

无论是何种信息,不论它以什么样的类型和表现形式出现,都具备以下共性。

1. 真实性

信息要具备真实性才会有价值,因此保证信息的真实性在信息管理过程中最为重要,如何保证信息的真实性?第一,收集到的信息要确保是正确的;第二,在信息传送、存储和加工过程中要保证不失真。

2. 时效性

信息的时效性决定了该信息能否最大程度被采用,如果信息使用得及时且使用程度较高,那么信息的时效性也随之越强。

3. 不完全性

每个人对信息会有不同的采集点,加之收集信息的方式受限,导致人们收集、传递、使用信息的不完整性。这就要求信息收集者在收集信息时拥有清晰的思路,运用已有知识,抓住事物的主要矛盾对信息进行必要的分析和判断,筛选不必要的干扰信息,提取有价值的信息。

4. 层次性

管理者需要处理和面临的问题随着所处层级和岗位职责的不同,所需要的信息也不同,这就导致信息具有层次性。

5. 共享性

信息的共享性在于它可以被多个领域的人接收并应用于不同领域,还可以被无限次分享、传播。每个人都有权利获取对自己有价值的信息进行运用。

6. 可存储性

信息可以在特定条件下借助不同载体进行存储,信息的可存储性使得信息能够积累,更有助于使用者在使用过程中进行加工,提高信息的使用性能以及信息的价值。

7. 价值性

信息的价值性取决于它是经过加工处理后形成的可以满足人们某些方面需求的产物，必须通过劳动才能获得，经过信息资源的整合转换才能实现信息对生产经营活动产生一定的影响，实现信息的价值特性。

12.1.3 信息管理

信息管理体现在项目的每个阶段，是对项目管理过程中产生的所有信息进行整理、分析、传递、存储、维护以及使用等信息规划和组织工作的综述。信息管理是为了通过有效的信息规划，让项目管理人员在进行项目控制、管理决策、项目规划过程中更加精准、及时。

要保证信息管理的高效性，信息管理应遵循以下程序。

1. 确定信息管理目标

1）组建信息管理机构

组建信息管理机构是因为信息管理需要处理道路施工项目涉及的各个部门间的大量信息，也是为了保证信息的真实性、高效性以及共享性。信息管理机构负责信息的收集、整理、加工以及应用，为项目管理者提供可靠的信息支撑。

2）建立信息管理制度

建立完善的信息管理制度，能够提升信息管理机构更加及时有效地为项目管理提供依据的水平，还能保障分工明确，责任到位、到人，真正实现项目的规范管理、全员参与。

3）打造项目公共信息平台

项目管理中引用计算机和网络技术，实现了项目管理的信息化，这在一定程度上不仅提高了处理问题的效率，还能很大程度上提高施工质量、缩短工期、降低工程造价等。打造项目公共信息平台，能够使项目管理人员充分认识到信息管理的重要性。项目管理人员需要按照相应的要求将与项目有关的各类信息及时录入信息管理系统，并依据相应制度制定和执行下阶段的工作计划以及规划方案，形成项目管理过程中的良性循环，最终形成完整的信息管理系统，打造出完整的企业内部公共信息平台。

项目公共信息平台结合了项目管理制度、项目管理人员、项目管理软件以及计算机和网络技术，实现了信息的共享和交流，加快了信息传递的速度，保证了信息的真实度以及多部门间信息传递的一致性。

2. 进行信息管理策划

信息管理策划涵盖信息的需求分析、信息的来源、信息管理制度以及信息编码等内容，项目经理需要根据工作需要，安排熟悉项目工程管理业务流程并且经过专业培训的人员担任信息管理策划工作，工作内容具体包括项目管理内容、项目管理标准、项目节点控制、信息传递方式、信息反馈途径以及人员分工职责等。

3. 信息收集

1）信息的来源

信息可从两个方面获取，一方面是组织内部经营所产生的信息，另一方面是外部环境中产生的信息。按照建设管理对象寻找信息的来源，信息主要从建设单位、施工单位、监理单位、设计单位、材料供应商、政府机构等对象中获取。

2) 信息收集的内容和范围

项目管理者在收集信息时,要根据不同的管理目标、管理要求、业务范围的需要,针对项目管理的重点,集中收集相关项目信息,项目收集的内容和范围不仅包括组织机构信息、经济情况、技术相关信息、资料信息、供应商、竞争者以及消费者的信息外,还应包括社会文化、当地风俗等信息的收集。

3) 信息收集的方法

在确定了信息收集的来源以及所需收集信息的内容后,就应当开始准备以正确的方式收集信息,收集信息的途径有两种:一是直接获取信息,在信息产生的源头直接进行调查研究,二是间接获取信息,对已有的相关信息进行整理汇总。

4) 信息的传递与加工处理

信息收集后,将信息及时地传递到信息需求者手中也是至关重要的。在信息传递过程中,首先要建立一套合理的、有效的信息传递制度,并将其标准化。目前,传递信息通常有以下三种途径:一是安排专一负责信息传递的人员进行信息的及时传递;二是依靠网络等进行通信达到信息的有效传递;三是采用会议召开的方式进行信息的及时传递。

传递的信息要根据不同的需求进行有目的性的加工处理,这样才能最大限度地使用信息的价值,进行项目管理。信息的加工处理一般运用一定的设备技术等方式对收集到的原始信息进行有效的分析处理,形成符合自己需求的信息内容。

5) 信息运用

根据信息管理依赖的软硬件环境发展以及项目管理的水平不同,信息的运用可分为以下四个层次:一是简单的基础性应用;二是形成单项程序完成一些模板化、流程固定类重复性工作;三是集中在某一特定领域的能够协同工作的管理系统;四是通过完善的信息共享和管理项目信息平台,实现信息的高度集中及交流,达到参与方紧密协同工作的目的。

6) 信息管理评价

信息管理的效率和成本直接影响到整个项目管理的效率和成本,传统的项目管理由于缺乏管理的透明性和项目的控制能力,项目实施过程中出现的问题不能够及时地进行反馈和管理,而购买相关的计算机、网络管理系统等进行信息化管理虽然能够弥补这些缺点,但却需要花费一笔额外的费用。所以应结合具体的建设项目,选取合适的项目管理系统进行项目管理活动,在信息管理系统的实际操作中,应认真做好过程跟踪,定期检查所收集信息的有效性以及预估信息管理的成本费用,按照管理目标,不断完善项目信息管理工作,在项目管理完成后,应对整个信息管理系统的使用情况、使用结果进行分析总结,与目标项目管理统计数据进行对比,总结经验教训,逐步优化升级项目信息管理的水平。

12.2 道路工程项目信息化管理

12.2.1 道路工程项目信息化的内涵

结合道路工程项目管理,可将道路工程项目信息化的内涵概括为:工程施工项目是信息化的中心,工程施工管理过程中可以通过信息系统的信息处理和信息传递功能,将工程项目施工管理过程中涉及的各个相关方所产生的主要信息进行及时有效的存储；将项目间不同管理单位的信息交流作为信息核心，从道路工程项目管理制度入手，按照相应的工作流程，采用数据后处理技术，满足道路工程项目从信息收集到信息共享，最终成为项目管理各部门以及各级管理者形成决策的依据。

12.2.2 道路工程施工项目信息化的主要内容

道路工程施工项目信息化主要涵盖以下五个方面：项目基本信息管理、施工过程监控、施工工艺控制、施工方案优化、网络化统一管理。

1. 项目基本信息管理

项目基本信息管理包括工程概况、作业队伍及劳动工资、工程质量控制、工期控制、成本控制、安全生产管理、工程技术管理、施工合同管理、材料设备管理、公文管理等。目前一般采用办公自动化系统、招投标系统、项目管理系统等软件实现项目基本信息管理。

2. 施工过程监控

施工过程监控是指利用传感器信息采集的方式对施工过程进行有效控制，如利用 GIS 技术对施工现场进行可视化管理，利用计算机虚拟仿真技术进行施工过程视觉仿真等。

3. 施工工艺控制

推广以应用信息技术为特征的自动控制技术，达到对施工工艺进行有效控制的目的。如构筑物沉降观测和工程测量、整体爬升脚手架的提升、建筑材料检测数据采集等都可以采用自动控制技术实现施工工艺控制。在工艺控制软件方面，应进一步优化设计计算系统、道路沥青路面摊铺碾压工艺控制、大体积混凝土施工质量控制、工程测量、大型构件吊装自动化控制等应用软件。

4. 施工方案优化

对施工组织与施工方案进行优化，大力推进计算机辅助施工项目管理和工艺控制软件的应用程度，能够实现项目管理过程中节约成本、提高施工企业项目管理水平的目标。因此，施工单位应当根据不同项目的特质，开发和引进合适的计算机应用软件，对项目的工程预决算、施工进度、工程成本、工程资料等进行计算机辅助管理。

5. 网络化统一管理

利用项目信息管理系统，能实现对项目的全面管理。利用互联网技术将工程项目的局域网与总部的局域网相连，扩大数据共享和远程信息服务的范围，实现项目信息的集中管理。

12.2.3 道路工程项目信息化管理的措施分析

1. 重视数据分析与处理

道路工程较其他建设工程，更具综合性与复杂性，且施工周期长。在我国道路工程项目施工实践中，涉及多专业的知识与技术，施工环境恶劣复杂，这些因素都增加了施工的难度与复杂度，因此必须要综合考虑结构、环境等多方面因素，全面提升地理信息服务水平，进行合理布局。同时，要有强大的政策支持以及高效、快捷的数据分析方法以保障管理系统高效运行。比如采用 3S 技术平台就可以满足这些要求，从而突破传统上的技术与管理缺陷，为管理企业提供地理信息帮助，提高企业获得的地理信息的质量与效率，实现道路行业的长足发展。

2. 完善信息化管理软件设施

企业需要完善信息化软件设施，并严格按照制度进行内部控制，单位决策、计划与控制的各个工作环节都需要划分相应的管理职责,每个工作流程都要与资产管理相结合。另外,在道路工程中还可以使用相关软件进行工程管理、勘察设计以及材料采购等,并且加大研发信息化管理软件的力度,研发出更完善的技术软件,从而提高道路工程管理信息化水平。

3. 注重相关人员培训

要注重对高技术水平人才的培养与引进,对施工管理人员可以采用技术培训或者出国进修等方式不断提升其专业技能与职业素养。重视人才培养,还可以招聘一些受过专业培训的人才,并且明确划分工作人员的具体岗位职责与任务,为提升道路工程信息化管理水平奠定夯实的基础。

12.3 道路工程管理信息系统

12.3.1 道路工程管理信息系统的结构

道路工程管理信息可分为资金信息、质量监督信息、工程项目进度信息、合同信息、档案信息、日常办公系统信息、监控信息、人员考勤信息、征迁信息。

1. 资金管理

资金管理是指针对整个道路工程的建设,预算工程等其他方面的资金使用、审批、支出的信息说明和记录。

2. 日常办公管理、监控管理及人员考勤管理

日常办公管理是指在道路工程建设的过程中,一些行政指令、公文的信息处理。监控管理是指在道路工程项目建设过程中及时收集、发布施工过程与结果信息,根据工程施工的情况对采集现场相关信息。人员考勤管理是指道路工程建设过程中对施工人员以及管理人员按时上班情况等的信息记录。

3. 档案管理及征迁管理

档案管理是指在道路工程建设过程中对相关档案的管理,包括项目预归档信息、项目文件详细资料信息、移交接受档案信息等。征迁管理是指在工程项目建设中拆迁、征地信息以及拆迁的经费文件信息的管理。

12.3.2 道路工程管理信息系统的构建

道路工程管理信息系统通常由六个子系统组成,这六个子系统既可独立运行,也可将相关数据进行共享。

1. 质量控制子系统

该子系统依据《公路工程质量检验评定标准》对每个分部分项工程、单位工程进行质量检测及评定,自动生成质量检测报告、质量评定报告。该系统还可提供全线总评、按标段评定、按施工单位评定、按任意划分单元评定等多种质量检测和评定方式,允许施工单位通过网络上报质量自检数据、监理下发质量监督意见和质量抽检数据,提供压实度、弯沉等试验数据处理模块,项目建设的质量要求和质量标准,分项及分部工程与单位工程的验收记录和统计分析、工程材料验收记录、工程设计质量的鉴定记录、安全事故的处理记录和多种工程质量报表。

2. 工程计量支付子系统

该子系统能够及时准确地自动生成道路工程所需的计量支付系列报表；自动绘制进度曲线，对工程总体进度实现动态控制；通过结合工程实践，可以引入工程台账这一概念，通过建立工程台账，可对每一个支付项目实现总量控制，在台账中也能够准确反映出每一个支付项目当前的支付情况、剩余工程量情况，为工程费用管理提供了极大的便利；允许施工单位通过网络上报计量支付申报数据、监理下发计量支付审核数据；该系统还提供了绘制、浏览中间计算草图的功能。

3. 计划进度管理子系统

该子系统可以自动绘制工程项目各级、各类进度计划，包括单代号网络图、双代号网络图、横道图等，还可以辅助计划人员编制进度计划，提供工期-成本优化、资源均衡优化等多种进度计划优化方法，也能根据项目进展情况实时更新进度计划并合理安排资源，跟踪检查进度计划执行情况。采用柱状图和累计曲线、香蕉曲线、S形曲线等图表直观地反映实际与计划的差距，同时生成进度评价及建议，并根据进度评价及建议，对实施进度进行调整，重新计算时间参数并进行资源优化和工期-成本优化，从而得到调整后的进度计划。主要模块为计划编制、计划更新、滚动计划、计划报告、计划条形图、计划网络图、关键路线、资源分配、资源平衡、资源直方图和扇形图、资源费用估算报表、项目日历等。

4. 设计、图档管理子系统

该子系统可为在建工程所有设计图档（工程可行性研究报告、预可行性研究报告、施工图设计等各个阶段）提供分类管理、版本管理、关键字查询等功能；提供对科研成果等资料的分类管理；提供竣工资料的分类组织管理等功能。

5. 合同管理子系统

该子系统主要涉及违约、索赔管理，包括违约、运输索赔、缺陷修复、解除合同等业务；工程变更管理，包括变更申请、变更批复等业务管理；工程分包管理，包括分包合同、分包工程计量台账及支付报表，提供和选择标准合同文本、合同文件及资料管理、合同执行情况跟踪和处理过程管理、涉外合同的外汇折算、经济法规库的查询及提供各种合同管理报表。

6. 道路工程项目管理子系统

有了该子系统，可以通过GIS对道路建设项目的图、文档资料进行可视化管理。专业的文档目录编制，协助存档生成竣工资料文件，管理收、发文件，提供专业全面的文档模板库，提供文档的多种输入方式，支持多种格式图文档的即时浏览，具有预览/编辑、后台批量打印、批注、文件压缩或解压、分割或合并以及文档条件查询功能。

12.3.3 道路工程管理信息系统应用效果

道路工程管理平台的理论基础是对道路工程管理信息系统进行分类。应用道路信息化系统管理后，道路管理达到了精细化，提高了对道路工程的管理力度，节约了时间及成本，也使道路建设更加可控，防范了安全事故的发生。

应用工程管理信息系统后，有三个方面的改变最为显著。一是质量监督管理，它是道路工程建设的质量监督信息。它包括国家规定的工程质量法规、政策以及项目建设的质量标准信息、质量控制信息、项目工程质量抽样检查信息、质量事故信息和事故处理报告。这可以使管理部门通过管理信息系统快速准确取得工程质量信息，进而控制工程质量。二是道路工程项目进度管理，它是指建设施工计划进度的信息,包括工程项目建设总进度计划信息、计划进度目标信息、风险分析信息、计划进度与实际进度偏差、工程进度控制流程等。应用工程管理信息系统后可以提高工程进度,控制工程质量与效率,增强辅助决策能力。三是合同信息管理,它是指道路工程中的各类合同信息。它的主要职能包括道路工程招标文件信息、施工承包合同信息、合同签订信息、变更信息、执行以及索赔信息、工程建设物资供应合同信息等。合同的信息量巨大,使用合同管理系统可以辅助管理部门高速有效地开展工作。

12.3.4 道路工程管理信息系统注意事项

道路工程管理信息系统的构建不仅是一个技术性的问题,它还涉及思想观念、管理模式、组织结构、企业文化、人员素质等一系列问题,要真正建立和用好道路工程管理信息系统,仅拥有数字化技术是不够的,还需注意以下几点。

(1) 网络系统的安全问题。网络是虚拟的,且常常出现安全问题。敏感性数据的存在,使得设计过程中需设置网上用户的访问权限,阻止其非法访问网络资源,建立完善的信息发布管理机制,区别不同用户发布相应信息。内部网络之间、内网络和外部公共网络之间,可以利用 VLAN/ELAN、防火墙等技术来控制访问,确保网络的安全。

(2) 管理信息系统的构建经过了前期准备、需求调解与分析、系统分析、系统设计、软件开发、软件测试、安装调试、使用培训、后期服务与支持等相关工作,其构建的是一个人机合一的系统工程,实施过程中应遵循"整体规划、分布实施、不断深入"的原则,道路工程管理信息系统的设计应努力整合各工程参与方的资源,实现数据共享,并具有开放性和可发展性,随着业务的推进,为日后的运营和养护提供基础数据。

(3) 凭借先进成熟的计算机和通信技术,为道路工程管理信息系统的建设和应用搭建硬件平台,保障工程项目管理系统信息高效、安全地传递,在网络设计时应遵循的原则为先进性、实用性、安全性、可靠性、可扩充性,以为客户提供一个高带宽、稳定可靠、支持用户数和应用较多的网络系统。

(4) 人员素质的提高。项目管理信息系统的构建需要最新数字技术的支持,这就要求项目参与人员具有很高的素质。道路工程管理人员只有提升了自身的素质,才能带动整体的素质水平的提高,道路工程信息化系统的优势才能更好地发挥出来。

12.4 道路工程项目管理相关软件

道路工程项目管理软件在我国工程建设领域的应用经历了从无到有、从简到繁、从局部应用到全面推广、从单纯引进或自行开发到引进与自主开发相结合的过程。截至目前,在道路工程建设领域应用项目管理软件已经成为各方共识,在一个道路工程施工项目的管理过程中是否使用了项目管理软件已成为衡量项目管理水平高低的标志之一,一个施工单位能否熟练使用项目管理软件进行施工项目管理,也成为了反映施工企业管理水平高低的重要因素。

12.4.1 道路工程管理软件应用的几种形式

1. 以业主为主导的统一道路工程项目管理软件应用形式

一般大型或特大型施工项目会采用此形式。此类项目在实施过程中，业主或聘请的专业咨询单位的人员会专门建立从事该类工作的部门。在应用软件前，需要针对项目的特点和业主自身的具体情况对道路工程项目管理软件的应用进行详细规划，包括应用范围、配套文档编制、信息的标准化、各类编码系统的编制、道路工程项目管理网络系统的建立和相关培训工作。在软件应用的准备过程中，建立过程中数据和文档的申报、确认、审查、处理、存储、分发和回复程序，并在合同文件中用相应的条款来约束这些程序的执行。业主将道路工程项目的各个参与方凝聚成了一个有机的整体，实现了统一规划、统一步调、统一标准、协调程序，这也使软件有了更好的应用效果。

2. 项目的各个参与方单独应用道路工程项目管理软件的形式

目前，此种形式应用较为普遍。由于各参与方对项目管理软件应用的认知程度不同，若没有统一规定，部分参与方会单独选用适合自己的项目管理软件，或使用面向企业管理的项目管理的信息系统。使用项目管理软件的参与方往往更有效率，掌握更多的信息，能更早地预知风险，更快地对出现的问题做出响应，从而处于有利的地位。但各参与方单独使用工程项目管理软件具有一定的不协调性，所以从整体上来看，应用效果不如第一种形式。

12.4.2 道路工程管理软件应用时应注意解决的问题

1. 信息的标准化问题

随着道路工程项目管理软件及其应用的不断深入，信息的标准化问题已成为当前急需解决的首要问题。建设工程项目各参与方之间的数据无法在不同的软件和系统之间实现共享，设计、施工、监理环节生成的数据也无法进行交流，这导致了数据脱节，使得在软件的应用过程中发生信息重复输入、冗余信息大量存在、信息不一致等问题，并使各参与方对项目管理软件的应用产生质疑。这种情况严重阻碍了道路工程项目管理软件的应用及建设工程项目管理信息化的进程。想要解决此类问题，首先需要统一标准，另外还要在项目管理的过程中加强信息管理标准化，制定统一的信息规范。

2. 管理理念的问题

道路工程项目管理软件及其应用能否取得成功，关键在于将先进的项目管理理念同项目管理实际相结合。

3. 树立软件应用的整体观念

道路工程项目管理软件及其应用是一项系统工程。项目的各参与方应选择合适的项目管理软件或系统，树立以管理技术和管理基础为先导，系统实施和使用培训并重的整体观念，并事前进行系统性的整体规划，这样才能保证整个应用过程的实现。

4. 集成化、系统化地构建管理信息系统

在道路工程项目管理软件的应用初期，偏重于关注软件的某些特定功能。而在构建工程项目管理信息系统时，不应集中于单一软件的应用，应强调集成化、系统化。

5. 决策层应高度重视道路工程项目管理软件和道路工程项目管理信息系统的应用

对于道路工程项目管理软件和道路工程项目管理信息系统的应用，不仅要求企业或项目的最高领导人亲自参与主持,还需要让整个决策层参与决策和使用。

12.4.3 道路工程管理软件分类

目前应用于建设工程管理过程中的管理软件趋于多元化,不仅数量繁多,应用面也更加广泛,涉及建设工程管理的方方面面。为了便于区分管理,更加便捷地了解施工项目常用管理软件的现状,将管理软件进行归类显得尤为重要。

1. 按适用阶段划分

(1) 特殊用途的软件。由于限制因素的存在,软件的使用对象和使用范围较小,所以更注重软件的实用性。比如在项目前期决策阶段,使用项目评估和经济分析、房地产开发相关的软件,或者在项目设计和招投标阶段,使用概预算、投标管理、快速报价软件。在具体的施工管理阶段,该类具有特殊用途的软件还可被划分为竣工资料管理软件、工程量计算软件、概预算软件、招投标软件。

(2) 集成管理软件。工程建设涉及的各个阶段密切相连,不会独立存在,每一个阶段的工作都在对上一阶段工作承接及完善的同时,又受到上一阶段工作已成框架的限制,这种相互依存又相互制约的关系在很多管理软件的应用过程中都有所体现。如在使用一些高级的费用管理软件时,使用者能清晰地监控到投标报价(概预算)的形成—合同价核算与确定—工程结算、费用比较分析与控制—工程决算的整个过程,该软件还能自动将这一过程的各个阶段关联在一起。

目前流行的项目管理软件又称管理软件套件,其中大部分是系列化的管理软件。一个套件通常由一些功能模块或独立软件构成,这些模块或独立软件大部分既能实现单独使用,又能组合在一起使用,组合使用则能够最大限度地发挥其作用。

2. 按软件提供的功能划分

(1) 投资控制。概预算软件是最早应用于工程领域进行投资控制的软件之一,近年来,随着我国建筑业的不断发展,招投标软件、工程量计算软件、钢筋计算软件、审计软件等也迅速得到推广使用。

(2) 进度控制。进度编制管理软件也属于较早应用于工程领域的软件,国外的该类软件有P3、Project 等,国内的有梦龙进度管理软件、PKPM 进度管理软件、广联达进度管理软件、翰文工程进度计划编制系统等。

①Microsoft Project。Microsoft Project 是微软公司开发的项目管理系统,它是到目前为止在全世界范围内应用最为广泛的、以进度计划为核心的项目管理软件。Microsoft Project 可以帮助项目管理人员编制进度计划、资源管理、生成费用预算,也可以绘制商务图表,形成图文并茂的报告。目前 Project 4.0、Project 98、Project 2000 已经在我国获得了广泛的应用。2007 年,微软又推出了最新版 Project 2007 版,Project 2007 系统功能强大,它具有项目管理所需的各种功能,包括项目计划、资源分配、项目跟踪等。界面易懂、图形直观,还可以通过 VBA(Microsoft Visual Basic for Application)扩展、资源工具、软件开发工具等进行二次开发,以满足特定项目管理的需要。

Project 2007 作为一个优秀的项目管理软件,不仅能够满足管理一般项目的需要,还具备管理复杂大型项目的能力。该软件能够在不同项目之间进行任务级链接,可以实现项目间的复杂控制,支持现代化的信息交流工具,与 Microsoft 系列产品具有良好的接口,能够更大限度地扩展项目管理功能。

②Primavera Project Planner(P3)。在国内外众多的大型项目管理软件当中,美国 Primavera

公司开发的该软件的普及程度和占有率是最高的。Primavera 公司在项目级 P3 以后，又推出了 Primavera Enterprise 项目管理套件。P3e(企业级)作为该套件的核心，与原 P3 相比，做了很多改变升级。集成有 P3e 的套装软件 Primavera Enterprise，除了核心部分以外，还包括 Primavision(辅助决策信息定制与采集，可以根据管理人员、项目管理人员、项目经理和专业人员自定义的视角为其提供项目的综合信息)、Primavera Progress Reporter(基于网络，采集进度/工时数据的工具软件)、Primavera Portfoy Analyst(多项目调度/分析工具软件)。该套装软件具有管理内容更广泛、功能更强大，充分顺应了当今项目管理软件的发展趋势等优势。下面简要介绍一下这两个软件的情况。

P3 是用于项目进度计划、动态控制、资源管理和费用控制的综合进度计划管理软件，也是目前国内大型项目中应用最多的进度计划管理软件。P3 的特点在于它拥有较为完善的管理复杂、大型建设工程项目的手段，拥有完善的编码体系，包括 WBS(工作分解结构)编码、作业代码编码、作业分类码编码、资源编码和费用科目编码等。这些编码以及这些编码所带来的分析、管理手段给项目管理人员的管理带来充分的回旋余地，项目管理人员可以从多个角度对工程进行有效管理。

P3 的具体功能如下。

a. 同时管理多个工程。主要通过各种视图、表格和其他分析、展示工具，实现帮助项目管理人员有效控制大型、复杂项目的目的。

b. 可以通过开放数据库互联(Open Data Base Connectivity，简写 ODBC)与其他系统联合发挥作用，达到相关数据采集、数据存储和风险分析的目的。

c. P3 在提供上百种标准报告的同时，还内置了报告生成器，能够生成各种自定义的图形和表格报告，满足不同项目管理者的使用需求。但由于其在大型工程层次划分上的不足和相对薄弱的工程汇总功能，该软件的应用范围受到一定的限制(尤其是在大型建设工程项目的使用过程中)。

由于某些代码长度的原因，该软件与项目其他系统的直接对接也受到了一定的限制，同时后台的 Brieve 数据库的性能也明显影响到软件的响应速度以及与项目信息管理系统集的便利性，给用户的使用带来了一些不良使用体验。但这些问题在后期的 P3e 中都得到了不同程度的解决。

P3e 首次在项目管理软件中增加了企业项目结构(以下称 EPS)。利用 EPS 使得企业或项目组织可以按多重属性对项目进行层次化的组织，使得企业可基于 EPS 层次化结构的任何一层次和任何一点进行项目执行情况的财务分析。目前 P3e 的升级版改称为 P6。

P3e 具体的功能如下。

a. 提供完善的编码结构体系。除了能够提供前文所述的企业项目结构、工作分解结构、组织分解结构、资源分解结构、费用分解结构、作业分类码和报表结构之外，所有的结构体系都可提供直观的树形图。

b. 提供丰富的图表。P3e 在提供 100 多种标准的报表格式和便利的报表管理方式的同时，还具有提供报表生成向导的功能，帮助项目管理人员随时定制自己需要的报表。

c. 支持基于 EPS、WBS 的"自上而下"预算分摊。P3e 能够支持按项目权重、里程碑权重、作业步骤及其权重进行绩效衡量操作，这些设置结合多样化的赢得值技术，使得进度价值的计算方法不仅实现了拟人化且更加符合客观实际。

d. 提供专业的资源分析及管理工具，通过资源分解结构管理企业的所有资源。还可以按角色、技能、种类进行资源划分，能够充分利用资源且为协调、替代资源提供便利。

e. 可跟踪劳动力和非劳动力资源费用、作业的其他方面费用,并能够将实际费用、数量与预算进行对比,并通过图形、表格及报表形式加以直观反映。

f. 内置了风险管理功能。企业风险控制的基础是对项目的不确定性因素进行管理分析。P3e的风险管理功能,能够提供风险识别、分类、指定影响分析的优先级等功能。另外用户可以自行创建风险管理计划,估计或指定风险发生概率,并可将负责与管理特定风险的责任落实到人。

g. 内置了临界值的管理与问题追踪功能。通过对费用、进度和赢得值的临界值进行预先设置以及相应的处理措施,在实施过程中,当出现超临界状态时将自动通知相关责任人,利用问题追踪功能实现对"问题"进行追踪。

h. 该系统支持大型关系数据库 Oracle、MSSQL、Sereve,以及 SDK 扩充功能,为企业和建设工程项目管理信息系统的构建提供极大的便利。与原 P3 相比,软件价格相对较高,但却拥有更为直观的操作界面和更为全面的在线帮助功能。

③PKPM 进度管理软件。该软件具有很高的集成性,行业上可以和设计系统集成,施工企业内部可以同施工预算、进度、成本等模块数据共享。该软件是以《建设工程施工项目管理规范》为依据进行开发的,首先该软件采用网络计划技术实现施工进度计划及成本计划的编制,软件提供了多种划分施工工序的方法,既可以自动读取建筑工程的预算数据,结合施工企业定额库,生成带工程量和资源的施工工序。它也可通过施工工艺模板库生成施工工序,该模板库可由用户修改维护,若有预算数据,生成的工序自动带工程量和资源,还可通过其他类似工程导入生成施工工序,生成各类资源需求量计划、成本降低计划、施工作业计划以及质量安全责任目标。其次,在项目过程控制方面,软件通过多种优化、流水作业方案、进度报表、前锋线等手段实行进度的动态跟踪与控制,利用偏差控制法、国际上通行的赢得值原理及现场成本的记录进行成本的动态跟踪与控制,通过质量测评、预控及通病防治实施质量控制,利用安全知识库辅助实施安全控制,同时软件具有现场、合同、信息管理功能。项目经理利用该软件可以大大提高企业的管理水平,增强企业的竞争力。

PKPM 进度管理软件的主要功能特点如下。

a. 按照项目管理的主要内容,实现了"四控、三管、一提供"的项目管理目标。"四控制"包括进度、质量、安全和成本控制;"三管理"包括合同、现场、信息;"一提供"指为组织协调提供数据依据。

b. 项目管理软件采用树型结构对项目进度计划文件进行管理;为自动建立施工工序提供了多种方法。

c. 根据工程量、工作面和资源计划安排及实施情况自动计算各工序的工期、资源消耗、成本状况,辅助换算日历时间,能够找出关键路径。

d. 可同时生成横道图、单代号、双代号网络图和施工日志;具有多级子网功能,可处理各种复杂工程的项目管理问题,有利于工程项目的微观和宏观控制;具有自动布图功能,能有效处理各种搭接网络关系、中断和强制时限问题;能够自动生成各类资源需求曲线等,具有高效的图表打印输出功能。

e. 系统提供了多种优化手段以实现项目的进度控制。通过前锋线动态跟踪以及实际进度调整功能,帮助项目管理人员及时发现偏差并采取措施。利用三算对比、国际上通行的赢得值原理跟踪项目成本并实现动态调整。

f. 采用"工作包"的管理控制模式,实现对大型、复杂及难以控制进度、计划等的工程项目的项目管理。

g. 具有对任意复杂的工程项目进行结构分解的功能,能够在工程项目分解的同时,实现对工程项目的进度、质量、安全、成本目标等的分解,并形成结构树的需求,使得管理控制清晰,责任目标明确。

h. 利用严格的材料检验、检测制度、工艺规范库、技术交底、预检、隐蔽工程验收、质量预控专家知识库等手段保证质量;对"质量验评"结果进行统计分析,实现质量控制。

i. 收集各种现场资料等编制月度、旬作业计划和技术交底,进行现场管理。

(3) 质量控制。相关软件包括安全管理软件、施工项目成本管理软件、冬季施工软件、临时用水用电设计软件等。

(4) 施工管理。相关软件包括钢筋下料软件、合同编制与管理软件、监理软件、竣工资料编制和管理软件、施工平面图布置软件、脚手架计算软件、办公自动化软件等。

管理类软件如工程图档管理系统最初应用于计算机管理各种工程图样、办公文档、文书档案、图片、图书资料等知识和信息。此类系统还应具备编辑、登记、统计、检索、自动归类、报表输出、查询检索等功能。近年来随着网络的迅速普及,该类软件已经融合了数据网络共享和协同工作的功能,并开始集成整合其他专业软件的功能。

12.5 BIM 道路工程项目管理中的应用

12.5.1 BIM 的简介

BIM 是指以建筑工程项目的各项相关信息数据为基础,通过三维数字技术,整合各种项目的相关信息,通过数字信息仿真模拟建筑物所具有的真实信息的建筑信息模型。BIM 是一种工具。一方面,工程人员可以通过它更好地理解工程信息,并做到科学应对,节约生产成本。另一方面,设计团队、施工部门、管理机构可以借助它实现合作交流,提高生产效率。BIM 又是一种载体,是全球共享的知识资源,它包含了工程和设备的各种专业数据,并明确了工程和设备的属性。

12.5.2 BIM 的特点

BIM 技术具备以下五大特点。

(1) 直观性:通过立体实物图的形式来向大家展示工程建筑,有助于直观地对建筑进行设计、讨论和决策。

(2) 协同性:在施工前期,协调、综合对比项目各个阶段出现的问题,得出数据以供优化和改进。

(3) 参数性:通过参数来描述建筑,进而细化到每个建筑单元的真实组成结构,比如墙、门、窗台、立柱等。

(4) 标准性:要想实现在不同设备上都能够直接读取 BIM 数据,充分发挥其共享特性,就必须统一标准,这样信息才能有效地流通。

(5) 优化性:建筑过程中难免产生各种问题,BIM 在提供工程存在的问题的同时提出优化措施,大大提高了工程的效率,满足建筑工程不断升级优化的需求。

12.5.3 BIM 的应用现状

道路工程一般都是以几百千米的道路作为建筑主体和实施对象的,地理环境因素无法避免,比如桥梁、涵洞、隧道、天桥等情况。这些情况特点复杂,种类多变,大大影响了 BIM 系统的应用程度。再者工程方面从决策投资到设计方案,从施工过程到监督管理,牵涉的人员复杂,每个人的信息需求也不一致,这样的背景下导致 BIM 很难推广应用。而且目前针对道路工程,尚未有专门的项目管理软件系统,BIM 系统很难与设计、计算、绘图的软件相匹配,信息容易分散,造成信息整合困难,使用者体验效果不佳。

12.5.4 BIM 在道路工程项目中的应用

1. 明确设计方向

以往运用二维设计来解决问题,存在数据不准和易丢失、设计成果无法准确表达设计者的设计意图、无法完全模拟工程完工时的样子等缺点,而 BIM 是运用三维数字化的信息模型,通过三维空间可以更好地克服这些缺点。在过去,道路工程的复杂度相对较低,多以经验为主。但随着经济发展和社会进步,城市道路交叉纵横、结构复杂、造型独特,传统的设计手段将无法满足设计需求,而图纸一直都是施工方案的核心,单靠经验会出现审图不清的问题,从而导致施工不当,对正常施工造成恶劣影响。BIM 技术具有预见性,可以提前发现存在的安全隐患和设计不妥之处,在施工阶段可以着重展示重要的工程段。还可以将工程细分为多个子模型,例如道路中架设桥梁,就可以将桥梁分为主梁、盖梁、墩、系梁、承台、桩等,细至每个边坡、每个桥墩都是不同的子模型。子模型划分得越细致,越能加深项目管理人员以及施工人员对设计的理解,特别是工程复杂度较高的建筑行业,应用效果更显著。

2. 提高分析能力

强大的分析模拟能力是 BIM 最大的优势,在工程设计阶段就能直观地了解道路的交叉分布情况,保障施工的安全性和合理性。加上 BIM 庞大的数据库,能给道路工程的施工提供专业的分析并得出结论。道路工程容易受到多种因素的影响,即使再完美的设计方案,在准备阶段也会遇到各种突发状况。加上准备周期紧迫,在建设水泥稳定土拌合站和沥青拌合站时,由于部件复杂,时间紧迫,稍有不慎就容易返工。相比传统的拆装模式,BIM 技术能直观地展示并调配各个部位的安装顺序,减少重复性的操作,节省时间,有助于施工生产的快速运作。在运用 BIM 技术时有一个前提条件,勘察现场状况,分析场地限制,逐一排查可能存在的安全隐患,这样才能使 BIM 技术的功能发挥到最大化。距离首次研究 BIM 技术已过去 5 年,如今,研究已取得初步成效,并率先应用到全国的公路设计上。如公路选线工作,传统方式 1 个月只能得出 10 个设计方案,而现在,只需 1 小时电脑就能根据造价最省给出 60 种设计方案以供选择。在 BIM 中心庞大的系统数据库中,仅桥型就有 100 余种构件、20 多种不同的隧道结构形式。

3. 协调施工管理

规模巨大、难度系数高的道路工程,需要不同专业、领域、部门协同合作才能完成,而 BIM 恰好具有强大的协同能力。传统模式下,主要通过图纸拷贝来促成不同人员之间的合作,这样的方法只适用于一些低级问题,无法满足道路工程的高要求,比如传达修路的交叉口、坡度问题。平面图由很多关联的线条以及必要的文字补充组成,图纸无法很好地体现出来,而 BIM 中有各种各样的模型,找到合适的模型直接填充合并即可。这样既不易出错也方便人员间的合作。BIM能够将各个施工部门协同起来,比如道路工程中,有做路基的,有做配电的,有做桥梁的,每个部门进度、工期不同,如果缺乏沟通,容易造成资源浪费,甚至出现施工重合的冲突。BIM能够让工作人员直观地了解各个部门的进度,并及时根据相关的方案进行优化和改进,避免拖延工期的现象发生。

4. 保障运营水平

BIM不仅运用在道路工程施工阶段,后期的运营和维护也同样需要它的参与。BIM集合了包含最新科技成果的数字化、智能化、立体化的管理系统,能够充分调动资源,快速解决管理方面的漏洞和问题。其集中、精准的管理模式,能够弥补过去管理相对分散、沟通不足的缺陷,能够在道路运营方面出现问题时及时实施防控措施。

【本章要点】

1. 信息。
2. 信息管理。
3. 信息管理系统。

【思考与练习】

1. 信息的概念及性质是什么?
2. 项目信息平台是什么?
3. 道路工程施工项目信息化的主要内容是什么?
4. 道路工程管理软件应用的形式有哪几种?
5. BIM在道路工程项目中如何应用?

参 考 文 献

[1] 靳卫东,梁春雨.公路施工组织与概预算[M].北京:人民交通出版社,2015.
[2] 石振武.道路经济与管理[M].武汉:华中科技大学出版社,2007.
[3] 张擎,姚玉玲.公路工程经济与管理[M].北京:人民交通出版社,2017.
[4] 张建仁.工程费用监理[M].北京:人民交通出版社,2005.
[5] 李宇峙.工程质量监理[M].北京:人民交通出版社,2005.
[6] 廖正环.公路施工与管理[M].北京:人民交通出版社,2004.
[7] 戚振强.建设工程项目质量管理[M].北京:机械工业出版社,2004.
[8] 张智钧.工程项目管理[M].北京:机械工业出版社,2004.
[9] 周伟,王选仓.道路经济与管理[M].北京:人民交通出版社,2003.
[10] 成虎.工程项目管理[M].北京:中国建筑工业出版社,2005.
[11] 孙三友,马荣全,于东东.建筑工程施工成本管理体系[M].北京:中国建筑工业出版社,2003.
[12] 盛洪飞.道路工程经济与管理[M].北京:人民交通出版社,2002.
[13] 廖品槐,刘武.公路工程监理[M].北京:机械工业出版社,2005.
[14] 吕茫茫.施工项目管理[M].上海:同济大学出版社,2005.
[15] 彭尚银,王继才.工程项目管理[M].北京:中国建筑工业出版社,2005.
[16] 文德云.公路工程施工现场控制要点[M].北京:人民交通出版社,2003.
[17] 王炜.公路工程施工安全生产指南[M].北京:人民交通出版社,2005.
[18] 俞国凤.建设工程质量分析与安全管理[M].上海:同济大学出版社,2005.
[19] 顾永才,建设法规[M].北京:科学出版社,2007.
[20] 田元福.建设工程项目管理[M].2版.北京:清华大学出版社,2009.
[21] 魏道升.公路施工组织设计与信息化管理[M].北京:人民交通出版社,2017.
[22] 樊鹏委.公路工程管理信息系统的构建及问题[J].统计与决策,2012(07):52-53.
[23] 郝丽君.高速公路工程管理信息系统探讨[J].建设科技,2015(07):122-123.
[24] 赵黎明.BIM在道路工程中的应用[J].科技创新与应用,2018(26):167-168.
[25] 田金信.建设项目管理[M].2版.北京:高等教育出版社,2009.
[26] 杨兴荣,姚传勤.建设工程项目管理[M].武汉:武汉大学出版社,2013.
[27] 蒋臻蔚,李寻昌.建筑工程安全管理[M].北京:冶金工业出版社,2015.
[28] 李慧民.工程经济与项目管理[M].北京:科学出版社,2016.
[29] 李春祥,张蓉.建筑工程项目管理[M].镇江:江苏大学出版社,2016.